Endreß
Der Islam

Gerhard Endreß

Der Islam

Eine Einführung in seine Geschichte

Verlag C.H.Beck München

Mit 6 Karten im Text und einer genealogischen Tafel
Die erste Auflage erschien 1982 unter dem Titel:
Einführung in die islamische Geschichte

Die Deutsche Bibliothek – CIP-Einheitsaufnahme

Endreß, Gerhard:
Der Islam : eine Einführung in seine Geschichte / Gerhard Endreß. – 2., überarb. Aufl. – München : Beck, 1991
1. Aufl. u. d. T.: Endreß, Gerhard: Einführung in die islamische Geschichte
ISBN 3 406 35478 5

ISBN 3 406 35478 5

Zweite, überarbeitete Auflage. 1991
Umschlagentwurf: Bruno Schachtner, Dachau
Umschlagabbildung: Arabische Eingangsformel „Im Namen des barmherzigen und gnädigen Gottes, auf ihn vertraue ich" nach einem kalligraphischen Schmuckblatt des 17. Jahrhunderts aus Iran (Staatliche Museen zu Berlin)

Gesamtherstellung: C. H. Beck'sche Buchdruckerei, Nördlingen
Printed in Germany

Inhalt

Die *Umschrift der arabischen, persischen und türkischen Wörter und Namen* folgt dem System der Deutschen Morgenländischen Gesellschaft (bis auf geringfügige Abweichungen identisch mit dem Transkriptionssystem der ISO [International Organization for Standardization]). Zur Vereinfachung des Satzes und im Hinblick auf leichtere Lesbarkeit wurde jedoch auf die meisten Zusatzzeichen der wissenschaftlichen Transliteration verzichtet. Für fachlich interessierte Leser gibt das Register die wissenschaftliche Umschrift mit allen diakritischen Zeichen.

Aussprache:

č wie tsch (z. B. in Quatsch).
ğ wie dsch (stimmhaft, z. B. in Dschungel, engl. George).
h immer als konsonantischer Hauchlaut, nicht Dehnungszeichen.
q als kehliger, am hinteren Gaumen gebildeter k-Laut (nicht kw!).
š wie das deutsche sch.
y wie das deutsche j.
z wie stimmhaftes s (z. B. in leise).
ʾ fester Stimmabsatz (wie z. B. in beʾenden).

Einige sehr häufige Begriffe und die Mehrzahl der geographischen Namen (soweit im Duden und in allgemeinen Lexika verzeichnet) sind in eingedeutschter Form gebracht.

Zahlen in eckigen Klammern [....] verweisen auf die gezählten Titel der Bibliographie.

Für die deutsche Wiedergabe der Koranzitate wurde die Übersetzung von Rudi Paret (Stuttgart 1966) herangezogen. Alle weiteren Übersetzungen aus dem Arabischen und aus dem Lateinischen sind, soweit nicht anders angegeben, die des Autors.

I. Einleitung:
Begriff und Einheit der islamischen Geschichte

„Als der Monat gekommen war, in welchem Gott durch ihn (Muhammad) seine Gnade erzeigen wollte, der Monat Ramadan des Jahres, in welchem Gott ihn entsandte, ging der Gesandte Gottes – Gott segne ihn und gebe ihm Heil – mit seiner Familie hinaus zum Berge Hira, um dort nach seiner Gewohnheit in Andacht zu verweilen. Und als die Nacht da war, in welcher Gott ihm die Gnade seiner Sendung erwies und also den Menschen sein Erbarmen zeigte, kam zu ihm Gabriel – Heil sei über ihm – mit Gottes Befehl. Der Gesandte Gottes berichtete: Gabriel kam zu mir, während ich schlief, mit einer Decke von Brokat, darauf eine Schrift war, und er sprach: Trag vor! Ich sagte: Was soll ich vortragen? Da würgte er mich, bis ich dachte, es sei der Tod. Dann ließ er mich und sagte: Trag vor! Ich sagte: Was soll ich vortragen? Er würgte mich, bis ich dachte, es sei der Tod, darauf ließ er mich und sagte: Trag vor! Und ich sagte: Was soll ich vortragen? – Ich sagte das nur, um zu verhüten, daß er mich noch einmal so bedränge. Darauf sprach er:

Trag vor: Im Namen deines Herrn, der erschaffen hat. Er schuf den Menschen aus einem Blutgerinnsel. Trag vor: Dein Herr ist der Gnädige, der durch das Schreibrohr gelehrt hat; den Menschen gelehrt hat, was er nicht wußte."

(Ibn Hišam: Sirat Muhammad Rasul Allah [Das Leben Muhammads, des Gesandten Gottes]. Ed. Saqqa, Abyari, Šalabi. Kairo [2]1955. Bd. 1, S. 236–37. – Der Text der ersten Offenbarung ist die 96. Sure des Korans, Vers. 1–5.)

So begann um das Jahr 610 n. Chr. die Geschichte des Islams. Muhammad, der Kaufmann aus Mekka, wurde von einer Wahrheit überwältigt, die sich ihm als Offenbarung zeigte „wie das Licht des Morgens", die „vorzutragen" und zu verbreiten seit jenem Tage Sinn und Werk seines Lebens wurde. Schon zu seinen Lebzeiten erweiterte sich mit dem Kreise der Gläubigen der Gesichtskreis. Die Botschaft kündete von der Güte und Allmacht des einen Gottes; sie gab aber auch die Fundamente einer Rechts- und Staatsordnung, Grundlagen des ersten Gemeinwesens im Namen dieses Gottes. Die den Arabern in ihrer Sprache gegebene Botschaft wurde im Selbstverständnis des Stifters Erneuerung und Vollendung aller Offenbarung, gerichtet an alle Völker; das nach seinem Tode rasch über die Grenzen der arabischen Halbinsel hinauswachsende arabische Reich wurde ein islamisches Weltreich, dessen Herrscher im Namen Gottes und in der Nachfolge des Propheten zeitliches Geschick und ewiges Heil der Gläubigen aller Länder regierte und die Ungläubigen unter seinen Schutz befahl. Die Einheit des Glaubens, des theokratischen Staatswesens, des Reiches zerfiel; aber noch im Zerfall und im Widerstreit blieb die Einheit des Islams im Bewußtsein der Muslime über Jahrhunderte unauslöschlich bewahrt.

Wir können darum von islamischer Geschichte in einem weiteren Sinne sprechen als von christlicher Geschichte. Zwar gibt es Analogien im Geschichtsbild beider Religionen. Auch die Christenheit hat ihren Anfangspunkt in der Geschichte „als die Zeit erfüllet war". Hier wie dort sehen die Gläubigen diesen Anfang als Kulminationspunkt der Heilsgeschichte, als das Ereignis, das ihrem Leben Sinn und Wirklichkeit gibt. Auch die Christen des mittelalterlichen Europa verstanden sich als Gottesvolk, als Einwohner der Civitas Dei. Darüber hinaus stehen beide Religionsgemeinschaften auf dem gleichen historischen Grund. Sie teilten sich in die Konkursmasse des Imperium Romanum, auf beiden Seiten lebte das Erbe der Antike fort (und bewahrte auf lange Sicht in Ost und West eine Basis der gegenseitigen Verständigung). Die Kontinuität der Wissenschaftsüberlieferung ist hierfür das bekannteste Zeugnis; doch auch in der städtischen Kultur, im Machtkampf der Institutionen, in mancher Konvergenz des politischen Handelns gibt es eindrucksvolle Parallelen. Im Westen aber bahnten sich schon im Hochmittelalter Entwicklungen an, die im islamischen Osten ausblieben oder erst sehr viel später nachvollzogen wurden. Vor allem verlor der christliche Staat seine Identität mit dem Volk der Gläubigen weit früher als der islamische. So wie mit dem Beginn der Epoche, welche wir die Neuzeit nennen, die Kirche selbst – schon lange gespalten – von Persönlichkeiten in Frage gestellt wurde, die ihre Begegnung mit Gott neu, als Individuen erlebten, wurde der islamische Staat niemals in Frage gestellt. Auch das islamische Weltreich ist zerfallen; auch der Islam hat die Erosion durch Schisma und Dissidenz erfahren; auch er kennt das Erwachen persönlicher Frömmigkeit und die Revolte intellektueller Skepsis gegen die Institutionen der Theokratie. Aber die Trennung zwischen Gottesvolk und Staatsvolk wurde nie zur akzeptierten Wirklichkeit; der islamische Charakter der politischen Gemeinschaft ist bis heute Realität selbst da, wo Verfassungen den Islam nicht mehr als Staatsreligion proklamieren.

Der Islam, in die Geschichte getreten als Botschaft des Propheten, erwies sich als religiöse und politische Ordnung, welche die Gesellschaft des Vorderen Orients und Nordafrikas vom 7. bis ins 19. Jahrhundert umspannte, welche in aller Vielfalt der landschaftlichen und geschichtlichen Individualität Arabern, Aramäern, Berbern, Iranern, Türken und anderen Zusammenhalt und Zusammenhang noch im Widerstreit gab. Bis heute, lange nach der Entstehung säkularer Staaten im Orient, erweist die islamische Idee der Theokratie immer wieder ihre politische Wirkungskraft: das Ideal eines Staates, dessen Herrscher nach dem Vorbild und in der Nachfolge des Propheten allen Muslimen die Bewahrung des reinen Glaubens, die Leitung des öffentlichen, gemeinsamen Gebets und die Rechtmäßigkeit der politischen, religiösen und juristischen Institutionen garantiert. Wohl konnte dieses Ideal nach dem Hingang des Propheten nie mehr verwirklicht werden. Die Frage der Nachfolge (*hilafa*, „Stellvertretung", Kalifat) teilte die Gemeinde schon unter den ersten Kalifen, entfachte Bürgerkrieg und Glaubensspaltung. Die Dynastie der Umaiyaden, Realpolitiker der arabischen Expansion und Okkupation, konnte den Ansprüchen der Vielvölkergemeinde nicht genügen. Ihre Nachfolger aus dem Geschlecht des Propheten, die Abbasiden, traten nach siegreicher Revolution (750) mit dem Anspruch auf, wahrhaft Fürsten nicht nur der arabischen, sondern aller Gläubigen zu sein; aber sie schufen im zentralistischen Staatsapparat der „Schreiber" (*kuttab*) und im Militär eines absolutistischen Hofstaates dem Volk der Gläubigen entfremdete Institutionen. Gegen den Versuch des Kalifen al-Ma'mun (813–33) und seiner beiden Nachfolger, eine aus apologetischer Dogmatik hervorgegangene rationalistische Deutung der Heiligen Schrift allgemein verbindlich zu machen, erhoben sich die Hüter der religiös-juristischen Institutionen, befreiten den Islam von der Bindung an einen Autokraten, banden ihn wiederum an eine kodifizierte, sanktionierte Tradition: die Sunna. Von nun – von der Mitte des 9. Jahrhunderts – an formen sich Dogma, Recht und staatliche Ordnung der islamischen Welt im Verfolg der Anstrengung der „sunnitischen" Orthodoxie, den universalen Anspruch des Islams und die Einheit des Glaubens gegen äußere und innere Herausforderungen durchzusetzen. Als dieses Ziel seiner Verwirklichung nahekommt, ist die politische Einheit zerbrochen, ist das Kalifat unter dem Schutz fremder – iranischer, türkischer – Dynastien entmündigt. Aber im Prozeß des Zusammenwirkens der islamischen Völker und der Vielfalt ihrer geistigen Traditionen aus Orient und Okzident – aus semitischem, iranischem, griechisch-antikem Erbe – entsteht die

„internationale" Gesellschaft und Kultur des Islams. Sie überdauert das Ende des Kalifats (1258) noch einmal um sechs Jahrhunderte – so lange, wie jenes bestanden hatte.

Mit dem Aufstieg der modernen Nationalstaaten im Laufe des 19. und 20. Jahrhunderts verlassen wir unseren Gegenstand. Die Geschichte des Islams geht weiter; aber an die Stelle der Staatsgemeinde, die – wenn auch geteilt und gespalten – im Leiter des rechtmäßigen Gebets (sei er auch fremder Usurpator) ihren Souverän anerkennt, sind Nationen von Arabern, von Ägyptern, Syrern, Irakern usw., von Persern, Türken und all den anderen islamischen Völkern und Regionen getreten; ihre Institutionen sind von den Vorbildern westlicher Rechts- und Staatslehren geprägt. Die meisten ihrer Könige, Präsidenten und Diktatoren können und wollen ein geistliches Amt und religiöse Autorität nicht mehr beanspruchen. Andere erheben diesen Anspruch, versuchen ihren Staat als einen islamischen zu legitimieren, versuchen das Rad der Geschichte zurückzudrehen. Mächtige Bewegungen zurück zu den Fundamenten des Islams sind im Gange. Ob sie, wie einstmals die Verkündigung des Propheten in Mekka, die Probleme einer Gesellschaft im Umbruch zu lösen vermögen, ist fraglich; daß sie mit gleichen Schlagworten Verschiedenes, ja Gegensätzliches wollen, ist offenkundig. Noch immer, und gerade jüngst aufs neue, wird die Gemeinschaft der islamischen Völker von Politikern aller Richtungen beschworen – ob sie noch einmal eine Einheit politischen Handelns zurückgewinnen wird, steht dahin. Aber ihre gemeinsame Geschichte wirkt tief in ihre Gegenwart hinein.

II. Europa und der Islam: Geschichte einer Wissenschaft

„Viel Wunderbares gibt es in der orientalischen Geschichte, das der menschliche Verstand nicht ergründen kann. Ein armer und verachteter Mensch, wie Mohammed es war, erwarb durch seine Frömmigkeit und seine anderen Tugenden solche Macht, daß er kaum geringer als Gott selbst von einem großen Teile des bewohnten Erdkreises verehrt wird – ist es nicht wunderbar? Derselbe zähmte ohne Gewalt und bildete durch gute Sitten ein wildes und unbezwingliches Geschlecht; er stiftete eine Religion, welche die christliche wie mit Besen aus dem Orient fegte; er errichtete aus kleinsten Anfängen ein Reich, welches in einem halben Jahrhundert mehr Provinzen sich unterwarf als das römische in drei ganzen Jahrhunderten, und zwei blühende Imperien, das römische und das persische, schlug, jenes schwer erschütterte und wanken machte, dieses aber gänzlich vernichtete – dies alles, sage ich, geschah nicht ohne höhere Fügung und muß unseren Geist, erfüllt von der Liebe und Verehrung zu unserer Religion, mit dem Gefühl des Schreckens und Schmerzes zuinnerst berühren ... Kurz, im Studium der mohammedanischen Geschichte wird genug und reichlich finden, um sich zu beschäftigen und zu ergötzen, wer immer die verschiedenen Glaubensartikel der Völker über Gott und göttliche Dinge und die Geschichte der Religionen kennenlernen will oder die Sitten, Gesetze und Rechtsordnungen der Geschlechter und Staaten und die Formen der Regierung, jeder auch, den die Geschichte der Naturgegenstände, der Krankheiten und Heilmittel fesselt, oder der die Gestalt des Erdkreises im Wandel der Zeiten und den Aufstieg und Untergang der Städte zu betrachten liebt. Wer die Literaturgeschichte schätzt, wird staunen, wieviele Männer im Orient in allen Gattungen der Literatur bewandert waren zu einer Zeit, da unser Europa wie in eine schwarze Nacht der Unwissenheit und Barbarei gehüllt lag, und mit Vergnügen erkennen, welchen Beitrag ein jeder von ihnen für das Wachstum der Bildung geleistet. Wer solches studiert, hat eine des menschlichen Ingeniums überaus würdige Beschäftigung und die angenehmste Erquickung des Gemüts."

(Johann Jacob Reiske: Prodidagmata ad Hagji Chalifae librum memorialem rerum a Muhammedanis gestarum exhibentia introductionem generalem in historiam sic dictam orientalem [verf. 1747]. In: J. B. Koehler: Abulfedae tabulae Syriae. Lipsiae 1766; ²1786, S. 239–40.)

Mit solchen Worten warb Johann Jakob Reiske im Jahre 1747 für das Studium der islamischen Geschichte und ihrer arabischen Quellen. Reiske war es, dem die Arabistik (nach dem Wort Johann Fücks [20.03], S. 108) ihre „Mündigsprechung' verdankt. Erst die Aufklärung hatte einem unvoreingenommenen Interesse an der Geschichte und Kultur der islamischen Länder den Boden bereitet. Dem mittelalterlichen Europa war der Islam eine Erzhäresie; Muhammad, der die reine Religion Abrahams zu erneuern und zu vollenden beanspruchte, galt als falscher Prophet unter dem Einfluß christlicher und jüdischer Irrlehrer. Das konfliktreiche Verhältnis zwischen Christenheit und Islam war von Jahrhunderten der Bedrohung und der kriegerischen Auseinandersetzung geprägt. Jäh und schier unbesiegbar waren die Araber über die Provinzen des sasanidischen Iran, dann des Byzantinischen Reiches hergefallen, hatten christliche Territorien in Kleinasien, Syrien und Ägypten erobert und in Sizilien die byzantinische Seeherrschaft gebrochen, hatten nach Nordafrika Spanien gewonnen und bedrohten trotz dem Eingreifen Karl Martells (732) für Jahrzehnte die Kernlande Europas. Noch den späten Betrachter – Reiskes anfangs zitierte Sätze sagen es deutlich – konnten diese Ereignisse „mit Schrecken und Schmerz" erfüllen, ihm den Blick für ein sachliches Urteil trüben; noch die Muhammad-Biographien des 19. Jahrhunderts atmen den Geist des Vorurteils und der Polemik, zeichnen den Propheten als verschlagenen und eigensüchtigen Politiker, den Koran als groteskes Sammelsurium jüdischer und christlicher Überlieferungsbrocken.

1. Frühe Islamstudien im Zeichen des Glaubenskrieges

Die Kreuzzüge brachten den Franken die Bekanntschaft mit einer überlegenen Kultur; Kontakte mit den Muslimen in Spanien und Sizilien vermittelten dem christlichen Europa die arabische Überlieferung und Fortbildung des wissenschaftlichen Erbes der Antike; Übersetzungen befruchteten seit dem Ende des 11. Jahrhunderts naturwissenschaftliche, medizinische und philosophische Studien. Ein tieferes Verständnis des Islams und seiner Geschichte kam jedoch durch diese Berührungen nicht zuwege. Erst die Rückschläge der Kreuzfahrer – Edessa fiel 1144, Jerusalem durch Saladin 1187 – weckten bei besonnenen Männern der Kirche die Einsicht, daß die Auseinandersetzung mit den „Sarazenen" geistiger Rüstung bedürfe, insbesondere der genauen Kenntnis des Korans. Der Abt Peter von Cluny (Petrus Venerabilis), der in Spanien mit dem Konflikt zwischen Islam und Christentum, mit dem Geist der Reconquista bekannt wurde – das Lied vom Cid entstand um eben diese Zeit –, veranlaßte im Jahre 1143 die erste lateinische Koranübersetzung durch Robert von Ketton (eher eine zusammenfassende Paraphrase) und ließ sich einige der in Toledo greifbaren christlich-arabischen polemischen und apologetischen Schriften über Muhammad und den Islam übertragen. Er sandte die Übersetzungen an Bernhard von Clairvaux und schickte sich an, in seinem ‚Liber contra sectam sive haeresim Saracenorum' der „frevlerischen Sekte der Sarazenen" durch die Macht des Wortes und der Vernunft zu begegnen. Dominikaner und Franziskaner des 13. Jahrhunderts taten es ihm nach; die Forderung nach gründlicher sprachlicher Ausbildung der Missionare – vor allem von dem bedeutenden Raymundus Lullus, dessen Glaubenseifer ihn 1316 in Tunis in den Tod führte, mit Erfolg erhoben – trug ihre ersten Früchte. Ein Standardwerk der Polemik, das auch manch alten Irrtum richtigstellte, wurde das ‚Propugnaculum' des Florentiners Ricoldo da Monte Croce, der um 1290 in Bagdad Sprache und Religion der Araber studierte (Martin Luther übersetzte die Streitschrift 1542 ins Deutsche!). Aber die Quellen der Information über den Islam blieben spärlich. Die von Petrus Venerabilis besorgte Koranversion des Robert von Ketton war bis ins 17. Jahrhundert die Vorlage weiterer Übertragungen in europäische Sprachen, so noch der deutschen des Orientreisenden Salomon Schweigger (1616), und wurde erst 1698 durch die des Italieners Ludovico Marracci ersetzt und verdrängt.

Im 15. Jahrhundert brachten die osmanischen Eroberungen auf dem Balkan und in Kleinasien neue Gefahr für Europa und die Christenheit. 1453 fällt Konstantinopel; aber noch immer sind die von Petrus und Ricoldus gesammelten Informationen die Hauptquellen der wiederauflebenden polemischen Literatur. „So viel Blutvergießen ist angerichtet worden, daß Bäche von Blut durch die Stadt flossen. So ist die edle, von Konstantin gegründete Stadt in die Hand der Ungläubigen gekommen ... Was aber die Wut der Türken in der königlichen Stadt anrichten wird, weiß ich nicht, doch ist es leicht zu vermuten: das unserer Religion feindliche Volk wird dort nichts Heiliges und Reines übriglassen" – so schrieb unter dem Eindruck des Ereignisses Enea Silvio Piccolomini (der spätere Papst Pius II.) an den Kardinal Nikolaus von Cues (Briefwechsel, hrsg. v. R. Wolkan. III, 1. Wien 1918, S. 207) und rief zu einiger und entschlossener Gegenwehr der Christen auf. Die Antwort des großen Cusaners muß Respekt fordern: seine ‚Sichtung des Korans' (1461) ist keine polternde Polemik, sondern geschrieben in der Absicht, „unter Voraussetzung des Evangeliums Christi das Buch Mahumets zu sichten und zu zeigen, daß auch in diesem Buch das enthalten ist, wodurch das Evangelium, wenn es der Bezeugung bedürfte, gar sehr bestätigt werden würde" – aus der Gewißheit, daß alle Religionen Anteil haben an der absoluten Wahrheit der einen Religion. (Cribratio Alkorani, prologus. [Übers.:] Paul Naumann. Hamburg 1943, S. 83)

In Spanien dauerten die Beziehungen zwischen Muslimen und Christen auch nach der Reconquista fort; 1492 mußte der letzte arabische Herrscher aus Granada weichen, aber noch lange blieben die Muslime auf der iberischen Halbinsel eine bedeutende Minderheit. Die berüchtigte Inquisition, doch auch ernste Studien der arabischen Sprache zur Unterstützung der Mission waren die Folge. Überdies förderten die Kontakte der römischen Kirche mit dem Christentum des Vorderen Orients solche Studien: Bemühungen um Union mit den orientalischen Kirchen und um Förderung der dort geleisteten Missionstätigkeit. Die Unionsbestrebungen der Kurie standen gleichfalls hinter der Einrichtung einer Druckerei durch den Kardinal Ferdinand von Medici, welche von 1586 bis 1610 erstmals bedeutende arabische Werke in schöner arabischer Typographie durch den Buchdruck verbreitete. Darunter waren nicht nur theologische Schriften für die Hand der arabischen Geistlichen, sondern auch Avicennas medizinische Enzyklopädie, grammatische Lehrbücher und ein Auszug aus der Geographie des Idrisi – Zeugnisse wissenschaftlichen Interesses im Geist der Renaissance. Bald eiferte man in Frankreich, Holland und Deutschland diesem Beispiel nach.

2. Von der Konfrontation zur Koexistenz

Für den europäischen Handel waren die islamischen Länder seit alters Stationen auf dem Weg nach Indien und dem Fernen Osten gewesen. Allerdings hatte diese stets gefährdete Route seit dem 13. Jahrhundert stark an Bedeutung verloren, da die Kontakte mit den Mongolen einen anderen Weg durch Rußland und Zentralasien ermöglichten. Die Entdeckung Amerikas und des Seeweges nach Indien ließ die Bedeutung des islamischen Orients für den Handel vollends zurücktreten. Aber alsbald sahen sich die europäischen Regierungen genötigt, in eine neue, gänzlich andere Beziehung zur islamischen Welt einzutreten. Unter Selim I. (1512–20) waren die Osmanen zur neuen Großmacht des Vorderen Orients aufgestiegen und drängten unter dessen Nachfolger Süleyman über den Balkan hinaus: 1529 standen die Türken zum ersten Mal vor Wien. Karl V. sandte im selben Jahr eine diplomatische Mission nach Persien in der vergeblichen Hoffnung, den Safawiden-Schah in Isfahan als Verbündeten gegen die Osmanen zu gewinnen. Erfolgreicher waren die Verhandlungen seines Gegenspielers Franz I. von Frankreich mit den Türken; und neben den politischen trugen sie auch andere Früchte: im Jahre 1543 schickte der König mit einer Gesandtschaft zur Hohen Pforte auch den Gelehrten Guillaume Postel, der im Orient arabische Handschriften aufkaufte, eine erste Grammatik der klassischen arabischen Schriftsprache schuf und eine idealisierende Darstellung der „Republik der Türken" veröffentlichte. Sein Schüler Joseph Scaliger (1540–1609) lieferte mit seinem Hauptwerk ‚De emendatione temporum' (1583) eine grundlegende Chronologie der Geschichte nach allen damals verfügbaren, auch orientalischen Quellen; auch die islamische Zeitrechnung wurde dargestellt. Auf der anderen Seite befruchteten die Handschriften Postels, in die Bibliothek des Kurfürsten von der Pfalz nach Heidelberg gelangt, islamisch-arabische Studien in Deutschland und Holland. Holland übernahm bald die Führung; das weltoffene Klima der Handelsnation und die Tatkraft bedeutender Gelehrter wirkten dabei zusammen. Thomas Erpenius (van Erpe, 1584–1624) studierte die Geographie des Abu l-Fida und die persische Chronik des Mirhwand; in einer türkischen Bearbeitung der Annalen des Tabari war ihm die Hauptquelle der älteren islamischen Geschichte zugänglich; und er machte mit einer Textedition und einer lateinischen Übersetzung der Weltchronik des Kopten al-Makin zum ersten Mal einen Überblick der islamischen Geschichte von den Anfängen bis zu den Kreuzzügen verfügbar, der auf authentische islamische Quellen zurückging. Nachfolger des Erpenius auf der Leidener Professur für Arabisch wurde sein Schüler Jacobus Golius (1596–1667), dessen arabisch-lateinisches Wörterbuch (1653) für nahezu zwei Jahrhunderte das Standardwerk der Arabistik blieb. Überdies brachte er aus dem Orient wertvolle Handschriften nach Leiden mit, und seit um 1669 Golius' Schüler Levinus Warner – der in Konstantinopel die Generalstaaten bei der Hohen Pforte vertrat – der Leidener Bibliothek ein Legat von fast tausend Handschriften vermacht hatte, wurde Leiden das Mekka der europäischen Arabistik, bis heute eine ihrer Schatzkammern. Nennenswert waren daneben allein die alten Bestände des Escurial und des Vatikans (sie wurden im Laufe des 18. Jahrhunderts erstmals beschrieben) und die schon damals bedeutende Sammlung der Bibliothèque Royale (der heutigen Bibliothèque Nationale) in Paris; aber erst im Laufe des 19. Jahrhunderts erreichte der Pariser Fonds seinen heutigen Umfang, schufen Diplomaten und Kolonialbeamte, Gelehrte und Reisende auch in London und in Berlin umfangreiche Bibliotheken orientalischer Handschriften, und erst im 20. Jahrhundert wurden die ungleich größeren Bestände in den Hauptstädten des Orients der Wissenschaft zugänglich und erschlossen.

Den Diplomaten, den Kaufleuten auch, die um Seide und Edelsteine nach Persien reisten, folgten Forscher und Abenteurer, die mit ihren Reiseberichten Sitte, Kultur und Religion der islamischen Welt in Europa bekannt machten. Der Römer Pietro della Valle reiste durch Ägypten und Syrien zu längerem Aufenthalt nach Persien (1619–26) und schilderte die Verhältnisse des Safawidenreiches; der Arzt François Bernier (1620–88) brachte aus Syrien, Ägypten und Indien scharfe Beobachtungen über Gesellschaft und Wirtschaft; Adam Olearius (Ölschläger, 1603–71) begleitete eine holsteinische Handelsmission und beschrieb nicht nur seine ‚Muscovitische und Persische Reyse' der Jahre 1633–35 und 1635–39, sondern machte auch erstmals Proben der persischen Literatur in deutscher Übersetzung bekannt; Jean-Baptiste Tavernier und Jean (Sir John) Chardin gaben ausführliche und vielseitige Darstellungen ihrer persischen Reisen und Erfahrungen – Chardin wurde gar Hofgoldschmied des Schahs – in den sechziger und siebziger Jahren des 17. Jahrhunderts.

3. Die Anfänge der Islamwissenschaft

Reisebeschreibungen, politisches Schrifttum, praktisch orientierende Handbücher über die Türkei und andere islamische Länder kamen einem aktuellen Interesse entgegen – einem Interesse freilich, das mehr auf Selbstbespiegelung, auch Selbstkritik der Europäer gerichtet war als auf unvoreingenommene Erkenntnis. Demgegenüber blieb das wissenschaftliche Studium des Islams, seiner Sprachen und Literaturen weithin im Banne der Theologie und der semitischen Philologie, blieb vor allem auf den Koran und die arabische Sprache beschränkt. Die Reformation hatte den Blick auf den Text der Bibel und ihre orientalischen Versionen gelenkt; auch begann man, den Wert arabischer Sprachstudien für die Erklärung verwandter semitischer Wortwurzeln im hebräischen Alten Testament zu schätzen (bald auch zu überschätzen). Wenige gelangten weiter. Der Inhaber des ersten arabistischen Lehrstuhls in Oxford, Edward Pocock (1604–91), auch er Theologe, machte immerhin durch sein ‚Specimen Historiae Arabum' (1650) die vorislamische Geschichte Arabiens und die dogmatische Theologie des Islams besser bekannt, und seine arabisch-lateinische Textedition der kurzgefaßten Weltgeschichte des Barhebraeus (1663), obschon eine Kompilation aus christlicher Feder, fügte zu den wenigen bis dahin erreichbaren Quellen einen inhaltsreichen Abriß der islamischen Geschichte bis zum Mongolensturm, mit vielen Daten aus Literatur und Wissenschaft, nach den besten arabischen Historikern.

Gegen Ende des 17. Jahrhunderts begann die Macht der Osmanen zu wanken – der Sturm auf Wien war 1683 gescheitert –, und Europa begann, dem Islam gelassener zu begegnen. Zugleich öffnete die Aufklärung in Frankreich den Weg zu einer undogmatischen Auseinandersetzung mit der Welt des Orients; eine allgemeine Asienbegeisterung beförderte auch das gelehrte Studium. Bartholomé d'Herbelot (1625–95) trug aus arabischen, persischen und türkischen Chroniken das Material zu seiner ‚Bibliothèque orientale' zusammen (1697 posthum erschienen) – als erste Enzyklopädie der Geschichte und Kultur der islamischen Länder, der Autoren und Werke ihrer Literaturen ein Markstein in der Geschichte der Orientalistik. Und zwei Jahrzehnte später erschien Antoine Gallands freie Übertragung der ‚Märchen aus Tausendundeiner Nacht', nach der französischen Fassung bald auch ins Deutsche und Englische übersetzt – ein europäischer Bestseller. Kaum ein Werk der arabischen Literatur hat das Bild des Orients im Westen so tief und nachhaltig bestimmt, nicht zum Besten einer nüchternen Betrachtung. Aber die Aufklärung lehrte auch, Muhammad und den Koran objektiver zu sehen, ja mit Achtung zu würdigen. Der Utrechter Orientalist Adrianus Relandus räumte in seiner Schrift ‚De religione Mohammedica' (1705) mit alten Irrtümern auf, und die englische Koranübersetzung von George Sale (1734) stellte das Studium des islamischen Offenbarungsbuches auf eine neue Grundlage.

Aber es war Johann Jacob Reiske (1716–74), mit dessen Lobrede auf die islamische Geschichte wir oben begannen, der diesen vielfachen Bemühungen eine philologische Basis schuf. Sein Leidener Lehrer Albert Schultens hatte sich noch damit begnügt, das Studium des Arabischen in den Dienst der philologia sacra, der Bibelexegese zu stellen. Reiske erkannte das Suchen nach fragwürdigen Etymologien semitischer Wurzeln als müßige Spielerei; und er selbst machte sich die Handschriftenschätze der Leidener Bibliothek – um derentwillen er die entsagungsvollen Studienjahre in Holland auf sich nahm – zunutze, um der arabischen Philologie neue Tore aufzuschließen, um sie als selbständige Wissenschaft recht eigentlich zu begründen. Und doch hätte er Größeres leisten können, hätten ihm nicht Mißgunst, Mißtrauen, ja der Geruch der Freigeisterei zeit seines Lebens im Weg gestanden und seine Berufung auf einen Lehrstuhl an der Leipziger Universität vereitelt. Seinen vielseitigen Arbeiten über arabische Poesie, Sprichwörter, Medizin, Numismatik und die islamischen Historiker blieb die verdiente Anerkennung versagt; seine lateinische Übersetzung der Annalen des Abu l-Fida fand keine Käufer, so daß nur der erste Band erscheinen konnte; seine Deutung der islamischen Geschichte als Paradigma der Universalgeschichte war seiner Zeit voraus. So bewahrt die Wissenschaftsgeschichte sein Gedächtnis als eines „Märtyrers der arabischen Literatur". Die Französische Revolution von 1789 mußte das Gesicht der Welt und den Geist der Wissenschaft verändern, damit ihm ebenbürtige Vertreter der Islamforschung sein Werk fortsetzen konnten.

Indessen bereicherten doch auf ganz andere Weise zwei weitere Forscher der Zeit die Kenntnis des islamischen Orients: Carsten Niebuhr (1733–1815), Mitglied einer vom dänischen König ausgerüsteten, freilich recht glücklosen Arabienexpedition, unternahm nach dem Scheitern des Gesamtunternehmens weitere Reisen durch Südpersien, Irak, Palästina und Kleinasien (1761–67) und gab wertvolle Aufzeichnungen seiner Funde; und der Franzose François Volney, der die Jahre 1783–86 in Ägypten und Syrien verbrachte, beobachtete Gesellschaft und Wirtschaft der arabischen Welt unter osmanischer Herrschaft; seine Diagnose – Verfall der Wirtschaft und Kultur unter orientalischer Despotie, begünstigt von islamischem Fatalismus – prägte für lange Zeit das Urteil europäischer Historiker.

4. Der Aufstieg der Orientalistik

Das Wort „orientalist" taucht zuerst in England auf (1779 in einer Abhandlung über Edward Pocock); 1791 erscheint „orientaliste" in Frankreich; „orientalisme" ist schon 1838 Gegenstand eines Artikels des ‚Dictionnaire de l'Académie française'. Gemeint ist zunächst das Studium des gesamten, des Nahen und des Fernen Ostens. Die Errichtung der Pariser École spéciale des langues orientales vivantes im Jahre 1795 sollte den praktischen Erfordernissen von Wirtschaft und Diplomatie dienen; die Sprachen des Nahen Ostens standen im Vordergrund: Arabisch, Persisch und Türkisch waren durch Lehrstühle vertreten. Damit wurde die „Orientalistik" im engeren Sinne als akademische Disziplin begründet. Hier ging die europäische Arabistik des frühen 19. Jahrhunderts bei Silvestre des Sacy (1758–1838) in die Schule. De Sacys arabische Grammatik, seine arabische Chrestomathie, seine Textausgaben arabischer und persischer Historiker und Literaten waren epochemachend. Vielfältig wirkte er durch den großen Kreis seiner Schüler aus allen Ländern Europas; auch die besten Arabisten Deutschlands – Wilhelm Freytag, Gustav Flügel, Heinrich Leberecht Fleischer und viele andere – zählten zu seinen Schülern.

Die Interessen Österreichs auf dem Balkan, diejenigen Englands in Indien förderten dort türkische und persische Studien. In Calcutta hatte William Jones 1784 die Asiatic Society of Bengal gegründet, welche nicht nur die Indologie, sondern auch das Studium der islamischen Kultur Indiens förderte; im College of Fort William, wo die Angestellten der ostindischen Kompanie 1800–54 in den Landessprachen unterwiesen wurden, gaben die einheimischen Lehrer Grammatiken und Texte heraus. Der Diplomat Sir John Malcolm lieferte mit seiner ‚History of Persia' (1815), z. T. nach persischen Originalquellen, eine umfassende Darstellung, die nicht nur dem historischen Interesse, sondern auch dem aktuellen Informationsbedürfnis der anglo-indischen Politik und Wirtschaft diente.

‚Fundgruben des Orients' veröffentlichte in Wien (1809–18) der vielseitige Joseph von Hammer-Purgstall (1774–1856); der sprachbegabte Liebhaber der islamischen Literatur hatte an der Wiener Orientalischen Akademie (1754 von Maria Theresia gegründet) Türkisch und Persisch, dann im Orient auch Arabisch gelernt und machte in seiner Zeitschrift – deren Beiträge er selbst zu einem erheblichen Teile bestritt – zusammen mit Mitarbeitern aus ganz Europa die verschiedensten Texte und Gegenstände aus den unerschlossenen Schätzen der islamischen Literaturen bekannt. Sein Werk erregt heute mehr durch seine Fülle als durch philologische Genauigkeit Bewunderung; aber seine umfänglichen Darstellungen der Geschichte und der Staatsverfassung des osmanischen Reiches sind noch immer von Wert, und sein Wirken vermittelte einem großen Kreise ein neues Bild des Orients. Goethe las Hafiz in Hammers Übersetzung:

„Wieviel ich diesem würdigen Manne schuldig geworden, beweist mein Büchlein in allen seinen Teilen", bekannte er in den ‚Noten und Abhandlungen' zum West-östlichen Divan (Hamburger Ausgabe, Bd. 2, S. 253) – dies bei deutlicher kritischer Distanz. Auch die Gegensätze zwischen Hammer und dem Prälaten Heinrich Friedrich von Diez (1784–91 Preußischer Geschäftsträger bei der Hohen Pforte), dem anderen Anreger der Goetheschen Begegnung mit dem Orient, lassen sich noch verfolgen.

In Deutschland weckte die Romantik das Interesse an den „Verschiedenheiten des menschlichen Sprachbaues", am „Nationalcharakter der Sprache" (Wilhelm von Humboldt) und den Sinn für die eigentümliche äußere und innere Form der orientalischen Dichtung. Friedrich Rückert (1788–1866) – der bei Hammer-Purgstall Persisch lernte und erst in Erlangen, dann in Berlin als Professor für orientalische Sprachen wirkte – schuf aus dem Geist und Genie der Romantik bis heute unübertroffene Übersetzungen großer Literaturwerke des Nahen und des Fernen Ostens, darunter die erste Koranübersetzung, die eine Vorstellung von der Sprachgewalt des Originals vermittelte.

Die wachsende Zahl der Spezialisten förderte den Gedanken eines Zusammenschlusses. Im Jahre 1821 wurde die Société Asiatique in Paris begründet (de Sacy war ihr erster Präsident), 1834 die Royal Asiatic Society of Great Britain and Ireland, 1842 die American Oriental Society, 1845 die Deutsche Morgenländische Gesellschaft. Sie alle pflegten (und pflegen bis heute) das Studium der Sprachen und Kulturen des Orients im weitesten Sinne, vom Alten Orient über die Welt des Islams bis nach Indien und Ostasien; und ihre Publikationsorgane machten sichtbar, daß die Kunde vom „Morgenlande" zusehends eine internationale Wissenschaft eigenen Ranges wurde.

5. Der Historismus und die Erschließung der Quellen

Die geistige Bewegung der Romantik brachte eine neue Sensibilität für die Vielfalt und Eigenart der Weltliteraturen; zugleich gewann eine neue Haltung gegenüber der Geschichte an Boden: der Historismus. „Jede Epoche ist unmittelbar zu Gott, und ihr Wert beruht gar nicht auf dem, was aus ihr hervorgeht, sondern in ihrer Existenz selbst", schrieb Leopold von Ranke 1854 (Über die Epochen der neueren Geschichte. Neuaufl. Darmstadt 1954, S. 8). Die Ereignisse, Gestalten und Epochen der Vergangenheit in ihrer Einmaligkeit, Verschiedenheit und Fülle zu erfassen und im Bewußtsein ihrer Gleichwertigkeit zu würdigen, war das Ziel, mit dem seit der Mitte des 19. Jahrhunderts auch die Islamhistoriker bekannte Quellen ausschöpften und neue Quellen erschlossen. Man kann sagen, daß erst der Aufbruch zu historisch-kritischer Forschung die Wissenschaft vom Islam und seiner Geschichte von all den praktischen Zweckbindungen und theoretischen Rücksichten befreit hat, in denen sie bis dahin gefangen war. Die Methoden haben sich seither verfeinert, der Gesichtskreis hat sich erweitert, zugleich wurde das Bewußtsein für die Relativität und Zeitgebundenheit auch des „objektiven“ wissenschaftlichen Urteils geschärft. Aber bis heute sind die Islamwissenschaften weithin damit beschäftigt, die vom Historismus entworfenen Aufgaben abzuarbeiten, Daten und Fakten zu sammeln, kritisch zu sichten und zu ordnen, das Gerüst zu erstellen, welches eine sichere Interpretation der geschichtlichen Zusammenhänge und Kräfte tragen kann.

So entstand die erste Gesamtdarstellung der Kalifenzeit von Gustav Weil (‚Geschichte der Chalifen‘, 1850–51; ‚Geschichte des Abbasidenchalifates in Ägypten‘, 1860–62). Es gibt bis heute kein vergleichbares Werk, das unter ständigem Rekurs auf die Traditionsquellen den Gang der Ereignisse im Detail darstellt. (Freilich müßte ein Nachfolger dem ins Unüberschaubare gewachsenen Material Rechnung tragen; Weil konnte sich noch darauf beschränken, die ihm zugänglichen Chroniken nachzuerzählen.) Seine Muhammad-Biographie (1843) wurde bald durch das umfassendere Werk des Österreichers Aloys Sprenger (englisch 1851, deutsch 1861–65) überholt, das bei allen Schwächen der religionsgeschichtlichen Diagnose (Muhammad galt ihm als krankhafter Hysteriker!) zum ersten Mal das Material der islamischen Überlieferung in extenso verarbeitete und geistreich darbot. Wie Sprenger in Indien tätig war der Schotte William Muir, der nach den von Sprenger erschlossenen Quellen die Prophetenbiographie (1856–61) und in Anlehnung an Weil die Kalifengeschichte (1883) ähnlich breit für die englische Leserschaft bearbeitete. Weil hatte auch eine ‚Historisch-kritische Einleitung in den Koran‘ (1844) vorgelegt; aber epochemachend war die ‚Geschichte des Qorāns‘ von Theodor Nöldeke (1860), in der stark erweiterten und revidierten Bearbeitung von Friedrich Schwally (1909–19) noch heute ein Standardwerk. Um die gleiche Zeit begann der Wiener Alfred von Kremer nach ausgedehnten Orientreisen, seine ‚Geschichte der herrschenden Ideen des Islams‘ (1868) und eine ‚Culturgeschichte des Orients unter den Chalifen‘ (1875–77), unübertroffene Synopsen der geistigen und der materiellen Kultur des mittelalterlichen Islams.

Grundlagen dieser ersten Gesamtdarstellungen waren die großen Chroniken, die nun seit der Mitte des 19. Jahrhunderts auch in Editionen allgemein zugänglich wurden. Ferdinand Wüstenfeld (1808–99) gab die klassische Muhammad-Biographie von Ibn Hišam, ‚Chroniken der Stadt Mekka', genealogische und biographische Lexika und geographische Enzyklopädien heraus, der Schwede Carl Johan Tornberg die großen Annalen des Ibn al-Atir, der Holländer Reinhart Dozy die Historiker des islamischen Westens – gefolgt von quellenkritischen Untersuchungen und einer zusammenfassenden Darstellung. Michele Amari (1806–89) veröffentlichte die arabischen Geschichtsquellen seiner Heimat Sizilien; Adrien Barbier de Meynard (mit Abel Pavet de Courteille) in Paris die inhaltsreiche Dynastien-, Kultur- und Naturgeschichte des Masʿudi (1861–77); Michael Jan de Goeje organisierte in Leiden unter Mitwirkung holländischer, deutscher und italienischer Arabisten die monumentale Edition des Tabari (1879–1901) – unsere Hauptquelle für die Kenntnis der ersten drei Jahrhunderte der islamischen Geschichte –, bald darauf Eduard Sachau (Direktor des 1887 in Berlin gegründeten Seminars für Orientalische Sprachen) die Ausgabe der ‚Tabaqat' des Ibn Saʿd (1904–18), des Buches der „Klassen" der Gefährten des Propheten und der Männer des frühen Islams. Viele dieser Editionen sind bis heute nicht ersetzt oder überholt, und nicht wenige sind noch in jüngster Zeit im arabischen Orient nach- oder abgedruckt worden.

Zugleich begann die kritische Analyse der Quellen; die Editoren haben auch hier bedeutende Vorarbeiten geleistet. Julius Wellhausen wandte die Methoden seiner Pentateuch-Kritik – die Sonderung von Schichten und Tendenzen in der Überlieferung – auf die frühen arabischen Historiker an und verwertete die Ergebnisse in den grundlegenden ‚Skizzen und Vorarbeiten' (1884–99), in einer Arbeit über ‚Die religiös-politischen Oppositionsparteien im alten Islam' (1901) und in seinem Meisterwerk ‚Das arabische Reich und sein Sturz' (1902). In Italien trug Leone Caetani die Quellen zur Geschichte der ersten eineinhalb Jahrhunderte des Islams in damals erreichbarer Vollständigkeit in den groß angelegten ‚Annali dell'Islam' (1905–27) und der daneben erscheinenden ‚Chronographia islamica' (1913–22) zusammen. Auch die Hilfsdisziplinen der historischen Forschung, Archäologie, Epigraphik und Paläographie, wurden seit der Jahrhundertwende systematischer gepflegt. Bereits 1875–1891 hatte Stanley Lane-Poole einen zehnbändigen Katalog der orientalischen Münzsammlung des Britischen Museums herausgegeben und auf dessen Grundlage chronologische Tabellen der islamischen Dynastien zusammengestellt. Der russische Gelehrte Vasilij Vladimirovič Bartol'd (Wilhelm Barthold, 1869–1930, Schüler des Arabisten Viktor Rosen) untersuchte anhand numismatischer wie auch literarischer Quellen die Geschichte Zentralasiens und der Turkvölker. In Wien förderte Joseph von Karabacek (1845–1918) die arabische Numismatik, vor allem aber die Papyrologie anhand der bedeutenden Sammlung des Erzherzogs Rainer. Begründer der arabischen Epigraphik wurde der Genfer Max van Berchem (1863–1921). Seine monumentalen ‚Matériaux pour un Corpus Inscriptionum Arabicarum' erfassen einen guten Teil der damals zugänglichen arabischen Inschriften in Kleinasien, Syrien, Jerusalem und Kairo; das seit 1894 erscheinende Werk wurde nach seinem Tode auf Grund der von ihm und anderen gesammelten Materialien fortgeführt, blieb jedoch unvollendet und hat bis heute keine dem ursprünglichen Plan entsprechende Fortsetzung gefunden. Zu den Mitarbeitern gehörten der vor allem auf dem Felde der Kunstgeschichte tätige Josef Strzygowski und Ernst Herzfeld, ein Pionier der islamischen Archäologie, der auf seinen mit Friedrich Sarre unternommenen Reisen im Irak, vor allem aber bei den Ausgrabungen der Abbasiden-Residenz Samarra (1911–14) hochbedeutende Funde ans Licht brachte. In Ostsyrien, Nordarabien und Mesopotamien unternahm Alois Musil von 1895 bis 1915 eine Reihe ausgedehnter Forschungsreisen, entdeckte das Umaiyadenschloß Qusair Amra mit seinen aufsehenerregenden Fresken und schuf in einer Reihe topographischer Reiseberichte die Grundlage unserer Kenntnis der historischen Landeskunde und der Ethnographie (er begleitete ein Jahr lang die Rwala-Beduinen auf ihren Wanderungen!) der arabischen Steppe.

Auf der anderen Seite wuchs die Fülle der in Handschriftenkatalogen der europäischen Sammlungen, seit der Mitte des 19. Jahrhunderts auch in Druckausgaben aus dem Orient bekannt werdenden Literaturwerke, vor allem der arabischen, ins Unübersehbare. Ihre Sichtung und Ordnung dauert noch heute an, und noch immer sind nicht alle in den Bibliotheken des Orients bewahrten Bestände bekannt und erfaßt. Noch immer aber ist das wichtigste Hilfsmittel der arabischen Bibliographie die ‚Geschichte der arabischen Litteratur', welche der damals 27jährige Carl Brockelmann ab 1895 publizierte („um dem Verleger Felber den Druck meiner Ausgabe von Ibn Qutaiba's ʿUyūn al-aḫbār ... durch ein einigermaßen marktgängiges Werk zu ermöglichen", wie er später nicht ohne Bitterkeit – der Verleger hielt seine Zusagen nicht ein – bemerken mußte) und die er durch die 1937–42 erschienenen Supplement-Bände um ein Vielfaches erweiterte – eine stupende Leistung, die zunächst kaum auf einschlägige Vorarbeiten zurückgreifen konnte. (Die wichtigste war der vorbildliche Handschriftenkatalog der Berliner Königlichen Bibliothek – der heutigen Staatsbibliothek Preußischer Kulturbesitz – von Wilhelm Ahlwardt.) Ein Gesamtbild der persischen Literatur im Kontext der islamischen Geschichte Irans schuf Edward Granville Browne (‚A literary history of Persia', 1902–24; ihm voraus ging der fesselnde Bericht über ein in Persien verbrachtes Studienjahr: ‚A year amongst the Persians', 1893). Ein Gegenstück zu Brockelmanns Werk für das historische Schrifttum in persischer Sprache wurde erst 1927 von Charles Ambrose Storey begonnen.

6. Die Wissenschaft vom Islam

Neben der historischen Forschung im engeren Sinne etablierte sich zusehends auch die Wissenschaft von der Religion des Islams als besondere Disziplin. Vor allem anderen ist hier das Werk des Ungarn Ignaz Goldziher (1850–1921) zu nennen, der es in seinen epochemachenden ‚Muhammedanischen Studien' (1889–90) und vielen weiteren Abhandlungen und Monographien unternahm, „die Methoden des kritischen Historismus auf den Islam in seiner Gänze anzuwenden und ihn als eine kulturgeschichtliche Erscheinung zu begreifen, deren Entwicklung wesentlich von religiösen Ideen bestimmt wird" (J. Fück [20.03], S. 226). Anderen Gelehrten gab die Erfahrung des Orients die Anstöße zum Studium der islamischen Religion in ihrer geschichtlich gewordenen Gegenwart. Der Holländer Christiaan Snouck Hurgronje (1857–1936), ein Schüler de Goejes, schilderte die Heilige Stadt Mekka aus eigenem Erleben (1888–89) und stellte – als Kolonialbeamter in Java und Sumatra tätig – erstmals Geschichte und Gesellschaft des islamischen Indonesien dar. Ähnlich trugen französische Orientalisten zur Erforschung des französischen Kolonialgebietes in Nordafrika bei. Mit landeskundlichen Arbeiten über Marokko begann Louis Massignon (1883–1962) seine Studien, die freilich weit über den begrenzten geographischen Rahmen hinausführten. War Goldzihers orthodoxes Judentum Basis und Ausgangspunkt seiner Betrachtung des Islams, so war es Massignons katholisches Christentum, das ihn zu tiefem Verständnis islamischer Frömmigkeit und Mystik befähigte. Im Jahre 1909 erschien die erste seiner bedeutenden Studien über den Mystiker Hallağ; eigenwillig in seiner Deutung der religiösen Phänomene, nicht unumstritten in seiner Parallelisierung islamischer und christlicher Heilsgeschichte (die Passion des Christus und des Hallaǧ, Maria und Fatima), führte er doch die Islamwissenschaften über einen lediglich passiv betrachtenden und kompilierenden Historismus weit hinaus. Neue Horizonte wiesen auch der Schotte Duncan Black Macdonald (am theologischen Seminar in Hartford seit 1892 der erste Vertreter der Arabistik und Islamkunde in den Vereinigten Staaten) mit den Methoden der Religionspsychologie in seinen Arbeiten über die islamische Theologie. Am Berliner Seminar für Orientalische Sprachen (seit 1887) leistete Richard Hartmann Vergleichbares mit den Methoden der Soziologie (nach Auguste Comte, Max Weber – damals noch weithin mit Mißtrauen betrachtet, ja bekämpft) in der Betrachtung von Recht, Staat und Gesellschaft des Islams. Endlich auch wandte sich Carl Heinrich Becker (1876–1933), erster Fachvertreter für Geschichte und Kultur des Vorderen Orients in Hamburg, gegen den Ausschluß des islamischen Orients aus dem Geschichtsbild des Westens und betonte (gegen Ernst Troeltsch) die Mittlerrolle des Islams zwischen Europa und Asien; bei aller Verschiedenheit in der Aneignung hätten das gemeinsame antike Erbe und der Kulturaustausch des Mittelmeerraumes die Institutionen von Religion und Gemeinwesen auch im Islam geprägt. Auch zeigte er, „daß es ein Fehler wäre, den Islam schlechthin als wirtschaftsfeindlich" und fatalistisch zu betrachten, und räumte so mit alten Vorurteilen auf [13.12], S. 65).

Die Fülle des in Texten und Studien neu gewonnenen Wissens, der Perspektiven und Einsichten wurde gesammelt im ersten großen Gemeinschaftswerk der westlichen Orientalistik, der ‚Enzyklopädie des Islām. Geographisches, ethnographisches und biographisches Wörterbuch der mohammedanischen Völker'. Sie wurde nach einer Entschließung des Genfer Orientalistenkongresses seit 1894 von Goldziher, de Goeje und Karabacek vorbereitet, erschien in Leiden seit 1908 in deutscher, französicher und englischer Sprache und wurde unter Mitwirkung von nahezu hundert Gelehrten nach dreißigjähriger Arbeit mit dem 1938 veröffentlichten Ergänzungsband vollendet.

7. Islamforschung in Orient und Okzident: Begegnung und Widerstreit

So begann sich in Europa und Amerika seit dem Ende des 19. Jahrhunderts die Islamwissenschaft als anerkannte Disziplin durchzusetzen, in Lehrstühlen und Instituten der Universitäten selbständig zu etablieren, durch Zeitschriften und Serien der wissenschaftlichen Gesellschaften zu artikulieren, zusehends auch in den Bereichen der Arabistik, der Iranistik und der Turkologie zu spezialisieren. Gleichzeitig entstand in den islamischen Ländern selbst eine nicht mehr in erster Linie theologisch-juristisch motivierte, sondern im westlichen Sinne wissenschaftliche Islamforschung, getragen von den Bewegungen nationaler Emanzipation, gefördert und nicht selten begründet durch Politiker und Gelehrte, die in die Schule der europäischen Wissenschaft gegangen waren.

Von der ersten Phase wissenschaftlich fruchtbarer Kontakte zwischen europäischen Lehrern und arabischen Studenten berichtet einer der Großen der neuen ägyptischen Literatur, Taha Husain – Romancier, Literaturwissenschaftler und Kulturpolitiker, Verfechter eines liberalen, zum Westen offenen Nationalismus und Verfechter des geistigen und wissenschaftlichen Anschlusses an Europa. Er hat in seinen Lebenserinnerungen beschrieben, wie die Vorlesungen einiger bedeutender europäischer Arabisten auf den Studenten der im Jahre 1908 gegründeten Kairiner Universität wirkten. Bis dato Schüler der altberühmten theologischen Hochschule der Azhar-Moschee und bedrückt von ihrer geistigen Enge, ist er von Stil und Inhalt des Unterrichts fasziniert; auch die ägyptischen Professoren lesen hier nicht mehr die traditionellen Lehrtexte des alten Bildungskanons – Grammatik, Recht, Dogmatik –, sondern öffnen die Tore zum Universum der Wissenschaften und zu den Quellen der Geschichte. „Neue Professoren kamen, die ihn [der Autor gibt seinen Lebensbericht in der dritten Person] ganz für sich einnahmen und seine Zuneigung für sich beanspruchten. Da war Professor Carlo Nallino, der italienische Orientalist, der in arabischer Sprache über die Geschichte der umaiyadischen Literatur und Poesie dozierte [genauer: 1908–9 über die arabische Astronomie, erst 1909–10 über die altarabische Literatur bis zur Umaiyadenzeit]. Da war Professor [David] Santillana; auch er las auf Arabisch, mit einem hübschen tunesischen Akzent, über die Geschichte der islamischen Philosophie, besonders über die Geschichte der [griechisch-arabischen] Übersetzungen. Da war Professor [Gerardo] Meloni, der gleichfalls in arabischer Sprache die Geschichte des Alten Orients lehrte; er erzählte den Studenten von Dingen, die nie ein Professor vor ihm in Ägypten behandelt hatte – er behandelte die Geschichte Babylons und Assurs, er sprach von der Keilschrift, er berichtete von den Gesetzen Hamurabis. Der Jüngling verstand alles, was diese Professoren sagten, er fand nichts kompliziert oder schwer zu begreifen. Nichts war ihm mehr zuwider, als das Ende der Lektionen, auf nichts freute er sich mehr als auf die nächste Stunde. Da war ein deutscher Professor, [Enno] Littmann; er sprach zunächst über die semitischen Sprachen und ihre Verwandtschaft mit dem Arabischen und begann dann, einige dieser Sprachen zu unterrichten. – Der Jüngling sagte sich von seinem früheren Leben fast gänzlich los, hätte er nicht mit seinen Mitschülern von der Azhar, von der Dar al-Ulum [ein Lehrinstitut, das Azhar-Absolventen die neueren Wissenschaften vermitteln sollte] und den Studenten der Juristischen Schule weiterhin den Tag und einen Teil des Abends verbracht." Aber mit der Bewunderung und Faszination mischte sich auch Spott und Befremden; nicht nur einige ägyptische Professoren, „sondern gerade die ausländischen Professoren waren Quelle der Heiterkeit und Zielscheibe des Spotts. Ihr Arabisch brachte die Studenten zum Lachen; und einige verdrehten ihre Zunge, um das Arabische dieses oder jenes italienischen oder deutschen Professors nachzuahmen! Nie vergaß der Jüngling den Tag, an dem die Studenten beschlossen, die Vorlesung des italienischen Professors Nallino zu boykottieren, weil Italien der Türkei den Krieg erklärt [29. 9. 1911] und seine Kriegsschiffe gegen Tripoli geschickt hatte. Die Studenten machten aus, sich im Hörsaal zu versammeln, bis der Professor käme und sich an sein Katheder setzte, und dann aus dem Raum zu gehen und ihn allein zu lassen. So geschah es; die Studenten ließen den Professor allein im Hörsaal zurück, blieben dann draußen vor der Tür stehen und warteten, wie er reagiere. Der Professor blieb einige Minuten, dann kam er heraus, wandte sich an seine Schüler und sagte zu ihnen in reinem Hocharabisch mit seinem eigentümlichen Zungenschlag: ‚Ihr seid wie ein Mann, der sich kastriert, um seine Frau zu ärgern!' Der Pfeil traf, und sein Stich brannte. Seit jenem Tage dachte kein Student der Universität mehr an einen Vorlesungsboykott."

(Taha Husain: al-Aiyam [‚Die Tage']. Bd. 3. Kairo [2]1973. Kap. 4, S. 34; Kap. 6, S. 42–3.)

Der spontane Wissensdurst, die naive Begeisterung für das schlechthin Neue der europäischen Wissenschaft sind heute Vergangenheit. Aber die bewußte Abkehr junger islamischer Intellektueller von der Tradition, die Hoffnung auf Fortschritt durch Säkularisierung nach europäischem Vorbild, die Suche nach nationaler Selbstbestätigung durch eine neue, wissenschaftliche Betrachtung der islamischen Vergangenheit haben den Grund philologischer und historischer Forschungsbemühungen im Orient gelegt. So wie Taha Husain – der später seine Studien in Frankreich fortsetzte – sind nicht wenige Schriftsteller und Gelehrte aus Ägypten wie auch aus den anderen islamischen Ländern in die Schule europäischer und amerikanischer Universitäten gegangen, und nach westlichem Vorbild entstanden in Akademien und Hochschulen Institutionen der literarischen und historischen Forschung. Muhammad Kurd Ali, der Gründer der Arabischen Akademie in Damaskus und ihr erster Präsident von 1922 bis 1953 (zugleich bedeutender Historiker seiner Heimatstadt), bekannte in einem großen Vortrag über die Rolle der europäischen Arabistik seit der Renaissance in ihrer Rückwirkung auf die Araber selbst:

„Für uns gilt es jetzt, zu erkennen, wie jene Renaissance uns und unsere Sprache beeinflußt hat, das heißt, gewahr zu werden, wie jene gewaltige Bemühung (der Europäer) um die Wiedererweckung des arabischen Erbes uns selbst angeht, und also jene zu rühmen, die unsere Bücher verbreitet, die unserer geliebten Sprache die Gunst ihres kundigen Wirkens gewährt und uns in Lektionen über die Geschichte unseres Volkes und die Kultur unserer Ahnen Dinge gelehrt haben, die wir nicht kannten."

(Maǧallat al-Maǧma al-Ilmi al-Arabi [Zeitschrift der Arabischen Akademie] 7.1927, S. 400.)

Die heftigen Angriffe Kurd Alis gegen die Arbeiten des in Beirut tätigen belgischen Jesuiten Henri Lammens (1862–1937) – der den Traditionsquellen des frühen Islams jeglichen Wahrheitswert absprach – zeigen auf der anderen Seite, wo er die europäische Wissenschaft in die Schranken wies.

Doch auch die abschließende Episode aus dem oben zitierten Bericht Taha Husains hat noch ihre Aktualität: Der Spott über den Fremden, der doch nie wie ein Araber die Sprache des Islams wird sprechen können, vor allem aber der Zorn über das Kalkül der Machtpolitik, der den Gelehrten von Mitverantwortung nicht freispricht – auch dies sind Faktoren der wissenschaftlichen Begegnung zwischen Ost und West. Bis heute bestimmt die Kritik an der politischen Rolle westlicher Mächte im Nahen Osten die Beurteilung der westlichen Orientforschung als eines „Organs" des Kolonialismus oder Imperialismus.

Von den Vertretern einer selbständig und selbstbewußt gewordenen Wissenschaft in den Ländern des Islams muß sich der Europäer die Frage stellen lassen, ob er die Islamsprachen überhaupt gründlich genug beherrscht, ob er die Quellen einfühlsam genug interpretieren, ob er als Nichtmuslim Religion, Geschichte und Kultur des Islams einsichtig genug erfassen kann. Aber selbst im Orient ist die klassische Literatursprache der mittelalterlichen Quellen den Heutigen fremd und zusehends schwerer zugänglich geworden. Dabei spielt auch die Kluft zwischen

Schriftsprache und gesprochener Umgangssprache eine Rolle; und nur wenige Muslime besitzen noch eine Ausbildung, wie sie die traditionelle theologische Hochschule (die Madrasa) vermittelte. Zudem sind die wissenschaftlichen Methoden der philologischen Texterschließung und der historischen Quellenkritik, die in Europa entwickelt wurden, hier auch zuerst auf die islamischen Literatur- und Geschichtswerke angewandt und von hier an den Orient weitergegeben worden. Der dadurch in Gang gekommene Rezeptionsprozeß dauert bis heute an. Damit ist einer fruchtbaren Zusammenarbeit zwischen Europäern und Gelehrten der islamischen Welt der Weg bereitet, einer Zusammenarbeit, zu der der Orient in zunehmendem Maße, aber auch Europa aus seiner alten und reichen Wissenschaftstradition weiterhin beitragen kann.

Das Bündnis der Philologie mit geistes- und sozialwissenschaftlicher Methodik ist ebenso wichtig für eine zeitgemäße Islamforschung. Solange viele Quellentexte unerschlossen, ja unbekannt sind, bedarf es der philologischen Arbeit. Sonst stehen alle Behauptungen über die historischen Voraussetzungen der Gegenwart auf tönernen Füßen. Und wer die Quellen nicht lesen kann, wird sich oftmals mit Halbheiten und Halbwahrheiten begnügen müssen. Aber auch philologische Akribie kann eine Objektivität vortäuschen, die sich den beschränkten Gesichtskreis des mittelalterlichen Lesers zu eigen macht, statt ihn durchschauen zu lehren, und sie bietet dem Einführung und Orientierung Suchenden nicht selten nur ein Panoptikum entlegener Fakten. Kontakte mit anderen Disziplinen sind daher notwendig – mit der allgemeinen Geschichtswissenschaft, mit Kulturgeographie und Sozialwissenschaft –, damit die noch junge Wissenschaft von der Geschichte der islamischen Völker Lebensfragen der Gegenwart beantworten kann. Sie kann es nur dann, wenn sie vor der Forderung provinzieller Wissenschaftspolitiker nach barem Nutzen nicht mit beschränkter und – in einer Welt des schnellen und unvorhersehbaren Wandels – vergeblicher Aktualisierung kapituliert. Sie kann es erst dann, wenn sie Respekt vor der historisch gewachsenen Eigenart der Partner im Orient vermittelt und zugleich die tiefen Bindungen gemeinsamer geistiger Voraussetzungen und geschichtlicher Erfahrungen zwischen der islamischen Welt und Europa bewußt macht.

III. Der Islam: Religion und Rechtsordnung

„Gott bezeugt, daß es keinen Gott gibt außer ihm; ebenso die Engel und die Besitzer des (offenbarten) Wissens. Er sorgt für Gerechtigkeit, es gibt keinen Gott außer ihm, er ist der Mächtige und Weise. Als die Religion gilt vor Gott die ausschließliche Ergebung an ihn (*islam*). Und diejenigen, die die Schrift erhalten haben, wurden erst uneins – in gegenseitiger Auflehnung –, nachdem das Wissen zu ihnen gekommen war; wenn nun einer nicht an die Zeichen Gottes glaubt, ist Gott schnell im Abrechnen. Und wenn sie mit dir streiten, dann sag: Ich richte mein Angesicht ausschließlich (*aslamtu*) auf Gott, ich und wer folgt. Und sag zu denen, die die Schrift erhalten haben, und zu den Heiden: Wollt ihr euch (ihm ausschließlich) ergeben (*aslamtum*)? Wenn sie sich dann ergeben (*aslamu*), sind sie recht geleitet. Wenn sie sich aber abwenden – dir obliegt nur die Botschaft. Gott durchschaut seine Diener."

(Koran, Sure 3, Vers 18–20.)

Islam ist ein Bekenntnis und ein Verhalten; es ist das „ausschließliche Bekenntnis" des einzigen, allmächtigen Gottes; es ist die „vollkommene Hingabe" an sein offenbartes Gebot; denn die Offenbarung ist Theophanie und Gesetz. „Islam" bezeichnet darum die Annahme der Offenbarung und die Verwirklichung des Gebotes, im weiteren Sinne die historisch gewachsene Rechtsordnung, die wiederum sowohl den Gottesdienst wie das Verhalten der Gläubigen in der Gesellschaft regelt. Die Bekenner des Islams (*muslimun*) bilden eine nach Gottes Willen von seinem Propheten begründete religiöse und politische Gemeinschaft (die *umma*). Die *umma* ist darüber hinaus – auch nach dem Scheitern der Civitas Dei und dem Zerfall der politischen Einheit – die Gemeinschaft der Menschen, der Völker und der Staaten, die sich in ihrem Glauben, in ihrem Gottesdienst, in ihrem privaten und öffentlichen Handeln unter das im Koran offenbarte Gesetz stellen. Dieses Gesetz ist gegründet auf Offenbarung; aber in seiner Ausgestaltung, Systematisierung und Formulierung ist es das Ergebnis geschichtlicher, politischer Erfahrung; und die Auseinandersetzung um Glaube und Gesetz hat die politische Geschichte des Islams bis heute bewegt.

1. Die Offenbarung

Wer Verständnis des Islams sucht, wird zum Koran greifen. Der Koran ist nach dem Glauben der Muslime Gottes Wort, Offenbarung seiner Gottheit und seines Gebotes an die Menschen; er ist die im Wandel der Geschichte unveränderte, wenn auch je und je neu erfahrene und neu gedeutete Grundlage der islamischen Religion. Aber der Koran selbst ist ein schwer zugängliches Buch. Das hat äußere und innere Gründe; äußere, weil die uns vorliegende Anordnung der Offenbarungstexte ihre ursprüngliche chronologische Folge nicht mehr erkennen läßt; innere, weil man ohne die Kenntnis der geschichtlichen Voraussetzungen und Zusammenhänge weder die Botschaft im ganzen noch viele der Einzelheiten und der Anspielungen auf die Umwelt recht verstehen kann. Und diese Zusammenhänge sind uns von der religiösen Überlieferung nur in vielfältiger Brechung bewahrt.

Muhammad, der Prophet, war nach seiner und seiner Gemeinde Überzeugung Empfänger der Offenbarung, Gottes menschliches Werkzeug. Die Botschaft des himmlischen Offenbarungsbuches ,,nachzusprechen" und ,,vorzutragen" war seine Sendung. ,,Sprich nach: Im Namen deines Herrn" – mit diesem Eingangswort der ersten Offenbarung (Sure 96) sieht er sich zum Propheten berufen; dann folgt die Aufforderung „Steh auf und warne!" (Sure 74), die ihn zum Gesandten Gottes an sein Volk designiert. Gläubige sammelten sich um ihn, und sie begannen alsbald, die einzelnen Offenbarungen aufzuzeichnen; im Koran selbst gibt es Anspielungen darauf – die Kenntnis der Schrift war in der Handelsstadt Mekka verbreitet genug. Für die Gemeinde der Gläubigen wurden diese Aufzeichnungen fortan Bestandteil des Gottesdienstes: Rezitationstext (*qur'an* ,,Vortrag"), Heilige Schrift, welche den Büchern der alten Schriftreligionen zur Seite trat und sie ablöste. Aber die Aufzeichnungen und Sammlungen der Offenbarungen wurden zu Lebzeiten Muhammads noch nicht zu einem Ganzen zusammengefügt. Eine neuere Untersuchung versucht mit scharfsinnigen Argumenten, das Gegenteil zu beweisen (John Burton): Erst die islamische Jurisprudenz habe die Differenz zwischen dem offenbarten Buch Gottes und dem kodifizierten Koran für sich entdeckt, um Lesarten und apokryphes Material in ihren Dienst stellen zu können; sie habe daher dem Propheten die Sammlung des Korans abgesprochen. Doch die Tradition ist einhellig – und wollten wir alle Tradition als Fabrikat von Tendenz und frommer Absicht relativieren, könnte Geschichte nicht geschrieben werden –: einhellig darin, daß erst der dritte Kalif (Utman, 644–56) das Buch des Islams insgesamt, einheitlich und unabänderlich redigieren ließ. Bis dahin waren einzelne Teile separat überliefert, kleinere auch zu größeren Einheiten zusammengefaßt, Sammlungen dieser kürzeren und längeren Rezitationstexte, der „Suren" (arab. *sura*), unter den Vertrauten des Propheten in Heften oder Konvoluten vereinigt worden. Nach dem Sturm der Eroberungen galt es, die Einheit der Lehre in dem neuen Großreich zu wahren. Der Kalif gab daher Befehl, eine allgemeingültige, „kanonische" Fassung des Korans zu schaffen und alles übrige aus dem öffentlichen Gebrauch zu verbannen. Die vorliegenden Sammlungen wurden verglichen und kompiliert, die 114 Suren ungefähr nach ihrer Länge angeordnet (von der zweiten mit 286 bis zu den letzten mit 3–6 Versen): Auf die Eröffnungssure (*Fatiha*), ein kurzes Gebet, das in Gottesdienst und Alltag der Muslime eine bedeutende Rolle spielt, folgen die langen Gesetzestexte der späten Jahre in Medina, folgen nach mannigfaltigen Verkündigungen über Gott, die Schöpfung und die Heilsgeschichte erst am Schluß des Buches die kurzen, ekstatischen, ganz vom überwältigenden Erlebnis der Offenbarung geprägten Botschaften der ersten Stunde. Die Überlieferung teilt mit, welche Suren in Mekka, welche in Medina „herabgesandt" wurden, weitere Angaben über die historische Folge und Komposition fehlen indessen. Die relative oder absolute Chronologie läßt sich allenfalls aus Andeutungen des Textes erschließen. Für das gläubige Verständnis des Muslims ist dies im Prinzip gleichgültig: alle Offenbarungen sind Teile der himmlischen „Urschrift", der vor Zeit und Schöpfung in Gottes Geist subsistierenden Wahrheit. Aber für den Historiker, der Hintergrund, Entstehung und älteste Entwicklung des Islams verstehen will, ergibt sich eine schwierige Aufgabe. Mehrere Koranforscher, so Theodor Nöldeke, Richard Bell und Régis Blachère, haben es unternommen, nach inneren und äußeren Kriterien die Suren und Surenteile in ihre ursprüngliche Ordnung zu bringen, sind dabei freilich im einzelnen zu verschiedenen Ergebnissen gekommen. Letzte Sicherheit läßt sich nicht gewinnen; doch es bleibt hier eine Aufgabe von hoher Bedeutung.

Denn der Koran ist vor allen anderen, umfänglichen Traditionsquellen über Leben und Wirken des islamischen Propheten der feste Punkt: eine Quelle von einzigartiger Unmittelbarkeit und Authentizität. In Frage gestellt wurde die Echtheit und Vollständigkeit des kanonischen Textes allenfalls von Minderheiten der islamischen Gesellschaft, die ihre Legitimation von den Redaktoren Utmans unterdrückt glaubten (aber auch ihnen war das Mittel der Interpretation zumeist genug). In Frage gestellt wird sie heute von einigen Forschern, die im Koran wie in der frühislamischen Tradition samt und sonders die Rückprojektion heilsgeschichtlicher Fiktionen und politischer Tendenzen sehen: ursprünglich sei nicht die Religion des Islams, sondern eine christliche oder jüdische Heterodoxie von Muhammad verkündet worden; erst die Umaiyadenkalifen oder noch spätere Ideologen der Theokratie hätten den Koran kanonisiert; die Überlieferung über Auftreten und Wirken des Propheten sei Mythologie. Allerdings stehen überzeugende Beweise für solche Vermutungen noch aus. Es ist richtig, daß nicht wenige der Nachrichten über die islamische Frühzeit mehr über Tendenzen und Spannungen der Gesellschaft zur Zeit der Aufzeichnung – hundert oder mehr Jahre nach dem Tode Muhammads – aussagen als darüber, „wie es wirklich gewesen ist". Viele Fragen sind daher noch offen. Aber Person und Werk des arabischen Propheten wären nicht erkennbar ohne seine Botschaft, ohne den Koran.

Die Zeichen und Symbole des Korans sind die seiner Umwelt. Anders wäre seine Verkündigung nicht vernommen worden. Der Islam hat Ethik, Rechtsvorstellungen und Kultus des alten Arabien, Gottesvorstellungen und religiöse Paradigmen des Judentums und des Christentums in sich aufgenommen. Die Frage nach den Quellen – geistigen Strömen im allgemeinen und literarischen „Vorlagen" im besonderen – ist darum legitim. Die europäische Forschung hat große Anstrengungen auf die Ermittlung und Analyse der jüdischen und christlichen Elemente im Koran verwendet, der biblischen Stoffe und anderer Überlieferungen der orientalischen Religionsgemeinschaften. Sie hat damit manche wichtige Klärung erreicht, aber doch auch falsche Akzente gesetzt: aus den Versatzstücken anderer Religionen allein ist das Wesen und die Wirkung der islamischen Botschaft nicht zu erklären. Diese Religionen hatten sich nicht nur unter den seßhaften Arabern Syriens und des Irak verbreitet, sondern waren auch nach Innerarabien eingedrungen. Muhammad hatte auf den Handelsreisen entlang der Weihrauchstraße in seinen jungen Jahren das Christentum kennengelernt, und nach der Emigration begegnete er den Juden von Medina. Er selbst lernte im Laufe seiner religiösen und politischen Erfahrung, seine Religion als legitime Fortsetzung des älteren Monotheismus zu sehen. Aber die paradigmatische Bedeutung dessen, was er übernahm, wird weit in den Schatten gestellt durch die pragmatische Bedeutung des neuen Kerygmas, das ihm daraus erwuchs.

Worin lag das Neue? Die Gesellschaft, in der Muhammad aufwuchs, war eine Gesellschaft im Übergang: von der nomadischen zur seßhaften

Lebensweise, vom Stammeskollektiv zum Individualismus, vom magischen Polytheismus zum Monotheismus; eine Gesellschaft, die zwischen alter Ordnung und neuen Interessen, zwischen eigener und fremder Religion eine neue Orientierung und einen Weg aus ihren Konflikten nicht finden konnte. Der Prophet ließ an sie das Gebot zur Besinnung und Umkehr ergehen, aber nicht durch radikale Negation, sondern durch Transformation des Bestehenden. Er sprach zu ihr in ihrer Sprache – im weitesten Sinne.

Er überbrachte die offenbarte Botschaft in der Sprache der Araber; er griff dabei zurück auf die Sprache der Stammesdichter, die zuvor schon die Grenzen der verschiedenen Mundarten überwunden hatten; aber er war es eigentlich, der ihnen eine gemeinsame Schriftsprache schuf. Die Form seiner Rede knüpft an die Sprache des altarabischen Sehers (*kahin*) an: die Form des Binnenreims (*sağ*), welcher die Verse einer Sure oder einer kürzeren Versgruppe durch gemeinsame Endkonsonanten zusammenbindet. (Der poetische Charakter dieser Reimprosa tritt – mit dem Leitbild des Wahrsagers – im Laufe der Zeit immer mehr zurück, wird in den langatmigen Gesetzestexten der Spätzeit funktionsloses Relikt.) Aber dem gegenüber steht die unerhörte Bereicherung der religiösen Sprache, des sprachlichen Ausdrucks überhaupt, welche das Arabische im Koran erfuhr.

Allah (aus *al-ilah* „*der* Gott“) war schon vor dem Islam Gottesname und Gegenstand der Verehrung; schon vorher auch hatten einzelne Männer und Frauen – im Koran heißen sie *hanif* – den Schritt zum Monotheismus getan. Das Heiligtum der Gottheiten von Mekka, die Kaʿba, blieb Heiligtum, wurde geistliches Zentrum des monotheistischen Islams, selbst die Riten des alten Kultus wurden in die islamische Wallfahrt (den *hağğ*) hineingenommen. Aber was zusehends leere Schale geworden war, wegen der Märkte, der heiligen Monate und des mit ihnen verbundenen Landfriedens vor allem von wirtschaftlicher Bedeutung, bekam nun neuen Inhalt: Als Gründung Abrahams wurde die Kaʿba Eckstein der Heilsgeschichte, Symbol der wahren Religion, die vordem schon eingesetzt, im arabischen Koran erneuert und vollendet wurde.

Die Rechtsbegriffe des vorislamischen Beduinentums gehören zum Wichtigsten, was das alte Arabien zum Islam beigetragen hat. Freilich erneuert in Ansehung des sozialen Wandels und unter einer neuen Sanktion: Stammessolidarität und Ehre (*ird*), im altarabischen Heidentum Normen von religiöser Dimension, verfielen ebenso wie die Verehrung der alten Götter; sie reichten nicht mehr aus, den Idealen der Mannestugend (*muruwa*, virtus) uneingeschränkte Geltung zu verleihen – gerade dies schuf die Malaise, welche der Reform Raum gab. Die Forderung nach sozialer Fürsorge (Almosen), das System der privaten und kollektiven Sicherheit (Blutrache, Strafrecht) und das Familien- und Erbrecht des Korans werden verkündet als Gebote des göttlichen Richters. An die Stelle der „Unwissenheit" (*ǧahiliya*, Bezeichnung des alten Heidentums) tritt das „Wissen" (*ilm*) aus der Offenbarung. Über die Stammesgemeinschaft und in mancher Hinsicht auch an ihre Stelle tritt die Gemeinschaft der Gläubigen (*umma*).

Die Lebensgeschichte Muhammads ist die Geschichte eines Mannes, der Gott sucht und im Erlebnis der Berufung findet; dann die Geschichte des Propheten von Mekka, der eine Gemeinde von Gläubigen um sich sammelt; schließlich die Geschichte des Politikers von Medina, der die islamische Theokratie begründet. Die Geschichte eines Triumphes, aber vor den Jahren der Erfüllung lag ein langer Weg von Konflikten, Rückschlägen und Kämpfen. Die Führer der Quraiš, des in Mekka seßhaft gewordenen und die Stadt beherrschenden Beduinenstammes, aus dem auch Muhammad selbst stammte, widersetzten sich seinem Ruf, verteidigten ihre Lebensform mit zunehmender Oppression. Auf die glückliche Emigration nach Medina folgte eine lange Reihe von kriegerischen Auseinandersetzungen, folgte die bittere Enttäuschung über die Weigerung der jüdischen Stämme, ihn als Sprecher ihres eigenen Gottes anzuerkennen. Der Koran ist nicht nur Theophanie und Gesetz; er ist auch ein getreulicher Spiegel dieses Weges, der Anfechtungen eines Menschen, der sucht, irrt und verzagt, der mit Gott hadert und von Gott zurechtgewiesen und getröstet wird, der sich korrigiert und rechtfertigt. Die großen Themen des Korans lassen sich als Reflexe dieses Weges verfolgen. Freilich müssen wir uns bewußt bleiben, daß wir mit dieser Betrachtung nur eine Dimension des „koranischen Faktums" (M. Arkoun) erfassen.

In den Offenbarungstexten des Anfangs zeigt sich Gott als der allmächtige Herr, als gütiger Schöpfer und strenger Richter. Angeredet wird Muhammad selbst.

„Trag vor: Im Namen deines Herrn, der erschaffen hat. Er schuf den Menschen aus einem Blutgerinnsel. Trag vor: Dein Herr ist der Gnädige, der durch das Schreibrohr gelehrt hat; den Menschen gelehrt hat, was er nicht wußte".

(Sure 96, Vers 1–5.)

(Erwin Gräf [31.17] verweist auf die koranische Analogie zwischen Erschaffung und Auferstehung des Menschen und übersetzt: „Der dich *über* die Feder belehrt hat", d.h. über die Feder, welche die Taten des Menschen für den Jüngsten Tag verzeichnet; andere beziehen das Wort – mit der muslimischen Tradition – auf die früheren Schriftreligionen oder auf den Gebrauch der Feder, Inbegriff der Hochkultur.)

Neben dem Preis von Gottes Güte und Schöpfermacht steht die Drohung des Gerichts; beides mündet in die Mahnung zur Umkehr:

„Wenn die Erde von ihrem Beben erschüttert wird und ihre Lasten (an Toten) von sich gibt und der Mensch sagt: Was ist mit ihr? – an jenem Tag wird sie aussagen, was sie zu berichten hat, da ihr Herr es ihr eingegeben hat. An jenem Tag werden Menschen getrennt hervorkommen, um ihre Werke zu sehen. Wenn dann einer das Gewicht eines Stäubchens an Gutem getan hat, wird er es zu sehen bekommen, und wenn einer das Gewicht eines Stäubchens an Bösem getan hat, wird er es zu sehen bekommen."

(Sure 99.)

Nicht nur die Warnung vor dem Gericht, sondern auch Gottes Wohltaten sind Mahnung zu Barmherzigkeit und Fürsorge für den Nächsten.

„Beim Morgen und bei der Nacht, wenn sie still ist! Dein Herr hat dir nicht den Abschied gegeben und verabscheut dich nicht. Das Jenseits ist besser für dich als das Diesseits. Dein Herr wird dir geben, auf daß du zufrieden sein wirst. Hat er dich nicht als Waise gefunden und dich rechtgeleitet, dich bedürftig gefunden und reich gemacht? Gegen die Waise sollst du deshalb nicht gewalttätig sein, und den Bettler sollst du nicht anfahren. Von der Gnade deines Herrn erzähle!"

(Sure 93, Vers 1–11.)

Auch die Forderung, Almosen zu geben – später zur Institution der Almosensteuer (*zakat*) erhoben – ist ältester Bestand der Verkündigung.

Selbstbesinnung, genauere Kenntnis der großen Schriftreligionen und die Auseinandersetzung mit dem Unglauben und den Angriffen der heidnischen Mekkaner führen Muhammad nach seinem öffentlichen Auftreten in Mekka zu einem erhöhten Selbstverständnis seiner Sendung. Er wird seiner Stellung im göttlichen Heilsplan inne, er nimmt Bezug auf die Offenbarungsreligionen und erläutert den monotheistischen Gottesglauben. In der Überzeugung, daß sein Gott identisch sei mit dem der Juden und Christen, proklamiert er den „arabischen Koran", das „deutliche Buch" seiner Offenbarung als Gegenstück zu den Offenbarungsbüchern der anderen „Schriftbesitzer" (*ahl al-kitab*). Zugleich bezieht er die religiösen Überlieferungen seiner Umgebung (im weitesten Sinne) in seine

Predigt ein: die biblischen Geschichten von Noah, Abraham, Joseph und Mose, von Jesus die Geburts- und Kindheitsgeschichte, nachbiblische – rabbinische und christliche – Stoffe (wie die Geschichte der Siebenschläfer von Ephesus und Motive aus dem Alexander-Roman) und religiöse Vorstellungen (Gottes Geist und Wort, Engel und Teufel), ja auch in Arabien populäre Spruchweisheit (unter dem Namen des Weisen Luqman). Die schriftkundigen Mekkaner erheben den Vorwurf des Plagiats:

„Sie sagen: Das ist nichts als ein Schwindel, den er ausgeheckt hat und bei dem ihm andere Leute geholfen haben ... Und sie sagen: Es sind die Schriften der Früheren, die er sich hat aufschreiben lassen; sie werden ihm morgens und abends diktiert. Sag: Nein, der hat ihn (den Koran) herabgesandt, welcher weiß, was in den Himmeln und auf Erden geheimgehalten wird. Er ist vergebend und barmherzig."

(Sure 25, Vers 4–6.)

Dieser Koran, in „deutlicher arabischer Sprache" (Suren 16, 105 u. a.) gegeben, so entgegnet Muhammad, könne nur göttliches Gnadenwerk sein.

Der Konflikt mit den Quraiš verschärft sich. Es kommt zu sozialen und wirtschaftlichen Repressalien gegen Muhammads Clan, die Banu Hašim. Der Rückgriff auf die Heilsgeschichte erhält nun eine neue Dimension: die biblischen Gestalten, dazu auch altarabische Propheten, stehen im Mittelpunkt exemplarischer Straflegenden, in denen Unglaube und Frevel schrecklich geahndet werden. Zugleichen führt der Konflikt zur theologischen Auseinandersetzung mit dem Polytheismus. Die Vorstellung von Allah, dem allmächtigen Schöpfergott, schloß die Existenz anderer Gottheiten zunächst nicht aus; jetzt erst wendet sich der Prophet entschieden und schroff gegen den Kult der (weiblichen) Gottheiten von Mekka und formuliert das Bekenntnis zu dem einen Gott, der keinen „Teilhaber" (*šarik*) hat, der keinen Fürsprecher zuläßt. Schließlich führen Gleichgültigkeit und Weigerung der Mekkaner zu dem Schluß, das Gott selbst es sei, der ihre Augen und Herzen verschließe vor den Zeichen seiner Schöpfung und dem Wunder seiner Offenbarung: „Er läßt irren, wen er will, und leitet recht, wen er will" (Sure 16, Vers 93).

Das Wirken Muhammads in Medina stellt andere Themen in den Vordergrund der Verkündigung. Aber stets bleiben Glanz und unfaßliche Größe des Herrn die Grunderfahrung seiner Religion, einer Religion, die Gesetzesstrenge und mystische Gottsuche gleichermaßen enthält.

„Gott ist das Licht der Himmel und der Erde; sein Licht ist gleich wie eine Nische, worin eine Lampe ist, die Lampe in einem Glas, das Glas gleich einem funkelnden Stern entzündet von einem gesegneten Baum, einem Ölbaum weder von Osten noch von Westen, dessen Öl fast leuchten möchte, noch ohne daß ein Feuer es berührte – Licht über Licht. Gott führt zu seinem Licht, wen er will."

(Sure 24, Vers 35.)

„Zu keiner Zeit wird dieses Gleichnis vom Herrn und seiner süß-lockenden, unberührbaren Ferne seinen Eindruck auf die sinnenden Herzen verfehlen" (G. von Grunebaum [13.15], S. 115). Aber „ebenso eindringlich ist das Gemälde des Herrn in seiner kalten und unbeweglichen Größe", das der berühmte „Thronvers" festhält:

„Gott – es gibt keinen Gott außer ihm, dem Lebendigen, dem Ewigen; nicht ergreift ihn Müdigkeit und nicht Schlaf; sein ist, was da ist in den Himmeln und was da ist auf Erden; wer wären die, welche Fürsprache bei ihm einlegten außer mit seiner Erlaubnis? Er weiß, was vor ihnen ist und was hinter ihnen; sie aber begreifen nichts von seinem Wissen, außer was er will. Sein Thron reicht über die Himmel und die Erde, und es ermüdet ihn nicht, sie zu bewahren. Er ist der Erhabene, der Gewaltige."

(Sure 2, Vers 255.)

Die Emigration Muhammads von Mekka nach Medina, die Hiğra des Jahres 622, war keine Flucht; die Muslime verließen den Stammesverband der Quraiš und wurden von den Aus und Hazrağ in den ihren aufgenommen. Zwang und Gunst der Umstände wirkten zusammen, daß aus „Emigranten" (*muhağirun*) und „Helfern" (*ansar*, den Gläubigen in Medina) die Keimzelle des islamischen Staates wachsen konnte. Mit der Befriedung der von Blutfehden erschütterten Oasensiedlung stellte Muhammad zum ersten Mal sein politisches Genie unter Beweis; sodann als militärischer Führer in den langen Kämpfen gegen die Wirtschaftsmacht Mekka in wohlüberlegter Provokation, in den Erfolgen und in den Rückschlägen, schließlich in meisterhafter, klug zurückhaltender Diplomatie, die gut sieben Jahre nach der Hiğra zur unblutigen Eroberung Mekkas führte. Auch von diesen Ereignissen zeugt der Koran, von der inneren Einstellung der Menschen zum politischen Geschehen, von der Art und Weise, wie die menschlichen Schicksale auf Gott bezogen werden. So heißt es aufmunternd im Rückblick auf den Sieg bei Badr:

„Damals als du früh von deiner Familie weggingst, um die Gläubigen in ihre Stellungen zum Kampf einzuweisen – Gott ist hörend und wissend –, damals als zwei Gruppen daran dachten, aufzugeben, wo doch Gott ihr Freund war – auf Gott sollen die Gläubigen vertrauen –: Gott hat euch doch bei Badr zum Sieg verholfen, während ihr verächtlich wart. Darum fürchtet Gott; vielleicht werdet ihr dankbar sein"

(Sure 3, Vers 121–23),

während die Niederlage von Uhud den Gläubigen zur Prüfung gereichen soll:

„Als euch ein Unglück traf, nachdem ihr doppeltes Glück getroffen hattet, wie konntet ihr sagen: Woher kommt das? Sag: Es kommt von euch selber. Gott hat zu allem die Macht. Und was euch am Tage, als die beiden Scharen aufeinanderstießen, traf, geschah mit Gottes Erlaubnis; er wollte daran die Gläubigen erkennen, und er wollte diejenigen erkennen, die heucheln."

(Sure 3, Vers 165–67.)

In Medina erhalten die religiösen Institutionen des Islams die Form, welche sie – in den Grundsätzen – bis heute bewahrt haben. Bestimmend für die Entwicklung ist zunächst die Annäherung an das Judentum. Muhammad kam nach Medina in der Überzeugung, daß die an ihn ergangene Offenbarung identisch sei mit der früher zu den Juden und Christen gekommenen; er erwartete daher, daß ihn die jüdischen Stämme als Gesandten Gottes akzeptieren müßten. Diese Erwartung wurde enttäuscht; aber dem endlichen Bruch voraus geht der Versuch der Versöhnung durch Anpassung: Zum Morgen- und Abendgebet, die bereits in Mekka verrichtet worden waren, tritt ein Mittagsgebet, und der gemeinsame Freitagsgottesdienst mag in Anlehnung an den Sabbat eingerichtet worden sein. Es ergeht die Weisung, beim Gebet das Gesicht nach Jerusalem zu richten, und der Fastentag des jüdischen Versöhnungstages wird auch den Muslimen verbindlich gemacht (das Ašura-Fasten).

Die Weigerung, Muhammad zu folgen – sie mag ebensowohl politische wie religiöse Gründe gehabt haben –, führt nicht nur zur Vertreibung und Vernichtung der Juden von Medina (und später derer von Haibar). Sie führt auch zu einer Neuorientierung der koranischen Geschichtstheologie. Schon in den älteren Suren erschien Abraham als Vertreter der wahren Religion und Ahnherr der Mekkaner. Muhammad kommt nun zu dem Schluß, daß die Juden sich von der Religion Abrahams (*millat Ibrahim*) entfernt haben müßten, daß sie ihren Bund mit Gott gebrochen hätten. Auf der anderen Seite wird Abraham der wichtigste Vorläufer des arabischen Propheten: er habe zusammen mit seinem Sohne Ismael die Kaʿba in Mekka als Heiligtum Allahs und Zentrum der Pilgerfahrt erbaut. Vor Mose und Jesus, vor Judentum und Christentum gestiftet, erhält der Islam Vorrang vor den Religionen der anderen „Schriftbesitzer", welche inzwischen die Offenbarung verfälscht hätten.

So erhält die Kaʿba als Ziel der islamischen Wallfahrt ihren ursprünglichen Sinn zurück. Auch die Gebetsrichtung (die *qibla*) wird nun nach Mekka orientiert, die Zahl der Gebete später auf fünf erweitert. Das Fasten während der Tageszeit wird für die Dauer des Monats Ramadan geboten.

Ob wir Muhammad als Gesandten Gottes erkennen oder ob wir im Koran den Ausdruck seiner Persönlichkeit sehen – die Schaffung des islamischen Staates und die Einigung Arabiens unter dem Islam sind sein Werk. Das erste bedeutende Zeugnis dieses Wirkens ist ein Dokument, das die Historiker überliefert haben – allem Anschein nach in authentischer Form: die Gemeindeordnung oder Konstitution von Medina. Sie regelte bald nach der Hiǧra das Verhältnis der Stämme, der mekkanischen Emigranten und der medinensischen ,,Helfer", untereinander und faßte sie in eine neue, größere Gemeinschaft zusammen, die nicht auf Verwandtschaft, sondern auf die Religion gegründet war. Über den Stämmen stand hinfort die *umma*, die Gemeinde der Gläubigen unter Gottes Herrschaft und Schutz und unter Muhammads Führung.

Die letzten Jahre des Propheten waren der Ausbreitung des Islams nach außen und der Rechtsordnung der *umma* im Innern gewidmet. In der Moschee (*masǧid* ,,Ort der Niederwerfung" vor Gott) erhielt sie einen Mittelpunkt: Ort des gemeinsamen Gebets, zugleich soziales Zentrum. Die Solidarität der Gläubigen gab dem Gemeinwesen Bestand. Festgesetzte und freiwillige Abgaben (die als Steuer erhobene *zakat* und das fromme Werk der *sadaqa*) sicherte seine finanzielle Grundlage. Die gemeinsame ,,Anstrengung auf dem Wege Gottes" (*ǧihad*), der Krieg gegen die Ungläubigen, diente der Verteidigung und der Ausbreitung des Islams.

Das Sicherheitssystem blieb auf das Prinzip der Blutrache begründet; aber die koranische Reform ersetzte die Sanktion der Stammesehre durch das göttliche Gebot und den Richterspruch des Propheten. Das Prinzip der Verhältnismäßigkeit der Vergeltung und das Verbot, dem Rächer aufs neue eine Blutschuld anzulasten, verhütete die verheerenden Blutfehden der Vergangenheit; die Empfehlung, statt der Vergeltung ein Blutgeld anzunehmen, bahnte einer humaneren Praxis den Weg. Der Zeugenbeweis wurde zur Grundlage des Vertrags- und Prozeßrechts erhoben.

Das soziale System benutzte die individualistischen Tendenzen, welche vorher die Auflösung der alten Ordnung gefördert hatten, zum Aufbau einer neuen Ordnung von Ehe, Familie und Erbgang; eine Ordnung, die auch die Frau als Individuum behandelte und ihr wie den Nachkommen soziale Sicherheit garantierte. Die gesetzlich geregelte Polygamie war ein bedeutender Fortschritt gegenüber den verschiedenen losen Verbindungen, die vordem möglich und üblich waren; erst damit (sanktioniert durch die harte Ahndung des Ehebruchs) wurde die Familie, die Zelle der seßhaften Gesellschaft, konstituiert.

Die großen Verwandtschaftsgruppen des Beduinentums, Stämme und Clans, spielten noch lange eine bedeutende Rolle in der islamischen Gemeinschaft. Aber so wie die Religion des Islams Anbetung Gottes durch den einzelnen ist, so regeln das soziale System und die Ethik des Islams das Zusammenleben von Individuen; jeder einzelne wird dereinst für seine Werke zur Verantwortung gezogen werden. Nicht der Bestand des Kollektivs gibt dem Leben des Menschen Sinn, sondern die Bewährung für das ewige Heil. Der Staat kann daher nur Mittel zu diesem Zweck sein; er ist religiöse Institution mit der Obliegenheit, den Gottesdienst, die Rechtspflege und die Verbreitung des Glaubens unter seine Obhut zu nehmen.

Von der Parteien Gunst und Haß verwirrt, ist das Bild Muhammads in der Geschichte nicht leicht zu erkennen. Vorbild und Weisung des Propheten wurden in der muslimischen Tradition von der Legende überhöht, in frommer und unfrommer Absicht gefälscht, im Streit um die Nachfolge und Vormacht im islamischen Staat mißbraucht. So sagen uns die Kommentare des Korans und die Biographien des Propheten oft mehr über die Ausleger und Tradenten als über den ursprünglichen Sinn und Hergang. Auf der anderen Seite hat die europäische Kritik allzuoft Begriffe und Maßstäbe an die Persönlichkeit Muhammads gelegt, die seiner Zeit und seinem Milieu nicht angemessen sind. Allzu lange auch ist der Prophet dem Politiker Muhammad gegenübergestellt worden, als ob es zwei Personen seien; ist doch eine Trennung zwischen religiösem und politischem Handeln weder im Alten Orient noch über die Dauer der islamischen Geschichte zu erkennen. Indem er den Menschen seiner Zeit und Umgebung mit einer neuen Religion auch eine neue Ordnung des Zusammenlebens brachte, schuf er die Voraussetzung, daß der Islam zur Weltreligion und zur Ordnung eines Weltreichs wachsen konnte.

2. Die Entwicklung der Glaubenslehre

a) Islamische Geschichte und Geschichte des Islams

Der Koran ist die Stiftungsurkunde des Islams, seit seiner Kodifizierung unveränderte Grundlage islamischen Glaubens und Lebens. Er gab – und gibt bis heute – der Gemeinschaft der Gläubigen die Grundsätze gemeinsamen Glaubens und gemeinsamen Handelns. Er enthält die Grundpflichten des Muslims, Fundamente der Gemeinsamkeit, welche die Tradition seit jeher als die „Säulen des Islams" bezeichnet: Das Gebet, besser: Anbetung, Gottesdienst, von jedem Gläubigen zu festgesetzten Zeiten zu verrichten; das Fasten des Monats Ramadan – eine Gemeinschaftserfahrung, die für einen Monat jeden Jahres das private und öffentliche Leben der islamischen Welt bestimmt; die Wallfahrt nach Mekka, auch in der Zeit des Flugzeugs nicht jedem Muslim möglich, aber Lebenserfüllung vieler Gläubiger, die in allen Einzelheiten des Ritus das Vorbild ihres Propheten nachvollziehen; die Verpflichtung zum Almosen, die auch in der Form staatlich erhobener Steuer ein Moment sozialer Verantwortung bewahrt; das Glaubensbekenntnis „Es gibt keinen Gott außer Gott, und Muhammad ist sein Prophet", und überhaupt die Rezitation der Offenbarungstexte, die alle Muslime gleich welcher Glaubensrichtung im gemeinsamen Gottesdienst eint.

Die Heilslehre des Islams ist Lehre von der ,,Rechtleitung" des Menschen durch Gott zum zeitlichen und ewigen Heil in Gottes Geboten. Aber Gottes Gebot war nicht in jedem Einzelfall unmittelbar erkennbar. Früh begannen sich hier Probleme zu stellen, Konflikte anzubahnen. In einer Welt stürmischer und fortwährender Veränderungen bedurfte das Offenbarungsbuch stets erneuter Auslegung, es bedurfte überdies der Ergänzung durch Erfahrung und Überlieferung. Die Ausbreitung des Islams, politische Kämpfe, gesellschaftliche und wirtschaftliche Veränderungen gaben die Anstöße; die älteren Religionsgemeinschaften, Staatsformen und Kulturen, denen die Araber im entstehenden Reich begegneten, trugen Bausteine, Modelle und Methoden bei. Mit dem Wachstum religiöser und politischer Institutionen bildeten sich Zweige der Glaubens- und Pflichtenlehre, in denen das im Koran gegebene Wissen (*ilm*) erklärt und systematisiert wurde:

– seine Aussagen über die Pflichten gegenüber Gott in der Rechtswissenschaft (*fiqh*), der Lehre vom offenbarten Gesetz: dem „deutlichen, gebahnten Weg" (*šarīʿa*);

- seine Aussagen über Gottes Wesen und Wirken in der Theologie (*kalam*, polemisch-apologetische „Dialektik") und Dogmatik (*usul ad-din*, „Prinzipien des Glaubens");
- seine Aussagen über die Wirklichkeit des Glaubens, über die persönliche Beziehung des Menschen zu Gott, in der Mystik (*tasauwuf*);
- seine Aussagen über das Leben des Propheten und die Urgemeinde in der Geschichtstradition (*sira*, d.i. *sirat an-nabi* „normgebender, vorbildlicher Lebenswandel des Propheten");
- sein Wortlaut selbst in der propädeutischen Philologie (Grammatik und Lexikographie) und in extensiven Korankommentaren (*tafsir* „Auslegung").

Die islamische Lehre hat sich im Widerstreit zwischen den Interpreten der Schrift und Kräften des Wandels in der Gesellschaft entwickelt. Denn die Geschicke von Gesellschaft und Staat wurden erfahren und diskutiert als Konflikte um die Auslegung und Anwendung des offenbarten Korans, die auf Offenbarung, Vorbild und Weisung des Propheten gegründete „Straße", Scharia, der Religionsgemeinschaft. Und von Beginn an bis heute haben Bewegungen und Konflikte, die sich im Spiegel der Quellen – und das heißt: im Bewußtsein der Akteure selbst – als religiöse darstellen, Staat und Gesellschaft vom Grund auf erfaßt und erschüttert.

Die Expansion und Staatsbildung des Islams ist nur das erste und eklatanteste Beispiel dieses Zusammenhangs. Beim Tode Muhammads (632) war die Arabische Halbinsel islamisch; unter den vier Kalifen der ersten Generation, die noch zu seinen Gefährten gehört hatten, unterwarfen arabische Heere das Sasanidische Reich vom Irak bis zum Osten Irans und die byzantinischen Domänen im Vorderen Orient, und unter den Herrschern der Umaiyadendynastie gelangten sie bis zum Atlantik und zum Indus (711) – im Namen Gottes und seiner durch Muhammad verkündeten Botschaft. War es nicht – so könnte man fragen, so ist gefragt worden – war es nicht vielmehr eine Völkerwanderung, waren es nicht ökonomische Zwänge, welche die arabischen Stämme aus der Halbinsel hinausdrängten? Waren es eigentlich die Religionen und Kulturen der Umwelt, welche darauf „den Islam" – Dogma, Recht, Staat, Kultur – geschaffen haben? „Nicht die islamische Religion hat die einheitliche Zivilisation erzeugt, sondern die aus ganz anderen Gründen entstandene einheitliche Zivilisation des Chalifenreiches ist die Voraussetzung für die Ausdehnung und das bis in die Gegenwart hinein siegreiche Vordringen der islamischen Religion", schrieb Carl Heinrich Becker unter dem Titel „Der Islam als Problem" (1910) [32.02] in programmatischer Überspitzung. Aber dies ist nur eine Seite. Wir wissen heute mehr über die Quellen, gerade auch die nichtarabischen Quellen – jüdische, christliche, hellenistische, iranische – des Islams. Sie haben dem Islam in der Epoche seiner Entstehung und Ausbreitung Modelle der sozialen Gliederung und der politischen Ordnung, Paradigmen des religiösen Ausdrucks, Anstöße zur Ausbildung und Verteidigung des Dogmas gegeben. Aber die Grundlage des politischen Erfolges, die Kraft hinter der Integration der Araber miteinander und mit einer überaus heterogenen Völker- und Kulturgemeinschaft war die Religion des arabischen Propheten.

Religion heißt hier das Ganze der Lebens- und Welterfahrung. Muhammad gab Diagnose und Therapie der Malaise einer Gesellschaft im Umbruch; er konnte die sozialen, ökonomischen und ethischen Lebensfragen seiner Umwelt meistern, weil er sie als religiöse begriff und beantwortete. Und er konnte die arabische Nation schaffen, weil er den Arabern in der Sprache der Offenbarung eine gemeinsame Verkehrs- und Literatursprache brachte; weil er – der letzte in der Reihe der Propheten – den Arabern als Empfängern der abschließenden Wahrheit einen Platz in der Heilsgeschichte gab; weil er die aus den Fugen geratende Stammesgemeinschaft als Gemeinde der Gläubigen unter seine, des Gesandten Gottes Führung stellte.

Weil also Zusammenschluß, Staatsbildung und Expansion der Araber im Zeichen religiöser Sendung und unter der Theokratie des Propheten ihren Ausgang nahmen, wurden Legitimation und Konstitution des wachsenden – und, Jahrhunderte später, noch des zerfallenden – Gemeinwesens im Lichte der Offenbarung begriffen und beurteilt. Auch das ist ein historisches Faktum. Gewiß war die Religion nicht nur Triebkraft, sondern auch Provokation: alsbald kamen die Konflikte zwischen Stammessolidarität und Gemeinsinn, zwischen Arabertum und islamischer Völkergemeinschaft, zwischen Autokratie und Theokratie, angemaßtem Charisma und normgebender Tradition zum Ausbruch und in blutigen Bürgerkriegen zum Austrag. Und so wie die arabischen Eroberungszüge von tiefer materieller Not verursacht gewesen sein mögen, so stehen auch in der Folgezeit hinter dem Ausbruch der Gewalt Verteilungskämpfe um Weide- und Ackerland, Hungersnöte und Seuchen, später die neuen Völkerwanderungen von türkischen und mongolischen Nomaden. Soziale Unterdrückung und wirtschaftliche Ausbeutung durch die Herrscher führten zum Ausbruch von Revolten und zu lang währenden Prozessen des Dissenses. Aber bewußt gemacht und verhandelt wurden viele dieser Konflikte – nicht nur im frühen Islam – als Streitigkeiten um die Grundsätze und Institutionen der Religionsgemeinschaft: um die Rechtmäßigkeit der Kalifen, Nachfolger (*halifa*) des Propheten, die als Vorsteher (*imam*) des Gebets und Garanten des Gesetzes über das Heil der Gläubigen zu wachen hatten; um das Verhältnis von göttlicher Allmacht und Gerechtigkeit gegenüber menschlicher Freiheit und Verantwortung; um die Anmaßung persönlicher Inspiration gegenüber dem ewigen und vollkommenen Koran; um die Autonomie der offenbarten und nach dem Vorbild des Propheten tradierten Rechtsordnung gegenüber Herrscherwillkür. Darum auch entwickelten sich die Jurisprudenz und Theologie des Islams ebensowohl aus den inneren Anstößen des politisch-historischen Prozesses wie aus äußeren Vorbildern und Einflüssen.

b) Von den Bürgerkriegen zur Spaltung der Glaubensgemeinschaft

Der Prophet hatte vor seinem unerwarteten Tode keine Weisungen über die Nachfolge in der Leitung seiner Gemeinde gegeben. Mit dem Hingang des Theokraten, der im Namen Gottes sprach, stand die Erhaltung der Theokratie in Frage. Kalif (*halifa*), d. h. Nachfolger und „Stellvertreter" des Propheten, mußte der Frömmste sein, und er sollte gottwohlgefällig herrschen. Aber wie war dies zu gewährleisten? Eine Einigung unter Muhammads Weggefährten wurde erreicht; aber sie war bereits Kompromiß, barg den Keim des Konfliktes in sich. Die Legitimation des Kalifen durch den Konsens der Gemeinde (im Wahlgremium der *šura*) und durch die Zugehörigkeit zum Geschlecht Muhammads, den Quraiš, trug unumstritten nur die beiden ersten im Amte: Abu Bakr (632–34), der die Araber in den ersten Eroberungskriegen zu einer Einheit zusammenschmiedete, und Umar (634–44), der den Grundbestand des islamischen Weltreichs schuf. Aber jene Kriterien der Legitimation wurden unbrauchbar, als mit dem Bruch in der muslimischen Aristokratie der Prophetengenossen aus dem Stamme der Quraiš die Einheit der Gemeinde zerbrach. Die Politik Utmans (644–56) – Politik für die Hausmacht der Banu Umaiya, gegen die rivalisierenden Clans des Prophetenhauses, Politik der Staatsräson gegen die Rechte des Eroberungsheeres der Stämme – schuf nicht nur böses Blut und soziale Unruhe; sie wurde gebrandmarkt als Verrat an der Theokratie: als „Neuerung" (*bidʿa*) gegen Gottes Gebot und des Propheten Geheiß. („Neuerung" wird der Inbegriff der Häresie, so wie das „Herkommen", die *sunna*, zum Inbegriff der Rechtgläubigkeit erhoben wird.) Die Ermordung Utmans führte zum ersten

Bürgerkrieg. Die Parteien des Bürgerkriegs, der unter seinem Nachfolger Ali (656–61) ausbrach, sind zugleich die Konfessionen des ersten religiösen Schismas, und ihre politisch-religiösen Standpunkte bleiben in der Reflexion der Theologen bis in die Disputationen der Spätzeit Paradigmen der Debatte um die Theokratie.

Die Partei Alis (*šīʿat Ali,* die „Schia" schlechthin), des Vetters und Schwiegersohns des Propheten, hatte von Beginn an ihre Ansprüche erhoben. Von Beginn auch waren diese Ansprüche auf Alis besondere Nähe zum Propheten gegründet: er hatte zu den ersten Muslimen gehört, war mit ihm verwandt und verschwägert, war Hüter seines Erbes; und wie es scheint, suchte er hieraus eine besondere religiöse Autorität abzuleiten. Hier jedenfalls sucht die Schia ihre Legitimation, als sie in die politische Opposition und – nach vergeblichem Kampf – ins Abseits des Sektierertums gerät: Muhammad, so behauptet sie, habe Ali durch Designation (*nass*) und persönliches Legat (*wasiya*) als geistlichen Vorsteher, Imam, damit zugleich als Haupt der Theokratie eingesetzt; das „Licht" der göttlichen Inspiration sei von Muhammad auf ihn und weiter auf seine leiblichen und spirituellen Nachkommen übergegangen.

Mit den Stimmen der Medinenser (der „Helfer", Ansar, Muhammads nach seiner Hiğra) wurde Ali endlich 656 zum Kalifen gewählt. Doch ihm fehlte die Autorität, die prekäre Situation zu meistern. Gestützt auf eine Koalition von Anti-Umaiyaden, also Gegnern Utmans – neben den Medinensern vor allem die um Kufa im Irak angesiedelten Stämme, die sich der Verteilungspolitik Utmans widersetzt hatten –, konnte er die Rache an den Mördern Utmans nicht durchsetzen. In Mekka verbündeten sich ungleiche Partner in der Revolte gegen Ali: alte Feinde Utmans unter den Quraiš um Talha, Zubair und die einflußreiche Prophetenwitwe A'iša, moralisch mitverantwortlich für den Mord, mit der „frommen" Opposition derer, die am Ideal der Theokratie festhielten. Die Verschwörer gewannen Basra, die wichtigste Garnison des Irak; doch in der „Kamelschlacht" von 656 (genannt nach dem Kamel, auf welchem A'iša die Kämpfe beobachtete), fielen Talha und Zubair. Der Ausgang teilte den Islam in die Anhänger der mekkanischen Aristokratie, die politisch ausgespielt hatte, die Partei Alis – die fortan in Kufa residierte – und die Hausmacht der Umaiyadenfamilie in Syrien. Muʿawiya, der Gouverneur von Damaskus, trat auf als Oberhaupt der Familie, legitimiert als Rächer Utmans; er zwang Ali zur Schlacht bei Siffin (657) und erwies sich in souveränem politischem Kalkül als Herr der Lage: er wich der militärischen Entscheidung, die sich zu seinen Ungunsten neigte, aus und ließ die politische Entscheidung einem Schiedsgericht „nach Gottes Wort" übertragen. Die Frommen versagten vor den Realitäten der Macht: Der Vertreter Kufas erklärte weder Ali noch Muʿawiya als des Kalifates würdig – indessen hatten die syrischen Truppen Muʿawiya gehuldigt. Wenige Monate danach fiel auch Ali durch Mörderhand; Muʿawiya war alleiniger, wenn auch nicht unumstrittener Herrscher des Reiches, Damaskus die neue Zentrale der Herrschaft.

Die Streitfrage, über die das Schiedsgericht verhandelte und die letztlich durch militärische Macht entschieden wurde, war nicht nur die Frage, aus welcher Familie der Kalif kommen sollte. Es ging um den Bestand der Theokratie: es ging auch um die religiöse Legitimation des Leiters der islamischen Gemeinde und um die Verantwortlichkeit des Herrschers vor Gott und den Muslimen. Die Mißwirtschaft Utmans, als dessen Rächer Muʿawiya auftrat, hatte die Frage der Verantwortlichkeit aufgeworfen; war sie zu Recht gestellt, hatte Utman Gottes Gebote übertreten, so stand auch Muʿawiyas Anspruch auf dem Spiel. Das Schiedsgericht sprach Utman frei, bestätigte damit Muʿawiyas Anspruch. Aber durfte ein menschliches Gericht diese Frage entscheiden? Ali hatte mit der Bereitschaft zur Annahme des Spruches die Entscheidung aus der Hand gegeben. Eine vehemente und um sich greifende Rebellion in den eigenen Reihen war die Folge.

Während Ali in Kufa zum Marsch gegen Syrien rüstete, sagte ihm eine starke Partei der im Irak angesiedelten Stammesgruppen die Gefolgschaft auf und rief zum Auszug aus der Garnisonsstadt. Ali mußte zunächst gegen die Rebellen kämpfen und brachte ihnen bei Nahrawan (658) eine vernichtende Niederlage bei; aber seine Ermordung – Rache für Nahrawan – sicherte dem Umaiyaden Muʿawiya das Kalifat (661). Genaue Prüfung des sozialen Hintergrundes der arabischen Stämme, die da ausgezogen waren (*harağ*), der Charidschiten (*hawariğ*), hat sehr konkrete materielle Gründe für ihre Unzufriedenheit ergeben: Anscheinend gehörten sie nicht zu den Eroberern der ersten Stunde, die nach der Dotationsliste (dem *diwan*) des Kalifen Umar die reichsten Pfründen aus dem eroberten Land und Gut erhielten; nach der Euphorie der Eroberungen begannen die Verteilungskämpfe. Wohl zu Recht hat man auch in der Opposition der Charidschiten die Auflehnung des Stammestums schlechthin gegen angemaßte Autorität gesehen; denn seit jeher waren Beduinen allenfalls dem Besten ihrer Stammesgemeinschaft als einem primus inter pares gefolgt, allenfalls nach einmütigem Beschluß zu begrenztem Ziel und Zweck. Keiner der Prätendenten, die zum Kampf gegeneinander angetreten waren, konnte den Muslimen Gleichheit und Gerechtigkeit bringen. Nicht nur gegen die Schia richtete sich daher die Erbitterung der Charidschiten, sondern ebenso gegen die Umaiyaden, deren Kontrolle über den Irak und über Sistan ihre Aufstände in den folgenden Jahrzehnten ernstlich gefährdeten. Die Ideologie ihres Widerstandes war ein religiöser Fundamentalismus: Allein Gott gebühre die Entscheidung; allein nach Gottes offenbartem Gebot sei zu handeln, und wer gegen dieses Gebot handele, sei ungeachtet seines Bekenntnisses aus der Gemeinschaft der Muslime verbannt. Allein aus der Gemeinschaft der Gerechten sei nach ihrem Konsens der Beste und Frömmste als der Kalif zu wählen, „und sei er auch ein schwarzer Sklave". Ein radikaler Puritanismus also, der nur im Widerstand seine Identität bewahren konnte und alle Andersmeinenden mit dem Schwert verfolgte. Erst spätere Nachfolger dieser Lehre, die Ibadiya, konnten – charakteristischerweise in Arabien und unter den Berberstämmen Nordafrikas – kleine und kurzlebige Autonomien auf dieser Grundlage errichten.

Auch die Schia blieb hinfort politisch-religiöse Oppositionspartei: politisch im Widerstand gegen die Umaiyaden, religiös in der Erwartung des gerechten Imams, im Laufe zweier Jahrhunderte zur chiliastischen Utopie gesteigert. Alis Sohn Husain fiel unter der Regierung von Muʿawiyas Nachfolger Yazid gegen eine syrische Übermacht (680): das Martyrium von Kerbela im südlichen Irak ist bis heute hoher Gedenktag der Schia; sein Bruder Hasan, der andere Enkel des Propheten, resignierte. Aber als Abdallah ibn az-Zubair in Mekka als Gegenkalif zum Krieg gegen die Umaiyaden in Damaskus aufrief, als vor dem Hintergrund von Pest und Hungersnot der zweite Bürgerkrieg ausbrach (683–92), trat in Kufa ein weiterer Prätendent der Schia auf. Ein angesehener Parteigänger der Familie, Muhtar, überredete den ältesten Sohn Alis, Muhammad – nicht aus der Ehe mit Fatima hervorgegangen, also nicht einmal Nachkomme des Propheten –, sich zur Gallionsfigur der schiitischen Bewegung machen zu lassen. Ausschlaggebend war die Zugehörigkeit zum „Hause" des Propheten (diese arabische Auffassung der Heredität machten auch die Kalifendynastien der Umaiyaden und später der Abbasiden für sich geltend). Der Führungsanspruch der politischen Schia war und blieb verknüpft mit der arabischen „Aristokratie" der Prophetenfamilie. Aber entscheidend für ihre religiöse Ausstrahlung und prägend für die Lehre des schiitischen Islams waren die Erwartungen, die ihr aus der wachsenden Anhängerschaft iranischer Mawali zuflossen: Mawali waren die nichtarabischen „Beisassen", Klienten arabischer Familien nach der

Bekehrung zum Islam, alteingesessen im Irak und in Persien und selbstbewußte Träger der alten Sozialstruktur und Kultur der Städte und des Landes, doch noch lange minderen Rechts. Die Hoffnung auf den durch leibliche und geistliche Erbfolge legitimierten, „charismatischen" Herrscher wurde in diesen Kreisen genährt: auf den sündlosen und gerechten Imam, „Vorsteher" des Gottesdienstes und Leiter der Gemeinde, der allein die göttliche Führung aller Muslime zum Heil im Diesseits und Jenseits vermitteln könne – den „Rechtgeleiteten", den Mahdi.

Muhtars Aufstand (685–87) scheiterte; das Bündnisangebot an den Rebellen in Mekka wurde abgewiesen; Abdalmalik konnte mit seiner Armee syrischer Stämme das arabische Reich zusammenschmieden. Aber die Erwartung des Mahdi blieb bestehen, blieb auch über den Tod des Prätendenten hinaus Hoffnung und Halt vieler Gegner des umaiyadischen, in ihren Augen illegitimen „Königtums".

Erst nach dem Scheitern der politischen Schia wurde diese Erwartung geschichtliche Utopie und religiöse Endzeithoffnung. Zunächst, für ein weiteres Jahrhundert nach dem Martyrium Husains und dem Fall des Muhtar, verfochten die Anhänger der Aliden in passivem Widerstand und in militanten Erhebungen die politischen Ansprüche des Hauses des Propheten. Die Uneinigkeit der Opposition ermöglichte es den Gouverneuren der Umaiyaden, bis zum Ende des 7. Jahrhunderts mit eiserner Hand im Irak und in den von dort aus verwalteten persischen Provinzen Ruhe und Ordnung herzustellen. Die fortdauernde Erbitterung zwischen Schiiten und Charidschiten, die Rivalität zwischen den arabischen Stammesführern, den Ašraf, und den nach Anerkennung und Mitwirkung strebenden Mawali machten es der Dynastie leicht, eine Partei gegen die andere auszuspielen. Aber die tiefen Gegensätze und sozialen Spannungen zwischen den Gruppen der Gesellschaft wurden ein Herd wachsender Unruhe. Der innere Zerfall des Umaiyadenstaates wird von sich häufenden Aufständen begleitet; davon einer unter Alis Urenkel Zaid ibn Ali (740).

Die erfolgreiche Revolution der Abbasiden leitet eine neue Epoche der islamischen Geschichte ein. (Allerdings hat die Ideologie des Umschwungs den Blick auf die Kontinuität der arabischen Domination verstellt, und das Auseinanderfallen zwischen Anspruch und Wirklichkeit ist von den Theoretikern des abbasidischen Staates beredt verleugnet worden.) Auch die Abbasiden standen auf im Namen des „Hauses" des Propheten; auch sie lenkten die religiöse Mahdi-Erwartung auf sich: Abu Hašim, der kinderlos verstorbene Enkel Alis (Sohn des Prätendenten

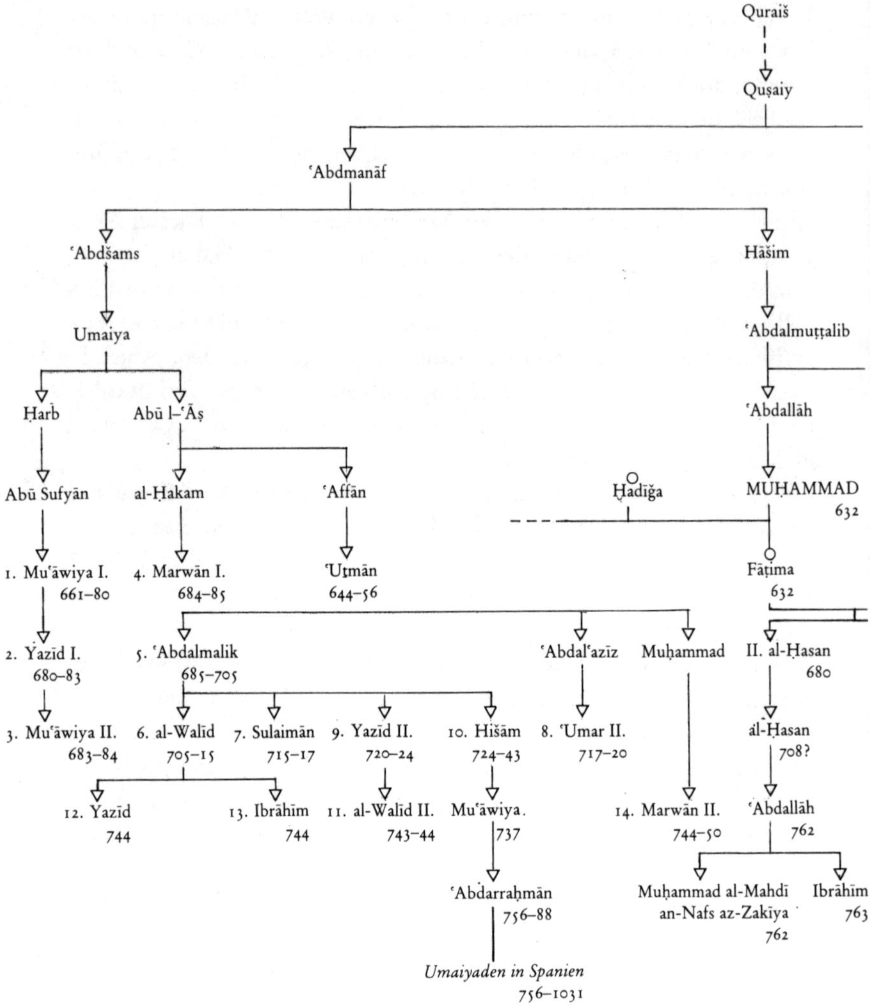

Umaiyaden

Die Jahreszahlen bezeichnen das Todesjahr, bei Kalifen die Regierungszeit.

1. Das Haus des Propheten und die Kalifendynastien

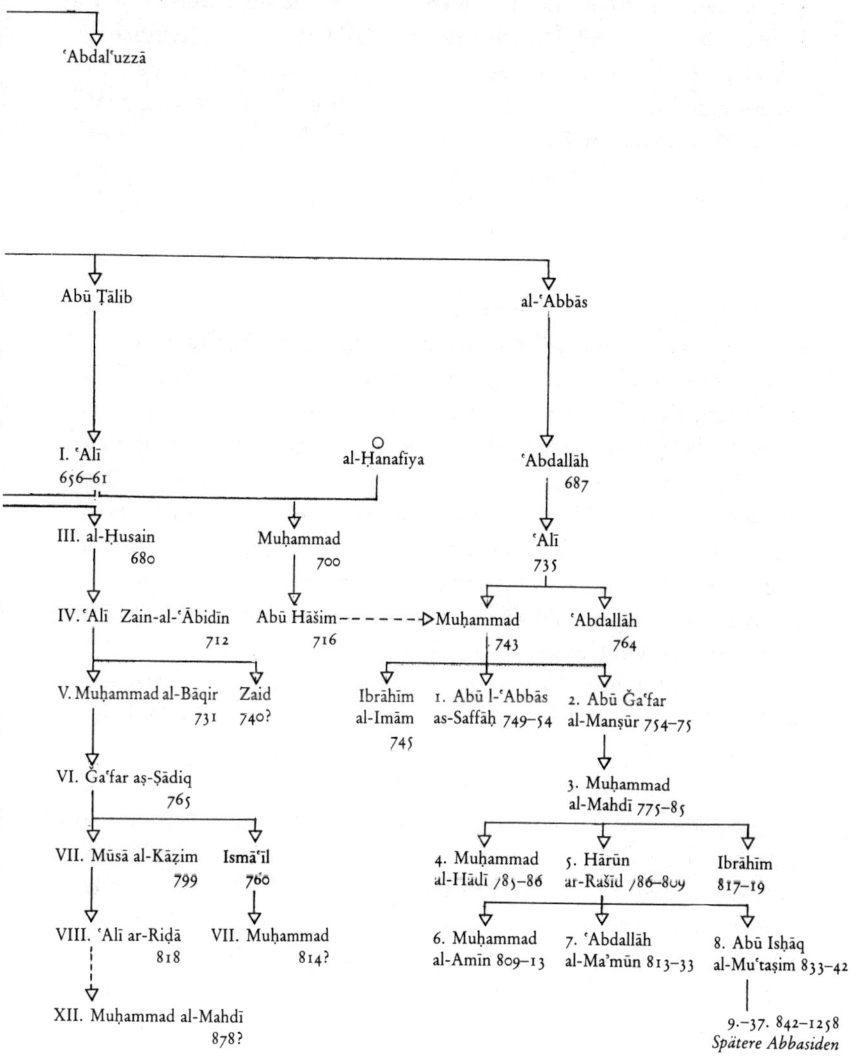

Imame der Schia *Abbasiden*

Muhammad), habe dem Enkel des Abbas, des Onkels des Propheten, die Rechte auf das Imamat übertragen. Als Hašimiya begannen sie daher ihre Propaganda in Chorasan, gestützt von der Schia in Kufa, die ihre Stunde gekommen sah. Aber die Abbasiden waren es, die alle politischen Hoffnungen der Schia endgültig vereitelten. Al-Mansur, der eigentliche Begründer der abbasidischen Macht (754–75), Gründer auch der neuen Hauptstadt Bagdad, beseitigte die führenden Männer der Revolution, als sie der Staatsräson im Wege standen. An die Stelle religiöser Legitimation setzte er die dynastische (den Frommen nahegebracht, indem der Stammvater al-Abbas mit einer Aureole panegyrischer Überlieferung umgeben wurde).

Nach einer Reihe vergeblicher Aufstände sammelte sich die Schia um die Imame aus der Nachkommenschaft des Husain ibn Ali, die in gelehrter Überlieferung ihrer Gemeinde den Weg der Rechtgläubigkeit unter den illegitimen Herrschern wiesen. Eine der alidischen Linien, die Zaidiya (nach Zaid ibn Ali) entwickelte eine Staatstheorie, welche die Duldung der herrschenden Verhältnisse rechtfertigte; sie wurde in der zweiten Hälfte des 9. Jahrhunderts offizielle Lehre kleiner Staaten im Jemen und am Kaspischen Meer. Auf dem Weg zur absoluten Herrschaft suchte noch einmal der Kalif al-Ma'mun Versöhnung mit den Aliden und proklamierte den Imam der Husainiden als Thronfolger (817) – eine Geste, die wirkungslos blieb, da sie nicht einmal bei der chorasanischen Hausmacht des Kalifen Unterstützung fand.

In den städtischen Zentren des abbasidischen Reiches fanden Araber und Nichtaraber zu einer gemeinsamen muslimischen Gesellschaft zusammen, schufen gemeinsam eine Blüte von Wirtschaft und Kultur, wobei die politische Bedeutung der alten Streitfragen abnahm. Vom Kampf der Charidschiten für die absolute Geltung der Schrift und des Konkordats der Gerechten bewahrt die Fundierung der „orthodoxen" Rechtsschulen auf dem Koran und den anerkannten Überlieferungen des Urislams nur noch einen milden Reflex, und die Autoritätsgrundlage des herrschenden Kalifen ist nicht die Erleuchtung des Mahdi, sondern allenfalls das Charisma des orientalischen, insbesondere des iranischen Königtums. Aber während seine Macht seit der Mitte des 9. Jahrhunderts verfällt, wird dies eine zusehends gleichgültige Frage. Die religiöse Erwartung der „gemäßigten" Schia richtet sich nicht mehr auf Umsturz; sie wird utopisch: der zwölfte Imam aus der Nachkommenschaft Alis verschwindet (873), wird in die „Verborgenheit" (*gaiba*) entrückt; die Kette der Imame bricht ab. Anfänglich treten Bevollmächtigte (*wakil*) auf, die vorgeblich seine Weisungen empfangen; aber gegenüber den zerstreuten und heterogenen Gruppen der Gemeinde fehlt ihnen einigende Autorität. Im Jahre 940, beim Tode des vierten *wakil,* sehen die Theologen der Schia die Verbindung zum Imam beendet: auf die „kleine" folgt die „große" Okkultation des Verborgenen Imams, aus welcher er am Ende der Zeiten als der Mahdi wiederkehren und Gottes Herrschaft in einem Reich der Gerechtigkeit wieder einsetzen wird.

Bis dahin ist es Sache der Rechtsgelehrten, die Grundlagen des Gesetzes – den Koran und die Überlieferung nach Ali und den weiteren „sichtbaren" Imamen – auszulegen und nach ihrer begnadeten Einsicht zu Nutz und Frommen der Gläubigen und der temporären Obrigkeit anzuwenden. Die Gelehrten und die Masse der Gläubigen sind einig in der Solidarität aus leidvoller Erfahrung, die im Martyrium von Kerbela begann; die Gewißheit der Endzeiterwartung versöhnt sie mit der Herrschaft des Unrechts. Nicht nur den Glauben, sondern auch das Leben der schiitischen Muslime hat diese Haltung geprägt; sie wird ein Moment sozialer Ordnung und Konsolidierung des städtischen Bürgertums und des ländlichen Bauerntums im südlichen Irak und in Iran, verstärkt unter den iranischen Dynastien schiitischen Bekenntnisses im 10. Jahrhundert und ein fortwirkender Faktor des Beharrens iranisch-islamischer Kultur gegen die türkischen und mongolischen Invasionen der Folgezeit. Erst im 16. Jahrhundert aber erhob die Dynastie der Safawiden die „imamitische" oder „Zwölfer-Schia" zum Staatsbekenntnis und den Klerus ihrer Geistlichkeit zur staatstragenden Institution Irans.

Doch während die Schia ins Abseits rückte, politisch resignierte und die Mahdi-Hoffnung auf das Ende der Tage verwies, hatte sich die Bewegung gespalten. Von den Nachfolgern des Zaid ibn Ali war bereits die Rede. Die Majorität der Partei folgte Ǧaʿfar as-Sadiq (gest. 765), dem sechsten Imam in der mit Ali beginnenden Reihe. Aber es erhob sich Streit darüber, ob Ǧaʿfar das Imamat seinem vor ihm verstorbenen Sohn Ismaʿil und durch ihn seinem Enkel Muhammad, oder dem jüngeren Musa al-Kazim übertragen hatte. Eine Minderheit, die Ismaʿiliya, erkannte in Muhammad ibn Ismaʿil den siebten Imam, zugleich den letzten: auch er ist „verborgen".

Die Frühgeschichte des „Siebener"-Schismas liegt im Dunkel. Aber gegen Ende des 9. Jahrhunderts erhob sich eine militante Mission im Namen des siebten Imams, die Bewegung der Karmaten (nach ihrem Führer Hamdan Qarmat), welche den revolutionären Elan der alten Schia erneuerte: Unter den Bauern des südlichen Irak, in den persischen Dörfern um Raiy, später auch in Chorasan, unter den Beduinen in Bahrain, unter den Berbern Nordafrikas verhieß sie die Wiederkehr des Mahdi oder Qa'im, „der für die Sache Gottes aufstehen" und soziale Gerechtigkeit bringen würde. Auch an die Gebildeten appellierte die Propaganda, indem sie griechische – neuplatonische – Kosmologie in den Dienst ihrer Lehre vom erleuchteten Imam stellte und in esoterischen Zirkeln als Geheimlehre darbot: In den sieben Imamen – oder auch in den sieben Propheten, als deren letzte Muhammad, Ali und der Qa'im erscheinen – ist die kosmische Ordnung der sieben Himmelssphären, der sieben Intellekte aus der Emanation des göttlichen Geistes, verdinglicht. Die Aufstände der Karmaten im Anfang des 10. Jahrhunderts erschütterten die geschwächte Regierung des Kalifats, dessen Autorität vor den Ansprüchen der türkischen Prätorianer im eigenen Hause und vor den Autonomiebewegungen der Provinzen zusehends verfiel. Gleichzeitig führte eine neue Spaltung innerhalb der Isma'iliya selbst zur Errichtung eines Gegenkalifats. In der syrischen Zentrale der Bewegung ließ sich deren Führer Ubaidallah als dem erwarteten Mahdi huldigen (899). Die Bahrain-Karmaten und andere verweigerten ihm ihre Gefolgschaft; aber in Nordafrika war ihm bereits der Boden bereitet: Mit einer Armee von Anhängern aus den tunesischen Berberstämmen vertrieb er die abbasidentreue Dynastie der Aglabiden aus Kairuan (909–10) und stand auf als erster Kalif der „Fatimiden" (nach Muhammads Tochter Fatima, der Frau Alis und Mutter Hasans und Husains, auf die er sich – über den Imam Muhammad ibn Isma'il – durch eine umstrittene Genealogie zurückzuführen suchte); seinen Sohn proklamierte er als den erwarteten Qa'im.

Nach wenigen Jahren waren die Fatimiden Herren Nordafrikas. Nach der Eroberung Ägyptens (969) – Kairo (al-Qahira „die Siegreiche") ist ihre Gründung und fortan ihre Metropole –, dann auch Palästinas und Syriens, ja der Heiligen Städte Arabiens werden die Fatimiden für hundert Jahre die Vormacht des südlichen und östlichen Mittelmeers, lange auch durch ihre fortdauernde Mission ein Faktor geistiger und sozialer Unruhe im islamischen Osten. Und noch während mit der religiösen Autorität auch die politische Macht der Kalifen von Kairo dahingeht, beleben neue Schismen das revolutionäre Pathos der Bewegung: Die Bewegung der Drusen, welche den vergöttlichten Fatimidenkalifen al-Hakim (996–1021) verehrt; virulenter und gefährlicher noch die Nizariya – nach Nizar, dem in der Thronfolge übergangenen Sohn des Mustansir (1036–94). Unter Führung ihres persischen Missionars Hasan ibn as-Sabbah (1090–1124) in Alamut auf dem Elburs etabliert, wurde sie eine

Bewegung des Terrors in Persien, dann auch in Syrien, deren Kommandos mit religiösen Morden unter den rechtgläubigen Muslimen wie unter den fränkischen Kreuzrittern Furcht und Schrecken verbreiteten (angeblich im Haschischrausch, daher Haššašun: Assassinen). Die Mongolen zerschlugen die Macht von Alamut (1256); doch bis heute überleben weit zerstreute Gruppen der Isma'iliya: die Partei Nizars unter Führung des Agha Khan von Bombay, andere auch in Syrien, im ostiranischen Raum und in Indien.

Aber mit diesen Sekten der Schia haben wir die Antipoden des „orthodoxen" Islams erreicht, die Häresie der „Radikalen" (*gulat*) – radikal darin, daß sie nach der Offenbarung und den gottgeleiteten Weisungen des Propheten Muhammad seine Erleuchtung und sein Wort von anderen, menschlichen Führern überholt oder gar abrogiert werden lassen. Je mehr die Sekten diese Prätention übersteigern, um so fester bindet sich die Orthodoxie der Rechtsschulen unter dem Abbasidenkalifat und seinen loyalen Vasallen an die Satzungen des Korans und die überlieferten Worte des Propheten.

c) Zwischen Theologie und Tradition: Die Entwicklung des Dogmas

Die politischen Oppositionsparteien des frühen Islams leben fort in den religiösen Sekten der Spätzeit, in den großen und kleinen Gruppen der Charidschiten und der Schia, in manch anderen Bewegungen, die – eine immer wieder begegnende Junktur des Politischen mit dem Religiösen – von inspirierten Führern zu Lebzeiten oder bei deren erwarteter Wiederkunft ihr Recht erhofften. Aber nicht in der Unruhe der Expansion und der Bürgerkriege, sondern unter dem Schirm stabiler Herrschaft errichteten die Gelehrten das Gebäude des islamischen Dogmas und schieden zwischen Irrlehre und Rechtgläubigkeit. Nach einem überlieferten Wort des Propheten solle sich seine Gemeinde in 73 „Abteilungen" – Sekten und Lehrmeinungen – spalten, und die Häresiographie, die Handbuchliteratur über die Glaubensrichtungen, hat sich befleißigt, sie alle zu verzeichnen; nicht nur die Gegner, sondern auch die Erbauer der staatstragenden Orthodoxie sind in diesem Panoptikum vertreten, und es ist nicht leicht, hinter dem Schematismus und der Polemik späterer Überlieferung die historische Wirklichkeit zu erkennen. Denn die Orthodoxie der Majorität, aus deren Perspektive uns die vielstimmige Diskussion der Frühzeit als Babel des Irrtums und der Häresie vorgestellt wird, hat erst drei Jahrhunderte nach der Offenbarung des Korans ihre Glaubenssätze formuliert – drei Jahrhunderte der Debatte unter den Muslimen und der Verteidigung ihres Glaubens gegenüber den alten Religionen der schnell unterworfenen, doch erst in einem langen Prozeß sozialer und geistiger Assimiliation unter dem Islam vereinigten Völker.

Das Schisma der ersten Bürgerkriege führte zum Zusammenstoß der Auffassungen über die Rechtmäßigkeit der Kalifen und ihrer Rivalen, über die Kriterien der Rechtgläubigkeit überhaupt. Wir haben zunächst die extremen Positionen in diesem Streit betrachtet: den antiautoritären Anarchismus der Charidschiten und den Autoritätskult der Schia. War nach Meinung der Schia der gerechte Imam genug (zugleich unabdinglich), das Heil der Gemeinde zu garantieren, so beschränkten die Charidschiten die Gemeinde auf das Häuflein der Gerechten allein. Die politische Realität des Umaiyadenkalifats gab Raum für Positionen der Vermittlung, die ein Arrangement mit den herrschenden Verhältnissen ermöglichte. Die Partei des „Aufschubs", die Murǧi'a, vertritt eine solche Haltung: Sie stellt das Urteil über den Sünder Gott anheim, schiebt das Verdikt über die Prätendenten auf und erklärt den Gottesdienst auch unter einem sündhaften Imam für gültig. Aber als einer ihrer Führer in Chorasan folgerichtig gleiches Recht für alle Muslime postuliert und – ein Reflex der sozialen Auseinandersetzung der Zeit (s. u. S. 101) – Befreiung von der Grundsteuer und gleichen Sold für alle, Araber und Mawali, fordert, wird sie in den letzten Jahrzehnten der Umaiyaden eine Partei der Opposition. Auch unter den Mawali, die den Umaiyaden ablehnend gegenüberstanden, aber einen modus vivendi suchten, bemühte man sich um eine Kompromißlösung: Die Vertreter des „Rückzugs", der „Neutralität" im Streit zwischen Ali und seinen Gegnern, die Muʿtazila (wie man sie später etikettiert), exkommunizieren nicht (wie die Charidschiten) den Sünder, behandeln ihn auch nicht als Gerechten (wie die Murǧi'a), aber doch als Mitglied der Gemeinde – nicht als Ungläubigen, gegen den zu kämpfen Pflicht der Muslime wäre.

Aber diese und andere Positionen, Stellungnahmen in einer noch aktuellen politischen Konfrontation, wurden erst im Laufe von Jahrzehnten zu Modellen systematischer Theologie; erst viel später wurde Muʿtazila zum Namen einer dogmatischen „Schule". Zunächst können wir mit einer offenen Diskussion ohne Schulgrenzen über die Streitfragen der Gemeinde rechnen. Und nicht alle Anstöße der theologischen Reflexion waren politischer Art, nicht alle Beiträge von der Polarisierung des Schismas gezeichnet. Vertiefte, freilich auch in der politischen Debatte geschärfte Einsicht in das Gottesbild des Korans führte zum Nachdenken über die Aporien des monotheistischen Glaubens und der Rechtfertigung des Menschen vor Gott.

Der Prediger Hasan von Basra (gest. 728), wegen seiner asketischen Frömmigkeit als einer der Väter der islamischen Mystik geachtet, dachte als einer der ersten über die Voraussetzung nach, welche die Doktrin der Charidschiten wie der Murǧi'a enthielt: die Vorstellung eines gerechten Gottes, der Rechttun von den Menschen fordert, der den Sünder bestraft und den Frommen belohnt. Er folgerte, daß der Mensch aus freier Entscheidung für seine Taten verantwortlich handele. In der Generation seiner Schüler nahmen die Diskussionen über die göttliche Gerechtigkeit (*adl*) und die Entscheidungsfreiheit des Menschen vor Gottes Macht (*qadar*) einen breiten Raum ein: Qadariya wurde das Etikett der Theologen (viele von ihnen waren Mawali und scharfe Kritiker des Umaiyadenkalifats), die von Gott keine Willensakte denken konnten, welche dem Postulat der Gerechtigkeit zuwiderliefen, und die ein gerechtes Gericht nicht ohne Willensfreiheit verstehen konnten. Solche Theologen richteten die Logik ihrer Argumente gegen die Verfechter apodiktischer Schriftgläubigkeit, welche auf den Worten des Korans über Gottes Allmacht und Vorherbestimmung insistierten und Gott über die vermeintliche Notwendigkeit menschlicher Vernunftschlüsse stellten. (Es waren diese ihre Gegner, welche – teils der Obrigkeit gefügig, teils in stillem Widerstand – auf dem Offenbarungswort und auf der Sammlung unverrückbarer Traditionen des Islams, der Sunna des Propheten, die Kasuistik der Glaubens- und Pflichtenlehre und der Rechtsordnung zu errichten begannen.)

Aber dialektischen Glanz, rationalistischen Schliff erhielten die Waffen der Theologie in der Diskussion mit dem hellenisierten Christentum des Orients – bewandert in subtiler Dogmatik –, in der Verteidigung des Monotheismus gegen den Dualismus der iranischen Religionen, gegen Zarathustrismus und Manichäismus. Mission, Apologie und Polemik gaben die Impulse zu spekulativer „Rede", „Diskussion" über Gott und die Welt, zum *kalam*. Während die Juristen das praktisch auslegende „Verstehen" der offenbarten Pflichtenlehre übten (*fiqh*, die Bezeichnung der Jurisprudenz), suchten die „Disputanten", „Dialektiker" (*ahl al-kalam, mutakallimun*), das in der Offenbarung gegebene „Wissen" (*ilm*) durch Spekulation (*nazar*) dem Verstande verfügbar zu machen. Zwischen Jurisprudenz und Theologie, *fiqh* und *ilm*, bahnte sich so eine methodische Trennung an. Gegenüber der auf strenge Analogie gegründeten Kasuistik der Rechtslehre übten die Mutakallimun die rationalistische Ausdeutung der Schrift mit dem Ziel, die Glaubenslehre gegen Anwürfe der Ungläubigen und gegen die Irrlehren der Sektierer hieb- und stichfest zu machen. Freilich waren sie selbst Juristen genug, ihr Nachdenken als gottwohlgefälliges Handeln zur Erfüllung einer religiösen Pflicht – der Pflicht reiner Gotteserkenntnis – zu rechtfertigen. War das rationale Verständnis der göttlichen Gerechtigkeit aus dem Streit der islamischen Parteien erwachsen, so mußte gegen die Nichtmuslime, gegen die Anfechtungen des iranischen Dualismus und auch der christlichen Trinität, das Bekenntnis der göttlichen Einheit (*tauhid*) geläutert und verteidigt werden. Ohne metaphorische, auf Abstraktion gerichtete Ausdeutung des naiv-anthropomorphen, allzu „menschlichen" Gottesbildes des Korans ging dies nicht ab. Von ihren christlichen Kontrahenten lernten die Muslime Methoden der griechischen Dialektik und Begriffe der griechischen Metaphysik, Begriffe einer abstrakten, von allem Anschaulichen entkleideten Gottesauffassung, die in jedem Prädikat und Attribut die Abirrung des *širk*, des Polytheismus, fürchtete – von manchen zu einer „negativen" Theologie nach Art der neuplatonischen Philosophie übersteigert (so von der sog. Ǧahmiya – später ein Schimpfwort der Gegner des Kalam für alle derartigen Tendenzen).

Die Theologen des Kalam waren nicht Philosophen, auch wenn sie Begriffe und Methoden der griechischen Philosophie aufgriffen – sie standen stets im Dienste des offenbarten Gesetzes. Allerdings ist ihre Spekulation ohne die Begegnung mit der Philosophie nicht denkbar; und sie selbst haben dem Aufstieg der Philosophie im Islam den Boden bereitet, einer Philosophie, die im hellenistischen Milieu des Vorderen Orients zu Hause war und seit dem 8. Jahrhundert durch Übersetzungen des antiken und spätantiken Wissenschaftserbes aus dem Griechischen und Syrischen ins Arabische unter den Muslimen arabischer Sprache immer genauer bekannt wurde – Material und Ausgangspunkt schöpferischer Fortbildung. Die leidenschaftliche Bemühung um die Klärung des Verhältnisses von Glaube und Wissen, von Offenbarung und rationaler Wahrheits- und Werterkenntnis wirkte auch auf die Philosophie zurück: eine islamische Philosophie entsteht, die im neuplatonisch interpretierten Aristoteles den Ersten Lehrer einer universalen und absoluten, auch die Offenbarung umgreifenden Wahrheit verehrt.

Der Aufstieg des Rationalismus, die Bildung theologischer Lehrtradition und ihr Aufstieg zu politischem Einfluß vollzog sich mit der Formierung einer neuen, multinationalen Gesellschaft aus Arabern und Nichtarabern, welcher die Kalifen des Abbasidenhauses sozialen Ausgleich und gerechte Führung versprachen. Die Zeit ihrer höchsten Machtentfaltung ist auch die Zeit der großen Lehrer des Kalam: Muʿammar, Abu l-Hudail und sein Schüler an-Nazzam in Basra, Bišr ibn al-Muʿtamir in Bagdad. Die Grundsätze ihrer Doktrin – durch die Schlagworte „Gerechtigkeit" (d. i. Gerechtigkeit Gottes vor menschlicher Freiheit) und „Einheitsbekenntnis" (d. i. der geläuterte, vergeistigte Monotheismus) bezeichnet – werden zur Ideologie des abbasidischen Machtanspruches. Warum? Einmal, weil sie sich als Mutakallimun, als Disputanten in Angriff und Verteidigung gegen Ungläubige und Ketzer bewährt hatten. Zandaqa, „Dualismus", „Manichäismus", war nicht nur ein billiger Vorwurf gegen politische Gegner; er war – oft im Gewand der radikalen Schia – eine reale Gefahr, virulent vor allem unter den Vertretern der alten persischen Nobilität, die in der abbasidischen Staats- und Heeresverwaltung zu höchsten Ämtern aufstiegen.

Aktuell andererseits konnte die Stellungnahme der Mutakallimun vielleicht deshalb werden, weil sie in der Auseinandersetzung um die Grundlagen der Theokratie zum Ausgleich zwischen den widerstreitenden politischen und sozialen Gruppen angetan war. Als Muʿtazila – diese Bezeichnung wird nun zum Namen der rationalistischen Theologie – knüpften sie an die Männer als Vorläufer an, die weder Ali noch Utman zu verurteilen bereit waren, offen zur Schia, aber gegen deren „radikale" Richtung ebenso wie gegen die Charidschiten und gegen die Ansprüche der Umaiyaden eingestellt, und die daher geistige Wegbereiter des abbasidischen Umsturzes waren. Die alten Streitfragen um das Kalifat, um Ali und seine Gegner, waren von der politischen Wirklichkeit de facto entschieden worden, aber noch immer verbargen sich hinter den subtilen Disputationen um das erste Schisma Auseinandersetzungen von aktueller Bedeutung. Es ging nicht mehr darum, welche Person oder Familie herrschen solle; es ging um die allgemeine Konzeption des Kalifats: War der Kalif von Gott eingesetzter, „charismatischer" Herrscher und damit höchste, gesetzgebende Autorität im Staate (dies der Standpunkt der Schia), oder mußte auch er sich den Hütern der Sunna, der auf die sanktionierte Tradition des Propheten gestützten Auslegung des Korans und dem Konsens der Juristen beugen? Das war auch eine Frage der praktischen Politik. Es war die Frage, ob die Macht – die gesetzgebende und ein wichtiger Teil der realen Macht – in den Händen der Klasse der Gelehrten, der Theologen und Juristen liegen solle; oder in den Händen ihrer Rivalen, der „Sekretäre", des hohen Beamtentums der von den Abbasiden geschaffenen Bürokratie.

Die Frage, ob Tradition oder Charisma Legitimität begründe, war die Entscheidungsfrage zwischen den beiden Gruppen der sozialen und geistigen Elite, die man (nach einem Vorschlag von W. M. Watt [32.24], S. 53, 62f.) als „Autokraten" und „Konstitutionalisten" etikettieren kann: Dem „autokratischen Block" gehören die Sekretäre und die Abkommen der persischen Nobilität an, die alte Partei der Mawali, maßgeblich für das Eindringen iranischer Grundsätze in die Staatsauffassung des Abbasidenkalifats. Auf der anderen Seite steht der „konstitutionelle Block", stehen die Träger der sich entwickelnden islamischen Lehrüberlieferung; ihr Ideal ist nicht der charismatische Herrscher – der Herrscher hat sich nach Koran und Tradition zu richten –, eher eine charismatische Gemeinde, deren Konsens den rechten Weg garantiert. Wie es scheint, gab der Rationalismus der Muʿtazila, schon lange um Einheit der Lehre gegen Extremisten und Feinde des Islams bemüht, Grundlagen des Ausgleichs zwischen den „Blöcken", erkannte sowohl den Imam als auch die Schrift als Mittler der göttlichen Ordnung an. Die Lehre der Erschaffenheit des Korans, prominenter Streitpunkt des muʿtazilitischen Dogmas, war Ausgeburt des absoluten Monotheismus: sie unterschied zwischen Gottes Wesen – ewig, der Erkenntnis entzogen, und seinem Wort – erschaffen, dem Verstande zugänglich. Es ist schwierig, die fragmentarischen, aus ihrem ursprünglichen Kontext losgelöst überlieferten und keineswegs einheitlichen Lehrmeinungen zur Situation ihrer Zeit in Beziehung zu setzen. Aber wir können vermuten (wiederum mit W. M. Watt), daß auch diese Lehre politische Implikationen hatte: Sie schwächte die Position der Traditionalisten, die allein den Wortlaut der koranischen Offenbarung und die Praxis des Urislams als Grundlage der Staatsordnung und des politischen Handelns anerkannten; und sie vermittelten zur Schia, die ja den Imam als bevollmächtigten Interpreten von Gottes Willen ansah. Solche Positionen versprachen Spannungen zu lösen; sie erschienen politisch brauchbar.

Von dem Kalifen al-Ma'mun wurde diese Konzeption in die Tat umgesetzt. Wir wissen, daß er einer Reihe von Lehrern der Muʿtazila wichtige richterliche Ämter verlieh und ihren Spekulationen gegenüber sehr aufgeschlossen war. Im Jahre 817 designierte er den Imam Ali ar-Rida zum Nachfolger und suchte so, mit der Schia ins Einvernehmen zu kommen; freilich provozierte er eine Revolte der Konstitutionalisten, die den Gegenkalifen Ibrahim ibn al-Mahdi aufstellten, und durch den (gewaltsamen?) Tod des Imams blieb der Schritt ohne Folgen. Aber am Ende seiner Regierungszeit (827) machte al-Ma'mun noch einmal den Versuch, zwischen den gegnerischen Kräften einen Ausgleich zu schaffen, und suchte mit der Gunst der gemäßigten Schia weitere Unterstützung für seine Politik. Das Dogma der Erschaffenheit des Korans wurde zum Staatsdogma erklärt. Eine Disputation mit den höchsten Richtern sollte dem Dogma allgemeine Anerkennung verschaffen. Diese Praxis, fortgesetzt auch unter den beiden nachfolgenden Kalifen, ist bekannt unter dem Namen der Mihna, der „Prüfung" oder auch der „Inquisition" – denn hinter ihr stand die brutale Gewalt der Obrigkeit. Aber nach zwei Jahrzehnten, unter al-Mutawakkil, setzte die Reaktion ein (848); die Politik des Kompromisses war gescheitert.

Sie scheiterte, weil sie einen Ausgleich zwischen den Gruppen der Führungsschicht suchte, während sich die politische Führung dem Volk und die elitäre Dogmatik den Frommen zutiefst entfremdete. Der Traditionarier Ahmad ibn Hanbal, der standhafte, lang inhaftierte Gegenspieler, wurde zum Märtyrer buchstabentreuer Gläubigkeit, die sich gegen die Willkür menschlicher Ratio und menschlicher Herrschaft auflehnt; und er wurde zum Heros einer Volksbewegung gegen die ,,Neuerer" – seien es Theologen, Juristen oder Philosophen. Es war kein Zufall, daß al-Muʿtasim (833–42) – der Nachfolger des Ma'mun und Fortsetzer seiner Politik – sich aus dem immer unruhigeren Bagdad mit seiner türkischen Leibgarde in die neu erbaute Residenz Samarra zurückzog – nicht nur herkömmliche Manifestation königlicher Herrlichkeit, sondern auch Indiz einer verhängnisvollen Entwicklung. Die Restauration von 848, welche die kodifizierte Tradition, die ,,Sunna des Propheten", zur Konstitution der Orthodoxie machte, konnte den Verfall der Autorität nicht aufhalten. Vergeblich hatte sich der Kalif zum Herrn über die Religionslehre erhoben. Von nun an regierten die Generale der türkischen Garde – bis zum Zusammenbruch des Kalifats im Jahre 945, während unter der Obhut der Traditionarier und Juristen das System der orthodoxen Glaubenslehre wuchs.

Auch die Methoden des Kalam wurden dazu herangezogen, das Dogma auf der Grundlage des ,,ohne Wie", das heißt: ohne spekulative Ausdeutung, verstandenen Korans und der Tradition zu entwickeln. Unter den Schülern des großen Systematikers der Muʿtazila im Schatten der Restauration, al-Ǧubba'i, war al-Ašʿari (gest. c. 936), der die ,,sunnitische" Position mit den Begriffen des muʿtazilitischen Kalam dogmatisch formulierte. Als al-Ašʿaris Lehre von al-Maturidi (gest. 941) und al-Baqillani (gest. 1013) systematisiert worden war, blieb im sunnitischen Islam kein Raum mehr für eine lebendige Diskussion derartiger theologischer

Fragen. Die Orthodoxie wurde von den Rechtsschulen verwaltet. Die Muʿtazila lebte fort – namentlich im schiitischen Islam –, und ihre Fragestellungen bestimmten noch lange die Themen der Theologie; aber sie war schließlich aller Aktualität bar geworden, Angelegenheit gelehrter Disputation, in denen sich die bekannten Gegner Schattengefechte lieferten und die bekannten Verlierer den immer subtiler durchdachten, aber nicht mehr erneuerten Argumenten erlagen. „Wenn man eine der orthodoxen Glaubenslehren, *ʿaqīdas*, recht verstehen will, so muß man sich immer gegenwärtig halten, daß Satz für Satz eine Absage an die dogmatischen Gegner, an Šīʿa, Ḫawāriǧ, Murǧiʾa, Ǧahmīya und Muʿtazila bedeutet; erst in der Abwehr der ‚Sekten' – als solche erscheinen sie ja erst nach dem Sieg der *aṣḥāb as-sunna wal-ǧamāʿa* [„Leute der Sunna und der Gemeinschaft"] – hat sich das orthodoxe Glaubensbekenntnis konstituiert" (H. Ritter in: Der Islam 17.1928, S. 252).

Einige Sätze aus dem Bekenntnis des Ašʿari mögen dies illustrieren: „Die Summe der Ansichten der Anhänger der Tradition und der Sunna: Sie bekennen sich zu Gott und seinen Engeln, seinen [Offenbarungs-] Büchern und seinen Propheten, zu dem, was von Gott gekommen ist und was die vertrauenswürdigen [Gewährsleute] von dem Gesandten Gottes – Gott segne ihn und gebe ihm Heil – überliefert haben, ohne etwas davon abzulehnen. Sie bekennen, daß Gott der Erhabene *ein* Gott ist, einzig und ewig, daß kein Gott ist außer ihm, daß er sich weder eine Gefährtin noch Kinder genommen hat, und daß Muhammad sein Diener und Prophet ist; daß das Paradies Wahrheit ist und auch das Höllenfeuer, daß die Stunde [das Jüngste Gericht] kommen wird ohne Zweifel und daß Gott diejenigen auferwecken wird, die in den Gräbern sind.

Sie bekennen, daß Gott der Erhabene auf seinem Throne sitzt, nach seinem Wort: ‚Der Barmherzige hat sich auf dem Thron hingesetzt' [Koran, Sure 20, Vers 5], und daß er zwei Hände hat – ohne nach dem ‚Wie' zu fragen – nach seinem Wort: ‚Ich habe mit meinen Händen geschaffen' [Sure 38, Vers 75] und ‚Nein, seine Hände sind ausgebreitet' [Sure 5, Vers 64] ... Sie bekennen, daß die Namen Gottes nicht etwas anderes sind als Gott, wie die Muʿtazila und die Charidschiten behaupteten, und daß Gott der Erhabene Wissen hat, nach seinem Wort: ‚Er hat sie [die Offenbarung] mit seinem Wissen herabgesandt' [Sure 4, Vers 166] ... Sie halten fest, daß Gott hört und sieht, und sprechen es Gott nicht ab wie die Muʿtazila; und sie halten fest, daß Gott die Kraft hat, nach seinem Wort: ‚Haben sie denn nicht gesehen, daß Gott, der sie erschaffen hat, kraftvoller ist als sie?' [Sure 41, Vers 15].

Sie behaupten, daß es auf der Erde nichts Gutes und nichts Schlechtes gibt, außer was Gott will, und daß alle Dinge geschehen nach dem Willen Gottes, wie er, der Herrliche, gesagt hat: ‚Ihr wollt nicht, es sei denn, Gott will es' [Sure 81, Vers 29], und wie die Muslime sagen: Was Gott will, ist geschehen, und was er nicht will, wird nicht geschehen. Sie behaupten, daß niemand das Vermögen zu einer Handlung hat, bevor er sie [von Gott dazu befähigt] ausführt, oder daß er vermöchte, sich Gottes Wissen zu entziehen oder etwas zu tun, wovon Gott weiß, daß er es nicht tun wird. Und sie bekennen, daß es keinen Schöpfer gibt außer Gott, daß Gott es ist, der auch die Schlechtigkeiten der Menschen erschafft, daß es Gott der Erhabene ist, der die Taten der Menschen erschafft und daß die Menschen nichts schaffen können.

Ferner, daß Gott der Erhabene den Gläubigen Beistand gewährt, ihm zu gehorchen, und die Ungläubigen verläßt, daß er den Gläubigen gnädig ist und für sie sorgt, sie rechtschaffen sein läßt und rechtleitet, doch den Ungläubigen nicht gnädig ist und sie nicht rechtschaffen sein läßt und nicht rechtleitet – denn wenn er sie rechtschaffen sein ließe, wären sie rechtschaffen, und wenn er sie rechtleitete, wären sie auf dem rechten Wege ... Sie behaupten, daß der Koran das Wort Gottes und unerschaffen ist ... Sie behaupten, daß Gott der Erhabene mit den Augen erschaut wird am Tage der Auferstehung, wie man den Mond in der Vollmondnacht sieht ...

Sie erklären niemand von denen, welche die Richtung beobachten [die Gebetsrichtung nach dem Heiligtum von Mekka, d. h. die Bekenner des Islams], für ungläubig wegen einer Sünde, die er begangen hat – wie Ehebruch, Diebstahl oder ähnliche schwere Sünden –, sondern alle wegen des Glaubens, den sie besitzen, als Gläubige, auch wenn sie schwere Sünden begehen. Der Glaube besteht nach ihrer Ansicht im Glauben ‚an Gott, seine Engel, seine [offenbarten] Schriften und seine Gesandten' [Sure 2, Vers 285], an die Vorherbestimmung zum Guten und zum Schlechten, zum Süßen und zum Bitteren, und daran, daß das, was einem Menschen entgeht, ihn nicht treffen kann, und was ihn trifft, ihm nicht entgehen kann. Der Islam besteht [ihnen zufolge] in dem Bekenntnis, daß es keinen Gott gibt außer Gott und daß Muhammad der Prophet Gottes ist – wie es in der Tradition [nach einem Wort des Propheten] heißt. Der Islam [das Bekenntnis] ist nach ihrer Ansicht etwas anderes als der Glaube ..."

(al-Aš'ari: Maqalat al-Islamiyin. Die dogmatischen Lehren der Anhänger des Islam. Hrsg. v. H. Ritter. Istanbul 1929, S. 290–93.)

Drei Grundhaltungen werden in diesem Credo deutlich, die sich im Bewußtsein des orthodoxen Islams durchgesetzt haben:

- Gottes Wesen ist dem Menschen nur in den Zeichen von Gottes offenbarter Rede faßbar, doch eigentlich unfaßlich; der Wortlaut des Korans ist daher ohne Deuteln und Drehen hinzunehmen.
- Die Handlungen des Menschen sind von Gottes Allmacht determiniert, sein Schicksal im Jenseits ist vorherbestimmt. (al-Aš'ari und klarer noch seine Schüler haben eine Lösung des älteren Kalam aufgegriffen, um den Widerspruch zwischen Prädestination und gerechter Vergeltung aufzuheben: Gott erschaffe die Akte, aber er schaffe dem Menschen auch die Möglichkeit der Wahl, die Akte für sich zu „erwerben" und so einen begrenzten Anteil an ihrem Zustandekommen zu nehmen; der Lohn sei gerecht, aber er enthalte stets auch Gnade.)
- Das Bekenntnis zum Islam ist nicht das Ganze des Glaubens, aber es gereicht dem, welchem es von Gottes Gnade vergönnt ist, zur Rechtfertigung – nicht die Sünder, sondern allein die Ungläubigen und die Ketzer sind verdammt; für die fehlbaren, aber gläubigen Sünder tritt die Fürsprache des Propheten ein.

Aber nicht im Kalam – auch nicht im „orthodoxen" der Aš'ariya – hat islamische Rechtgläubigkeit ihren allgemeingültigen Ausdruck erhalten, sondern in den Schulen des Rechts; nicht im Kalam hat islamische Frömmigkeit Heilsgewißheit und Gotteserkenntnis gefunden, sondern in mystischer Verinnerlichung. Gegenüber der Konsolidierung der Orthodoxie vor dem Hintergrund sozialer und politischer Umwälzungen – wir werden diese Entwicklung im folgenden zu betrachten haben – trat auch die Philosophie hellenistischen Erbes ins Abseits. Daran ändert weder die Tatsache etwas, daß philosophische Elemente in den frühen Kalam eingedrungen waren und weiterlebten: diese stammten aus dem lebendigen Kontakt mit dem hellenisierten Milieu, nicht aus klerikaler Fortbildung des tradierten Erbes; noch der Umstand, daß die Lehrtradition der antiken Wissenschaften in arabischer Sprache unter dem Islam ihre direkte Fortsetzung und fruchtbare Fortbildung fand. Ihr Weltbild barg unabsehbare Risiken für den Glauben, Risiken, welche die islamischen Theologen nicht einzugehen bereit waren. Dies trotz ernsthafter Harmoniebemühungen großer islamischer Philosophen – allen voran al-Farabi und Ibn Sina (Avicenna) –, welche die universale Einsicht der Philosophie zur Interpretation der islamischen Prophetie und des offenbarten Gesetzes heranzogen. Daß die Schia das neuplatonische Weltmodell – Verdinglichung des Abstiegs und Aufstiegs des Geistes in hierarchischen Ordnungen, Geistmetaphysik und kosmische Sympathie – als Ideologie ihrer Imamatslehre übernahm, vertiefte das Mißtrauen gegenüber der hellenistischen Philosophie. Gleichwohl hinterließen Logik und Weltsicht der Griechen tiefe Spuren auch im orthodoxen Islam. Noch im Zuge der Zurückweisung der aristotelischen Physik (die die Anfangslosigkeit der Welt behauptete) haben die Nachfolger des Aš'ari die Sprache der systematischen Theologie hellenisiert; und die Verbindung der platonischen Religion des Geistes mit der Erfahrung der islamischen Mystik ist die Stiftung Avicennas an die persische „Theosophie" der Safawidenzeit, die letzte Synthese zwischen Islam und Hellenismus.

d) Askese, Mystik und Ordenswesen

Fromme Askese (*zuhd*), jenseitszugewandter Gottesdienst (*ibada*) und mystische Ekstase (*fana*), schlichter Volksglaube wie auch esoterische Spekulation am Rande der Häresie vereinten sich in der Bewegung der Sufis, genannt nach dem groben Wollkleid (*suf*) der Asketen. Der Kalam war zur Verteidigung des reinen Glaubens angetreten, aber nicht nur der Masse der Gläubigen blieb sein Rationalismus fremd; auch scharfsinnige Denker wandten sich von ihm ab, weil ihnen die Erkenntnismittel des Menschen vor Gottes Größe und Geheimnis unzulänglich schienen. Die Orthodoxie der *ahl as-sunna* rechtfertigte den vor Gott ohnmächtigen Gläubigen als Mitglied der Glaubensgemeinschaft, die das Gesetz anerkennt; aber nicht alle Muslime haben die Drohung des Gerichts so leicht nehmen können. Wie im Judentum und im Christentum, so hat auch im Islam die Furcht vor dem gerechten Gott Menschen in Askese, Weltflucht und quälende Gewissensnot geführt. Und auch hier haben einzelne in einsamer Meditation Erleuchtung von Gott und Begegnung, ja spirituelle Vereinigung mit Gott gesucht. Die Frömmigkeit der Sufis baut nicht auf die Garantien der kollektiven Religionsgemeinschaft, der öffentlichen Religion – ein so charakteristisches, ja konstituierendes Moment des offiziellen Islams –, sondern sucht in Abkehr und Widerspruch persönliche Heilsgewißheit. Aber auch das Vorbild des Propheten ließ sich für den Weg der Sufis geltend machen: Auch er war als Einsamer, in asketischem Rückzug vor den Weltmenschen und nach inbrünstiger Gottsuche der Theophanie teilhaftig geworden; die Schrecken des Gerichts und die Mahnung zur Umkehr hatten zum ersten und eindringlichsten Inhalt seiner Botschaft gehört.

Als Nachfolge des Propheten läßt sich die Frömmigkeit und die Warnpredigt der frühen Asketen begreifen, beispielhaft im überlieferten Werk des Hasan von Basra (gest. 728). In der skrupulösen Gewissensbefragung des Muhasibi (gest. 857) geht die Absage an Besitz und Streben der Welt einher mit der subtilen Dialektik des Kalam. Sein Zeitgenosse Ǧunaid (gest. 910) schließlich gehörte zu den Wegbereitern der eigentlichen Mystik im Streben nach liebegetragener Gottesvereinigung. „Die liebesmystik überwindet die härte der willkürakte Gottes durch die liebe, die sich in den willen des geliebten ergibt, ja, sich dessen auswirkungen, auch wenn sie schmerzhaft sind, mit freuden gefallen läßt. Die lehre von der alleinwirksamkeit Gottes auch im menschlichen tun aber kam jener richtung der mystik entgegen, die gerade das verschwinden der eigenen aktivität, ja der eigenen persönlichkeit in derjenigen Gottes, das *fanā'*, sich zum ziel setzte, und sie ist theoretisch schließlich in dem von der mystik entwickelten pantheistischen monismus zu einer selbstverständlichkeit geworden" (H. Ritter [32.31], S. 66). Im Paradigma der Liebe, der Selbstidentifikation des Liebenden mit dem geliebten Gegenstand – „Ich bin du", ein Grundmotiv sufischer Dichtung – überwinden die Mystiker die Entfremdung zwischen der Religion des Gesetzes, der rationalen Erkenntnis (*ilm*) und der Religion der intuitiven Gnosis (*ma'rifa*).

Von dorther öffneten sich verschiedene Wege mystischen Denkens und Tuns, nüchterne Praxis der selbstverneinenden Askese und rauschhafte Steigerung der Kontemplation. In der „trunkenen" Mystik des Abu Yazid al-Bistami (gest. 874?) und des Hallağ (hingerichtet 922) erhielt die Unio Mystica den Anschein der Blasphemie: das ekstatische „Ich bin Gott" des Hallağ brachte ihn ans Kreuz. Seine Nachfolger haben mit den Metaphern gnostischer Philosophie (schon Plotin ist unter ihren Lehrern) das Skandalon der Selbstvergottung vermieden. Aber auch Suhrawardi, der Verkünder mystischer Illumination, wurde als Ketzer hingerichtet (1191), und Ibn Arabi (1165–1240), der große Theoretiker des sufischen Monismus und Pantheismus – Liebender, Geliebter und Liebe, Gott, Mensch und Welt fallen in eins zusammen – blieb auch unter denen umstritten, die sich von der Tiefe und Aufrichtigkeit seines Denkens angezogen fühlten. Umstritten, der Häresie verdächtig waren viele Mystiker auch deshalb, weil die Auflehnung des Gottseligen gegen die beschränkende Pflichtenlehre des Gesetzes zum Leitbild antiautoritärer Volksbewegungen wurde.

Die Sufiya wurde das geistige Band neuer Formen religiöser Gemeinschaft, von esoterischen Zirkeln bis hinunter zum proletarischen Vagantentum im Asketengewand des „Armen" (arab. *faqir*, pers. *darwiš*); Kreise, die in neuen Formen ritualisierten Gottesdienstes, in gemeinsamer Rezitation (*dikr*, die unaufhörliche „Nennung" des Gottesnamens) und in Oratoriengesang, Musik und Reigentanz (*sama*, das „Anhören" solcher Darbietungen) Inspiration beim Aufstieg zu den Stationen (*maqamat*) des mystischen Weges, zur Entwerdung (*fana*) und zum Einswerden mit der Gottheit suchten. Die Sufiya beeinflußte das Gemeinschaftsleben in den Grenzfesten der Glaubenskämpfer (*gazi*) am Rande der islamischen Welt ebenso wie die städtischen Solidaritätsbünde der Futuwa. Bruderschaften, organisierte Orden entstehen. Die Adepten (*murid*) sammeln sich um einen Meister (arab. *šaih*, pers. *pir*) des mystischen Pfades, erhalten von ihm in Riten der Initiation die Kutte (*hirqa*) der Eingeweihten. Mit der Entstehung der Orden, seit dem Ende des 10. Jahrhunderts, erhält die sufische Bewegung ihre höchste soziale und politische Bedeutung. In ihnen wird der Individualismus der Mystiker gemeinschaftsbildend.

Noch eine andere Konsequenz hatte die autoritäre Reglementierung der Orden: Die Autorität des „Pfades", der „Methode" (*tariqa*), welche der Meister seinen Anhängern weist, wird gestützt auf die anerkannten und verehrten Lehrer der Frühzeit. Auch die Wege der Mystik werden so Lehrüberlieferung, „Schulen", beglaubigt durch eine ununterbrochene Kette (*silsila*) authentischer Überlieferer – nach dem Muster und nach den Normen der orthodoxen Traditionen über die Sunna des Propheten, zugleich geistliche Genealogie. Aber nicht nur die Methode, sondern auch der Geist der sunnitischen Tradition ergreift von den sufischen Orden Besitz. Einflußreiche Kreise des strengen Traditionismus – ja des strengsten: der hanbalitischen Rechtstradition – schließen sich ihnen an. Die sufischen Orden und die Rechtsschulen schaffen gemeinsam die Institutionen der Orthodoxie, die im 11. Jahrhundert in ihr Eigentum kommt: Als die Obrigkeit – Kalifen und Sultane in ihren Machtkämpfen – die geistliche Autorität verwirkt haben, werden Gelehrte und Fromme die Verwalter der Lehre. Der Weg der Sufis wird zum Inbegriff islamischer Gläubigkeit.

Im Jahre 1095 gab der Jurist und Theologe al-Gazali (1058–1111), hochangesehen und auf der Höhe seiner Karriere, sein Lehramt an einer der Bagdader Hochschulen auf, verließ den Irak und führte elf Jahre lang ein Leben der Weltentsagung, Askese und Meditation. Über seine Gründe zu diesem Schritt legte er später Rechenschaft ab in einer apologia pro vita sua, die er ‚Die Rettung aus dem Irrweg' (al-Munqid min ad-dalal) nannte; eine Rekapitulation seiner persönlichen Glaubens- und Lebenserfahrung bis zu jenem Wendepunkt, zugleich eine Abrechnung mit den

Wegen und Irrwegen der islamischen Gemeinde in den ersten fünf Jahrhunderten ihrer Geschichte: mit dialektischer Dogmatik, mit griechischer Philosophie, mit autoritätshörigem Sektierertum. Das Resultat jener Erfahrung war eine Krise, die man mit dem cartesischen Zweifel verglichen hat; eine Skepsis, die auch die Evidenz der Wahrnehmung und der intellektuellen Gewißheit in Frage stellte. Aber Gazalis Zweifel richtete sich nicht – wie der Descartes' – gegen die Tradition. Er richtete sich gegen die Scholastik der Theologen, welche mit den Mitteln der Ratio über Glauben und Unglauben urteilen wollten. Schließlich, so schreibt er, „heilte mich Gott von dieser Krankheit", doch nicht durch systematische Beweise, sondern „durch ein Licht, das Gott der Höchste in meine Brust fallen ließ – dieses Licht ist der Schlüssel der meisten Erkenntnisse. Denn wer meint, daß die Klarheit auf strikten Beweisen beruhe, der macht Gottes weite Gnade eng" (al-Munqid, ed. Farid Jabre. Beirut [2]1969, S. 13–14). Er erkannte den Weg des Heils in der Nachfolge der Sufiya, der Mystiker. „Ich lernte deutlich, daß sie Männer mit Erfahrungen waren, nicht Männer von Worten. Was auf dem Wege der intellektuellen Erkenntnis zu erreichen war, hatte ich erreicht; weiter führte nicht Unterweisung noch Studium, sondern allein das Schmecken [die unmittelbare mystische Erfahrung] und das Wandeln [auf dem Pfad des Sufitums] ... Es war mir klar geworden, daß ich keine Aussicht auf das Glück des Jenseits hätte außer durch Gottesfurcht und Enthaltsamkeit, vor allem aber, daß ich die Bande des Herzens mit der Welt abschneiden, die Stätte des Truges verlassen und zum Haus der Ewigkeit umkehren, daß ich mich mit allen meinen Sinnen zu Gott dem Höchsten hinwenden müsse" (ebenda, S. 35–6). Fünf Jahre vor seinem Tode trat er wieder an die Öffentlichkeit und wirkte auf Wunsch eines Wesirs des Sultans von Nischapur für einige Jahre noch in seiner ostiranischen Heimat als Rechtslehrer. Er tat es auf das Drängen des Wesirs und auf den Rat von Freunden, aber auch deshalb, weil er an eine göttliche Sendung glaubt. Nach einer bekannten Tradition, überliefert als Wort des Propheten Muhammad, sollte Gott zu Beginn eines jeden Jahrhunderts einen Erneuerer seiner Religion senden. In al-Gazali war die Gewißheit gewachsen, daß er dieser Erneuerer sein könne. Sein großes Werk ‚Die Erneuerung der Wissenschaften des Glaubens' (Ihya ulum ad-din), in den Jahren des geistigen Exils verfaßt, wies der islamischen Welt den Gehorsam gegenüber der Scharia – der Pflichtenlehre des Korans und der Tradition – als Weg sinnvoller Lebensführung und den Gottesdienst der Mystiker als Weg heilbringender Gotteserkenntnis.

al-Gazali wurde der Sprecher der Erneuerung (nicht ihr Initiator – sie hatte vor ihm begonnen), weil er ein Mann der Stunde war. In seiner Krise gipfelte nicht nur persönliche Erfahrung, sondern auch die geschichtliche Erfahrung der islamischen Gesellschaft. Allenthalben folgte sie diesen Wegzeichen in den Jahrhunderten des Unheils, die nun anbrachen, Jahrhunderten der Kriegsstürme und der politischen Zerrissenheit. Auf Traditionalismus in der Rechtsordnung und in den politischen Institutionen, auf Mystizismus und Fundamentalismus in der Frömmigkeit suchte sie seither Anpassung und Widerstand, Beharrung und Reform zu gründen.

Die Versöhnung zwischen dem asketischen und mystischen Sufitum und der orthodoxen Rechtstradition hat einen wichtigen Beitrag zur Integration der islamischen Gesellschaft geleistet. Sie hat der Glaubensgemeinschaft den Zusammenhalt gegeben, der sie aus den Umwälzungen des Mongolensturms gestärkt hervorgehen ließ und in der unwiderruflichen politischen Zersplitterung ihren geistigen Zusammenhalt bewahrte. Allerdings hatte die Verbindung so verschiedenartiger geistiger Haltungen auch ihren Preis; sie ging auf die Dauer nicht ohne Kompromisse ab. Zwar konnte ein Abdalqadir al-Ǧilani (1077–1166), Jurist, Prediger und Sufi in Bagdad, in exemplarischer Weise die mystische Praxis mit dem strengen Gesetzesverständnis des Hanbaliten vereinigen. Aber der Abdalqadir der Legende, als der er schon ein Jahrhundert nach seinem Tode in der Überlieferung seines Ordens (der Qadiriya) erscheint, ist ein anderer: er ist der Heilige schlechthin, Manifestation der göttlichen Majestät, Wundertäter und Übermensch. Die Ordensgemeinschaft – diese wie andere, die sich immer zahlreicher in der Nachfolge angesehener Sufis sammeln – deckt auch die Divergenzen und Abirrungen der Volksreligion, sammelt sektiererische und unter dem Islam fortlebende, doch aus dem offiziellen Ritus verbannte Formen und Vorstellungen vor- und außerislamischer Religiosität, Heiligenverehrung und exzentrische Andachtsübung. Die Autorität des sufischen Meisters wird im Laufe der Zeit übersteigert zum geistlichen Gegen-„Pol" (*qutb*) der weltlichen Herrschaft, zum geheimen „Kalifen" des geistlichen Universums. Gegen solche Verirrungen des Volksglaubens mußte im mongolenbedrohten Damaskus der Hanbalit Ibn Taimiya (1263–1328) seine scharfe Kritik richten – selbst Angehöriger der Qadiriya (freilich einer besonneneren Gruppe, auf die Lehrschriften, nicht auf den Mythos Abdalqadirs gegründet), mahnte er Dogmatiker wie Sufis, Gottes unergründliches Geheimnis Ihm anheimzugeben.

Auch die Kraft hoher Gedankenmystik wirkte fort und hat in der persischen Dichtung der Mongolenzeit noch inmitten der Verwüstungen die schönsten Blüten hervorgebracht: die Versepen Attars (gest. Anf. d. 13. Jh.), die Lehrgedichte des Ǧalaladdin Rumi (1207–73 – der Orden der „tanzenden" Derwische Anatoliens verehrt ihn als Mevlana, „unsern Herrn"), die Epik und Lyrik Ǧamis (1414–92). Aber populäre Wirkung, auch politischen Sprengstoff haben über die weitere Dauer der islamischen Geschichte vor allem die Orden gezeitigt. Nicht einmal die osmanischen Sultane, Meister in der Institutionalisierung und Kontrolle der religiösen und sozialen Kräfte, konnten die Heterodoxie und Auflehnung unter den anatolischen Derwischorden wirksam bekämpfen; hatte doch einer der populärsten, die sektiererische Bektašiya, gerade unter der Elitetruppe der Janitscharen zahlreiche Anhänger. Ursprünglich nicht weniger häretisch – und von den Osmanen gefürchtet – waren die turkmenischen Qizilbaš („Rotköpfe" nach ihren Mützen) in Aserbaidschan, mit deren Hilfe die Safawiden-Scheichs zu Beginn des 16. Jahrhunderts Iran eroberten und vereinigten – dies freilich im Namen der „orthodoxen" Schia, welche die Mystik in der Folgezeit zur scholastischen Theosophie erstarren ließ. Von den über hundert weiteren – sunnitischen wie schiitischen – Orden können wir nicht einmal die wichtigsten nennen; allein ihre Zahl weist auf ihre hohe Bedeutung in allen islamischen Ländern. Die Juristen sind nicht müde geworden, ihre „Neuerungen" anzuprangern und der Inspiration ihrer Führer Autorität abzusprechen. Doch stets, bis in unsere Tage verehren viele Muslime die „Freunde Gottes", die in den Rang des Vollkommenen Menschen aufgestiegenen Heiligen, zu Lebzeiten und an ihren Gräbern und erhoffen von ihnen das Heil der Welt und Fürsprache am Tag des Gerichts.

3. Gesetz und Staat

a) Die Grundlagen der Rechtsfindung

Aus der Anwendung und Ausgestaltung der koranischen Satzungen entwickelte sich die islamische Gesetzeswissenschaft (*fiqh*). Gegenstand ihrer Lehre sind die Pflichten des Muslims in seinem Gottesdienst und in seinem Tun und Lassen, im öffentlichen und im privaten Leben. Das Gesetz ist religiöses Gebot (der „deutliche, gebahnte Weg": *šariʿa*); der oberste Gesetzgeber ist Gott. Fiqh ist daher nach dem Verständnis der

Muslime „Kenntnis der Regeln Gottes für die Handlungen derer, die ihnen (als verantwortliche Muslime) unterstellt sind, im Hinblick darauf, was geboten, verboten, empfohlen, mißbilligt oder einfach erlaubt ist" (Ibn Haldun [1332–1406]: al-Muqaddima. Beirut 1956; ³1967, S. 798). Es ist nach einer modernen Definition „gleichwie die jurisprudentia der Römer rerum divinarum atque humanarum notitia und erstreckt sich im weitesten Umfang auf alle Beziehungen des religiösen, staatlichen und bürgerlichen Lebens. Es umfaßt außer den das rituelle und gottesdienstliche Verhalten normierenden Gesetzen (*ibadat*), soweit es in Übungen und Enthaltungen sich darstellt, das ganze Gebiet des Familien-, Erb-, Sachen- und Obligationsrechtes, mit einem Wort, die durch das soziale Leben bedingten Beziehungen (*muʿamalat*), ferner das Strafrecht und das Gerichtsverfahren; endlich auch die Gesetze über die Regierung und Verwaltung des Staates und das Kriegsrecht" (I. Goldziher in EI¹ [12.01], Bd. 2, Art. fiḳh).

Der Koran konnte nicht alle Fragen der Praxis beantworten. Er konnte nicht einmal dort, wo er Regelungen gab, von vornherein zur Grundlage einer einheitlichen Jurisdiktion des nach dem Tode Muhammads (632) in wenigen Jahrzehnten entstandenen Großreichs eingesetzt werden. Zur Ordnung des wachsenden Staatswesens mußten die Kalifen und ihre Gouverneure zunächst auf vorislamisches Staats- und Gewohnheitsrecht zurückgreifen, zumal in den alten Provinzen des Byzantinischen und des Sasanidischen Reiches. Seit dem Ende des 7. Jahrhunderts wurden diese verschiedenen Formen der Verwaltungs- und Rechtspraxis unter dem Kalifat der Umaiyaden – die Namen der Kalifen Abdalmalik (685–705) und Umar II. ibn Abdalʿaziz (717–20) sind hier besonders zu nennen – arabisiert und islamisiert. Die Umaiyaden schufen auch, rund hundert Jahre nach der Hiǧra, das Amt des islamischen Richters, des Kadi (*qadi*). Damit bildete sich ein Stand von Spezialisten des Rechts, es bildeten sich lokale „Schulen", freilich noch nicht im Sinne einer professionellen Lehrüberlieferung. Die Begriffe des „Brauchs" (*sunna*) und der herkömmlichen „Praxis" (*amal*) spielen in der legalen Argumentation eine bedeutende Rolle; persönliches Urteil (*ra'y*), gestützt auf Analogie (*qiyas*) oder auch – gegen solche Analogie – auf die juristische Präferenz (*istihsan*) geben diesem Rechtsdenken einen rationalen, pragmatischen Charakter. Differenzen werden durch Hinweis auf den „Konsens" (*iǧma*) der Rechtslehrer eliminiert. Die Namen des Irakers Abu Hanifa (gest. 767) und des Medinensers Malik ibn Anas (gest. 795) stehen für die frühe Schulbildung dieser Periode, Autoritäten, an die in der Abbasidenzeit –

seit der zweiten Hälfte des 8. Jahrhunderts – die ersten Rechtsschulen im engeren Sinne anknüpfen.

Unter den irakischen Juristen begann man zuerst, wie es scheint, die aus regionalem Brauch und Konsens hervorgegangene Doktrin mit der Autorität des Propheten zu verknüpfen, als „Sunna des Propheten" zu verteidigen – ein Moment der Rivalität unter den lokalen Richtungen, ja auch der Opposition gegen die staatlichen Institutionen ist unübersehbar. Gleichzeitig jedoch postulierten Kritiker der herrschenden, oftmals willkürlich erscheinenden Praxis mit immer stärkerem Nachdruck – und in sich verschärfendem Gegensatz zur umaiyadischen Administration – für jene „Sunna des Propheten" eine neue, authentische Grundlage: Überlieferungen, Unterweisungen und Verhaltensnormen, die auf den Propheten und die „rechtgeleiteten" Autoritäten des ältesten Islams zurückgeführt wurden. Solche Traditionen (*hadit* „Nachricht, Überlieferung") drangen allmählich, doch in wachsender Zahl in die Rechtsliteratur ein. Diese Entwicklung kommt um die Mitte des 9. Jahrhunderts zu einem abschließenden Ergebnis: die als authentisch erachtete Überlieferung wird gesammelt und systematisch geordnet; und das in diesem Korpus bewahrte, normgebende Urteil und Vorbild des Propheten und seiner angesehensten Gefährten – nun identifiziert mit der Sunna – wird nächst dem Koran zur alleinverbindlichen „Wurzel" des Fiqh erhoben. Wenn also im Zusammenhang mit Religion und Recht des Islams von „Tradition" (*hadit*), „Traditionariern" (*muhadditun, ahl al-hadit*) und „Traditionismus" (oder noch allgemeiner „Traditionalismus") die Rede ist, so geht es um Nachrichten über Worte und Werke des Propheten, um die formalisierte Überlieferung dieser Zeugnisse und um die Tendenz der Lehrer, Glaube und Handeln der Muslime auf die Tradition der Urgemeinde zu gründen.

Die Überlieferung dieser Nachrichten stellt ein Problem, das nicht nur von der modernen Forschung, sondern seit jeher auch von den Muslimen selbst diskutiert wird: das Problem der Authentizität. Handelt es sich um echte Überlieferung aus der Zeit Muhammads, um fromm-naive Verdinglichung eines alten Konsensus oder um tendenziöse Fiktion der politisch-religiösen Parteien, der Verfechter handfester materieller Interessen? Diese Fragen sind nicht in jedem Einzelfall zu klären, und die Antworten werden unterschiedlich ausfallen. Es kann außer Zweifel stehen, daß Überlieferungen aus der Frühzeit des Islams, die nach den ersten Bürgerkriegen schon bald verklärt erschien, bereits im ersten Jahrhundert weitergegeben und aufgezeichnet wurden. Aber natürlich geschah dies nicht zu gelehrter Konservierung, sondern vor dem Hintergrund bedrängender praktischer Fragen und politischer Krisen. Eine Gesellschaft aus arabischen Beduinen, alten und neuen Siedlern der Länder um die Halbinsel und zum Islam bekehrter Klienten aus den unterworfenen Völkern wurde von der Aristokratie der Quaraiš mit starker Hand geführt, doch eine Integration dieser Gesellschaft gelang nicht: Die Kalifen der Umaiyadendynastie verschlossen sich den tiefen sozialen und wirtschaftlichen Gründen der schwelenden, dann immer heftiger aufbrechenden Konflikte. Dort, wo die Erinnerung an den Propheten und an die ersten vier, „rechtgeleiteten" Kalifen am lebendigsten bewahrt wurde: an den Stätten ihres Wirkens in Mekka und Medina, aber auch in den alten islamischen Metropolen des Irak, setzte die Sammlung und Aufzeichnung solcher Traditionen zuerst ein, dort wurden sie zuerst als Quelle der Rechtsfindung herangezogen. Allerdings waren ihre Gegenstände keineswegs auf Themen der Pflichtenlehre und Rechtsordnung beschränkt; der Hadit konkurrierte als literarisches Genre mit gnomischer Spruchweisheit und mit Geschichte und Geschichten der profanen Überlieferung. Seine Aufzeichnung in der Absicht, ihn zur Begründung islamischer Praxis neben den Koran zu stellen, begegnete daher der Skepsis, ja dem offenen Widerspruch der Juristen. Der Aufstieg der traditionistischen Bewegung war gleichwohl unaufhaltsam. Denn die heiligen Städte des Hiğaz und die irakischen Provinzzentren waren auch Zentren des Widerstandes gegen die Reichspolitik der Umaiyadenkalifen in Damaskus, die von vielen als Verrat an der Theokratie angesehen wurde: Theokratie, die gerechte Regierung nach Gottes Wort durch seinen Gesandten und dessen legitime Stellvertreter, war mit dem Ende des vierten Kalifen Ali (der wie seine beiden Vorgänger Umar und Utman einen gewaltsamen Tod gefunden hatte) dahingegangen, war ein Ideal der Frommen und der Theoretiker geworden. Der Rekurs auf Autoritäten des ältesten Islams – nicht ausschließlich, aber in wachsendem Umfang auf den Propheten selbst – war darum vom Gegensatz zwischen frommer Restauration und Realpolitik geprägt. Es nimmt nicht wunder, daß die politische Institution, die Kalifen und ihre Hausmacht, sich das Mittel der Legitimation, das in solchen Zeugnissen lag, gleichfalls zunutze machte. Die Frage der Authentizität und ihrer Kriterien wurde akut; denn bedenklich viel Widersprüchliches und Tendenziöses kam in Umlauf. Die Folge war – etwa seit Beginn des 8. Jahrhunderts – die Ausbildung fester Normen, durch welche die Echtheit eines Hadit zu beglaubigen war: Jedem Traditionstext wurde eine „Stütze" (*isnad*) vorangestellt, eine Kette von Überlieferern, welche die Nachricht in ununterbrochener Folge persönlicher Weitergabe bis auf den Propheten oder eine andere, angesehene Autorität bzw. auf Augen- und Ohrenzeugen der Ereignisse zurückführte.

Als Beispiel diene die Überliefererkette, mit der Ibn Hišam (gest. 828 od. 833), Verfasser der bekanntesten Biographie (*Sira*) des Propheten, die oben (S. 9) zitierte Tradition über den Beginn der Offenbarung einleitet:

„Ibn Ishaq [Verf. des von Ibn Hišam bearbeiteten Grundwerks, gest. 767 od. 768] sagte: Es überlieferte mir Wahb ibn Kaisan, *maula* [Klient] der Familie Zubair [gest. zw. 744 u. 747]: Ich hörte [persönlich], wie Abdallah ibn az-Zubair [Sohn des Prophetengenossen az-Zubair, 683–92 Gegenkalif in Mekka] zu Ubaid ibn Umair ibn Qatada al-Laiti [gest. 687/88] sprach: Berichte mir doch, Ubaid, wie es war, als die Prophetie des Gesandten Gottes begann, als Gabriel zu ihm kam! Darauf sagte Ubaid – ich selbst [Wahb] war zugegen, wie er es Abdallah ibn az-Zubair und den anderen Anwesenden berichtete –: ..." – hierauf folgt der Bericht, in den gewissenhaft sachliche und verbale Varianten aus anderen, parallelen Fassungen eingeschaltet werden.

(Ibn Hišam: Sirat Muhammad Rasul Allah, edd. Saqqa, Abyari, Šalabi. Kairo [2]1955. Bd. 1, S. 235.)

Überdies bemühte man sich, die Glaubwürdigkeit und Rechtschaffenheit der Gewährsleute in solchen Ketten zu prüfen – einer der Anstöße für die seit Ende des 8. Jahrhunderts aufblühende biographische Literatur.

Der Hadit wurde Mittel der Auseinandersetzung zwischen Schulen des Rechts, zwischen Jurisprudenz und obrigkeitlicher Rechtsprechung, ferner – und dies gewinnt ebenfalls politische Bedeutung – zwischen den Vertretern des apodiktischen „Traditionismus" und den Vertretern der im gleichen Zeitraum entstehenden rationalistischen Theologie (s. o. S. 59ff.). Wir gehen darum nicht fehl, auf die Frage nach der „Echtheit" des Hadit zu antworten: Wieviel er aus der Zeit des Propheten bewahrt hat, wissen wir nicht; aber er ist ein authentisches Zeugnis der Erfahrungen des frühen Islams in den ersten eineinhalb Jahrhunderten nach dem Tode des Propheten.

b) Staatsgewalt und Rechtspflege

Die Tradition ist nicht die einzige, zunächst nicht einmal die wichtigste Quelle der entstehenden Rechtswissenschaft gewesen. Anfangs diente sie nur der Untermauerung und Ergänzung der rationalen, pragmatischen

Rechtsfindung nach dem Urteil der Juristen. Aber ihre Bedeutung wuchs, und unter dem Kalifat der Abbasiden, denen in der Mitte des 8. Jahrhunderts der Ausbruch unbewältigter sozialer Konflikte in Revolution und Sturz der Umaiyaden den Weg zur Macht bereitet hatte, gewann sie eine völlig neue Dimension. Dabei war wiederum ein Prozeß politischer Willensbildung im Spiel: Eine wachsende Zahl von Juristen stellte die authentische, im Hadit bewahrte Sunna des Propheten als Konstitution des religiösen Gemeinwesens gegen die Anmaßung erleuchteter, „charismatischer" Führung. Dies war die Anmaßung der schiitischen Imame; aber auch im Absolutismus der Abbasiden zeigte sie sich als bedrohliche Tendenz.

Die Abbasiden versprachen, als wahre Imame und Herrscher der Gläubigen gerechte Herrschaft in der Nachfolge des Propheten zu errichten, den Unterschied zwischen weltlicher und geistlicher Autorität wieder aufzuheben. Ein Arrangement, ein Prozeß der Integration kam in Gang (er spiegelt sich in pro-abbasidischen Überlieferungen). Aber mit wachsender Machtvollkommenheit errichteten sie eine Autokratie, welche sich in den Institutionen des Militärs, der Administration und des religiösen Rechts Instrumente absoluter Herrschaft zu schaffen versuchte. Wahrscheinlich hat dabei das Vorbild des sasanidisch-iranischen Staates eine Rolle gespielt, vermittelt durch die „Sekretäre" aus den Kreisen persischer Mawali, denen die frühen Abbasiden außerordentlichen Einfluß gewährten.

Das chorasanische Heer hatte die Machtgrundlage der Dynastie geschaffen. Die Vernichtung der Umaiyaden, die Unterdrückung der politischen Schia (und die Vereitelung aller Kompromißversuche) war ihr Werk. Die ersten Abbasiden bauten ihre militärische Hausmacht zu einem stehenden Reichsheer aus. Militärische Führer, Emire (*amir*), erhielten als Provinzgouverneure höchste Vollmachten; neben dem Emir oblag dem „Gouverneur" (*amil*) nur noch die zivile, fiskalische Organisation. Mit der Ablösung der chorasanischen Hausmacht durch die Garde türkischer Militärsklaven (unter Muʿtasim 833–44) begann der Abstieg des Kalifats. Es wurde zusehends entmachtet durch die Generäle, die schließlich im Amt des Oberemirs (*amir al-umara*) die militärische mit der finanziellen Kontrolle vereinigten, und vollends entmündigt, als die iranische Dynastie der Buyiden (945) dieses Amt usurpierte.

Die zivile Administration ging in die Hände einer zentralistischen Bürokratie über. An ihrer Spitze thronte der Kalif in unnahbarer Abgeschlossenheit. Die Klasse der „Sekretäre" (*kuttab*) wurde die maßgebliche Führungsschicht der städtischen Gesellschaft. Der wachsende Anteil iranischer Mawali prägte Hofetikette und Verwaltungspraxis nach sasanidischer Tradition. Die Verwaltungseinheit war der Diwan (eig. „Liste"); den altislamischen Ministerien des Heeres (*diwan al-ǧund* „Heeresliste", von dem zweiten Kalifen Umar begründet) und der Grundsteuer (*diwan al-ḫaraǧ*) waren schon in der umaiyadischen Administration weitere Diwane in wachsender Spezialisierung zur Seite getreten: Schatzamt, Kanzlei, Ämter für das Post- und Nachrichtenwesen und für verschiedene Kontrollfunktionen der Finanzverwaltung und Staatsaufsicht. Abbasidische Neuerung, bezeichnend für die Zentralisierung und Institutionalisierung der Bürokratie, war das Amt des Wesirs (*wazir*, „Helfer") an ihrer Spitze. Ursprünglich Tutoren der Prinzen, erhielten die Wesire des Harun ar-Rašid (die Barmakiden, auch sie ostiranischer Abkunft – berühmt durch ihre Allmacht und durch ihren jähen Fall im Jahre 803) höchste Befugnisse. Allein schon Amt und Rang des Wesirs als des höchsten Vertrauten des Souveräns spiegeln die Trennung zwischen den politischen und den religiösen Institutionen des islamischen Staates. Gegen Ende des Jahrhunderts zeigte sich dann im immer schnelleren Wechsel von Aufstieg und Sturz der Wesire immer deutlicher die Konkurrenz zwischen Bürokraten, Militärs und Juristen um politischen Einfluß auf die geschwächte Führung; Sieger blieben die türkischen Generäle und ihre persischen Nachfolger (die Buyiden) im Amt des Oberemirs. Dennoch ist es letztlich der Apparat der Spezialisten unter dem Wesir gewesen, der das Funktionieren des Staatswesens unter fremden Usurpatoren aufrechterhielt und unter den iranischen Emiren des 10. Jahrhunderts die arabische, unter den türkischen und mongolischen Sultanen der Folgezeit die iranische Kultur im Osten bewahrte.

Der Kalif als der Imam delegierte die Erhaltung der religiösen Rechtsordnung und die Entscheidung über Streitfragen an die Spezialisten der Scharia als Richter (*qadi*, Kadi). Die Umaiyaden hatten die Richter wie Beamten der Administration ernannt; die Abbasiden schufen die religiöse Gerichtsbarkeit als im Grundsatz unabhängige, nur dem gottgegebenen Recht verpflichtete Institution. Rechtsschöpfung war angesichts der Heteronomie des islamischen Rechts auf Auslegung beschränkt: auch der Kalif war prinzipiell dem Wort des Korans und den Weisungen des Propheten unterworfen, und die Auslegung war bereits an die Lehrüberlieferung der Rechtsschulen gebunden. Aber das legale Instrumentarium der Rechtsgelehrten genügte nicht allen Aufgaben der Rechtspraxis. De facto behielt die imperiale Autorität der politischen Administration umfängliche juridische Privilegien: Strafverfolgung wurde der Polizei (*šurta*), die Aufsicht über Handel und Wandel (*hisba*) dem Marktinspektor (*muhtasib,* dem byzantinischen agoranomos vergleichbar) übertragen – und beide mußten Usancen des Beweisverfahrens, der Strafzumessung und der Kontrolle entwickeln, welche sich aus den Materialien und nach den Kriterien der Jurisprudenz in einer der Praxis angemessenen Weise nicht gewinnen ließen, ja den Satzungen der Scharia widersprachen. Überdies handelte der Herrscher in allen Angelegenheiten der politischen Führung (*siyasa*) souverän. Damit nicht genug: Die Kalifen behielten sich vor, als Appellationsinstanz die Entscheidung der Richter zu überprüfen und zu korrigieren. Die „Untersuchung von Unrecht" (*nazar fi l-mazalim*), nach sasanidischem Muster eingerichtete Prärogative des Souveräns, prüfte Beschwerden gegen Übergriffe und Mißbräuche der Verwaltung, aber auch gegen richterliche Entscheidungen; zum Beschwerdegerichtshof ausgebaut, konkurrierte die *mazalim*-Jurisdiktion mit dem Richteramt und griff in dessen Kompetenzen ein – nachhaltig und lange über den Bestand des Kalifates hinaus bis in die Osmanenzeit.

Der Kalif war nicht nur politischer Machthaber; er war als der Imam und Fürst der Gläubigen Garant des Gesetzes zum Heil der Muslime, nach dem Verständnis der Abbasiden nicht allein als *Halifat Rasul Allah* „Statthalter des Gesandten Gottes", sondern als *Halifat Allah* „Stellvertreter Gottes auf Erden"; al-Mansur (754–75) ließ sich *Sultan Allah fi ardihi* „Herrschaft Gottes auf seiner Erde" nennen. Die Bestallung der Richter und die Einsetzung eines Oberrichters (*qadi l-qudat,* auch dies nach sasanidischem Vorbild) waren Mittel der Kontrolle in Ausübung dieser Hoheit. Gleichwohl war der Kalif nicht Gesetzgeber; das Gesetz war gegeben. Die Entscheidung gegen die Anmaßung legislativer Gewalt wurde früh getroffen. Zwar unterbreitete der Perser Ibn al-Muqaffa (hingerichtet nach 756) dem Mansur ein politisches Programm, worin er dem Kalifen empfahl, das religiöse Gesetz nach seiner persönlichen Inspiration auszulegen, zu vereinheitlichen und zu kodifizieren:

„Auch möge der Herrscher der Gläubigen sein Augenmerk auf die unterschiedliche und widersprüchliche Rechtsprechung dieser beiden Hauptstädte [des Iraq: Basra und Kufa – der Traktat ist noch vor der Gründung Bagdads geschrieben] und anderer Städte und Regionen richten ... Wenn der Herrscher der Gläubigen Befehl zu geben geruhte, daß diese unterschiedlichen Urteile und Praktiken ihm in Schriftform vorgelegt würden, dazu die Argumente der Rechtsfindung bei den einzelnen Schulen, sei es eine Sunna oder eine (Beweisführung auf Grund von) Analogie; wenn darauf der Herrscher der Gläubigen diese Fälle prüfen und in jeder Sache seine ihm von Gott eingegebene Meinung formulieren, fest beschließen und ihr zuwiderlaufende Entscheidungen verbieten wollte, ferner diese Rechtsprechung insgesamt kodifizieren ließe – dann dürften wir hoffen, daß Gott anstelle jener Regeln, in denen das Richtige mit dem Irrtum gemischt ist, eine einzige und richtige Regel setze, und auch hoffen, daß die Vereinheitlichung der Rechtspraxis zusammengehe mit der Einheit der Herrschaft nach der Meinung und dem Spruch des Herrschers der Gläubigen."

(Ibn al-Muqaffa: Risala fi s-Sahaba, ed. M. Kurd Ali in: Rasa'il al-bulaga. Kairo [3]1946, S. 126–27.)

Aber dieses Programm wurde nicht verwirklicht. Der Kalif muß eingesehen haben, daß ihm ein solcher Schritt wohl Zuwachs an Macht bringen, doch angesichts des Einflusses der Rechtsgelehrten – die sein politisches Programm islamischer Gerechtigkeit juristisch formuliert hatten – den Verlust der Autorität vor den Muslimen kosten konnte. Die Juristen selbst waren im Begriff, das Ermessen (*ra'y*) der Gelehrten durch die Autorität der Hadit-Überlieferung und der Lehrüberlieferung ihrer Schulen zusehends einzuschränken. Als der Oberrichter Abu Yusuf Yaʿqub (gest. 798) für seinen Kalifen Harun ar-Rašid ein Handbuch über die Grundsteuer verfaßte, stellte er eine gestrenge Mahnrede an den Souverän voran, die Mahnung, als Hüter des Rechts zu leuchten, eines Rechts aber, das die Sunna der Altvorderen wahrt:

„Gott in seiner Gnade, Barmherzigkeit und Nachsicht hat die weltlichen Machthaber als Kalifen auf der Erde eingesetzt, er hat ihnen Licht verliehen, womit sie den Untertanen alles, was ihnen in ihren tagtäglichen Angelegenheiten dunkel geworden, erleuchten, und ihnen klar machen, was ihnen von ihren Rechten zweifelhaft geworden. Womit aber die Machthaber vorleuchten, ist die Aufrechterhaltung der gesetzlichen Ordnungen und die Bewachung der Rechte eines jeden einzelnen durch Standhaftigkeit und klaren Befehl. Die Wiederbelebung der *sunan* [Pl. von *sunna,* vorbildliche Praxis], welche ein frommes Geschlecht eingeführt, nimmt die höchste Stelle ein, denn die Wiederbelebung der *sunan* gehört zu jenen guten Taten, welche fortdauern und nicht zugrunde gehen."

(Abu Yusuf Yaʿqub: Kitab al-Harağ [Buch über die Grundsteuer], übers. v. I. Goldziher [30.01]. Bd. 2, S. 68.)

Abu Yusuf hat – wie sein Lehrer Abu Hanifa – dem begründeten und durch Konsens gestützten Raisonnement (*iǧtihad*) der Gelehrten noch weites Ermessen konzediert. Doch mit der Entfremdung zwischen pragmatischer Administration und gelehrtem Richterstand, mit der wachsenden Kluft zwischen Ideal und Wirklichkeit des islamischen Staates wuchs unter den Juristen die Tendenz, das Recht auf unverrückbare Normen zu gründen. Diese Tendenz blieb nicht auf das Recht beschränkt; darüber hinaus wurde bis in die äußere Form die gesamte Lehrüberlieferung der islamischen Wissenschaften von den Überlieferungsnormen des Hadit geprägt: Die förmliche Beglaubigung jeder Überlieferung – einzelner Nachrichten oder ganzer Literaturwerke – durch eine kohärenten *isnad* bezeugt die Verbindung persönlicher Autorisierung mit schriftlicher Aufzeichnung. Auch die Geschichtsschreibung wurde in diesem Gewand in den Dienst paradigmatischer Glaubensunterweisung gestellt (und nicht wenige „historische“ Diskurse entpuppen sich bei näherem Hinsehen als juristische Instruktion). Für die Hand des Rechtsgelehrten wurden die Überlieferungen gesammelt (*tadwin*) und nach den Kapiteln der Scharia klassifiziert (*tasnif*) – dies schon gegen Ende der Umaiyaden- und im Anfang der Abbasidenzeit.

c) Die klassischen Rechtsschulen

Um die Wende vom zweiten zum dritten islamischen (8./9.) Jahrhundert vollzog der große Jurist aš-Šafiʿi (767–820) den entscheidenden Schritt zu einer neuen Rechtstheorie: Für Šafiʿi ist Sunna nicht mehr – wie für seine medinensischen Lehrer – die idealisierte Praxis nach dem Konsensus anerkannter Autoritäten; sie ist vielmehr identisch mit dem Inhalt förmlicher Traditionen vom Propheten, deren Identität mit dem Konsensus der Gemeinde postuliert wird, auszulegen durch strengen Analogieschluß, doch dem persönlichen Ermessen nicht verfügbar:

„Was der Prophet als Sunna gegeben hat in Angelegenheiten, für die Gott [im Koran] nicht geurteilt hat, das hat er doch nach Gottes Urteil gegeben. Also hat uns Gott mitgeteilt: ‚Wahrlich, du [Muhammad] führst auf einen geraden Weg, den Weg Gottes‘ [Sure 42, Vers 52–53]. Der Gesandte Gottes hat die Sunna im Einklang mit dem Buche Gottes gegeben, und er hat sie dort gegeben, wo es keine ausdrückliche Satzung des Buches gibt. Gott hat uns verpflichtet, jede Sunna des Propheten zu befolgen; er hat die Befolgung als Gehorsam gegen ihn selbst erklärt, und die Widersetzlichkeit als Ungehorsam, für den es keine Entschuldigung gibt. Vor der Folgsamkeit gegen die Sunna des Gesandten Gottes gibt es keine Ausflucht."

(aš-Šafi'i: ar-Risala, ed. A. M. Šakir. Kairo 1940, S. 88–89.)

Der Konflikt der gegensätzlichen Auffassungen über die Prinzipien der Scharia kam zum offenen Austrag, als der Kalif al-Ma'mun (813–33) in einer berühmt-berüchtigten Inquisition (der Mihna, s.o. S. 63) die obersten Richter zur Annahme des Lehrsatzes der Erschaffenheit des Korans zu verpflichten suchte. Dieses Dogma war das Schibboleth der rationalistischen Theologen, die sich in Polemik und Apologetik gegenüber den Andersgläubigen, namentlich im Gespräch mit dem hellenisierten Christentum, deren Dialektik und Hermeneutik angeeignet hatten. Der bedeutendste Gegenspieler des Inquisitors, der Traditionarier Ahmad ibn Hanbal, beharrte dagegen auf der gläubigen Annahme des unerschaffenen Gottesworts. Hinter ihm stand das dem Kalifen, seiner Administration und der elitären Spekulation entfremdete Volk. Um die Mitte des 9. Jahrhunderts kam die Wende. Die Inquisition wurde beendet; eine Bewegung gegen die rationalistische Ausdeutung der Offenbarung setzte ein: Nächst dem Koran sei allein die Sunna, die durch die Autorität des Propheten und autoritative Lehrüberlieferung sanktionierte Tradition, Quelle der Scharia und Konstitution der Umma und als solche auch vom Kalifen anzuerkennen. Die Kanonisierung des Hadit ging einher mit abschließender Textsammlung. Auch die spekulative Theologie fügte sich dieser Entwicklung und suchte Kompromißformeln, die den Wortsinn des Korans bewahrten (s. o. S. 63–6). Aber hinfort blieb der *ta'wil*, die stets doch von subjektivem Ermessen geleitete „Deutung" des Korans, den Hütern der Rechtgläubigkeit suspekt. Die Altvorderen, die Gefährten des Propheten und die Träger der Überlieferung hatten solche Auslegung nicht geübt: sie war „Neuerung" (*bid'a*) am Rande der Häresie.

Sunna und Orthodoxie wurden darum Synonyme: Orthodoxie, die öffentlich verkündete und allgemein anerkannte Lehre des rechten Glaubens und Handelns, ist nicht von der spekulativen Theologie (Kalam), sondern von den Sammlern und Auslegern der Rechtsüberlieferung geschaffen und formuliert worden. Unterschiedlich in der Gewichtung der „Prinzipien des Rechts" (*usul al-fiqh*), von „Meinung" (*ra'y*) neben Koran, Sunna und Konsensus (*iğma*), doch in der Sanktion der Überlieferung einig waren alle Schulen des Rechts, Schulen, die sich an die maßgeblichen Autoritäten der formativen Periode anschlossen und von denen vier überdauerten: die Nachfolger des Malik (Malikiten), des Abu Hanifa (Hanafiten), des Šafiʿi (Schafiiten) und des Ibn Hanbal (Hanbaliten). Auch die dogmatischen „Prinzipien des Glaubens" (*usul ad-din*) wurden auf Grund der Traditionsquellen von den Rechtsschulen verwaltet, theologisches „Wissen" (*ilm*) und juristisches „Verstehen" (*fiqh*) als Disziplinen der Scharia versöhnt. Nur im Bündnis mit den Rechtsschulen haben die Richtungen des Kalam ihren Platz in der Lehre bewahrt und die politisch-religiöse Parteibildung beeinflußt: Die Muʿtazila hielt sich in Koalition mit dem hanafitischen Recht (das stets noch der rationalen Auslegung ihren Platz gewahrt hatte); die Ašʿariya (s. o. S. 64–6) verband sich mit der schafiitischen Schule (ohne doch durchweg als orthodoxe Dogmatik – als die sie gern bezeichnet wird – Anerkennung zu finden).

Man hat gesagt, daß die Scharia im Laufe der Geschichte ein Lehrgebäude von Theoretikern geworden sei, toter Buchstabe, der dem Wandel der Gesellschaft nicht Rechnung tragen konnte. In solcher Allgemeinheit ist das nicht richtig. Allerdings bot die Beschränkung der Rechtsquellen auf Koran und geheiligte Tradition praktische Schwierigkeiten, und der Charakter des Rechts als religiöse Pflichtenlehre zwang den Juristen, alle menschlichen Handlungen und Beziehungen, also auch alle sachlichen Rechtsverhältnisse, unter die Begriffe „geboten", „verboten", „empfohlen", „mißbilligt" und schlicht „erlaubt" zu fassen. Im Bereich des Ritus, des Familien- und des Erbrechts konnten diese Grundsätze am weitesten und am längsten beobachtet werden. Im Staats- und Verwaltungsrecht, im Steuerrecht und im Strafrecht ging die Praxis in der Tat andere Wege; die Osmanen stellen schließlich der Scharia ein gesondertes Rechtskorpus, den *qanun* (vorbereitet in der *siyasa* der Mamluken) zur Regelung dieser Bereiche zur Seite. Aber es ist stets zu bedenken, daß islamisches Recht nie abschließend und einheitlich von Staats wegen kodifiziert worden ist. Immer blieben die unterschiedlichen Auslegungen der vier „kanonischen" Rechtsschulen gleichberechtigt nebeneinander bestehen, unterschiedlich gerade in Ausmaß und Freiheit individueller Auslegung. Zwar hatte Šafiʿi mit der Beschränkung des Ermessens auf strikte Analogie nach der Sunna das „Tor des *iǧtihad*", des individuellen Raisonnements, geschlossen und damit die gesamte Entwicklung entscheidend beeinflußt; aber die anderen Schulen folgten ihm nicht in gleichmäßiger Strenge. So schufen die hanafitischen Juristen des Irak, des islamischen Landes mit der progressivsten und vielfältigsten sozialen Struktur, in liberaler, doch scharfsinnig den Buchstaben der Überlieferung wahrenden Kasuistik eine juristische Grundlage des Handelsrechts, das der aufblühenden Wirtschaft des frühen Abbasidenreiches in angemessener Weise Rechnung trug. Und gerade die Nachfolger Ibn Hanbals, die intransigenten Gegner aller theologischer Spekulation und die strengsten Verfechter des Traditionalismus, die selbst den Analogieschluß ablehnten, entwickelten ihre Jurisprudenz zu einem flexiblen Instrument rationaler Pragmatik.

Von der Schia gilt Ähnliches; wir können ihre Zweige getrost als weitere Rechtsschulen neben die vier ,,orthodoxen" stellen. Vor der ,,Zwölfer"-Schia hat hier auch die Zaidiya (s. o. S. 54) ein besonders früh und subtil entwickeltes Recht hervorgebracht. Die Lehre von der Entrückung des Imams (s. o. S. 54f.) gab alsdann den Juristen Vollmacht und besonders weiten Ermessensspielraum, denn in seiner Abwesenheit wurde ihnen die Übung des *iǧtihad* anheimgegeben. Auch die Schia gründete ihre Lehre auf *sunna*, Vorbild und Weisung des Propheten und seiner Gefährten; freilich war es ein anderes Verständnis und eine andere Überlieferung von *sunna*, welche sie von dem Konsensus und der Überlieferung der orthodoxen, d.h. abbasidentreuen „Sunniten" trennte: Sie sah allein in Ali und seinen Nachkommen deren legitime und authentische Vermittler. Nur im Sprachgebrauch der „Orthodoxie" konnten „Sunna" und „Schia" daher als Gegensatzpaar zu Etiketten der beiden großen Konfessionen des Islams werden. Die „Partei" – Schia – Alis erkannte allein ihn als vom Propheten designierten Nachfolger, Träger des Muhammad zuteil gewordenen Lichtes und Träger seiner Sunna, sah allein seine Nachkommen als rechtmäßige Vorsteher der Gemeinde an und erwartete allein von diesen erleuchteten Imamen die seligmachende Rechtleitung; ferner suchte sie in der Auslegung des „inneren" Sinnes der Offenbarung ihren Anspruch zu legitimieren und geriet damit, je mehr sie esoterische Einsicht sich anmaßte, in desto schärferen Gegensatz zum buchstabentreuen Koranverständnis des orthodoxen Traditionismus. Sehen wir von der „radikalen" Ismaʿiliya ab, die ihren Anspruch auf Erleuchtung und Führung bis in die Zeit der Kreuzzüge mit Wort und Schwert verfolgte, so sind aber Sunna und Schia ähnliche Wege gegangen. Mit dem Niedergang der Kalifenmacht, mit dem Zerfall des Reiches, mit dem Aufstieg iranischer und türkischer Dynastien, die den Kalifen in ihre Dienstbarkeit zwangen und ihn in Machtkämpfe verstrickten, wurde der alte Streit um die Legitimität des abbasidischen Kalifenhauses wesenlos, blieb die geistliche ebenso wie die politische Autorität des Kalifen nur noch Postulat der Theoretiker. Die politische Schia resignierte; der zwölfte Imam wurde entrückt und soll aus seiner Verborgenheit am Ende der Zeiten als der

Mahdi, der „Rechtgeleitete" wiederkehren. Vor seiner Wiederkunft gibt es keine legitime Herrschaft. Als die Safawiden zu Beginn des 16. Jahrhunderts für den verborgenen Imam Iran eroberten, stützten sie sich auf die maßgeblichen Juristen der Schia (nach der Wende zum 20. Jahrhundert unter dem Ehrentitel Ayatullah „Zeichen Gottes" bekannt) als staatstragende Autorität. Diese behaupteten ihre Stellung späterhin auch im Gegensatz zu der verfallenden Dynastie und haben – nach der Desintegration des Staatsganzen – seit dem Ende des 19. Jahrhunderts stetig an Unabhängigkeit und politischem Einfluß gewonnen. Hier wie dort also, nach der abbasidentreuen Sunna und nach der Schia der Aliden, ist Herrschaft allein legitimiert, wenn sie dem Spruch der Rechtslehrer folgt.

Richtig ist gleichwohl, daß „die Regierung Allahs und die Regierung des Sultans [der bald nicht mehr mit dem Kalifen identisch war] auseinanderwuchsen", daß „der großartige Traum einer Gesellschaft aufgegeben worden [war], die in jeder Daseinsphase unter dem unabänderlichen Gesetz funktionierte, das der Herr in der Fülle der Zeit geoffenbart hatte" (G. E. von Grunebaum [13.15], S. 183). Besonders eklatant war ja das Auseinanderfallen zwischen Theorie und Wirklichkeit in der Regierung des islamischen Reiches zutage getreten. Der Kalif war seit der Mitte des 10. Jahrhunderts nur noch nomineller Herrscher eines zerfallenen Reiches, in dessen Fragmente sich verschiedene Souveräne teilten. Nach den türkischen Prätorianern hatten die Buyiden, schiitische Condottieri vom Kaspischen Meer, Eroberer Westpersiens und des Irak, dem Kalifen ihre Schutzherrschaft und ihren Willen aufgezwungen; ja Adudaddaula (949–83) zwang den Herrscher der Gläubigen, ihn nach iranischem Zeremoniell zum Großkönig zu krönen (977 oder 978). Die ismailitische Sekte der Schia wurde unter dem Gegenkalifat der Fatimiden in Nordafrika und (seit 969) in Ägypten zur virulenten und militanten Bedrohung des ganzen Vorderen Orients. Bald – seit der Wende zum 11. Jahrhundert – leitete die Nomadeninvasion der Turkmenen von Transoxanien bis Anatolien tiefe soziale Veränderungen ein. In einer Zeit materieller Bedrohungen und politischen Unheils wuchs in der Gemeinschaft der Muslime die Erkenntnis, daß nicht die in Machtkämpfe verstrickten Herrscher – seien es die Kalifen oder die Sultane der Invasoren – die Einheit und den Fortbestand des Gesetzes und damit das Heil der Gläubigen garantierten, sondern allein die Lehrer der Scharia, die *ulama*. Allein sie wurden als legitime Bewahrer des Glaubens nach der Sunna angesehen. Auch die Herrscher sprechen im Namen der Sunna, um sich Gehör zu verschaffen.

Die Folge ist eine Bewegung, welche man die sunnitische Restauration nennt – genaugenommen nicht Wiedererweckung, sondern nach langer und nie erliegender Aktivität Durchbruch der traditionistischen Kräfte unter Führung der Hanbaliten, denen sich nach dem Niedergang der Buyiden auch die politische Führung anschließt. Sie wird manifest in der Konfession, die der Kalif al-Qadir im Jahre 1018 öffentlich proklamieren läßt, gerichtet gegen die Schia, gegen die Muʿtazila, aber auch gegen die Ašʿariya, also gegen den Kalam überhaupt. Es ist eine Bewegung der Integration: sie einigt die sozialen Schichten, einigt Araber und Türken, einigt Jurisprudenz und Mystik – freilich nicht, ohne die Vielfalt freier geistiger Auseinandersetzung nachhaltig zu beschränken. In der Lehrstätte des orthodoxen Rechts, der *madrasa,* entsteht eine neue Institution dieser Bewegung. Neben den seit alters in den Moscheen beheimateten Schulen, deren Lehrer durch das Kalifat bestellt oder doch seiner Kontrolle unterworfen waren, gründete private Initiative und Dotation in wachsender Zahl Lehrstühle zugleich mit Herbergen, in denen Lehrern und Schülern Wohnung und Unterhalt gewährt wurde. Die Madrasa war nicht „Universität"; die Zeiten des Kalifen Ma'mun, in dessen „Haus der Weisheit" (Bait al-Hikma) Philosophie und Naturwissenschaften studiert wurden und in dessen Nachfolge auch im 10. Jahrhundert noch Mäzene den profanen Wissenschaften Akademien widmeten, waren vorbei. Die Madrasa war Schule des Rechts, des Fiqh, nach dem *madhab* (der Doktrin) des Stifters – und meist nur dieses einen *madhab*, also des schafiitischen, hanbalitischen usw. –, nach seiner Weisung und auch nach seiner Willkür (schneller Wechsel der Professoren auf begehrten Posten ist dafür beredtes Zeugnis). Die Madrasa wurde das religiöse und, wie sich versteht, auch das politische Lenkungsinstrument der orthodoxen Führungsschicht.

Zugleich stellten die Lehrer der Orthodoxie auch die pietistischen Erweckungsbewegungen des Landes und die antiautoritäre Volksfrömmigkeit der Städte – schon lange im Bündnis mit der hanbalitischen Lehre – in ihren Dienst. Die Mystik der Sufiya wurde respektabel, nachdem sie als individualistische Reaktion gegen Autorität und Kollektiv aufgestanden war; ihre Lehrer schlossen sich – wiederum im Zeichen des hanbalitischen Traditionismus – in förmlichen Überlieferungsketten an die Lehre der frühen Asketen und Frommen an. Mystische Orden und Konvente werden unter dem Einfluß orthodoxer Mission zu Pfeilern der Sunna, neutralisieren in Gemeinschaftsleben und ritualisiertem Gottesdienst auch sektiererische und exzentrische Glaubensrichtungen. In den folgenden Jahrhunderten gedeihen sie zu erheblicher politischer und (durch das Stiftungsvermögen) auch wirtschaftlicher Bedeutung.

Auch die türkischen Sultane müssen sich des Rückhalts der Orthodoxie versichern. Als der Seldschuke Togril sich vom Bagdader Kalifen die Investitur als Sultan (*sultan* „Herrschaft" – der Titel selbst ist Usurpation des kalifalen Privilegs) gewähren ließ, hatte er seine Machtergreifung in Bagdad (1055) als Verteidiger des Glaubens gegen seine häretischen Feinde legitimiert. Im Kampf gegen das christliche Byzanz und gegen die fatimidischen Ketzer bewiesen die Seldschuken ihren Eifer. Aber nicht nur dies; auch im Innern erhoben sie die Lehre der Sunna zur staatstragenden Institution. Die Zahl der von ihren Wesiren gegründeten Madrasen – berühmt vor allem die Stiftungen des persischen Wesirs Nizamalmulk (1018–92) – zeigt, wie sie die Autorität der Lehre als Instrument politischer Führung zu nutzen verstanden. Die Seldschuken waren nicht „Retter" des Kalifats; in Wirklichkeit blieben sie seine dauernden Rivalen. Die Seldschuken waren auch nicht die Schöpfer der orthodoxen Bewegung; aber sie haben ihr als Ideologie ihrer Herrschaft den politischen Rückhalt gewährt, der die geistige Integration der islamischen Welt im Zeichen der Sunna ermöglichte.

d) Der Staat als Gegenstand der Rechtstheorie

Die letzte Integration der islamischen Kultur unter der Führung des orthodoxen Traditionalismus hat im Werk des Juristen und Theologen al-Gazali (1058–1111, s. o. S. 69), ihren höchsten Ausdruck gefunden. Wissenschaftliche Logik und mystische Frömmigkeit, philosophische Tiefe und juristischer Pragmatismus, strenger Gehorsam gegenüber dem Gesetz und die Schule der dogmatischen Dialektik sind hier vereinigt. Seine Warnung und sein Rat, alles dahinten zu lassen, was nicht dem seligen Ende diene, erreichte das Volk des Islams vom Osten bis zum Westen. Denn die Verheißung von Gottes Lohn für die Rechtgläubigkeit der Frommen war in einem Staatswesen, welches die islamische Gerechtigkeit unter der Herrschaft des Frömmsten nur noch als fernes Ideal kannte, die einzige Heilsgewißheit geblieben. Das Risiko rigoroser Verweigerung, militanter Auflehnung mußte vor der politischen Wirklichkeit vergeblich, ja im Interesse des Gemeinwohls verderblich erscheinen. Die Theokratie war bereits Fiktion der Rechtsgelehrten geworden. Die sunnitische Tradition erstarrte zusehends zum Handbuchwissen, während der mystische Weg – immer populärer als Flucht und Abkehr vor der größeren Katastrophe des Mongolensturms, der ein Jahrhundert später hereinbrach – zu Obskurantismus und scholastischer Theosophie gerann.

Gazali selbst war es, der wohl als erster die Heillosigkeit der politischen Situation nüchtern beim Namen nannte. Die klassische Theorie des Kalifats, entwickelt von den schafiitischen Juristen, hatte zwei Methoden anerkannt, die den Herrscher als den Imam legitimierten und die freiwillige Huldigung der Muslime an ihn rechtfertigten: entweder der Konsensus der maßgeblichen Lehrer der Scharia oder die Designation durch seinen rechtmäßigen Vorgänger. Als nach dem Niedergang der Buyiden und vor der seldschukischen Machtergreifung das Bagdader Kalifat noch einmal auf die Wiederkehr vormaliger Größe zu hoffen begann, faßte al-Mawardi (974–1058) in einem klassischen Traktat noch einmal die „Richtlinien der Herrschaft" zusammen; schon er mußte die Frage stellen, ob ein Kalif, wenn „einer seiner Vasallen sich zum Herrn über ihn erhebt und die Ausübung der Macht usurpiert bei förmlicher Anerkennung seiner Autorität" (al-Ahkam as-sultaniya. Kairo 1909, S. 16) –, eben dies hatten die Buyiden getan – noch als legitimer Imam gelten könne; und er mußte die Möglichkeit des „Emirats durch Usurpation" (*imarat al-istila*) ins Auge fassen (wenn auch vorsichtig auf Rebellion in den Provinzen eingeschränkt) und einräumen, daß allein die Notwendigkeit und das Interesse des Gemeinwohls die Delegation der Herrschaft an den Usurpator rechtfertigen könne. Al-Gazali hat es vor der politischen Realität der Seldschukenherrschaft offen und unverblümt ausgesprochen:

„Ich wüßte gern, wer hier nicht beistimmt und der Ansicht ist, das Imamat existiere nicht mehr in unserer Zeit, da die Bedingungen, die es konstituieren, nicht mehr vorhanden sind; dabei ist er nicht imstande, etwas Entsprechendes an seine Stelle zu setzen, und ist ganz im Gegenteil unfähig, etwas zu finden, das den Bedingungen (des kanonischen Imamats) entspräche. Was nun? Ist es besser, daß wir die Richter für abgesetzt erklären und alle Regierungen für hinfällig, keine Heiraten mehr schließen und alle Anordnungen der Herrscher allüberall als ungültig verwerfen, wodurch alles Volk in Sünde hineingedrängt würde? Oder daß wir erklären, das Imamat bestünde (weiter) und daß die Regierungen und ihre Handlungen Rechtsgültigkeit besitzen, angesichts der (nun einmal bestehenden) Verhältnisse und der Zwangslage (unserer Zeit)?" Vor die Wahl gestellt zwischen Anarchie und Stillstand, Bürgerkrieg und Blutvergießen in vergeblichem Widerstand und der Anerkennung der bestehenden Gewalt „ist das kleinere Übel im Verhältnis das beste, und der Verständige muß (die letztere Möglichkeit) wählen."

(al-Iqtisad bil-iʿtiqad, edd. Çubukçu & Atay. Ankara 1962, S. 240, übers. v. G. E. v. Grunebaum [13.15], S. 216.)

Zwei Jahrhunderte später läßt die politische Entwicklung den Juristen keine andere Wahl, als den Zusammenbruch des theokratischen Staates juristisch zu ratifizieren:

„Die dritte Methode [der Legitimation nach den zwei oben erwähnten] bringt den Huldigungseid durch Usurpation zur Geltung: durch die Gewalt des Machthabers. Wenn zu einer Zeit kein Imam vorhanden ist, und wenn dann ein Unwürdiger das Amt beansprucht und das Volk durch seine Macht und seine Truppen überwältigt, so ist auch ohne [freiwillige] Huldigung oder Designation der ihm geleistete Huldigungseid gültig und der Gehorsam gegen ihn Pflicht, damit die Ordnung und Einheit der Muslime in Taten und Worten erhalten bleibe. Und dies gilt nach rechtsgültiger Ansicht [der anerkannten Juristen] unbeschadet der Tatsache, daß er unwissend ist [in Sachen der Scharia] oder sündig [gegen sie verstößt]."

(Badraddin Ibn Ǧamaʿa [1241–1333]: Tahrir al-ahkam, ed. H. Kofler in: Islamica 6.1934, S. 357.)

Auch Ibn Haldun (1332–1406, Zeitgenosse des Mongolen Timur), dessen pragmatische Einsichten in die sozialen Faktoren der Geschichte so viel Bewunderung erwecken, hat in seinem groß angelegten Versuch, die „Wissenschaft der Zivilisation" in den Kanon der islamischen und der philosophischen Wissenschaften einzubringen, nichts anderes versucht als die islamischen Juristen vor ihm: die Tatsachen der Geschichte am Gesetzesideal der Scharia zu messen, vor den Folgen von Übertretung und Willkür zu warnen.

Wohl hat auch der Staat der Mamluken – unter dessen Hoheit der oben zitierte Ibn Ǧamaʿa als oberster Richter in Kairo und Damaskus wirkte – einen Abkommen des Abbasidenhauses als „Statthalter Gottes auf Erden" eingesetzt, um den Schein rechtmäßiger Investitur zu präsentieren. In Wirklichkeit erschufen sie eine Monarchie, die dem Kalifen nur als Haupt der religiösen Institution, bar aller realen Machtvollkommenheit, bescheidene Vollmachten zuwies. Träger der politischen Herrschaft war die Aristokratie der türkischen Militärsklaven (*mamluk*), aus der die Führungselite aufstieg und die stets von außen – durch Import jugendlicher Sklaven vom Schwarzen Meer und aus dem Kaukasus – ergänzt wurde, die an der Spitze der zivilen Administration Juden und Christen bevorzugte und die lediglich in Pflege und Lehre des religiösen Rechts die Autorität der arabischen Gelehrten gelten ließen. Die Osmanen, die im Jahre 1516 auch den arabischen Orient eroberten und hier die Nachfolge der Mamluken antraten, sind ihnen in vieler Hinsicht gefolgt. Auch der osmanische Staat stützt sich auf eine geschlossene Führungsschicht von Leibeigenen des Sultans als Amtsträgern der imperialen Institution (z. T. rekrutiert durch die „Knabenlese", *devširme,* unter den christlichen Untertanen des Balkans), trennt das Staatsrecht (*siyasa,* kodifiziert im osmanischen *qanun*) von der Scharia und organisiert die Institutionen des Militärs, der Administration und des religiösen Rechts (hier jeder Religionsgemeinschaft, *millet,* Autonomie gewährend) durch einen verzweigten und allumfassenden Apparat. Nicht ein Schattenkalif, sondern die Sultane selbst führten den Titel des Kalifen und Herrschers der Gläubigen. Aber lange bevor der letzte Inhaber dieses Titels abgesetzt wurde (1924), war das Kalifat als Garant der Scharia für alle Muslime eine Fiktion von Theoretikern geworden.

Stets blieb indessen – bis heute – der Gedanke, daß politische Autorität religiös legitimiert sein müsse, bei den Völkern des Islams lebendig. Wieder und wieder haben rigoristische, pietistische und fundamentalistische Bewegungen im Islam politische Macht gestürzt und begründet. Während im Osten bereits Idealisten wie Pragmatiker vor den Gegebenheiten der Seldschukenherrschaft resignierten, begründete im Westen der Berber Ibn Tumart (gest. 1130) – der vielleicht Gazalis Lehre im Orient kennengelernt hatte – die fundamentalistische Reformbewegung der Muwahhidun („Bekenner der göttlichen Einheit", Almohaden), die ihn als den verheißenen Mahdi verehrten; sie bekämpften mit geistigen und militärischen Waffen den starren, doch sinnentleerten Legalismus der Almoraviden-Dynastie und traten gegen die Mitte des 12. Jahrhunderts deren Nachfolge in Marokko und in Spanien an. Aus einem mystischen Orden ging die Dynastie der Safawiden hervor, die zu Beginn des 16. Jahrhunderts im Namen des schiitischen Imams Iran eroberten. Es war eine bemerkenswerte Wiederholung der Vorgänge im Vorderen Orient des 11. Jahrhunderts, daß sie zu ihrer Legitimation der schiitischen Lehrinstitution eine staatstragende Stellung einräumte, einräumen mußte (eine Stellung, die sie jüngst in der Islamischen Republik Iran wieder eingenommen hat). Noch im 18. Jahrhundert bewies der Traditionalismus der Hanbaliten seine fortwirkende Kraft im Kampf Muhammad ibn Abdalwahhabs unter den Beduinen der Arabischen Halbinsel gegen „Häresie" und

„Aberglauben“ der Volksreligion; und im Bündnis mit seinen Anhängern – den Wahhabiten – begannen die Al Saʿud ihren Aufstieg zu Herren Arabiens. Weit länger und nachhaltiger stehen hier die Ordnungen der Gesellschaft und das Ringen um Macht im Zeichen des Glaubens. Noch die gegenwärtigen Ereignisse in der islamischen Welt weisen den Islam als eine Religionsgemeinschaft aus, die den Bruch der arbeitsteiligen Gesellschaft zwischen privater Glaubenssphäre und säkularisierter Öffentlichkeit nicht – noch nicht – akzeptiert hat (obwohl sie ihn schmerzlich und konfliktreich zu erfahren beginnt): als öffentliche Religion, als Gemeinde, die in den Artikeln des Glaubens Gottes Gesetzen gehorcht, sie gemeinschaftlich bekennt und die Staatsführung für die Einhaltung dieser Gesetze – und damit für das ewige Heil der Gläubigen – verantwortlich macht. Alle Bereiche von Staat und Gesellschaft, Kultur und Wissenschaft sind von dieser Haltung durchdrungen. Sie hat von Beginn an im spannungsreichen Verhältnis mit den Religionen und Institutionen des vorislamischen Orients und mit der hellenistischen und iranischen Kultur Aufstieg und Blüte des „klassischen“ Islams begründet, später Institutionalisierung, Verschulung und Erstarrung befördert, in der Moderne wiederum die Begegnung mit dem Abendland und die vielfältigen Bemühungen um Erneuerung und Restauration begleitet. In der Staatswerdung Pakistans hat der Islam noch einmal seine Kraft zu politischer Gemeinschaftsbildung bewiesen.

In der sozialen Revolution, welche die traditionellen Gesellschaften des islamischen Orients ergreift, stellt sich noch immer und aufs neue die Frage nach religiöser Legitimation der Regierungen. Wie wirksam sie von den Hütern der religiösen Institutionen aktualisiert werden kann, zeigt z. B. der Sturz der Pahlawi-Dynastie in Iran. Aber auch dort, wo solche Legitimation die Autorität der Staatsführung trägt – Saʿudi-Arabien, wo der Koran selbst als Verfassung gilt, ist ein solches Gegenbeispiel –, unterminieren unausweichliche soziale und ökonomische Reformen die traditionelle Gesellschaft und damit die traditionellen Grundlagen der Macht. Wie die Grundlagen des Islams zur Lösung der Konflikte der Gegenwart auszulegen sind, ist umstritten. Der Traditionalismus der alten Rechtsschulen war nach langer Erstarrung zu fruchtbarer Neuorientierung nicht mehr zu beleben. An seine Seite ist seit dem 19. Jahrhundert ein islamischer Modernismus getreten. Er propagiert den Geist, nicht den Buchstaben des Korans und sucht die Rechtsordnung des modernen Nationalstaats, die Erfordernisse des internationalen Wirtschaftsverkehrs und die Rationalität aufgeklärten Wissenschaftsdenkens mit einem reformierten Islam in Einklang zu bringen; dabei muß er im Interesse zeitgemäßer Lösungen die Authentizität und Geltung der Sunna in Frage stellen und die Satzungen des Korans auf eine neue Gesellschaft umdeuten (so hat er z. B. die Pflicht zum *ǧihad,* zur kämpferischen ,,Anstrengung" in der Sache des Islams, in den Dienst des antikolonialistischen Nationalismus gestellt). Hierzu in scharfem Gegensatz, oft im Bündnis mit der schlichten Frömmigkeit der Massen und von der Malaise des sozialen Umbruchs getragen, kämpft der islamische Fundamentalismus für die Errichtung eines wahrhaft islamischen Staates auf der Grundlage der Scharia, ruft auf zum Feldzug (zum *ǧihad,* auch hier!) gegen die satanischen Mächte des Säkularismus innerhalb und außerhalb der islamischen Welt und verweigert die Trennung zwischen Religion und Politik, sei es auch im Interesse nationaler oder wie immer gearteter pragmatischer Ziele. Allerdings dient der Rückgriff auf die „Fundamente" den Bewegungen des politischen Islams zu vielfältigen Zielen; er müßte seine Immunität gegen den Mißbrauch durch Ideologen (die immer tüchtige Interpreten der Heiligen Schrift waren) und seine Fähigkeit zur Lösung der sozialen Fragen noch erweisen. Ob letztlich auch in der islamischen Welt die steigende Flut des Säkularismus die Konfessionen und Streitfragen eines „privat", ja gleichgültig gewordenen Glaubens bedecken wird, steht dahin.

IV. Die islamische Welt: Gesellschaft und Wirtschaft

1. Arabien: Landschaft und Geschichte am Ursprung des Islams

„Das Zentrum des bewohnten, nicht mit Wasser bedeckten Teils der Erde liegt, wie wir erklärt haben, auf seiner nördlichen Seite, wegen der übermäßigen Hitze im Süden und der übermäßigen Kälte im (hohen) Norden. Da im äußersten Süden und Norden extreme Gegensätze von Hitze und Kälte herrschen, muß die Temperatur gegen die Mitte allmählich mäßiger werden. Die Mitte ist also ausgewogen, und die vierte [von den sieben] Klimazonen ist die ausgewogenste der bewohnten Regionen. Die angrenzenden Klimata, nämlich das dritte und das fünfte, sind der Ausgewogenheit am nächsten, die ihnen benachbarten, das zweite und das sechste, sind schon weit entfernt davon, das erste und das siebte am allerfernsten. Daher sind die Wissenschaften und Fertigkeiten, Gebäude und Kleidung, Nahrungsmittel und Früchte, ja auch die Tiere und überhaupt alles, was in den drei mittleren Zonen entsteht, ausgezeichnet durch Ausgewogenheit. Ihre menschlichen Bewohner sind ausgewogener in Körperbau, Farbe, Charakter und Religion. Selbst die Prophetie ereignet sich hier am häufigsten, während wir aus dem südlichen und dem nördlichen Klima keine Nachricht über eine prophetische Sendung haben; denn durch Propheten und Gottesgesandte ist nur der in Natur und Charakter vollkommenste Rang der Menschheit ausgezeichnet – Gott sagt [Koran, Sure 3, Vers 110]: ‚Ihr seid die beste Gemeinschaft, die unter den Menschen entstanden ist' – damit die von den Propheten gebrachte Botschaft Gottes vollauf angenommen werde ... Dazu steht nicht im Widerspruch, daß der Jemen, Hadramaut, al-Ahqaf, der Hiǧaz und die Yamama und die daran angrenzenden Gebiete der Arabischen Halbinsel im ersten und zweiten Klima liegen. Denn die Arabische Halbinsel ist, wie erwähnt, auf drei Seiten vom Meer umgeben, und dessen Feuchtigkeit wirkt sich auf die Luftfeuchtigkeit der Halbinsel aus: sie lindert die Trokkenheit und die extremen Temperaturverhältnisse, welche die Hitze bewirkt, so daß dort wegen der Feuchtigkeit des Meeres eine gewisse Ausgewogenheit eintritt."

(Ibn Haldun (1332–1406): al-Muqaddima [‚Einleitung' seines Geschichtswerkes al-Ibar]. Beirut 1956; ³1967, S. 141–43.)

Gestalt und Klima der Erde gehören zu den Grundlagen menschlichen Handelns in der Geschichte. Die Epochen der islamischen Geschichte haben unauslöschliche Spuren auf dem Gesicht der Erde hinterlassen; Landschaft und Besiedlung des Orients haben durch die Eroberungen der Araber und die Ausbreitung des Islams tiefe Wandlungen erfahren. Umgekehrt haben die Lebensbedingungen der Landschaft die Kultur des Islams – die materielle und die geistige Kultur – mitgeprägt: die Lebensbedingungen des Trockengürtels der Alten Welt, der großen Wüsten von der Arabischen Halbinsel bis nach Zentralasien auf der einen, bis zur atlantischen Sahara auf der anderen Seite, der Zonen des unsteten Gleichgewichts zwischen Seßhaften und Nomaden, beherrscht von städtischen Zentren inmitten der gefährdeten Regionen bäuerlicher Siedlung. Aber welcher Art ist der Zusammenhang zwischen Landschaft und Geschichte? Der eingangs zitierte Ibn Haldun hat unter dem Eindruck der historischen Erfahrung seiner nordafrikanischen Heimat wohl als erster einen solchen Zusammenhang gesehen. Jüngst hat man an seine Thesen wieder angeknüpft; in einer scharfsinnigen Analyse der islamischen Anthropogeographie hat Xavier de Planhol [40.02] eine „allgemeine Wechselwirkung zwischen Religion und Landschaft" postuliert und an der Beobachtung einer „offensichtlichen Affinität" des Islams zu Prozessen der Nomadisierung erläutert. Doch regionale Ausdehnung und historische Vielfalt der islamischen Welt lassen den Historiker vor schneller Verallgemeinerung zögern. Nur allmählich treten aus der großen Zahl unerschlossener Quellen die Konturen der Epochen, die Individualität der Regionen schärfer hervor. Die „islamische Welt" – ein Begriff, der schon Verallgemeinerung enthält – hat viele Gesichter.

Schauplatz der Entstehung des Islams war nicht die Wüste der arabischen Kamelnomaden, der Beduinen, sondern eine Oase des Hiǧaz, des Landstrichs im östlichen Abfall der Gebirgskette über dem Roten Meer am Nordwestrand der arabischen Halbinsel. Die Stadt Mekka war eine der natürlichen Etappen der „Weihrauchstraße", die den Tälern von Südarabien nach Syrien folgte. Ihr Aufstieg zu einem blühenden Handelsknotenpunkt im Laufe des 6. Jahrhunderts n. Chr. war die Konsequenz des wirtschaftlichen Verfalls und des politischen Niedergangs Südarabiens, des Glücklichen Arabien der Antike – der Bruch des großen Bewässerungsdammes von Ma'rib (etwa 570), für die islamische Geschichtstheologie das Menetekel eines göttlichen Strafgerichts, machte das Ende der alten Hochkultur im Jemen in spektakulärer Weise sichtbar. Um die gleiche Zeit wurde der Prophet Muhammad geboren. Südarabien war unter iranische, dann unter abessinische (byzantinischen Interessen verpflichtete) Herrschaft gelangt; die Quraiš, der Stamm der Herren von Mekka, griffen ein in das politische Spiel der Großmächte. Mit dem Abstieg Persiens und seiner arabischen Vasallen im Irak wuchs die Macht der Stämme im Norden und Westen der Halbinsel. Der Rang des Heiligtums der mekkanischen Gottheiten und der Landfriede der heiligen Monate stabilisierten die wirtschaftliche Prosperität der Händler; zugleich wurde der geweihte Bezirk Zuflucht für Heimatlose und Verfolgte aus den Beduinenstämmen Arabiens und aus dem besiedelten Umland. Heiraten zwischen Quraišiten und Immigranten aus verschiedenen Stämmen spiegeln die allmähliche Integration der Zuwanderer unter der traditionellen Führung der mekkanischen Aristokratie; aber auch soziale Gegensätze waren die Folge. Die ethischen Normen und Rechtsbegriffe des alten „Stammeshumanismus" (W. M. Watt), gegründet auf unbedingte Solidarität und strenge Mannestugend, verfielen gegenüber dem aufkeimenden Individualismus der Kaufleute und Händler in seßhaft gewordenen Familien. Die Wirtschaft um das Heiligtum blühte; aber seine Gottheiten wurden Staffage in einer neuen, gemischten Gesellschaft aus Arabern unterschiedlicher Herkunft, aus zugewanderten Juden und Christen.

Die von Muhammad als Offenbarung erlebte Verkündigung gab eine Antwort auf moralische und soziale Probleme seiner Umwelt durch eine neue religiöse Orientierung. Die Aufforderung zur Fürsorge für Arme und Waisen ist nicht der einzige, wohl auch nicht der primäre, aber doch ein zentraler Inhalt der ältesten Teile des Korans. Auch der Weg Muhammads und seiner jungen Gemeinde nach Medina (der Oase Yatrib 400 km nördlich von Mekka, die später „die Stadt des Propheten" genannt wurde) war von den Konflikten einer Gesellschaft im Übergang vorbereitet: Blutrache war ein Ordnungsfaktor in der Wüste, wo eine regierende Autorität fehlte; aber unter Seßhaften, die dem Teufelskreis von Rache und erneuter Vergeltung nicht ausweichen konnten, führte sie – ausgelöst von alltäglichen Versorgungsproblemen – zu selbstmörderischem Bürgerkrieg. Muhammad brachte nicht nur das Talent und den Willen zu politischer Führung mit, und er regelte nicht nur das Recht der Vergeltung in einer erträglichen und den veränderten Umständen angemessenen Weise (nicht etwa durch dessen Abschaffung), ferner das Recht der Ehe und des Erbgangs als Grundlage einer neuen, „urbanen“ Form der Familie; er brachte auch seiner Gemeinde die Gemeinsamkeit des Glaubens an den einen Gott, dessen Offenbarung er empfangen hatte – eine Gemeinsamkeit, die über der Stammessolidarität stand und diese, wo nötig, ablösen konnte. Die Folgen sind bekannt: Ein Jahrhundert nach der Hiğra, der Emigration Muhammads von Mekka nach Medina, hatten arabische Heere ein Gebiet vom Atlantik bis zum Indus dem Islam unterworfen.

2. Beduinen und Seßhafte

„Wegen ihrer wilden Art lassen sich die Araber schwerer als irgendein anderes Volk dazu herbei, sich einander unterzuordnen, sie sind roh, stolz, ehrgeizig, eifern um die Führerschaft und kommen nur selten in ihren Neigungen überein. Wenn aber die Religion durch einen Propheten oder Gottesmann ihr Wesen zähmt und wenn dann ihr Hochmut und ihre Eifersucht abnehmen, dann wird es ihnen leicht, sich führen und einen zu lassen.“

„Wenn in der Stadt ein Herrscher regiert, so muß Unterwerfung und Gehorsam der Beduinen Folge seiner Obmacht sein. Wenn in der Stadt kein Herrscher ist, so muß doch eine Form der Führung und Machtausübung einiger der Bewohner über die übrigen bestehen; wenn nicht, so geht ihre Zivilisation unter. Ein solcher Fürst bringt die Beduinen dazu, ihm zu gehorchen und beizustehen, entweder freiwillig – indem er Geld unter sie austeilt und ihnen gewährt, was sie an lebensnotwendigen Dingen von den Produkten seiner Stadt für den Bestand ihrer Zivilisation benötigen – oder unter Zwang, wenn seine Macht dazu ausreicht, und sei es, indem er Zwietracht unter ihnen stiftet, bis daß er eine Partei von ihnen auf seine Seite bringt und mit deren Hilfe die übrigen überwältigt und zwingt, ihm zu gehorchen, weil sie den Untergang ihrer Zivilisation fürchten müssen.“

(Ibn Haldun: al-Muqaddima. Beirut 1956; [3]1967, S. 266, 270.)

Nicht nur in der Frühzeit des Islams, sondern mehrfach an Wendepunkten seiner Geschichte waren es Völkerwanderungen, Perioden nomadischer Expansion aus der Steppe, welche die historische Landkarte veränderten; aber wiederholt – wenn auch nicht wieder in vergleichbarem Ausmaß – war es auch die einigende Kraft religiöser Bewegungen. Die Virulenz pietistischer Reform und heterodoxer Sekten verband im 11. Jahrhundert die Sanhağa-Berber südlich des Atlas unter den Almoraviden, um 1500 die Turkmenen Aserbaidschans unter den Safawiden, in der Mitte des 18. Jahrhunderts die Wahhabiten, Araber des Nağd unter Führung der Al Saʿud. Zwar sind die tieferen Gründe der nomadischen Wanderungen – von den arabischen Eroberungen bis zu den katastrophalen Mongolenstürmen des 13. und 15. Jahrhunderts – in ökologischen und ökonomischen Veränderungen zu suchen. Man hat auf den ständigen Bevölkerungsüberschuß des Nomadentums hingewiesen, das „regelmäßig, unablässig Menschen wie Heuschrecken hervorbringt" (J. Weulersse, danach X. de Planhol [40.02], S. 16). Auch für die erste Ausbreitung des Islams haben einige Forscher klimatische Veränderungen auf der Halbinsel verantwortlich gemacht, die zur Suche nach neuen Weidegebieten zwangen (so der Orientalist Leone Caetani, so z.B. auch Toynbee). Aber das Bündnis der Erobererstämme und die Konsolidierung der Eroberungen in einem Staatswesen von fortdauerndem Bestand wurde zuwege gebracht unter dem Regiment städtischer Zentren, Zentren religiös legitimierter Autorität, Stätten des gemeinsamen, öffentlichen Gebets, Zentralen dynastischer Machtausübung. Nomaden waren die Eroberer des islamischen Reiches, aber die islamische Kultur ist – wie die altorientalischen Kulturen vordem – eine Kultur der Städte. Der Radius ihres Einflusses ist begrenzt, zeitweilig gefährdet; dennoch ist das Nomadentum ebensowenig wie das Bauerntum gänzlich autark, wenn auch nicht gänzlich abhängig: *badw* – die Steppe – und *hadar* – die Zone des Ackerbaus und der Siedlung – leben in einer alten Symbiose.

Die Lebensform der Beduinen, die spezifisch arabische Form des Kamelnomadismus, entwickelte sich in den letzten Jahrhunderten vor dem Islam in den nordwestlichen Randzonen der Halbinsel, im Kontakt mit der Stadtkultur Syriens. Ständige Überfälle und Übergriffe auf das Land der Seßhaften gehörten zu ihren Grundlagen; eine starke, in der Genealogie verdinglichte Stammesbindung und die Sanktion der Blutrache gaben ihr den nötigen inneren Zusammenhalt. Die Mißachtung der Beduinen gegenüber den Seßhaften war ein Grundzug des beduinischen Selbstverständnisses, des Stammesstolzes *(fahr)*; und er gewann in den Erzählungen von den Fehden der alten Araber mythologische Züge. Um so mehr, als darauf von den arabischen Siedlern in den alten und neuen Zentren islamischer Herrschaft die Ideale des Beduinentums nur noch in verklärender Erinnerung weiterhin hochgehalten wurden. Darum sollte das Schema der „natürlichen" Feindschaft zwischen Beduinen und Städtern nicht allzu bedenkenlos verallgemeinert und zur Erklärung der verschiedensten historischen Vorgänge herangezogen werden. Ibn Haldun hat es als erster zur Grundlage seiner Deutung der großen Bewegungen der islamischen Geschichte gemacht; aber wenn er von Beduinen spricht, so meint er – besonders im Hinblick auf die ihm vertrauten nordafrikanischen Verhältnisse – alle von der Stadt und ihrer direkten Kontrolle entfernten Volksgruppen, sowohl Nomaden als auch Ackerbauern (Beduinen und Fellachen). Hier wie dort gab es Zellen der Auflehnung und des Widerstandes, getragen von autoritätsfeindlicher Solidarität (Ibn Hålduns *asabiya*).

Herde der Unbotmäßigkeit und der Rebellion gab es in der Tat, sowohl unter den nomadischen Stammeskonföderationen als auch in den vom Gebirgsterrain geprägten Zonen bäuerlicher Auflehnung, oft unter Führung militanten Sektierertums. In der Tat mußte es die zentrale Obrigkeit verstehen, partikularistische Kräfte gegeneinander auszuspielen. Nicht immer gelang dies; oft war das Gleichgewicht zwischen den städtischen Dynastien und den Gebieten des Widerstandes nur ein labiles. Bis in die jüngste Vergangenheit ist die Geschichte Marokkos charakterisiert von der Auseinandersetzung zwischen den Gebieten unter städtischer Regierungsgewalt (*bilad al-mahzan*, „Land des Staatsschatzes", der Dynastie zum Tribut verpflichtet) und dem „Land der Auflehnung" (*bilad as-sa'iba, siba*), hier der berberischen Gebirgsstämme. Ein Beispiel aus der älteren Geschichte liefert die Situation des Bagdader Kalifats gegen die Mitte des 11. Jahrhunderts, vor dem Fall der iranischen Buyiden und der Machtergreifung der türkischen Seldschuken – fast ohnmächtig zwischen einer schiitischen Konföderation arabischer Beduinen, den Übergriffen turkmenischer Stämme und den Rückzugsgefechten der kurdischen. Stets blieb der Umkreis dynastischer Kontrolle begrenzt. Er konnte, wenn die Mittel ausreichten, durch militärisch-missionarische Relais an den Grenzen gesichert und erweitert werden. Aber Ballungen starker Streitmacht und hohen Sendungsbewußtseins fern von der Metropole bargen das Risiko zentrifugaler Eigenbewegung, deren Effet die Dynastie gefährden, ja zugrunde richten konnte. Die Almoraviden, Berberführer, die im 11. Jahrhundert den Magrib und das islamische Spanien einnahmen, kamen aus den klosterähnlichen Garnisonen (arab. *ribat*, daher al-Murabitun, span. Almorávides) des Grenzgebiets gegen die Sahara. Auch im iranischen Osten und in Turkestan bildeten die Gazis, die Glaubenskämpfer an den Grenzen des Islams (darunter zahlreiche bekehrte Turkmenen) ein Element des Separatismus.

Weil es sinkenden Dynastien nicht immer gelang, das Gleichgewicht der Kräfte zu wahren, gehören Phasen der Beduinisierung zu den großen

Umbruchssituationen der Geschichte des Orients. Auch das vorislamische Arabien hatte einen solchen Prozeß erfahren. Große Wellen nomadischer Expansion führten zur Verödung ganzer Regionen: Schon Ibn Haldun spricht in seiner Chronik von den verheerenden „Heuschreckenschwärmen" der Banu Hilal in Nordafrika – zunächst nach Ägypten eingewandert, wurden sie Mitte des 11. Jahrhunderts durch den Fatimidenkalifen von Kairo als Instrument einer Strafexpedition nach Ifriqiya losgelassen. Auf lange Sicht nicht weniger folgenschwer waren die Invasionen türkischer Stämme aus Zentralasien nach Iran und Anatolien seit dem 11. Jahrhundert und schließlich der Mongolensturm, in dessen Gefolge wiederum türkische Nomaden den iranischen Raum überschwemmten. Wie die Expansion der Turkmenen von den Herrschern der Seldschuken und Ilchane nicht nur durch militärische Gewalt, sondern nachhaltig durch kulturelle Anpassung und religiöse Legitimierung der Führungsschicht politisch befestigt wurde, gehört zu den instruktivsten Kapiteln der islamischen Geschichte.

Folgenreich waren diese Ereignisse nicht nur durch die Verwüstungen der Kriegsheere, die raubend, brennend und mordend vordrangen; mehr noch dadurch, daß das ruinierte Bauerntum zum Nomadismus übergehen mußte, daß eingewanderte oder seit langem benachbarte Nomadenstämme altes Ackerland in Besitz nahmen. Das Ausmaß dieser Entwicklung ist vielerorts bis heute erkennbar; nicht nur am Verbreitungsgebiet türkischer Nomaden in Iran und Anatolien, sondern auch an der Ausbreitung des arabischen Beduinentums in den mesopotamischen Randzonen der Arabischen Halbinsel. Zwar wurden viele Beduinenstämme dort – wie schon einmal in vor- und frühislamischer Zeit – seßhaft oder halb seßhaft, wirtschaftlich vom Ackerbau abhängig. Aber bis heute ist die arabische Umgangssprache des Irak von den Dialekten der Beduinen geprägt, die – nach der „klassischen" Periode der Urbanisierung in den ersten islamischen Jahrhunderten – infolge des Verfalls der zentralen Macht und vollends nach dem Sturz der Abbasiden von Bagdad (1258) immer ungehinderter in das Siedlungsgebiet eindringen konnten, von der osmanischen Verwaltung sogar in den Städten angesiedelt wurden; Reste der alten Seßhaftendialekte haben sich nur noch in den nordwestlichen Randgebieten, im oberen Mesopotamien und in Anatolien, und bei der jüdischen und christlichen Stadtbevölkerung des Südens erhalten können.

Trotz sozialer Anpassung und gewaltsamer Disziplinierung auch blieb das arabische Stammestum bis in die Spätzeit des Osmanischen Reiches eine Kraft der Unruhe und des Widerstandes gegen seine Administratoren. Von den europäischen Mächten, insbesondere von England, mit Geschick gestützt – nicht zum besten des Bauerntums, wenn es in die Dienstbarkeit mächtiger Stammesführer geriet – verband es sich mit dem Nationalismus der städtischen Intellektuellen im Kampf um nationale Unabhängigkeit. Nach wie vor auch bleibt neben der Staatsmacht und den städtischen Eliten die Aristokratie der Stämme dort, wo sie überlebt hat – namentlich in den Monarchien Marokko, Saudi-Arabien und Jordanien – eine dritte Kraft von hoher Bedeutung.

3. Bauerntum, Landwirtschaft und Lehnswesen

Der Nomadismus ist die adäquate Ökonomie der Steppenzonen; aber die Grundlage der orientalischen Wirtschaft war der Ackerbau und blieb es auch unter dem Islam. Die arabischen Eroberer änderten daran nichts; sie störten den Landbau im ganzen nicht, da sie eine Beduinisierung der eroberten Ländereien nicht erlaubten. Auch waren vor dem Islam schon in Syrien und Mesopotamien arabische Stämme zum seßhaften Ackerbau übergegangen, ergaben sich nun ohne Widerstand den nicht unwillkommenen Vettern und behielten ihr Land als Eigentum unter leichterer Steuerlast (dem Zehnten, der Almosensteuer der Muslime nach dem Koran). Der Boden blieb auch sonst in der Pflege des ansässigen Bauerntums; auch die alten Domänen des persischen Landadels, der Dihqane, blieben – obwohl juristisch als Stiftungsvermögen *(waqf)* zugunsten der islamischen Gemeinde gebunden – gegen Zahlung der Grundsteuer (*ḫarāǧ*), unter dessen Verwaltung. Das ehemalige Kronland der Sasaniden und sonst herrenlos gewordener Boden fiel an die islamische Staatsgemeinde, die Umma, konnte aber in „Parzellen" *(qata'i)* zur Bewirtschaftung an arabische Muslime vergeben werden, welche dafür die koranische Zehntsteuer *(zakat)* zu entrichten hatten. Die Grundsteuer war also zunächst eine Steuer auf den Ertrag des eroberten Landes in der Hand von Nichtmuslimen (welche überdies die Kopfsteuer, *ǧizya,* erlegen mußten). Nach dem Ende der großen Eroberungen mit ihrem Beutegewinn an Geld und Gut wurde sie die wichtigste Einnahmequelle des Staates; da sie höher als der Zehnt war, begannen die zunehmenden Bekehrungen in der frühen Umaiyadenzeit finanzielle Probleme für die Staatskasse, vor allem für den Militärhaushalt der Zentralregierung zu schaffen. Diese Probleme verbanden und verstärkten sich mit den Folgen des sozialen Wandels: Die Abschaffung des früheren Feudalsystems und der Landsklaverei befreite das Bauerntum aus der Bindung an den Boden und aus dem Frondienst gegenüber den Dihqanen oder anderen Landherren im Irak, in Syrien und in Ägypten.

Je unwilliger den Neubekehrten die Befreiung von der Grundsteuer gewährt wurde, um so zahlreicher machten sie von ihrer Freizügigkeit Gebrauch. Es begann eine zunehmende Landflucht in die reichen Garnisonsstädte, wo die nichtarabischen Muslime als Klienten, Mawali, arabischer Familien mit den Arabern um den sozialen Aufstieg in der städtischen Gesellschaft wetteiferten. Im Gegenzug griffen arabische Stammesführer, die Ašraf, nach dem freiwerdenden Boden und sammelten wachsenden Großgrundbesitz, auf den sie lediglich den Zehnten zahlten. Die Reaktion der Umaiyaden – im Irak forciert durch des Kalifen Abdalmalik gefürchteten Gouverneur al-Ḥağğağ ibn Yusuf, den Architekten der Staatsorganisation im Osten – waren Maßnahmen, die sich sowohl gegen die Mawali als auch gegen die Ašraf richten mußten: Die Landflucht wurde eingedämmt, und der Boden wurde – gleich ob er in der Hand von Muslimen oder von Ungläubigen war – allgemein dem *ḫarağ* unterworfen. Die Unruhen und Aufstände, die sich dagegen erhoben (darunter die schwere Revolte des Ibn al-Ašʿat im Irak, 701) konnten sich auf die eindeutigen, freilich unter anderen Umständen erlassenen Gebote des Korans berufen; auch hier haben die Vorwürfe gegen gottlose Herrschaft der Umaiyaden ihre Wurzel. Der weitblickende Umar II. versuchte eine ausgleichende Reform des Bodenrechts und suchte mit der Definition des kultivierten Landes als kollektiven Gutes der islamischen Gemeinde dessen einheitliche und unveränderliche Besteuerung mit dem *ḫarağ* auf eine koranische Grundlage zu stellen, konnte aber in seiner allzu kurzen Regierungszeit (717–20) keine durchgreifenden Veränderungen bewirken. Die sozialen Unterschiede nahmen zu und führten zu sich verstärkenden Spannungen, nicht nur zwischen Arabern und Mawali, sondern auch unter den Arabern selbst zwischen der grundbesitzenden Aristokratie und unbegüterten Siedlern. Militanter Widerstand, häufig mit religiöser Kritik begründet und von den religiösen Oppositionsparteien (vor allem der Schia, wie im Aufstand des Zaid ibn Ali ibn al-Husain von 740) getragen, unterminierte die Herrschaft des Damaszener Kalifats. Erst die Abbasiden, von den in Chorasan revoltierenden Kräften zum Sieg getragen (749), konnten dem Übergang von der arabischen Stammes- zur Agrargesellschaft in einem einheitlichen Bodenrecht Rechnung tragen.

Die Blüte der Landwirtschaft in der großen Zeit des Abbasidenkalifats hängt eng mit dem Aufstieg der städtischen Wirtschaft und des Fernhandels zusammen. Die steigende Nachfrage führte zur Steigerung des Ertrags durch intensive Kultivierung, darüber hinaus zur Erschließung neuer Anbaugebiete. Die Urbarmachung der großen Salzmarschen im südmesopotamischen Deltagebiet um Basra ist ein berühmtes Beispiel, freilich auch ein Beispiel für den verhängnisvollen Machtmißbrauch der Großgrundbesitzer: Ihre zu Hunderttausenden aus Afrika importierten Negersklaven, die Zanǧ, veranstalteten im Jahre 869 eine gefährliche Revolte und verteidigten für eineinhalb Jahrzehnte einen selbständigen Staat südlich von Basra.

Zur gleichen Zeit begannen Macht und Autorität des Bagdader Kalifats zu sinken. Seit der Mitte des 10. Jahrhunderts regierten de facto fremde – iranische, seit dem 11. Jahrhundert dann türkische – Fürsten im Irak und schließlich im ganzen Vorderen Orient, und sie erzwangen eine folgenreiche Umstellung des Staatshaushaltes durch die Einführung der Militärlehen: die Besoldung der Armee durch Belehnung mit der Grundsteuer aus Staatsdomänen (arab. *iqta*).

In seiner Grundform war *iqta* „Verleihung einer Staatsdomäne *(qatiʿa)* in Steuerpacht" an zivile und auch an militärische Konzessionäre nichts Neues. Der Konzessionär erhielt die Grundsteuer (*ḫaraǧ*) einer Domäne; der Fiskus bezog hieraus nur die Zehntsteuer, u. a. zur Bestreitung des Militärhaushalts. Aber je mehr der wachsende Einfluß und die Selbstherrlichkeit der Emire den Einzug der gesetzlichen Abgaben von militärischen Lehnsnehmern erschwerte, um so schwieriger wurde die Lage des Staatshaushalts. Als die Buyiden, die Dynastie der Condottieri aus Dailam am Kaspischen Meer, die Macht in Bagdad übernahmen (945), machten sie aus der Not eine zweifelhafte Tugend: Sie zogen den *iqta* direkt zur Besoldung des stehenden Heeres heran, indem sie Lehnsgüter gegen militärische Dienstleistungen vergaben. Mit der Ausweitung des *iqta* unter den Seldschuken in Iran und im Irak seit dem 11. Jahrhundert und unter den Aiyubiden in Ägypten (zweite Hälfte des 12. Jahrhunderts) wurde das Militärlehen zur Hauptform der Vergabe von staatseigenem Grundbesitz und blieb es unter den Nachfolgedynastien in Iran (den mongolischen Ilchanen) und im Vorderen Orient. Die Mamlukensultane (13.–15. Jahrhundert in Ägypten und Syrien) machten das System zum Fundament ihres Staatswesens, suchten allerdings durch Neukatastrierung und durch Ausweitung des Kronlandes die wirtschaftliche Autonomie des Herrschers zu stärken. Der *timar* („Pflegelehen") des Osmanischen Reiches ist eine verwandte, wohl auch an byzantinische Vorbilder anknüpfende Institution von ähnlicher Bedeutung; daneben traten aber andere, für die Staatskasse einträglichere Formen der Güterabtretung vor allem in den anatolischen und arabischen Provinzen: das Treuhandlehen *(emanet)*, dessen Inhaber die von ihm eingetriebenen Abgaben an den Fiskus überweisen mußte, während er selbst aus dem Staatsschatz besoldet wurde, und (zunehmend seit dem 16. Jahrhundert) die Steuerpacht *(iltizam)*.

Die Verwandlung der Staatsgüter in Militärlehen wahrte den Buchstaben des islamischen Bodenrechts: der Boden blieb juristisch Eigentum des Staates, und die dem Lehnsnehmer übertragenen Befugnisse blieben Delegation öffentlicher Vorrechte, blieben beschränkt auf die Abschöpfung des Ertrages nach Maßgabe und für die Dauer der militärischen Dienstbarkeit. Daher führte der *iqta* nicht zur Ausbildung einer landsässigen, erblichen Militäraristokratie. Der islamische „Feudalismus" unterscheidet sich darin erheblich vom europäischen Lehnswesen. Ohnehin wurde stets nur ein Teil – in Zeiten starker dynastischer Kontrolle der geringere Teil – der Staatsdomänen an Lehnsnehmer vergeben.

Indessen hatte die faktische Gründung des Staates auf eine Militärhierarchie und die Finanzierung des Militärhaushalts durch Lehen aus der Grundsteuer unmittelbare und über die Jahrhunderte tiefgreifende Folgen für die Wirtschaft der islamischen Länder. Die Wirtschaft der abbasidischen Blütezeit hatte aus der Verflechtung zwischen staatlicher und privater Initiative, zwischen Agrarwirtschaft, Handwerk, Handel und internationalem Waren- und Kapitalverkehr gelebt. Die neuen Herren, die dailamitischen Generäle, die turkmenischen Stammesfürsten und ihre Nachfahren standen dieser Ökonomie und ihren Erfordernissen fremd gegenüber. Der Handel ging zurück; die Geldwirtschaft verfiel und wurde abgelöst von einer überwiegenden Naturalwirtschaft. Schließlich nahm auch der Ackerbau selbst schweren Schaden, nicht nur durch den Zustrom türkischer Nomaden vom 11. bis zum 15. Jahrhundert, sondern auch durch die Unzulänglichkeiten des Systems. Die Militärs, vor allem die finanzschwachen unteren Ränge, waren nur an der Abschöpfung des Ertrages interessiert, zu langfristigen Investitionen nicht bereit oder nicht in der Lage. Da überdies die Festsetzung des theoretischen Steuerwerts (*ibra*) der Domäne auf Jahre im voraus den Schwankungen des Ernteertrags nicht Rechnung trug, waren die Fellachen häufig unerfüllbaren Forderungen gewalttätiger Lehnsherren und subalterner Pächter ausgesetzt. Nur eine starke Administration konnte Mißbräuche unterbinden, mußte freilich bei der Schätzung des Steuerwerts und der Zuweisung der Domänen die Interessen des Fiskus vertreten. Der Verfall der Staatsmacht und der Verwaltung führte einerseits zu erblichem, der Kontrolle sich entziehendem Lehnsbesitz, andererseits durch die Ausbeutung der Menschen und der Natur zum Ruin der Landwirtschaft und zu Übergriffen des Nomadentums. Dieser Vorgang wiederholt sich beim Niedergang der Buyiden, der Mamluken und der mongolischen Ilchane; auch der Zerfall des Osmanischen Reiches im 18. und 19. Jahrhundert wird begleitet von Reformversuchen und Bauernaufständen in den Provinzen.

Im Vergleich mit den Lehnsgütern und den unveräußerten Staatsdomänen spielte das frei verfügbare Privateigentum *(milk)* an Grund und Boden seit alters eine untergeordnete Rolle. Trotzdem waren Güter aus Eigentum oder Nutzungsbesitz, die als fromme Stiftung (*waqf*, in Ägypten und Nordafrika *habs, hubus*) religiösen und gemeinnützigen Einrichtungen – Moscheen, Madrasen, Hospizen, Konventen der Sufi-Orden – übertragen wurden (häufig auch zum Nießbrauch durch die Familie des Stifters), ein bedeutenderer Wirtschaftsfaktor. Nicht immer konnten die Waqf-Güter der Kontrolle, auch dem rechtswidrigen Zugriff des Staates und der Mißwirtschaft durch korrupte Pächter entzogen werden. Der Aufstieg der sufischen Orden zu zahlenstarken und autoritativen Institutionen ermöglichte gleichwohl – namentlich im Osmanischen Reich – die Ansammlung bedeutender Waqf-Domänen außerhalb der staatlichen und militärischen Kompetenz, die von den Derwischen in ganz ähnlicher Weise wie von den städtischen Grund- und Lehnsbesitzern gewinnbringend bewirtschaftet wurden.

Von den Übergangsphasen nomadischer Organisation abgesehen, waren die Institutionen und Organe politischer Autonomie und fiskalischer Verwaltung stets in den städtischen Metropolen konzentriert. Die Grundherren saßen in den Städten: so die grundbesitzende Aristokratie der Umaiyadenzeit, so zum großen Teil die Steuerpächter der abbasidischen Domänen; die Garnisonen der aus ländlichen *iqta*-Lehen besoldeten Militärs blieben in den Städten stationiert; und auch die religiösen Institutionen, welche Nutznießer von Stiftungsvermögen waren, hatten städtische Zentren. Stets blieb das Bauerntum der ländlichen Siedlungen in der direkten oder indirekten Dienstbarkeit städtischer Herren. Selten hat darum das Bauerntum in die politische Geschichte der islamischen Länder aktiv eingegriffen. Aber es hat auch hier Bewegungen des Widerstandes gegen die Hegemonie und Oppression der Städte gegeben. Wir erwähnten schon den Aufstand der Zanǧ, der Negersklaven der irakischen Latifundien. Die Sekten der Schia, die einen gerechten Imam und ein Reich der Gerechtigkeit am Ende der Zeiten verhießen, faßten in den

Städten und auf dem Lande Fuß; aber während in den irakischen und iranischen Städten dem Abbasidenkalifat entfremdete, doch politisch resignierte Anhänger des seit 873 „verborgenen" zwölften Imams in der Mehrzahl waren, entfachte die „radikale" Fraktion der Isma'iliya mit der Propaganda für ihren (gleichfalls entrückten) Imam eine militante messianische Bewegung unter der Landbevölkerung des südlichen Irak und in den Dörfern von Nordiran und Chorasan, keine geringe Bedrohung des aus den Fugen geratenden Kalifenreiches und – verstärkt durch Beduinen in Bahrain, später von den Fatimiden nach Nordafrika und Ägypten getragen – von gewaltiger Konsequenz. Auch gegen die rücksichtslose Ausbeutung der Militärlehen erhob sich Rebellion; sie konnte sogar, wie in den Aufständen des 14. Jahrhunderts gegen den Mamlukenstaat Ägyptens, ein Zweckbündnis zwischen Fellachen und Beduinen herbeiführen.

Die Vorherrschaft städtischer Grundherren über das Land ist die Basis eines Systems, das von der modernen Sozialgeographie (nach Hans Bobek [40.01]) „Rentenkapitalismus" genannt wird. Der Begriff wurde aus der Beobachtung neuzeitlicher Verhältnisse im Vorderen Orient gewonnen; er wird neuerdings auch auf die Bodenrechtsverhältnisse des älteren Islams angewandt, aber die Entwicklung ist doch zu vielfältig und im einzelnen noch zu wenig erforscht, als daß wir solche Verallgemeinerung durchweg rechtfertigen könnten. Unbestreitbar ist, daß wir die historischen Voraussetzungen dieses Systems schon im Lehnswesen der iranischen und türkischen Militärdynastien verfolgen können; auch dies war eine Form wirtschaftlicher Ausbeutung des Landes durch die Stadt, und es konnte durch Mißbrauch zu bedrückender Abhängigkeit der dörflichen Wirtschaft von den Lehnsherren oder ihren Pächtern führen. Seit der Osmanenzeit können wir in der Tat die Merkmale des Rentenkapitalismus beobachten: Der städtische Grundherr schöpft den Ertrag (die „Grundrente") ab, beschränkt jedoch Investitionen auf das zur Erhaltung der Produktivität unumgängliche Maß und gewährt den Fellachen einen Ernteanteil, der allenfalls das Existenzminimum erreicht; den Preis für die Produktionsmittel (Boden, Wasser, Saatgut, Geräte und Zugtiere) zahlt – insbesondere nach Dürrejahren und Naturkatastrophen – der Fellache durch erhöhte Schuldknechtschaft oder durch Übereignung von Land an städtische Kapitalgeber. Aber dies ist der Endpunkt einer siebenhundertjährigen Entwicklung; an ihrem Ausgangspunkt – in der Buyidenzeit – ist das Verhältnis des Lehensinhabers zu seiner Domäne grundsätzlich nicht ein kommerzielles, sondern auf die treuhänderische Wahrnehmung der staatlichen Steuerhoheit beschränkt. „Leute, die Lehen innehaben, sollen wissen, daß auf Grund des Lehensbriefes ihnen gegen die Untertanen nur der ihnen übertragene Vermögensanspruch zusteht; und diesen sollen sie auf gütliche Weise erheben", schrieb Nizamalmulk, der iranische Wesir und Reichsorganisator der Großseldschuken, im Jahre 1092 (Siyasatnama, aus d. Pers. übertr. v. K. E. Schabinger Frhr. von Schowingen. Freiburg, München 1960, S. 127). Nicht immer ist diesen Grundsätzen zuwidergehandelt worden. Allerdings führten Schwäche und Rückgang der zentralen Kontrolle zu Mißbräuchen, bereiteten sodann Erblichkeit und Privatisierung des Grundbesitzes – entgegen den alten Richtlinien des islamischen Bodenrechts – den Weg zum ,,Rentenkapitalismus". Aber dies geschah weder gleichmäßig noch gleichzeitig; und wer ein spezifisch ,,islamisches" Zusammenwirken von Naturgegebenheit, Gesellschaft und Wirtschaft dafür verantwortlich machen will, wird es schwer haben, den Beweis anzutreten.

4. Gesellschaft und Wirtschaft der Städte

Der Aufbruch der arabischen Beduinen aus der Halbinsel steht am Anfang der islamischen Geschichte; aber die Geschichte der Institutionen und der Kultur des Islams ist die Geschichte seiner Städte. Die Führer der Eroberungen waren die Quraiš von Mekka, erfahrene Politiker und Experten des Fernhandels (S. D. Goitein [60.01], S. 227: „a victory of business executives over professional generals"); Medina, die ,,Stadt des Propheten", war die erste islamische Metropole, bevor sie von Damaskus, der alten Hauptstadt Syriens abgelöst wurde. Auch andere Städte des vorislamischen, des hellenistischen und iranischen Orients spielten ihre führende Rolle weiter; manche traten zurück gegenüber neuen städtischen Zentren der islamischen Administration. Dies waren an erster Stelle die Garnisonen der Eroberungsheere: so Basra und Kufa im Irak – von dort aus wurde der nord- und ostiranische Raum erobert und verwaltet – und Fustat in Ägypten. Später auch markieren islamische Städtegründungen Epochen der Geschichte: Bagdad, die Hauptstadt des Abbasidenkalifats (erbaut im Jahre 763 von al-Mansur) ist in Lage – nahe bei Babylon und Seleukia-Ktesiphon, zentral zwischen dem Osten und dem Westen des Reiches – und Anlage – die Runde Stadt, im Zentrum der Palast des Kalifen – Symbol eines imperialen Plans. Drei Jahrhunderte später gründen die Fatimiden nach der Eroberung Ägyptens Kairo (al-Qahira, ,,die Siegreiche") neben dem alten Fustat als Hauptstadt des ismailitischen

Gegenkalifats. Die islamischen Mongolenherrscher Irans, die Ilchane, erbauen sich in der Hauptstadt Sultaniya (bei Kaswin, gegr. 1307 von Öl-ğeytü) ein Monument des Höhepunkts ihrer Macht, dessen enge Symbiose mit der Weidewirtschaft doch auch die Umstände ihres Aufstiegs reflektiert.

Die Städte des Islams wurden – wie schon die der alten Kulturen des Orients – Zentren dynastischer Macht und Kontrolle, Zentren der geistlichen Autorität, Plätze der wirtschaftlichen Produktion und des Handels, Stätten der Wissenschaften und der Literatur. Auch im äußeren Bild der islamischen Stadt zeigt sich Kontinuität mit der vorislamischen: Der Sitz des Herrschers oder seines Vertreters ist ihr Mittelpunkt, seine Truppen schützen die umgebende Mauer und ihre Tore. Dem entspricht ihr politischer Status: Sie ist ohne Autonomie und Selbstverwaltung; ihre Bewohner sind nicht ,,Bürger" im engeren, von der europäischen Entwicklung geprägten Sinne des Wortes als Mitglieder einer Stadtgemeinde besonderer Rechtsform, sondern Mitglieder der islamischen Staatsgemeinde (der Umma); sie sind daher zugleich ,,Herde" (*raʿaya*, osman.-türk. *raya*) und Untertanen, oft in direkter wirtschaftlicher Abhängigkeit gegenüber dem Souverän, der das göttliche Gesetz garantiert.

Unter der religiösen Autorität und politischen Aufsicht des theokratischen Herrschers stehen die Brennpunkte des gottesdienstlichen und des wirtschaftlichen Lebens: Moschee und Markt. Geistlicher Mittelpunkt der Stadt ist die Freitagsmoschee (*ğami*), neben den anderen Moscheen (*masğid*) die „Kathedrale", die Stätte des gemeinsamen öffentlichen Gebets, das der Souverän selbst, oder ein anderer Imam kraft Delegation in dessen Namen leitet: Standort der Lehrstühle juristischer Schulen und häufig Ort ihrer magistralen Entscheidungen (*fatwa* des *mufti*), aber auch soziales Zentrum, funktional und oft auch lokal an der Stelle der griechischen Agora. Zentrum der städischen Berufsaktivitäten ist der Markt (arab. *suq*, pers. *bazar*) – oft rund um die „große" Freitagsmoschee gewachsen –, dessen Handwerk und Einzelhandel die Basis der städtischen Wirtschaft bildet, seit alters nach Branchen gegliedert (wenn auch sehr viel später erst offiziell in Zünften organisiert), Partner des Fernhandels, der in den Gast- und Lagerhäusern (*han*, *karwansaray*) der Peripherie seine Stationen hat. Auch hier greift die Regierung ein: administrativ durch die *hisba*, die Aufsicht über Handel und Wandel, wirtschaftlich als Auftraggeber und als Monopolträger bestimmter Branchen.

Die „vertikale" Sozialstruktur hat alte Vorläufer und Parallelen im Orient und auch im frühen Europa. Auffälliges Wesensmerkmal der islamischen Stadt ist ihre „horizontale" Gliederung in ethnische, religiöse und professionelle Gruppen, sinnfällig im Nebeneinander geschlossener Wohnviertel. Die islamische Stadt hat kein regelmäßiges Straßennetz, das direkten Zugang zu allen Punkten ermöglicht (wo sich nicht Spuren hellenistischer Stadtplanung erhalten haben, wie im seleukidischen Grundriß der Altstadt von Aleppo); sie ist eine Agglomeration von Zellen, den Wohnquartieren, um wenige Durchgangsstraßen, zugänglich jeweils nur an bestimmten Punkten, oft nur durch ein verschließbares Tor, das auf ein Labyrinth von Sackgassen führt. Man hat daher von der sozialen Zersplitterung der islamischen Stadt gesprochen; ihre Wurzeln reichen weit in die Geschichte zurück.

Engen sozialen und lokalen Zusammenhalt wahrte von Beginn an die christliche und jüdische Bevölkerung in den alten und auch in den aufblühenden neuen Städten. Das islamische Recht stellte die *dimmi*, die „Schriftbesitzer" *(ahl al-kitab)* der früheren Offenbarungsreligionen, unter den Schutz, die *dimma*, der islamischen Umma, wenn sie deren Hoheit anerkannten. Auch die Zarathustrier, zahlreich im frühislamischen Irak und Südiran, wurden als solche behandelt. (Das Osmanische Reich hat diese Praxis institutionalisiert: Jede Religionsgemeinschaft, *millet*, erhielt das Recht der Selbstverwaltung und Jurisdiktion unter ihrem Oberhaupt.) Da mit diesem Status weder besondere Einschränkungen der Religionsausübung (nur solche der öffentlichen Manifestation) verbunden waren, noch besondere Lasten – die von den *dimmi* erhobene Kopfsteuer *(ǧizya)* wog nicht durchweg schwerer als die Almosensteuer *(zakat)* der Muslime –, waren die Voraussetzungen für ein tolerantes Zusammenleben über Jahrhunderte gegeben. Repressalien und Verfolgung im Zeichen orthodoxen oder sektiererischen Eifers oder vor dem Hintergrund der Kriege mit christlichen Mächten waren Ausnahmen. Allerdings waren die Chancen sozialen Aufstiegs der Nichtmuslime begrenzt. In der Frühzeit des islamischen Reiches wahrte das indigene Beamtentum die Funktion des bestehenden Verwaltungsapparates; aber die konsequente Arabisierung und Islamisierung des Kanzlei- und Haushaltswesens enthob sie ihren Pfründen. Experten blieben gleichwohl gesucht. Noch im mamlukischen Ägypten saßen Kopten an den Schaltstellen der zivilen Verwaltung. Die alte Wissenschaftstradition des Hellenismus wurde von Christen und Juden an die Araber weitergegeben; und noch lange nach der Rezeption und aktiven Weiterbildung dieses Erbes im Islam genossen die christlichen und jüdischen Ärzte ein Prestige, das ihre muslimischen Kollegen selten erreichten. Da der Barkredit gegen

Zinsen den Muslimen verpönt war, beherrschten Andersgläubige den Kapitalmarkt, ebenso den Weinhandel; aber die überwiegende Zahl der *dimmi* lebte vom Handwerk. Der Übertritt zum Islam dezimierte ihre Zahl; auf Apostasie von Muslimen stand die Todesstrafe. Die alten Volkssprachen des christlichen Orients, Syrisch-Aramäisch und Koptisch, wurden durch das Arabische verdrängt. Aber stets blieben die religiösen Minderheiten scharf getrennt von ihrer Umgebung; bis heute sind in den Altstädten der islamischen Welt die Viertel der Christen und Juden deutlich abgegrenzte Einheiten, in denen sich sogar besondere Mundarten gegenüber der muslimischen Umgebung bewahrt haben.

Die Muslime bildeten demgegenüber keine ungegliederte Gruppe. Die Siedlungsgeschichte der Städte spiegelt die ethnische Vielfalt der islamischen Gesellschaft, die nie gänzlich zur Einheit verschmolz. Schon die verschiedenen Stämme der arabischen Eroberungsheere wurden in getrennten Vierteln angesiedelt, Verwaltungseinheiten kollektiver Besoldung und Besteuerung. Alte tribale Verbindungen und Gegensätze lebten auch nach der Ansiedlung fort. Verdienst und Rang in der Sache des Islams, festgeschrieben in der Heeresliste (dem Diwan) des Kalifen Umar, garantierten den Abkommen der Prophetengenossen und den Teilnehmern an den großen Feldzügen und Triumphen Beuteanteile und bleibende Pfründen. Ihre Führer, die ,,Edlen" *(Ašraf)* der Stämme, stellten die erste – kurzlebige – städtische Aristokratie des Islams, Führer der Heere, Inhaber der höchsten Ämter und wachsenden Grundbesitzes (s. o. S. 101). Aber der Koran sagte nichts über Privilegien und unterschiedliche Anrechte unter den Muslimen. Nicht nur die zu spät und zu kurz gekommenen Araber, Neusiedler des Landes und der Städte, begehrten auf; auch die neubekehrten Muslime der anderen Völker verlangten gleiches Recht.

Die Folgen der Auseinandersetzung um Boden- und Steuerrecht wurden schon erwähnt: Sie führte in der Umaiyadenzeit zu einer steigenden Landflucht in die Städte. Nicht nur nach der Bekehrung freigelassene Kriegsgefangene, sondern auch die wachsende Zahl derer, die durch Konversion Vorteil und materielle Sicherheit suchten, schlossen sich als Mawali, ,,Klienten, Beisassen" – eine alte arabische Rechtsform – arabischen Familien an. Nicht nur ihre Zahl, sondern auch ihr politisches Gewicht wuchs. Zu den Mawali gehörten der iranische Landadel der Dihqane, byzantinische Patrikioi, die Oberschicht der alten Administration, die Elite nach Herkunft und Bildung. Sie nahmen teil an der Verbreitung und Verteidigung des Glaubens – Mawali sind unter den Begründern des Kalam, des theologischen Diskurses –, und sie begehrten nach gleichem Rang und höchsten Ämtern.

Die Theorie unterstützte diese Bemühungen. Die Spannungen in der Gesellschaft, auch die Spannungen unter den Arabern selbst, veranlaßten die Juristen, die islamische Gerechtigkeit der Urgemeinde – einer Gemeinschaft von Gleichen vor Gottes Gebot – zu propagieren. Die Abbasiden, deren Revolution eben diese Spannungen zum Austrag brachte, machten auch diese These zu ihrer Sache. Unter ihrem Regiment begann der Aufstieg der iranischen Mawali – von Iran her hatten die Abbasiden ja auch ihren Vormarsch begonnen – in der Bürokratie und in allen Bereichen des wirtschaftlichen und des geistigen Lebens. Mit den Arabern wetteiferten „die Völker" (arab. *šuʿub,* daher heißt ihre literarische Konkurrenzbewegung Šuʿubiya) um Vorrang in den religiösen und den profanen Wissenschaften, in der Literatur und in der Musik. Freilich blieb die arabische Sprache das Medium auch ihrer Bemühungen.

Der Aufstieg der Mawali und der Abbau der ethnischen Schranken ging einher mit der Entstehung neuer sozialer Rangordnungen. Zwar blieben unter den arabischen Familien die Abkommen des Prophetenhauses besonders geachtet, aber sie waren nur ein Teil, und, sieht man vom Kalifenhaus ab, nicht der prominenteste Teil der neuen Elite. Mit Hilfe einer Führungsschicht arabischer wie persischer, aramäischer, griechischer Herkunft und Bildung gründeten die großen Kalifen der Abbasiden – al-Mansur, ar-Rašid, al-Ma'mun – ihre Herrschergewalt und ihre Autorität auf iranisches Staatsdenken und hellenistischen Rationalismus. Aber die Elite der städtischen Gesellschaft umfaßte nicht nur die Führungsschicht der „Sekretäre" *(kuttab)* und Juristen; sie war weder Geburts- oder Besitzadel noch professionelle Kaste. Den Administratoren und Rechtslehrern der Theokratie zur Seite trat die Intelligenz des aufstrebenden Wirtschaftsbürgertums, des Handels, der gewerblichen Produktion und des Handwerks, die Strategen einer blühenden, marktorientierten, interregionalen Wirtschaft, welche sich ebensowohl die Requisiten gebildeten Gesprächs, theologischen Disputes und literarischen Wettstreits anzueignen und damit die Abzeichen der Oberschicht zu erwerben wußten. Die Basis der Blüte und Differenzierung der Wirtschaft und damit des Wohlstands der Elite, der „Besonderen" *(hassa)* war die Arbeitskraft des „gemeinen Volkes" (*amma*), der kleinen Handwerker und Ladner, welche Massenproduktion und Warenverteilung besorgten; am Ende der sozialen Skala standen verachtete und verpönte Gewerbe, stand – die soziale Kehrseite der Blüte – die wachsende Schar der

Lohnarbeiter (v. a. in der komplexen Hierarchie der Textilindustrie) und Habenichtse. Ein Heer von Haussklaven war dem islamischen Mittelalter so natürlich wie dem klassischen Altertum.

Die Wirtschaft der orientalischen Stadt war gegründet auf die landwirtschaftliche Produktion und die finanziellen Erträge des agrarischen Umlandes. Das Land lieferte nicht nur den täglichen Bedarf und die Rohstoffe subsistenzorientierter Produktion; es war auch die Steuerpfründe des Staates, seiner Administration, seiner Pächter, seiner zivilen und – seit der Seldschukenzeit vor allem – militärischen Lehensinhaber. Zeiten guten Ertrags und funktionierender Zentralverwaltung schufen Kaufkraft und förderten damit marktwirtschaftliche Produktion und den Warenverkehr des gehobenen Bedarfs:

„Man muß wissen, daß alle Märkte den Bedürfnissen des Volkes nachkommen. Einige dieser Bedürfnisse sind Notwendigkeiten, z. B. Nahrungsmittel wie Weizen und Gerste und entsprechende Speisen wie Bohnen, Kichererbsen, Erbsen und andere eßbare Feldfrüchte sowie bekömmliche Zutaten wie Zwiebeln, Knoblauch und dergleichen. Auf der anderen Seite gibt es Artikel des gehobenen Bedarfs und Luxusartikel, wie Gewürze, Früchte, Kleider, Geräte und Reittiere, weitere Handwerkserzeugnisse und Gebäude. Wenn ein Staat im Überfluß lebt und viele Einwohner hat, sind die Preise für notwendige Nahrungsmittel und entsprechende Artikel niedrig, und die Preise für Luxusartikel, Früchte und anderes dieser Art sind hoch."

(Ibn Haldun [1332–1406]: al-Muqaddima. Beirut 1956, S. 646.)

Mit dem Wachstum und Reichtum der Städte gedeihen Handwerk und Einzelhandel, die Basis ihrer eigenen wirtschaftlichen Aktivität. Deren Zentrum ist der innerstädtische Markt. Seine Organisation hat sich über Jahrhunderte konstant erhalten und ist in den Grundlinien bis heute zu beobachten. Die Standorte der Produktion und des Handels sowie der Branchen im einzelnen sind räumlich getrennt und gegliedert. In den Außenbezirken der Stadt liegen die Warenhäuser und Umschlagplätze (zugleich Rasthäuser) des Groß- und Fernhandels, an der Peripherie auch die Märkte der landwirtschaftlichen Produktion. Die städtischen Händler und Handwerker sitzen in den Läden des Basars im Zentrum der Stadt, meist an die Große Moschee angelagert. Funktionale Erfordernisse und Rang der Branchen bestimmen ihre Anordnung: So werden vor dem Haupttor der Moschee Bücher und Devotionalien, andererseits feine

Stoffe, Lederwaren und Parfüms verkauft; in deren unmittelbarer Umgebung haben Geldwechsler, Gold- und Silberschmiede ihre Läden (oft Nichtmuslime, und daher nicht im Anblick der Moschee); die Hauptstraße des Basars liefert den gehobenen Haushaltsbedarf, Stoffe und Kleider; in den Nebenstraßen wird der Grundbedarf, Nahrungsmittel und Geräte, angeboten, und je lauter und unreinlicher die handwerklichen Gewerbe sind, um so weiter entfernen sie sich von den Hauptwegen des Publikumsverkehrs.

Wohlstand, staatliche Garantie des Münzwesens, damit ein funktionierender Kapitalverkehr und die offenen Grenzen innerhalb des geordneten Großreichs schufen die Voraussetzungen für den Aufschwung des Handels. Die Abbasidenhauptstadt Bagdad (später von Kairo überflügelt) wurde das erste Zentrum eines Handelsnetzes über die Landwege des Fruchtbaren Halbmonds und die irakischen Seehäfen am Persischen Golf, eines Netzes, das von Nischapur bis Cordoba reichte, eines interregionalen und – weit über die Grenzen des Islams hinaus nach Ostasien, Nord- und Westeuropa führenden – internationalen Verkehrs.

„Man muß wissen, daß Handel das Bestreben ist, durch Vermehrung des Kapitals Gewinn zu machen: Man kauft Waren zu niedrigem Preis und verkauft sie zu hohem Preis, ob sie nun aus Sklaven, Getreide, Tieren, Waffen oder Stoffen bestehen. Dieser Zuwachs wird Gewinn genannt. Man kann den Gewinn dadurch suchen, daß man Waren speichert und den Zeitpunkt abpaßt, da der Marktpreis gestiegen ist; so erhält man einen hohen Gewinn. Oder der Kaufmann transportiert seine Waren in ein anderes Land, wo sie mehr erbringen als in seinem eigenen, wo er sie eingekauft hat; auch das sichert großen Gewinn".

(Ibn Haldun: al-Muqaddima. Beirut 1956, S. 703.)

Der Stapelhändler *(hazzan)*, der Alltagsgüter hortete, konnte Profit aus den Ernte- und Konjunkturschwankungen ziehen. Aber feine und seltene Waren, Gewürze, Drogen, Parfüms, Seidenstoffe, waren die Domäne des Fernhändlers *(raqqad)*. Die Blüte des interregionalen Fernhandels begleitete die „internationale" Kultur des klassischen Islams, und sie war in mancher Hinsicht ihre Voraussetzung. Nicht der Islam, seine politische oder ethische Einstellung, hatte den Niedergang des westlichen Mittelmeerhandels zu verantworten (wie Henri Pirenne meinte); die Überlieferung beweist das Gegenteil. Seit dem 9. Jahrhundert haben wir detailierte Informationen über die Handelsrouten aus Itinerarien der administrativen Geographie und Reiseberichten, haben wir auch Abhandlungen über

Theorie und Praxis des Handels, und die Praxis ist jüngst immer besser bekannt geworden durch das Studium von Papyrusurkunden aus Ägypten und durch die zahlreichen Geschäftsbriefe und Vertragsurkunden aus der Kairiner Geniza (Archiv der jüdischen Gemeinde), nach denen S. D. Goitein und andere das Bild der „mittelmeerischen Gesellschaft" des 10. bis 13. Jahrhunderts (von der Fatimiden- bis zur Aiyubidenzeit) gezeichnet haben.

Ein bemerkenswertes Zeugnis islamischen Handelsgeistes haben wir schon aus dem Ende des 8. Jahrhunderts in der Entwicklung des islamischen Handelsrechts besonders der hanafitischen Schule: ein Recht, das unter der Initiative der Kaufleute entstand, das ihren Bedürfnissen entgegenkam, nicht toter Buchstabe, sondern Spiegel geübter und erprobter Praxis. Bemerkenswert deshalb, weil der Koran und die im Hadit gesammelten Materialien des frühislamischen Rechts – an kleineren Dimensionen kommerziellen Verkehrs orientiert, aber kanonische Grundlage der Scharia – den finanziellen Transaktionen des Handels gewisse Beschränkungen auferlegten. Auf dem Zinskredit lag das Verbot des Korans, und die Scharia verpönte z. B. auch kommerzielle Investitionen in Waren, weil nur solche in Bargeld die gerechte Teilung des Profits zwischen Partnern erlaubten. Allerdings waren die juristischen Grundlagen des Handelsverkehrs in der Scharia gegeben; sie regelte Partnerschaftsverträge, sie regelte insbesondere die sogenannte Commenda (arab. *mudaraba, muqarada*): die Partnerschaft zwischen Kapitalinvestor und Händler mit festgelegtem Gewinnanteil der Kontrahenten und auf Gefahr des Investors. Die Juristen entwickelten nun „Kniffe" *(hiyal)*, „legale Mittel zur Erreichung außerlegaler Zwecke – Zwecke, die mit den Mitteln der Scharia nicht direkt erreicht werden konnten, ob sie nun an sich illegal waren oder nicht" (J. Schacht [33.04], S. 78) – Kunstgriffe mit dem Ziel, das Zinsgeben oder -nehmen formal zu umgehen, oder Kapitalinvestitionen in Form von Waren bei Partnerschaftsverträgen zu ermöglichen. Die Juristen entwickelten ferner Formulare *(šurut)* für die schriftliche Beurkundung der verschiedenen Handelsverträge, auch dies gegen den Grundsatz der Theorie, die nicht dem schriftlichen Dokument, sondern allein dem mündlichen Zeugnis Validität zumaß; Experten setzten diese Urkunden auf und wurden als öffentliche Notare tätig, die zugleich das persönliche Zeugnis ablegen konnten. Zu diesen schriftlichen Dokumenten (arab. *sakk*, daraus „Scheck") gehörten auch Urkunden des bargeldlosen Zahlungsverkehrs, wie der Kreditbrief (pers.-arab. *suftağa*), der überdies vom Inhaber als Form der Kapitalinvestition eingesetzt werden konnte. Daß solche Praktiken über große Distanzen gleichmäßig funktionierten, war aber nicht nur der Beobachtung legaler Formalitäten zu danken – diese konnten schon wegen der unterschiedlichen Kasuistik der Rechtsschulen nicht immer ausreichen; das Funktionieren des Fernhandels ist undenkbar ohne das Element persönlicher, gegenseitiger Garantie, evident in dem Umfang informeller, persönlicher Kooperation in geschäftlichen und auch privaten Angelegenheiten zwischen den oft weit entfernt voneinander lebenden Partnern.

In allen Bereichen der Wirtschaft und des Handels griff der Staat lenkend und kontrollierend ein. Blüte und Niedergang der Wirtschaft, Ausbildung und Zerfall sozialer Ordnungen sind daher mit den großen politischen Prozessen auf das engste verwoben.

Der Staat war nicht nur – als Wirtschafter des Staatsschatzes *(bait al-mal)* – Auftraggeber des Handwerks und des Handels und kommerzieller Investor von Kapital, er war auch in manchen Branchen Monopolherr: so für die Herstellung von Papyrus und Papier, von Brokatstoffen *(tiraz)*, von Waffen; Ägypten regelte von Staats wegen die Einfuhr von Eisen und Holz und zum Ausgleich der Zahlungsbilanz den Export von Alaun. Der Souverän ließ in seinem Namen die Münzen prägen und durch den *ǧahbad*, den behördlich bestellten Prüfer und Wechsler, deren Gewicht und Feingehalt kontrollieren; überdies betätigten sich die *ǧahbada* als Bankiers. (Nicht monopolisiert wurde, wie es scheint, die Ausbeutung der Vorkommen von Gold und Silber, der doppelten Basis des monetären Systems.) Selbstredend nahm er auch aus den Gewerben der Stadt und aus dem Warenimport Steuern und Zölle ein. Darüber hinaus waren Organisation und Zusammenhalt des städtischen Lebens und aller seiner professionellen Aktivitäten dem Wirken der Obrigkeit anheimgegeben. Nicht ein aus der Stadt hervorgegangenes Prinzipat entsandte Gouverneure und Verwaltungsbeamte, sondern der Zentralstaat des Kalifen, die von ihm delegierten Häupter der Administration – Wesire, Regierungs- und Finanzbeamten der Provinzen, der Stab der Bürokraten –, später die von ihm bevollmächtigten Emire und Sultane wie auch die sich als seine Rechtsnachfolger gerierenden Mamluken- und Osmanenherrscher. Der Staat übte die Marktaufsicht (*hisba*), überhaupt Aufsicht über Handel und Wandel der Stadt, durch das Amt des *muhtasib*. Religiöse Einrichtungen und Institute des Gemeinwohls – Moscheen, Schulen, Krankenhäuser, Brunnen – stifteten die Herrscher und hohen Funktionäre als gewissermaßen privates, frommes Werk, wie auch der Privatmann durch fromme Stiftungen (*waqf*) dieser Art Ansehen im Diesseits und Lohn im Jenseits suchte; sie bildeten keinen spezifischen „öffentlichen Sektor" der Stadt.

Die Professionen und Gruppen der städtischen Gesellschaft sind häufig faßbar als Quartiergemeinschaften, waren mitunter auch von der Steuerverwaltung organisatorisch definiert, doch es handelt sich nicht um institutionelle Korporationen. Man liest von Berufen und Gewerben als „Zünften" *(sinf, hirfa),* doch waren diese in keiner Weise autonom und auch nicht in übergreifenden Verbänden zusammengeschlossen. Erst im Osmanischen Reich wurden Zünfte systematisch organisiert – aber ihre Hauptfunktion war es dann, als Rahmen für straffe Regierungskontrolle zu dienen. Auch die Madrasa, die Rechtsschule, und die Tariqa, der sufische Orden – die seit dem 11. Jahrhundert sich bildenden Institutionen der juristischen Ausbildung und des religiösen Gemeinschaftslebens – hatten keinen korporativen Charakter (im Unterschied zu den europäischen Universitäten und Mönchsorden des Hochmittelalters); es gab keine Form korporativen Lebens der Oberschicht, keine städtische Selbstverwaltung und keine Privilegien städtischer „Freiheit". Es gab daher auch keine städtische Institution politischer Willensbildung und Konfliktlösung. Das Volk der Stadt war ein Volk von Untertanen; und mit dem sozialen Gleichgewicht wankte stets auch die Autorität der Dynastie.

Wir haben schon betrachtet, wie der Widerstand gegen die Autokratie des Kalifats von den Juristen und Traditionariern als Widerspruch gegen die Anmaßung charismatischen Herrschertums geführt wurde (s. o. S. 63, 82). Doch der Widerstand, von den „Intellektuellen" als Sache des Glaubens und der Scharia vorgetragen, ging tiefer. Die Abbasiden hatten alte Forderungen nach Gleichheit unter den Muslimen erfüllt; aber den Ausgleich der sozialen Spannungen in der neuen, stürmisch wachsenden städtischen Gesellschaft vermochte ihre Administration nicht zu leisten. Seit dem 9. Jahrhundert hören wir von Aufständen der Banden des städtischen Proletariats, der Aiyarun, gegen reiche Notabeln. Dazu kommt, daß das Volk von Bagdad die Partei des in der Mihna verfolgten Ahmad ibn Hanbal ergriff und in seinem Namen gegen die Anmaßung des Herrschers revoltierte. Von solchen Aufständen berichten die Historiker von nun an wieder und wieder; der Hanbalismus wird Etikett eines antiautoritären und antielitären Protests. Die Reaktion der Kalifen war verhängnisvoll: Die Bildung einer Leibgarde aus türkischen Militärsklaven lieferte sie in zunehmendem Maße den militärischen Machthabern aus. Im 10. Jahrhundert wurde das Amt des Generalissimus *(amir al-umara*

„Oberemir") von fremden Mächten eingenommen, zunächst von den iranischen Buyiden. Seit der Seldschukenzeit beherrschen Militärdynastien aus den turkmenischen Stämmen in unbestrittener Autonomie den Vorderen Orient. Damit steigt eine Kaste von Militärsklaven zur Führungselite auf, die Mamluken; der ägyptisch-syrische Staat des 13. bis 16. Jahrhunderts wird danach genannt, der Staat, in dem eine geschlossene Führungsschicht turkmenischer und tscherkessischer Leibeigener des Sultans (der selbst aus ihren Reihen hervorgeht), durch Import ständig regeneriert, die Alleinherrschaft ausübt. Der Osmanische Staat, der durch Institutionalisierung der sozialen Ordnung alle ihre Gruppen der zentralen Kontrolle verfügbar machte, hat auch dieses Prinzip übernommen: die Mitglieder der herrschenden Klasse, die Osmanlis, scharf getrennt von der „Herde" *(raya)* der Untertanen, sind Leibeigene des Sultans.

Für die städtische Wirtschaft wirkte sich diese Entwicklung von Beginn an nachteilig aus. Die neuen Dynastien schufen ihre finanzielle Basis in den Militärlehen (*iqta*, s. o. S. 102) aus Steuerdomänen. Die kapitalorientierte, handelsfreudige Marktwirtschaft wird abgelöst von einer subsistenz- und akquisitionsorientierten Wirtschaft auf der Basis der Agrarproduktion. Als der Staat der Kalifen, seinem Staatsvolk entfremdet, seine Autorität und seine Pfründen an die Generäle des iranischen und türkischen Militärs delegiert, hat er sein Kapital buchstäblich verspielt. Die Geldwirtschaft verfällt seit der Buyidenzeit (die zunehmenden Schwankungen im Feingehalt der Münzen lassen sich noch an den erhaltenen Stücken beobachten), der Fernhandel wird durch die politischen Umwälzungen gefährdet und geht zurück. Allerdings hat er unter günstigen Umständen auch Neuorientierung und Neubelebung erfahren. Das Ägypten der Fatimiden, wo Lehen auch an private Steuerpächter vergeben wurden (erst die Aiyubiden machten den *iqta* nach seldschukischem Vorbild zum Privileg des Militärs), wo sich ein städtisches Wirtschaftsbürgertum erhalten und weiter prosperieren konnte, wurde bedeutender Handelspartner Indiens und Venedigs. Doch während unter den Folgen des Mongolensturms der Handel über das Mittelmeer mit dem Vorderen Orient wieder verfiel, suchte Europa Handelsbeziehungen über den nördlichen Landweg mit dem mongolischen Großreich und weiter mit dem Fernen Osten (Beziehungen, die es später auf neuen Wegen zum Schaden der islamischen Welt monopolisiert).

Im Schatten dieser Entwicklung hat dennoch die städtische Gesellschaft auch Kräfte politischer Autonomie mobilisiert, welche sich dem Zugriff der Lehnsherren widersetzen und die Folgen der Ausbeutung mildern konnten. Aus den Volksbanden der Aiyarun wurden in den Städten des östlichen Islams „bürgerliche“ Bruderschaften, die eine Ideologie der Mannestugend (*futuwa*) und der sozialen Gerechtigkeit vertraten. Einflüsse des Hanbalismus, des Sufitums, auch der Schia gaben ihrer Solidarität eine fundamentalistisch-religiöse Grundlage. Unter der Führung des Kalifen an-Nasir (1180–1225) wurde die Futuwa-Bewegung schließlich zu einer staatstragenden Organisation der Elite geformt, Instrument der letzten Blüte des Kalifats. Ähnlichen Charakter wie die Futuwa hatten die Milizen der Ahdat, der „Jünglinge“, die sich seit dem Ende des 11. Jahrhunderts in den Städten Syriens und der Ǧazira bildeten. (Nach dem Vorbild der Futuwa sind auch die Ahi-Bünde im spät- und nachseldschukischen Anatolien des 13. bis 14. Jahrhunderts entstanden.) Gegenüber der Unsicherheit und Provinzialisierung der Staatsmacht wuchs das Gewicht der urbanen Elite, der Chefs (*ra'is*) von Solidaritätsbünden der Stadtviertel. In weiten Teilen des Vorderen Orients, ähnlich im iranischen Osten, ähnlich auch im andalusischen Sevilla nach dem Fall der Umaiyaden nahmen Familien von „Patriziern“ das Heft in die Hand, „Patrizier“ (R. W. Bulliet hat den Begriff in einer Studie über Nischapur [44.02] mit aller gebotenen Vorsicht vor falschen Parallelen gebraucht), welche einerseits die Wirtschaft als Basis ihres Wohlstands verteidigten, andererseits mit der Ernennung der Kadis die Rechtsautonomie des Souveräns annektierten. Nur gegenüber einer geschwächten Zentralgewalt, und nur zeitweilig und stellenweise gelang dies. Aber allenthalben gelang der urbanen Elite in diesen Jahrhunderten wechselvoller Fremdherrschaft die Integration der geistigen Kräfte im Zeichen der islamischen Tradition; sie zwang die Dynastien, mit ihr und nicht gegen sie zu regieren, und das heißt, die religiösen und ethischen Satzungen des orthodoxen islamischen Rechts als eine Konstitution des Staatswesens anzuerkennen.

Die Etikettierung dieser geistigen Elite als Schicht von „Gelehrten“ *(ulama)* in der Scharia kennzeichnet ihre Ausbildung im Fiqh und in dessen Hilfswissenschaften als Merkmal und Voraussetzung ihrer sozialen Stellung. Doch handelt es sich nicht um eine separate Klasse professioneller Richter und Rechtsgelehrter. Auch diese gehören ihr an; aber zu ihnen treten Bürokraten, Kaufleute und Handwerker. Sie sind nicht durchweg Spezialisten, aber in ihrer Gesamtheit Garanten des islamischen Konsensus über die Ordnungen der Familie, des Gemeinwesens, der Institutionen von Gottesdienst und Lehre, der wirtschaftlichen Beziehungen. Auch ist diese Gelehrsamkeit mehr als Firnis: sie ist in Generationen gegründete, kontinuierliche, persönliche Lehrtradition, Ausweis einer geistigen und, darüber hinaus, einer politischen Solidaritätsgemeinschaft. Die alten Auseinandersetzungen um die Prinzipien der Scharia und des Dogmas waren nach den ersten drei Jahrhunderten des Islams ausgetragen und entschieden; aber die Rechtsschulen – und mit ihnen, in bestimmten Koalitionen, die dogmatischen Richtungen – bilden bleibende Kristallisationspunkte politischer Parteien. (Unsere Hauptquelle für diese Verhältnisse, die wachsende Literatur biographischer Lexika, ist nicht nur Niederschlag konsolidierter Schultradition; sie ist auch Ausdruck eines neuen Standesbewußtseins, und sie ist seit dem ausgehenden 12. Jahrhundert nicht mehr auf Traditionarier und Juristen beschränkt, sondern umfaßt „Notabeln" [*aʿlam*] aller Disziplinen.) Auch die Bewegungen der asketischen, kontemplativen und mystischen Sufiya – im 10. Jahrhundert noch mancher Ketzerei verdächtigt, doch als Gefäß des Volksglaubens zusehends verbreitet und einflußreich – lagert sich dieser etablierten Orthodoxie an. Das Ordenswesen greift um sich und wird, als geläuterte Lehrtradition, Instrument der *ulama*, ein Instrument, die religiösen Volksbewegungen zu binden und zu lenken (aber auch, heruntergekommen, ein frommes Mäntelchen des „Lumpenproletariats" von Bettlerderwischen, *harafiš*).

Religiöse Gelehrsamkeit war Abzeichen, religiöse Munifizenz Mittel des sozialen Aufstiegs in diesem Milieu. Die Stiftung *(waqf)* von Privatvermögen für den Bau und die Unterhaltung von Einrichtungen des religiösen Lebens und der öffentlichen Wohlfahrt war seit frühislamischer Zeit eine Form privater Beteiligung an öffentlichen Aufgaben. Bemerkenswert ist das wachsende Ausmaß, in dem städtische Notabeln durch Stiftung ihres Besitzes religiöses Prestige zu erwerben suchen – nicht nur Wesire und hochgestellte Funktionäre, sondern auch Kaufleute und andere Stände des Wirtschaftslebens. Wohlverstandenes Eigeninteresse kam nicht nur darin zur Geltung, daß die „fromme" Stiftung den Ertrag des Vermögens dem Fiskus entziehen und sogar der eigenen Familie reservieren konnte (auf die wirtschaftliche Bedeutung von Stiftungsdomänen wurde schon hingewiesen). Auch auf einer höheren Ebene kam das Eigeninteresse des Stifters zur Geltung: Die Gründung von Unterrichtsstätten des Fiqh, von Madrasen und Moschee-Schulen, meist der Lehre einer bestimmten kanonischen Rechtsschule vorbehalten, gab die Besetzung der Lehrstühle und die Auswahl der Stipendiaten in die Hand des Stifters. Auch diese Praxis wird daher – zunehmend seit der Seldschukenzeit – ein Instrument des politischen Kräftespiels.

Aber mangels autonomer, korporativer Institutionen konnte die islamische Stadt keine dauerhafte Solidarität über dem Parteienstreit, und daher keine wirksame Resistenz gegenüber Tyrannenwillkür entwickeln. Auf die Blüte und Vielfalt der städtischen Kultur bis zum vierten islamischen Jahrhundert folgt seit der Epoche der türkischen und mongolischen Militärdynastien, der Mamluken und Ilchane und ihrer Vasallen, allenthalben ein Zeitalter der Stagnation – Verarmung in der materiellen, Erstarrung in der geistigen Kultur. Wohl haben die Städte des Ostens auch nach den Verheerungen des Mongolensturms gleichsam Inseln privilegierten Wohlstandes, wissenschaftlicher, künstlerischer und literarischer Aktivität bewahren können; dies freilich auf Kosten des vom Beduinentum gefährdeten und von städtischen Grundherren ausgebeuteten agrarischen Umlandes, und stets abhängig von Fürstengunst. Indem die Usurpatoren sich zu Garanten des göttlichen Gesetzes aufwarfen und damit die Nachfolge der Kalifen anstrebten, suchten sie ihre Herrschaft zu legitimieren; zugleich mit der Professionalisierung der *ulama* usurpierten sie die religiösen Institutionen und unterwarfen sie zentraler Kontrolle – die Mamluken und Osmanen im Zeichen des sunnitischen, die Safawiden im Zeichen des schiitischen Islams. Nicht die indigenen, sondern die fremden Eliten organisierten also die Integration der städtischen Gemeinschaft. Die Zeit des Militärfeudalismus und der Staatsbürokratie ist auch die Zeit der Staatsmonopole, der zentralen Kontrolle der Wirtschaft und des Zunftwesens, der Organisation von Religion und geistigem Leben. Ihre Politik war nicht auf Evolution, sondern auf Bewahrung und Konsolidierung gerichtet; es fehlten die Herausforderungen und Anfechtungen, denen sich der frühe Islam hatte stellen müssen. Die Blütezeit internationaler Handelsbeziehungen war auch die Zeit des internationalen Verkehrs der Gelehrten gewesen; mit der Provinzialisierung der politischen Gemeinschaft und des Wirtschaftslebens der islamischen Welt setzt auch die lokale Institutionalisierung und Provinzialisierung der Lehrinstitutionen ein. Die Wissenschaft wird Kompendien- und enzyklopädisches Handbuchwissen, die Literatur artistische Manier. Indessen entwickeln sich die islamischen Länder ohne gemeinsame politische Klammer immer mehr auseinander; gegenüber der Kulturgemeinschaft des klassischen Islams entstehen „nationale" Kulturen mit verschiedenen sprachlichen, literarischen und künstlerischen Ausdrucksformen.

Die wirtschaftliche und geistige Entwicklung der islamischen Welt kommt zum Stillstand, während die aufstrebenden Städte Europas an der

Schwelle der Neuzeit neue, vom Grundbesitz unabhängige Erwerbsquellen und autonome Institutionen des Bürgertums entwickeln, während Renaissance und Aufklärung im Westen neue Epochen der Selbstbesinnung und Selbstbestimmung einleiten. Ihre Wirtschaft bleibt an den Bedürfnissen des Staates und der Aristokratie orientierte Akquisitionswirtschaft; „die Idee der Förderung des Handels dank eines Produktionsüberschusses mit dem Ziel, die Arbeit und die Einnahmequellen der Produzenten zu sichern oder zu mehren, oder um einfach die Bilanz zwischen Import und Export in Handelswaren auszugleichen – diese Idee, selbstverständlich für jeden modernen Staat, ist in einem Staat des mittelalterlichen Vorderen Orients wahrscheinlich niemals aufgekommen" (C. Cahen [44.19], S. 35). Politische Erfolge erzeugten die Illusion von Sicherheit und wirtschaftlicher Autarkie; als die europäische Herausforderung diese Illusion zerstörte, war es zu spät zu wirksamer Neuorientierung. Denn in Europa veranlaßten die aus dem Mangel monetärer Ressourcen erwachsenden Anreize, dann die großen Entdeckungen neuer Handelsrouten eine neue städtische Gesellschaft zum Aufbau gefährlicher, schließlich verhängnisvoller Konkurrenz. Zunächst erwarben die italienischen Städte die Hegemonie über den Mittelmeerhandel, und die freundlichen Beziehungen europäischer Mächte zu den Mongolen ermöglichten den Ausbau einer nördlichen Transitroute nach dem Fernen Osten. Noch entscheidender war die Entdeckung des Seewegs nach Indien, die den Portugiesen das Monopol über den indischen und fernöstlichen Gewürzhandel verschaffte. Zusehends drängten auch im Innern der islamischen Welt europäisches Kapital und europäische Handelsprivilegien die verspätete einheimische Initiative zurück; ungeschützt vom Staat, der begehrlich nach den einträglichen Zöllen griff, verfielen auch die aufkeimenden Ansätze einer außenmarktorientierten Produktion (nota bene die Bemühungen der Osmanen um Förderung der Landwirtschaft).

Mit dem wirtschaftlichen verstärkte sich auch der geistige Einfluß Europas. Einerseits hat Europa im 19. Jahrhundert eine neue städtische Elite von muslimischen Intellektuellen in seine Schule genommen, welche die Bewegungen der politischen Autonomie und der ökonomischen Anpassung in eine nationalistische und (in ihrer Interpretation des Islams) eine modernistische Richtung führten. (Es ist eine der Ironien dieses Prozesses, daß die Geschichtstheorie Ibn Halduns, der von den arabischen Reformatoren des 19. Jahrhunderts als Kronzeuge einer islamischen Ideologie des Fortschritts angerufen wurde, zuvor nur von Türken gelesen und dann von europäischen Orientalisten wiederentdeckt worden war.) Andererseits hat diese entwurzelte Elite sowohl ein historisches Selbstverständnis als auch den Kontakt zu den im „Mittelalter" verharrenden Massen nur dort gewinnen können, wo sie eine religiöse Rechtfertigung ihrer Ideologie suchte und – von Ort zu Ort auf sehr verschiedene Weise – fand. Aber noch während die islamische Welt um die Bewältigung dieser Konflikte kämpfte, oktroyierte ihr der Westen bereits neue Akzelerationen wirtschaftlichen und sozialen Wandels. Die von Industrialisierung, Arbeitsteilung und Mobilität bewirkten, vielfältigen Wandlungen lassen eine umfassende Definition der „islamischen Gesellschaft" nicht mehr zu.

V. Regionen der islamischen Geschichte

Die arabischen Eroberungen des ersten islamischen Jahrhunderts schufen in wenigen Jahrzehnten ein Großreich von nie gesehener Ausdehnung. Der Prophet selbst hatte zu seinen Lebzeiten die arabische Halbinsel unter einer Pax Islamica geeint. Die bedrohliche Bewegung der Apostasie nach seinem Tode (632) wurde von dem ersten Kalifen Abu Bakr nicht zuletzt durch den Ruf zum Krieg gegen die Ungläubigen – mit der Aussicht auf Beute im Diesseits und ewiges Heil im Jenseits – aufgefangen. Nicht nur die Stämme Arabiens, sondern auch die der syrischen und mesopotamischen Nachbarzonen (wo bis zum sechsten Jahrhundert christlich-arabische Dynastien im Dienst Ostroms und Irans Pufferstaaten gegen die Einfälle aus Innerarabien gebildet hatten) wurden von der neuen Bewegung ergriffen und zogen im Namen Gottes gegen die militärisch wie politisch unvorbereiteten Imperien der Byzantiner und Sasaniden. Unter Abu Bakrs großem Nachfolger Umar fiel Damaskus (635), fielen bald auch die weiteren Territorien des Byzantinischen Reiches in Syrien und Ägypten (Alexandria 642). Gleichzeitig mußten die Perser im Irak schwere Niederlagen hinnehmen (636 bei Qadisiya). Die Entscheidungsschlacht von Nihawand (641) machte den Weg zum iranischen Plateau frei. Im Jahre 649 brach das Reich der Sasanidenkönige vollends zusammen, zwei Jahre später kam Yazdgird III. auf der Flucht in Chorasan ums Leben. Die Kalifen der Umaiyaden-Dynastie (ab 661), aus zwei Bürgerkriegen siegreich hervorgegangen, erneuerten die Politik der Expansion. Vom Irak aus zogen arabische Heere gegen Norden (bis Aserbaidschan) und Osten, von Ägypten aus gegen Westen und gelangten schließlich im Jahre 711 nach Spanien, zugleich nach Transoxanien und Vorderindien.

Die Folgen der Islamisierung und das Ausmaß der Arabisierung waren von Region zu Region sehr unterschiedlich; ohnehin war die Islamisierung ein nur langsam fortschreitender Prozeß. Die Zentren und Kraftfelder der Machtausübung, zunächst von militärischen Notwendigkeiten determiniert, verlagerten und vervielfachten sich unter dem Druck des politischen Wandels: des Übergangs vom Stammesverband zum zentralistisch geführten Staat, der Spannungen zwischen seßhafter, nomadischer und neu angesiedelter Bevölkerung wie auch zwischen arabischen und neubekehrten, nichtarabischen Muslimen. Allenthalben lassen sich die Bruchlinien des späteren Zerfalls schon im geographischen und geopolitischen Bauplan des entstehenden Reiches erkennen.

So hat jede der klassischen Regionen des Islams ihr eigenes und eigentümliches Schicksal in der Geschichte: die Arabische Halbinsel; der Fruchtbare Halbmond: Ägypten, Syrien und die Ǧazira, die „Insel" zwischen oberem Euphrat und Tigris; der islamische Westen (Magrib): Nordafrika und Spanien (al-Andalus); Irak und Iran mit den Provinzen im Osten: Chorasan, Chwarasm am Oxus und Transoxanien, Sistan und Sind. Dazu kamen noch nach dem Auseinanderfallen des Kalifenreiches weitere Bezirke: in Anatolien und Indien, in Südostasien und Innerafrika.

1. Die Arabische Halbinsel

Arabien war die erste Heimat des Islams, Mekka die Stätte des Heiligtums und geistlicher Mittelpunkt, Medina die Stadt des Propheten und des ersten islamischen Gemeinwesens. Aber schon im ersten Bürgerkrieg der Diadochen zeigte sich, daß der Hiǧaz seine Rolle als politisches Zentrum des Islams ausgespielt hatte. Die Hauptstadt des arabischen Reichs der Umaiyaden wurde Damaskus in Syrien, altes Provinzzentrum, dessen Administration fast bruchlos weiterfunktionierte und dessen neue Regierung mit einer zuverlässigen Armee die Fäden nach Ägypten und dem Irak in der Hand hatte und behielt, solange die Vorrangstellung der Araber selbst bewahrt blieb. Der zweite Bürgerkrieg (683–92) wurde ausgelöst vom Versuch des Gegenkalifen Abdallah ibn az-Zubair in Mekka, mit Hilfe der Stämme Arabiens und im Bündnis mit den Zuwanderern am oberen Euphrat das Rad der Geschichte zurückzudrehen: den Primat Mekkas und der mekkanischen Aristokratie wiederherzustellen und die Landnahme der Erobererstämme durchzusetzen – gegen die Siedlungspolitik des umaiyadischen Okkupationsstaates, eine Politik des Ausgleichs zwischen seiner Hausmacht syrischer Stämme und den nachdrängenden Beduinen. Der erfolgreiche Gegenschlag (684 bei Marǧ Rahit nördlich von Damaskus) war ein bedeutsamer Wendepunkt: Der Sieg des urbanen Staates über das Beduinentum der Halbinsel führte zum dauernden Sieg des Islams und der arabischen Sprache außerhalb Arabiens.

Die Kontrolle über die heiligen Städte im Hiǧaz blieb ein Postulat der kalifalen Souveränität; aber die politische Führungsrolle Arabiens war ausgespielt. Die Halbinsel, vor allem der Süden, wurde Rückzugsgebiet der Heterodoxie, der Charidschiten und Ibaditen, der Zaidiya, der Karmaten. Im 18. Jahrhundert legte eine religiöse Bewegung, die der Wahhabiten, die Machtgrundlage der bis heute regierenden Dynastie der Al Saʿud.

2. Syrien und Palästina

In Syrien hatten nomadische und seßhafte Araber sowie Aramäer die Muslime als Befreier von der byzantinischen Herrschaft empfangen. Die alte Symbiose zwischen Siedlern und Beduinen wurde durch die islamische Invasion nicht nachhaltig gestört. Muʿawiya, der vom Kalifen Utman das Gouvernement erhielt, stabilisierte seine Herrschaft durch das Bündnis mit einem Nomadenverband, der seit langem in der syrisch-arabischen Kontaktzone der Palmyrene etabliert war: den Yaman (unter der Führung der Kalb, ihres mächtigsten Stammes). Als Muʿawiya das Kalifat errang (661), wurde Damaskus das natürliche Zentrum des Reiches, wurden die mit ihm verbündeten Stämme die Hausmacht der Umaiyadendynastie.

Spannungen entstanden dort, wo in den Weide- und Siedlungsgebieten der Stämme der Verteilungskampf zwischen den Vasallen der ersten Stunde und den nachdrängenden Eroberungsheeren der zweiten Generation entbrannte: vor allem in der fruchtbaren Ǧazira, dem oberen Zweistromland. So kam es zu der Feindschaft zwischen den Qais, die in der Ǧazira gegen Byzanz gekämpft hatten und nach dem Verzehr der Kriegsbeute eigene Weideplätze forderten, und den Kalb. Veranschaulicht (und von der Tradition begründet) wurde dieser Gegensatz in der „nordarabischen“ Genealogie der Qais und der „südarabischen“ der Kalb. Erbitterte Gegner der Umaiyaden, schlugen sich die Qais im zweiten Bürgerkrieg zu Abdallah ibn az-Zubair, dem Gegenkalifen in Mekka, unterlagen jedoch in der Schlacht von Marǧ Rahit gegen die Allianz des Kalifen Marwan mit den Kalb. Allerdings war dieser Erfolg nur die erste Etappe zur Wiederherstellung der umaiyadischen Alleinherrschaft; die Gründung des Felsendoms in Jerusalem markierte den kühnen Versuch Abdalmaliks (685–705), in der auch dem Islam geheiligten Stadt zunächst einen Gegenpol gegen Mekka zu etablieren (immerhin dauerte es weitere acht Jahre bis zur Befriedung des von den verschiedenen Oppositionsparteien umkämpften Irak). Aber Abdalmalik, der bedeutende Sohn Marwans, konnte auch einen Ausgleich zwischen Qais und Yaman zuwege bringen und die Stammestruppen als Ordnungsmacht seines Großreichs einsetzen. Mit dem Niedergang des Umaiyadenkalifats wurde auch der Gegensatz zwischen den Stämmen erneut ein Faktor der Unruhe, und er schwächte die politische Willensbildung und die Strategie gegenüber der gärenden Opposition im Irak und in den Ostprovinzen. Mit einer bloßen Expansions- und Okkupationspolitik war deren Integration auf die Dauer nicht zu leisten.

Nach der abbasidischen Revolution von 749 stieg der geographische Mittelpunkt des Vielvölkerreiches, der Irak mit der neuen Hauptstadt Bagdad, auch zum politischen Zentrum auf. Syrien wurde Provinz. Der Süden (mit Palästina) blieb aufs engste mit den politischen Geschicken Ägyptens verbunden; der Norden (die Ǧazira, um Mosul und Aleppo) wurde bis in die Mitte des 11. Jahrhunderts von Konföderationen nordarabischer Stämme, bis 991 unter Führung der Hamdaniden-Dynastie, kontrolliert. Als die Hamdaniden gegen die Mitte des 10. Jahrhunderts in die inneren Wirren des Irak eingriffen und mit dem Amt des Oberemirs die Schutzherrschaft über das Kalifat an sich bringen wollten, wurden sie von der iranischen Macht der Buyiden zurückgewiesen. Immerhin hielten sie die islamische Westgrenze in langwierigen Kriegen gegen Byzanz, und der große Saifaddaula machte den Hof von Aleppo zu einem Mittelpunkt des literarischen und gelehrten Lebens.

In der zweiten Hälfte des 11. Jahrhunderts nahm die türkische Militärdynastie der Seldschuken nach dem Irak auch Syrien und Palästina ein, und während des 12. Jahrhunderts herrschten dort verschiedene Vasallen der Seldschuken, die Atabegs („Prinzentutoren", zunächst ein hohes Hofamt). Die Zangiden, die Atabegs von Nordsyrien (Aleppo) und Ǧazira (Mosul, Diyarbakr), eröffneten den zweihundertjährigen Krieg gegen die christlichen Kreuzritter; ihr kurdischer General Salahaddin (Saladin), der sich nach dem Ende der ägyptischen Fatimiden zum Herrscher von Kairo und Damaskus erhoben und von Aleppo losgesagt hatte, gewann die entscheidende Schlacht von Hittin, die zur Rückeroberung Jerusalems führte (1187). Die Erfolge der Zangiden und der Dynastie Saladins, der Aiyubiden, befreiten nicht nur den Islam von einer schweren Bedrohung; sie gaben auch dem Fruchtbaren Halbmond ein politisches Gewicht, dem gegenüber das Bagdader Kalifat – um der legalen Sanktion willen noch anerkannt – zur Provinzmacht herabsank. Der Aufstieg der Aiyubiden leitet die jahrhundertelange Abhängigkeit Syriens von Kairo ein; sie endet, als im Jahre 1517 Selim I. die Domänen des dekadenten Mamlukenstaates dem Osmanischen Reich einverleibt.

3. Der Irak

Der Irak (arab. al-Iraq) war nicht nur das zweite Kernland alter arabischer Besiedlung, er war auch die Basis der Eroberungen nach Norden und Osten; und die von den Arabern gegründeten Garnisonsstädte Basra (635) und Kufa (638) wurden die beiden Pole der östlichen Hälfte des islamischen Reiches. Der Gouverneur von Basra befehligte die von dort aus eroberten Provinzen: Chusistan (mit der Hauptstadt Ahwaz in Südwestpersien), Fars (die alte Persis, mit Schiras nahe den Ruinen von Persepolis), weiter östlich Kirman, dann Sistan (mit dem Bergland des heutigen Afghanistan) und im Nordosten Chorasan mit den Städten Tus und Nischapur. Die Domänen von Kufa waren, nach dem Irak selbst und der Ǧazira, die Provinzen Armenien und Aserbaidschan am Kaukasus, ferner Ǧibal, das westiranische Hochland im Städtedreieck Hamadan, Raiy (nahe dem heutigen Teheran), Isfahan.

Aber Kufa war auch die Stadt des vierten Kalifen Ali und seiner Hausmacht gegen die Rivalen im Hiǧaz, dann Zentrum der Opposition gegen die Umaiyaden. Zunächst gegen Ali, dann ebenso gegen die Umaiyaden gerichtet war die Sezession der Charidschiten, der Stämme, die bei der Zumessung staatlicher Pfründen und Dotationen aus den Eroberungen zu kurz und zu spät gekommen waren. Die Delegation der Militärmacht an die Gouverneure von Basra und Kufa band die iranischen Provinzen an Damaskus; aber fiel der Irak an die Gegner des Regimes, drohte der ganze Osten verlorenzugehen. Der Kalif Abdalmalik, nach dem Gründer Muʿawiya die überragende Gestalt der Umaiyadendynastie, und sein Gouverneur al-Haǧǧag ibn Yusuf stellten mit Hilfe der syrischen Armee Ruhe und Ordnung wieder her, zentralisierten in einer neuen Garnison – Wasit, zwischen Basra und Kufa – die Heeresverwaltung, strafften und reformierten die Administration, die bis dahin noch von persischen Beamten fortgeführt worden war, setzten die Expansion nach Nordosten (Chwarasm, Transoxanien) fort. Aber die Assimilation der im iranischen Osten angesiedelten Araber an die Landschaft, Gesellschaft und Wirtschaft des alten Kulturlandes gelang nicht, und die Integration der zum Islam bekehrten Iraner war der dünnen Oberschicht der arabischen Administration nicht genehm. In der ersten Hälfte des 8. Jahrhunderts wuchsen die Spannungen, Unzufriedene folgten der Propaganda für die Erneuerung der Theokratie unter einem Sproß des Prophetenhauses, bis schließlich die Abbasiden (aus der Linie des Abbas, eines Onkels des

Propheten) vom Irak aus das Zeichen zum Aufstand in Chorasan geben konnten. Iran wurde in wenigen Monaten gewonnen; im Jahre 749 wurde das schwarze Banner der Revolution in Kufa aufgepflanzt; bald darauf (750) fiel der letzte Umaiyadenkalif in Ägypten.

Die Alleinherrschaft der Araber außerhalb Arabiens war gescheitert; das Reich des Islams bestand fort, aber unter anderen Vorzeichen. Die Abbasiden, gestützt auf ihre chorasanischen Parteigänger, zogen eine starke iranische Fraktion an die neue (763 gegründete) Hauptstadt Bagdad, in Lage und Anlage symbolhafte Zentrale der abbasidischen Herrschaft nahe den Ruinen von Ktesiphon. Der Hof, die Administration, die Hierarchie wurden von iranischem Staatsdenken geprägt, auch die Trennung der Institutionen von Staatsverwaltung, Militär und religiösem Recht – eine Trennung, die verhängnisvolle Entfremdung zur Folge hatte. Sie zeigte, daß auch die neue Dynastie ihrem Anspruch, wahrhaft islamische Herrschaft über die Gläubigen in der Nachfolge des Propheten und in Gottes Namen – Theokratie – auszuüben, nicht genügte. In seiner Residenz Samarra (gegründet 836) mit einer Garde türkischer Leibeigener verschanzt, wurde der Kalif zum Spielball widerstreitender politischer Kräfte. Soziale Unruhen (oft unter religiösen Vorzeichen) erschütterten das Land; die Habgier der Soldateska zerrüttete die Wirtschaft. Die Schwäche des Kalifats öffnete im 10. Jahrhundert den Irak, im 11. Jahrhundert auch die Ǧazira und Kleinasien den aus Iran, dann aus Zentralasien vorstoßenden Mächten.

Als der Mongolensturm dem Kalifat ein Ende bereitet hatte (1258), sank der Irak, einst Mittelpunkt der islamischen Hochkultur, zur Bedeutungslosigkeit herab, wurde Provinz der in Iran regierenden mongolischen und türkischen Dynastien, im 16. Jahrhundert von den Safawiden erobert, schließlich (1638) dem Osmanischen Reich einverleibt.

4. Der Westen

Die westlichen Provinzen des Reiches – Spanien und Nordafrika – hatten sich alsbald nach der Machtergreifung der Abbasiden der Kontrolle des Kalifats entzogen und, als der Stern der Abbasiden zu sinken begann, endgültig von ihm losgesagt. Spanien (der Andalus der Araber) war in arabischer Hand seit 711, als der Feldherr Tariq ibn Ziyad nach Gibraltar (Ǧabal Tariq) übergesetzt war; eines der wenigen Mitglieder des Umaiyadenhauses, die dem von den Abbasiden angerichteten Massaker entkommen waren, gründete dort ein starkes und blühendes Fürstentum. In Marokko errichtete ein Nachkomme Alis unter den Zenata-Berbern einen selbständigen Staat mit der Hauptstadt Fes. In Westalgerien (Tahart) sammelte Abdarrahman ibn Rustam die Berberbevölkerung für die Ibadiya, eine radikal-islamische Protestbewegung gegen die Ansprüche der arabischen Aristokratie in der Nachfolge der älteren Charidschiten. In Ifriqiya (der römischen Provinz Africa, etwa dem heutigen Tunesien und Ostalgerien entsprechend) waren die Aglabiden, obschon dem Kalifen loyale Gouverneure, doch weitgehend selbständig.

a) Spanien

Das Emirat der Umaiyaden von Cordoba (Qurtuba), 755 von Abdarrahman I. begründet, regierte für zweieinhalb Jahrhunderte das schwierige Territorium der Iberischen Halbinsel bis zum Duro, zur Kastilischen Meseta und zum Ebro. Es regierte im Süden, in Niederandalusien (mit Sevilla und Malaga), Oberandalusien (mit Granada) und Murcia, mit bemerkenswerter Stabilität, im Zentrum (Kastilien mit Toledo) gegen den Widerstand der – zusehends arabisierten – christlichen Bevölkerung zumindest kontinuierlich, im Nordosten (Ebrobecken mit Saragossa, Tudela) gestützt auf praktisch unabhängige Lokalfürsten. Der Größte der Dynastie, Abdarrahman III. an-Nasir, nahm gegen die bedrohlichen Prätentionen der Fatimiden in Nordafrika selbst den Titel des Kalifen an und führte Cordoba in seiner fünfzigjährigen Regierungszeit (912–61) auf den Höhepunkt seines wirtschaftlichen und kulturellen Glanzes – das Bagdad des Westens.

Im 11. Jahrhundert zerfiel der Andalus nach dem jähen Niedergang der Umaiyaden in eine Vielzahl von Duodezfürstentümern (*tawa'if*). „Indem [der Muslim Spaniens] die durch seine Religion gebundene Staatsform des Kalifates im 11. Jahrhundert sprengt und das Abenteuer voller Persönlichkeitsentfaltung in Höhen wie Tiefen des geistigen und politischen Lebens auf sich nimmt, indem er sich – wie unser arabischer Mentor [Ibn al-Hatib] sagt – vom Fürsten der Finsternis zur Annahme der Befehlsgewalt verführen läßt, ist er gewissermaßen Vorläufer der Renaissance; seine kleinstaatliche Welt des 11. bis 13. Jahrhunderts gleicht der italienischen des 14. bis 15. Jahrhunderts" (W. Hoenerbach [54.03], S. 293). Die politisch zersplitterte Halbinsel wurde leichte Beute für die Berberdynastien aus Marokko, die Almoraviden (1086) und die Almohaden (1145). Denn zugleich begann die Reconquista; Toledo wurde 1085 christlich und blieb es auch nach dem Sieg des Almoraviden Yusuf ibn Tašufin bei Zallaqa (1086) über Alfonso VI. von Kastilien und Leon. Endlich mußten die Almohaden nach der Niederlage von Las Navas de Tolosa (1212) den Rückzug antreten und fast ganz Spanien den christlichen Rückeroberern überlassen (Cordoba fiel 1236, Sevilla 1248). Nur im Bergland von Granada bewahrten die Nasriden (1230–1492) dem Islam und der spanisch-islamischen Kultur eine Hochburg; die Alhambra (arab. al-Hamra, „die rote Festung") von Granada ist das bleibende Wahrzeichen dieser letzten Blüte. Erst im Jahre 1492 beendeten Ferdinand und Isabella, die durch ihre Heirat das christliche Spanien vereinigt hatten, mit dem letzten Kreuzzug gegen die Muslime die jahrhundertelange Konfrontation.

b) Nordafrika

Im Magrib – dem westlichen Nordafrika von der Cyrenaika bis zum Atlantik – boten die Gebirgsketten des Atlassystems mit den anliegenden Wüstenzonen der Nordsahara den Stämmen der Berber eine Basis dauernder Resistenz gegen die arabische Erobererschicht und gegen die imperialen Ansprüche des Kalifats. Schließlich waren es islamisierte Berberdynastien, welche die Nachfolge der arabischen Gouverneure und Emire antraten und die Herren des gesamten Magrib wurden.

Die Zenata-Berber Tripolitaniens folgten als erste Abdallah ibn Ibad, der nach dem Vorgang der frühislamischen „Sezession" der Charidschiten gegenüber der Hegemonie der arabischen Quraiš das Recht aller rechtgläubigen Muslime auf Wählbarkeit in das Imamat verfocht. Schon im 8. Jahrhundert verbreitete sich seine Doktrin, die Ibadiya, unter den meisten Stämmen Nordafrikas. Die erste politische Hegemonie über die ganze Region erreichten jedoch die Fatimiden, die Prätendenten der „radikalen" – auf Erleuchtung und Charisma statt auf die schlichte Nachfolge des Propheten pochenden – Isma'iliya. Mit Hilfe der Kutama, der seßhaften Berber der Kleinen Kabylei, bezwangen sie im Anfang des 10. Jahrhunderts nacheinander Aglabiden (Ifriqiya: Tunesien und Ostalgerien), Rustamiden (Westalgerien) und Idrisiden (Marokko), ohne freilich von ihrer nachmaligen Hauptstadt Kairo aus eine wirksame Kontrolle über den äußersten Westen ausüben zu können.

In Ifriqiya (mit der Hauptstadt Kairuan) proklamierten um die Mitte des 11. Jahrhunderts die Ziriden (von den Sanhağa-Berbern), bis dahin Vasallen der Fatimiden, aufs neue das Abbasidenkalifat (1049). Die Gegenmaßnahme der Fatimiden löste eine Katastrophe aus, nur dem Mongolensturm im Osten vergleichbar: Arabische Hilal- und Sulaim-Stämme wurden aus Unterägypten nach Westen gelenkt (1057 nahmen sie Kairuan) und führten durch ihre Verheerungen eine Verödung und irreversible Beduinisierung weiter Regionen des zentralen Magrib herbei, von der nur die Küstenstädte verschont blieben.

Zugleich erhob sich in Marokko eine neue Macht: Sanhağa-Berber der Sahara hatten im südlichen Randgebiet des Islams von Mauretanien bis zur Senegal-Mündung in ordensähnlichen Verbänden – arab. *ribat,* daher ihr Name al-Murabitun (hispanisiert Almorávides) – für den Glauben gekämpft. Der General Yusuf ibn Tašufin (reg. 1061–1106) führte sie gegen Norden, eroberte Marokko (das von ihrer Hauptstadt Marrakesch am Nordhang des Hohen Atlas seinen europäischen Namen hat) und Algerien und konnte schließlich in Spanien, nach dem erfolgreichen Gegenschlag gegen die Reconquistadores (1086), die Nachfolge der Umaiyaden antreten. Die konservative Strenge und der starre Legalismus der malikitischen Rechtsschule, welche die Almoraviden in ihrem Dominium zur Geltung gebracht hatten, verhinderte eine innere Erneuerung und geriet in Gegensatz zum Lebenswandel der Oberschicht; die Dynastie ihrer Nachfolger in Marrakesch ist daher im Ursprung eine Protest- und Reformbewegung. Ihr Gründer, Muhammad ibn Tumart (gest. 1130), propagierte unter den Masmuda-Berbern des Atlas eine Erneuerung des reinen Glaubens und der frommen Lebensführung, wurde von ihnen – die sich nun al-Muwahhidun, Bekenner der göttlichen Einheit (nach der spanischen Form: Almohaden) nannten – als der verheißene Mahdi anerkannt. Unter Abdalmu'min (1130–63) gewannen sie nicht nur Marokko und das islamische Spanien (1145), sondern eroberten den ganzen Magrib bis Tripolitanien.

Nach dem Rückzug der Almohaden aus Spanien zerfiel im 13. Jahrhundert auch Nordafrika aufs neue. Die Banu Marin (Mariniden, ein Stamm der Zenata) drangen aus der Sahara in Marokko ein, machten 1248 Fes zu ihrer Hauptstadt und nahmen 1269 Marrakesch. In Tunesien und Ostalgerien machten sich 1237 die Hafsiden, Gouverneure der Almohaden, selbständig, nach ihrem Beispiel auch die Abdalwadiden von Tlemcen (1236–1554, von den Mariniden 1337–59 verdrängt). Während in Marokko seit 1549 das noch heute herrschende Haus der Šurafa (Scharifen, Nachkommen der Prophetenfamilie) regierte, geriet der übrige Magrib vom 16. Jahrhundert bis zur französischen Kolonialzeit unter osmanische Oberhoheit.

5. Ägypten

Auch unter dem Islam hatte Ägypten, von Syrien aus erobert und befehligt, mit seiner alten, den wirtschaftlichen Erfordernissen des Niltals angepaßten Administration sein Eigenleben bewahrt. Schon einer der Provinzgouverneure der frühen Abbasidenzeit, Ahmad ibn Tulun, vermochte es, sich den Weisungen aus Bagdad zu widersetzen und seine Autonomie bis nach Syrien auszudehnen. Und in den folgenden Jahrhunderten gelang es immer wieder den Herren Ägyptens, auch Palästina und Syrien in ihrer Hand zu vereinigen. Die Fatimiden (s. o. S. 129) eroberten von Ifriqiya (Tunesien) her ganz Nordafrika, proklamierten im Jahre 969 in Ägypten ein Kalifat im Namen des schiitischen Imams der Isma'iliya und gründeten Kairo bei der alten Garnison Fustat. Von da aus nahmen sie Jerusalem und Damaskus, ja auch Mekka und Medina ein, bedrängten die Hamdaniden (Araber aus dem alten seßhaften Stamm der Taglib) in Aleppo und Mosul und bedrohten schließlich Bagdad. Den Gegenschlag im Namen des sunnitischen Kalifats führten die Soldatenkönige der turkmenischen Reiternomaden aus dem Osten, die im 11. Jahrhundert erst Iran, dann den Irak besetzt hatten und von dort nach dem Westen griffen: Die Eroberer von Bagdad, die Seldschuken, und ihre Gouverneure verdrängten die Fatimiden aus Syrien; aber die gemeinsame Gefährdung durch die Kreuzritter ließ die innerislamische Auseinandersetzung im 12. Jahrhundert zurücktreten.

Erst der große Salahaddin (Saladin, 1171–93) machte, noch als General des Zangiden von Aleppo, der Herrschaft der Fatimiden in Kairo ein Ende (1171), begründete an ihrer Stelle die autonome Dynastie der Aiyubiden und vertrieb 1187 die Kreuzritter aus Jerusalem. Die Friedenspolitik seiner Nachfolger ließ nach langen Kriegsjahren Binnenwirtschaft und Mittelmeerhandel wieder aufleben, aber innere Gebietsstreitigkeiten schwächten die Dynastie schon in der Generation der Enkel Saladins. Schließlich waren es die eigenen Generäle der Aiyubiden, die Mamluken, die ihr Erbe antraten und mit starker Hand verwalteten, die selbst die furchtbare Invasion der Mongolen im südlichen Palästina zum Stillstand brachten (1260) und die Kreuzfahrer auch aus Nordsyrien endgültig verdrängten. Gegründet auf eine Elitearmee von tscherkessischen und kiptschakischen Leibeigenen (arab. *mamluk*), die durch Steuerlehen (*iqta*, s. o. S. 102) eine stabile wirtschaftliche Basis erhielt, wurde der Mamlukenstaat von der Mitte des 13. bis zum Anfang des 16. Jahrhunderts der mächtigste und blühendste des Vorderen Orients.

Gegen die Nachfolger der Mamluken, die osmanischen Türken, brachten es Syrer und Ägypter schließlich im 20. Jahrhundert zu selbständiger Eigenstaatlichkeit; aber noch die kurzlebige Vereinigte Arabische Republik (1958–61) konnte an alte historische Gemeinsamkeiten der Araber des Fruchtbaren Halbmonds anknüpfen.

6. Iran

Der iranische Raum war nur oberflächlich arabisiert worden. Das lag nicht nur an seiner Ausdehnung, sondern auch daran, daß das Dromedar der arabischen Beduinen auf dem winterkalten Hochplateau nicht überleben konnte. Von Beginn an mußten die Eroberer ihre Herrschaft im Bunde mit dem lokalen Landadel ausüben. Schon das neunte Jahrhundert sah den Aufstieg von Provinzgouverneuren und Usurpatoren zu autonomer Herrschaft. Die Siedler von Chorasan hatten der abbasidischen Revolution zum Siege verholfen; in derselben Provinz bereitete der Kalif al-Ma'mun (813–33) den Sturz seines Bruders und Rivalen al-Amin und die Rückkehr nach Bagdad vor, aber wenige Jahre darauf machte sich sein Gouverneur Tahir (821–2) faktisch unabhängig. Solange die Macht des Kalifats ungebrochen blieb, konnten die immer wieder aufflammenden Aufstände, in denen sich soziale Unruhe mit iranisch-islamischem Sektierertum verband, noch immer niedergekämpft werden. Aber in der zweiten Hälfte des neunten Jahrhunderts verloren die Kalifen im Irak selbst den nötigen Rückhalt. Nicht lange, und die Banden des „Kupferschmieds" Yaʿqub ibn Lait besetzten Sistan und eroberten 873 Chorasan. Die iranische Dynastie der Samaniden herrschte in Buchara (der Hauptstadt Transoxaniens), Fargana und Samarkand, ab 900 auch in Chorasan, als getreue, doch selbständige Gefolgschaft des Kalifen im Dienst der Verteidigung und Verbreitung des Islams gegen die Turkvölker der asiatischen Steppe. Hier begann der Wiederaufstieg der persischen Sprache und Literatur. Aus den Condottieri des Berglands von Dailam am Kaspischen Meer ging das mächtige Haus der Buyiden hervor; die drei Söhne des Buya teilten sich Westpersien und das zentrale Hochland (Ǧibal, Fars-Chusistan, Kirman) und griffen erfolgreich in die Machtkämpfe im Irak ein (945); sein Enkel Adudaddaula (949–83) errichtete ein iranisches Königtum, das den Kalifen von Bagdad zur Marionette degradierte. Die Zweiteilung des islamischen Reiches in eine östliche und eine westliche Sphäre, in die iranische und die arabische Welt blieb unwiderruflich.

Aber die Autonomie iranischer Dynastien im Osten war nur ein Zwischenspiel. Turkmenenstämme aus Zentralasien, von den Samaniden noch am Jaxartes (Syr-Darja) aufgehalten, bekehrten sich zum Islam, drangen in mächtigen Wellen nach Westasien vor, übernahmen iranische Kultur und Staatsorganisation und machten sich im Laufe des 11. Jahrhunderts Mesopotamien, Syrien und Kleinasien untertan: Die Qarahaniden nahmen Transoxanien (Buchara 992) und verteidigten den Islam gegen Osten; türkische Leibeigene der Samaniden errichteten in Gazna (Ostafghanistan) eine mächtige Autonomie, entrissen von dort ihren einstigen Herren die Besitztümer westlich des Oxus in Chorasan, den Königen von Gurganǧ das fruchtbare Chwarasm am Oxus (1017) und den Buyiden Raiy und Hamadan in Westpersien. Doch auch die Gaznawiden wurden bald abgelöst von den Seldschuken aus dem Stamme der Oguz, die nach der Eroberung von Nischapur (1038) in wenigen Jahren Westiran einnahmen. Die Turkmenen stießen auf ihren Raubzügen zum Kaukasus, nach Ostanatolien und ins obere Mesopotamien vor, wo sie vertraute klimatische Bedingungen fanden. Aber die politische Absicherung dieser Landnahme leistete Togril, der Enkel des Dynastiegründers Selčüq, der im Jahre 1055 im Irak einzog – „Befreier" des Kalifen von der Bedrohung durch die Häresie der Fatimiden und nach dem Vorbild der Buyiden wahrer Herrscher in Bagdad –, darauf in der Ǧazira und in Syrien. Der Sieg des Seldschukensultans Alp-Arslan über den byzantinischen Kaiser Romanos IV. Diogenes bei Malazgird (Mantzikert, 1071) öffnete turkmenischen Nomaden den Weg nach Kleinasien.

Anders als die Araber fanden die Turkmenen in Iran auf den Sommerweiden der Hochplateaus im Wechsel mit den Winterweiden der Tiefebenen ein Milieu, das ihren Lebensgewohnheiten entgegenkam, in dem ihr Kamel (eine Kreuzung zwischen dem baktrischen Kamel und dem weiblichen Dromedar) gedeihen konnte. So setzten sie einen Prozeß der Nomadisierung in Gang, den die Mongolen vollendeten. Die Katastrophe des Mongolensturms brachte nicht nur den Untergang des Bagdader Kalifats (1258). Sie veränderte das Gesicht der iranischen Welt für Jahrhunderte, indem sie das Bauerntum wirtschaftlich ruinierte, wo nicht hohe Gebirgsketten – wie die Massive Afghanistans, der Kaukasus und der Elburs vor dem Kaspischen Meer – Rückzug und Widerstand ermöglichten. Allein hier und in den städtischen Zentren – Isfahan, Jasd, Kirman, Schiras, Tabris, Buchara, Samarkand – blieben die persische Sprache und Kultur unangefochten bewahrt. Mongolische Dynastien herrschten in Iran bis zum Ende des 15. Jahrhunderts: in Tabris die Ilchane, der Clan

Hülegüs (des Eroberers von Bagdad, das einem Vasallen seiner Gefolgschaft zufiel), seine Nachkommen und verschiedene Stammesfürsten in seiner Nachfolge. In Samarkand regierte sodann das Haus Timurs „des Lahmen", der zu Ende des 14. Jahrhunderts einen zweiten Mongolensturm entfesselte, im Osten Indien, im Westen Iran und Irak unterwarf.

Der Niedergang der Mongolen ermöglichte den Wiederaufstieg der türkischen Stammeskonföderationen, die sich unter der zeitweiligen Oberhoheit der Timuriden eigene Territorien hatten bewahren können: die „Schwarzen Schafe" (Qara-Qoyunlu) in Aserbaidschan und dem Irak, ferner die „Weißen Schafe" (Aq-Qoyunlu), die sich in der Ǧazira und in Ostanatolien behaupteten, dann (1467) die Domänen der Qara-Qoyunlu und schließlich das timuridische Persien eroberten. In Persien waren sie nur Wegbereiter der Safawiden, die unter Schah Ismaʿil (1501–24) eine mehr als zwei Jahrhunderte währende Herrschaft antraten. Auch die Safawiden stützten sich auf türkische Stämme; ursprünglich ein Derwischorden in Aserbaidschan, erhoben sie sich im Namen des Verborgenen Imams der Schia und stifteten politische Unruhe in Ostanatolien; mit ihren Qizilbaš („Rotmützen") genannten Milizen entmachteten sie die Aq-Qoyunlu und eroberten in zehn Jahren ganz Persien. Gegen die Angriffe der Osmanen konnten sie das persische Kernland dauerhaft verteidigen; damit wurde Persien – bis auf den heutigen Tag – die größte Domäne der Schia und (neben den alten Zentren im Irak) ihr geistiges Bollwerk gegen die „orthodoxe" Sunna, für deren Verbreitung die türkischen Muslime bis dahin gekämpft hatten. Auch die Nachfolger der Safawiden – im 19. Jahrhundert die Qaǧaren, die zu Beginn unseres Jahrhunderts den schwierigen Weg zur konstitutionellen Monarchie gehen mußten – stipulierten gemäß schiitischer Lehre die Wiederkunft des Mahdi als Vorbehalt ihrer Legitimation.

7. Anatolien

Kleinasien – die heutige Türkei – war nach Iran und Irak das letzte Land, das die Turkvölker aus Zentralasien unterwarfen. Wie das iranische, so war auch das anatolische Hochland, von Byzanz gegen die Araber noch lange erfolgreich verteidigt, den türkischen Nomaden leichte und dauernde Beute, und die Bevölkerungs- und Besiedlungsstruktur wurde durch ihre Invasionen schnell und nachhaltig umgestaltet. Die „Groß-Seldschuken" von Bagdad hatten nur den byzantinischen Widerstand gebrochen

(1071 bei Malazgird); die „Rum-Seldschuken“ (Rum = Ostrom, Byzanz) drangen weit nach Westen vor und konnten gegen Ende des 12. Jahrhunderts in Ost- und Südanatolien, um Konya und andere städtische Zentren (Sebaste/Sivas, Caesarea/Kayseri), eine wechselvolle Herrschaft errichten, Religion und Kultur des Islams auf die Dauer befestigen.

Auch das Seldschuken-Reich fiel den Mongolen zum Opfer; auf die Niederlage am Köse Dag (1243) folgte ein rascher Zerfall. Aber noch im Schatten der Mongolenherrschaft schuf das turkmenische Haus Qaraman in Kilikien (um Konya) eine bedeutende Autonomie; und aus den türkischen Stämmen, welche teils vor den Mongolen hergetrieben, teils in ihren Armeen kämpfend nach Westanatolien gelangt waren, ging eine Anzahl kleiner Fürstentümer hervor, welche im Westen zum Glaubenskampf gegen Byzanz antraten. Allen anderen voran gingen bald die Söhne Osmans; wenige Tagereisen vom Bosporus, in Bursa, etablierten sie 1326 ihre erste Hauptstadt.

Die Osmanen begannen 1354 ihre Eroberungen auf dem Balkan. Nach der Entscheidungsschlacht auf dem Amselfeld (Kosovo, 1389) führten sie, von Gunst und Zwang der Umstände gedrängt, ihre europäischen Elitetruppen (*yeni čeri*, Janitscharen) zum Vormarsch nach Kleinasien. Im Verlauf eines Jahres (1390–91) besetzte Bayezid Yildirim („der Blitz“) nicht nur die turkmenischen Kleinstaaten Westanatoliens, sondern brachte auch das Fürstentum der Qaramaniden, die – lange unangefochten im Süden – seine gefährlichsten Rivalen geworden waren, unter seine Botmäßigkeit. Zwar zerschlug der Mongole Timur das entstehende Reich der Osmanen (1402) und stellte die Autonomie der anatolischen Fürsten zeitweilig wieder her; aber schon 1453 nahm der Osmane Muhammad (Mehmed) II. („der Eroberer“) Konstantinopel ein und stürzte 1475 auch den letzten Qaramaniden. Mit den Eroberungen Selims, der 1517 Syrien und Ägypten gewann, und denen seines Nachfolgers Süleyman, der mit der Invasion Ungarns (Schlacht von Mohács 1526) den ganzen Balkan unter türkische Herrschaft brachte, erstand das Osmanische Reich – das letzte Großreich der islamischen Geschichte. Gegen das Eindringen der europäischen Mächte und gegen die nationalistischen Bewegungen der arabischen Länder im 19. Jahrhundert noch mühsam zusammengehalten, zerfiel es endgültig durch die Ereignisse des Ersten Weltkriegs.

8. Außenbezirke des Islams

Die arabischen Eroberungen der Umaiyadenzeit hatten die größte Ausdehnung des Reiches unter der zentralen Regierung des Kalifats abgesteckt. Die Schlacht von Tours und Poitiers gegen Karl Martell (732) markierte das Erlahmen der Expansion im Westen; der Zusammenstoß mit den Chinesen am Jaxartes (der muslimische Sieg von 751 am Talas konnte ihr Vordringen auf islamisches Gebiet verhindern) brachte die Expansion im Osten vorläufig zum Stillstand. Die Ausbreitung des Islams ging weiter; aber die weiteren Eroberungen waren nicht das Werk von Arabern; und sie waren das Werk von Dynastien, die dem Kalifen nicht mehr, oder nur noch nominell, dienstbar waren. Erst die türkischen Seldschuken beendeten den jahrhundertelangen Grenzkrieg gegen Byzanz in der Ǧazira mit der Invasion Ostanatoliens; zweihundert Jahre nach dem Ende des Kalifats vollendeten die Osmanen ihr Werk mit der Vernichtung des oströmischen Reiches von Konstantinopel.

Händler und Seefahrer aus dem Persischen Golf hatten seit der frühen Abbasidenzeit die Küsten des Indischen und des Pazifischen Ozeans bis nach China kolonisiert. Der Norden Indiens wurde schließlich von Sistan aus durch die Dynastien von Gazna und Gur erobert. Vom 13. bis zum 15. Jahrhundert festigten und verbreiteten ihre Nachfolger, die Sultane von Delhi, die Herrschaft des Islams in Indien, und vom 16. bis zum 18. Jahrhundert führten die „Mogulkaiser" Machtentfaltung und Kultur des indischen Islams zu höchster Blüte (s. a. unten S. 158f.). Von Indien (Guǧarat) aus trugen Handel und religiöse Bewegungen den Islam nach Südostasien; und die dort islamisierten Herrscher schufen islamische Reiche in Indonesien und im malaiischen Archipel. Wir können der Bedeutung des indischen Islams an dieser Stelle nicht gerecht werden. Gerade in unserem Jahrhundert gingen von dort Impulse der Erneuerung aus, die in der Gründung des islamischen Staates Pakistan (1947) ihre politische Verwirklichung fanden.

Auch in Ostafrika waren es seefahrende Händler, Araber und Perser aus dem Raum des Indischen Ozeans, die an den Küsten siedelten, sich mit der einheimischen Bevölkerung verbanden und in Somalia und auf Sansibar eine Reihe islamischer Kleinstaaten gründeten; die Bantusprache dieser „Küstenbewohner" (arab. *sawahila*), das Suahili, wurde die lingua franca Ostafrikas. – Von den Berberstämmen, die den Islam südlich des Atlas über die Sahara hinaus bis zum Senegal verbreiteten, war schon die

Rede. Seit dem 8. Jahrhundert wuchs die Zahl der Muslime in den Königreichen Westafrikas: in Gana (eigentlich Titel seines Herrschers, dann Name seiner Hauptstadt), Zentrum des Goldhandels, im Jahre 1076 von den Almoraviden eingenommen; unter islamischen Fürsten in Mali vom 13. bis 14. Jahrhundert; weiter östlich im Sudan im Reich der Songai (mit Gao und Timbuktu am Niger) von der Mitte des 14. Jahrhunderts bis zur marokkanischen Eroberung (1591). Westafrikanische Hirtenstämme von den Fulbe vermittelten den Islam weiter nach dem zentralen Sudan. Gegen Ende des 18. Jahrhunderts wurden dort die Haussa bekehrt, und islamische Reformbewegungen prägten eine Reihe neuer Staatsgründungen. In der ersten Hälfte des 19. Jahrhunderts regierte der Fürst von Sokoto das Land zwischen Niger und Tschad; bald darauf, um die Mitte des Jahrhunderts, gewann dort ein militanter Anhänger des Sufi-Ordens der Tiğaniya, al-Haǧǧ Umar (gest. 1864), in Glaubenskriegen ein kurzlebiges Reich und stürzte den westlichen Sudan in Anarchie. Im letzten Viertel des 19. Jahrhunderts trotzten der „Mahdi" des östlichen Sudan, Muhammad Ahmad ibn Abdallah (gest. 1885), und sein Kalif Abdallah Abu Bakr den Truppen Ägyptens und der englischen Kolonialmacht, bis die Schlacht von Umm Durman (1898) den Staat von Chartum – wenn auch noch nicht die Ideen des Mahdi – auslöschte.

Je weiter wir uns von den alten Kernlanden des Islams entfernen, desto loser werden freilich die Beziehungen zu den Institutionen, den politischen Prozessen und der kulturellen Ausstrahlung der klassischen Zentren. In Gana und Sansibar, in Indonesien und Vietnam haben wir es nur noch mit der Geschichte des Islams, allenfalls noch mit islamischer Geistes- und Kulturgeschichte zu tun. Von islamischer Geschichte im umfassenden, an der politischen Realität orientierten Sinne kann man in bezug auf diese Außenbezirke sicherlich nicht mehr sprechen. Gleichwohl lebten und leben die Muslime auch dort im Bewußtsein gemeinsamer Teilhabe an der *umma muhammadiya*, der vom Propheten gestifteten Staatsgemeinde.

VI. Perioden der islamischen Geschichte

Für den islamischen Chronisten des Mittelalters war die an Muhammad ergangene Offenbarung die Epoche der Geschichte schlechthin: der Wendepunkt der Heilsgeschichte. Das didaktische Konzept der alten Historiographie bezieht die Erfahrung der Geschichte auf Gottes Verheißung und Gebot, Geschichte als Exempel zu Nutz und Frommen der Gläubigen, als Vorbild und Warnung – sie bezieht das Zeitliche auf Überzeitliches; alles Historische ist nur ein Vorspiel. Sie kennt keine Periodisierung, nur einfache Schemata zur Gliederung des Materials: nach Jahren (Annalen), nach Regierungszeiten der Herrscher, in der biographischen Literatur auch nach „Klassen", d. h. Generationen der Lehrüberlieferung. Der moderne Historiker sucht die Geschehnisse einzelner Regionen zusammenhängend zu beschreiben, dabei auch die Beziehungen und Wechselwirkungen mit Nachbargebieten im Auge zu behalten und übergreifende Prozesse sichtbar zu machen; er sucht daher nach Gesichtspunkten der Gliederung, nach „Universalien" in der Fülle der Daten und Fakten. Aber mit dem Fortgang der islamischen Geschichte wird es zusehends schwieriger, Perioden der gesamten islamischen Welt durch markante Ereignisse oder aufgrund gemeinsamer Entwicklungen abzugrenzen. Der Westen (Spanien und Nordafrika) und der iranische Osten führten schon seit der Mitte des 9. Jahrhunderts – auch bei zunächst fortwährender, formaler Loyalität gegenüber dem Kalifen – wieder ein Eigenleben.

Zu allen Zeiten gab es äußere Bewegungen und innere Vorgänge, welche weite Räume der islamischen Welt gemeinsam erfaßten, aber immer gab es auch Regionen, die nicht erreicht wurden. So sind z. B. die im 11. Jahrhundert einsetzenden Prozesse der Nomadisierung – im Osten durch die Invasion der Turkmenen, im Westen durch den Einfall der Hilal-Beduinen in den Magrib ausgelöst – eindrucksvolle Parallelen, aber sie haben keine tiefere Beziehung zueinander. Dagegen hat die gleichzeitige Hinwendung zu doktrinärem Traditionalismus im Westen und im Osten eine gemeinsame Voraussetzung: den Niedergang der religiösen Autorität des Kalifats und seiner Vasallen. Kein Zweifel auch, daß der Mongolensturm des 13. Jahrhunderts und die Expansion des Osmanischen Reiches im 15. und 16. Jahrhundert Vorgänge von umfassender Bedeutung und darum wahrhaft epochemachend sind.

Jede allgemeine Periodisierung kann darum nur ein Behelfsmittel für die Gliederung synoptischer Darstellungen sein, und sie muß, um ihren Zweck zu erfüllen, chronologische und geographische Segmentierung miteinander verbinden. Solche Abgrenzungen sind fragwürdig, denn jede Periode enthält die Anfänge der nächstfolgenden in sich, und gegenüber jeder Krise ist auch Kontinuität; sie sind aber dennoch nützlich. Der folgende Abriß hat vor allem den Zweck, die Schemata und Schlagworte gängiger Periodisierungen zu veranschaulichen.

1. Arabien vor dem Islam (bis um 610 n. Chr.)

Im Bereich der Arabischen Halbinsel gehörten das „Glückliche Arabien" des Südens und die Randstaaten Syriens und Mesopotamiens zur Sphäre der griechischen und der iranischen Hochkulturen. Der politische Verfall der antiken Großmächte leitet tiefgreifende Umwälzungen der gesamten Region ein.

- Etwa seit dem 2. Jahrhundert n. Chr. breitet sich auf der Halbinsel mit dem Niedergang der Randstaaten und dem Verfall der südarabischen Kultur der arabische Kamelnomadismus weiter aus. Das Beduinentum dringt in altes Siedlungsland vor; der Gebrauch der Schrift geht zurück. Es bildet sich die Gesellschaft, mit der sich die koranische Verkündigung auseinandersetzt, deren Ethik und Recht das Substrat der islamischen Ordnung werden, aus der schließlich die Triebkräfte der islamischen Expansion über Arabien hinaus erwachsen.
- Seit dem 4. Jahrhundert n. Chr. gerät Arabien ins Vorfeld der Kriege zwischen Byzanz und dem sasanidischen Persien. In der Interessensphäre der Pufferstaaten des 6. Jahrhunderts – des Königtums der Lahmiden im Irak, der Phylarchie der Gassaniden im syrischen Raum, des Jemen unter abessinischer Herrschaft – gelegen, wird auch die Handelsstadt Mekka vom politischen Spiel der beiden Großmächte berührt.
- Das vorislamische Heiligtum von Mekka, seine wirtschaftliche Bedeutung, der Aufschwung des Handels (Weihrauchstraße) und der Aufstieg einer städtischen Gesellschaft aus dem beduinischen Milieu stehen im Hintergrund der sozialen Konflikte, deren Lösung die koranische Verkündigung sucht.

2. Muhammad: Prophetie und Staatsgründung des arabischen Propheten (c. 610–632)

Das Wirken des Propheten des Islams in Mekka und Medina begründet Religion, Recht und Staat des Islams.

- Mit der Verkündigung vom allmächtigen, gütigen und richtenden Schöpfergott, gegeben in arabischer Sprache, stiftet er den arabischen Monotheismus – Weltbild, Wertsystem und Gesellschaftsordnung – und die arabische Nation.
- Über die Solidarität einzelner Stämme setzt er die Solidarität der Gemeinde *(umma)*, die aus der Verpflichtung des einzelnen gegen Gott ihre Sanktion erhält, und gibt damit die Neuorientierung einer Gesellschaft im Übergang.
- Die Verkündigung vor allem der medinensischen Periode (nach der Hiǧra, Emigration, von 622) legt den Grund der Rechts- und Staatsordnung des kommenden Reiches.
- Mit der Unterwerfung der arabischen Stämme in seinen letzten Lebensjahren schafft er die militärische und – durch die Bekehrung zur Glaubensgemeinschaft des Islams – die geistige Basis der nach seinem Tode beginnenden Expansion.

3. Das Kalifat bis zum Ende der Umaiyaden (632–750)

Im ersten Jahrhundert nach dem Tode Muhammads erobern die zum Islam bekehrten Stämme Arabiens ein Großreich vom Atlantik bis zum Indus. Die Institutionen des islamischen Staates werden ausgebildet und formuliert; im Medium der arabischen Literatursprache schaffen die Muslime die Grundlagen der klassischen islamischen Kultur.

a) Die Zeit der „orthodoxen" Kalifen (ar-Rašidun, 632–61). Die Entstehung des arabischen Reiches

Nach dem Hingang des Propheten herrschen in seiner Stadt Medina als seine „Stellvertreter", Kalifen, vier Männer, die noch zu seinen Gefährten zu Lebzeiten gehört hatten. In den Augen der Majorität der Muslime gelten sie als rechtgläubige und vom Konsens der Gemeinde legitimierte Bewahrer seiner Theokratie.

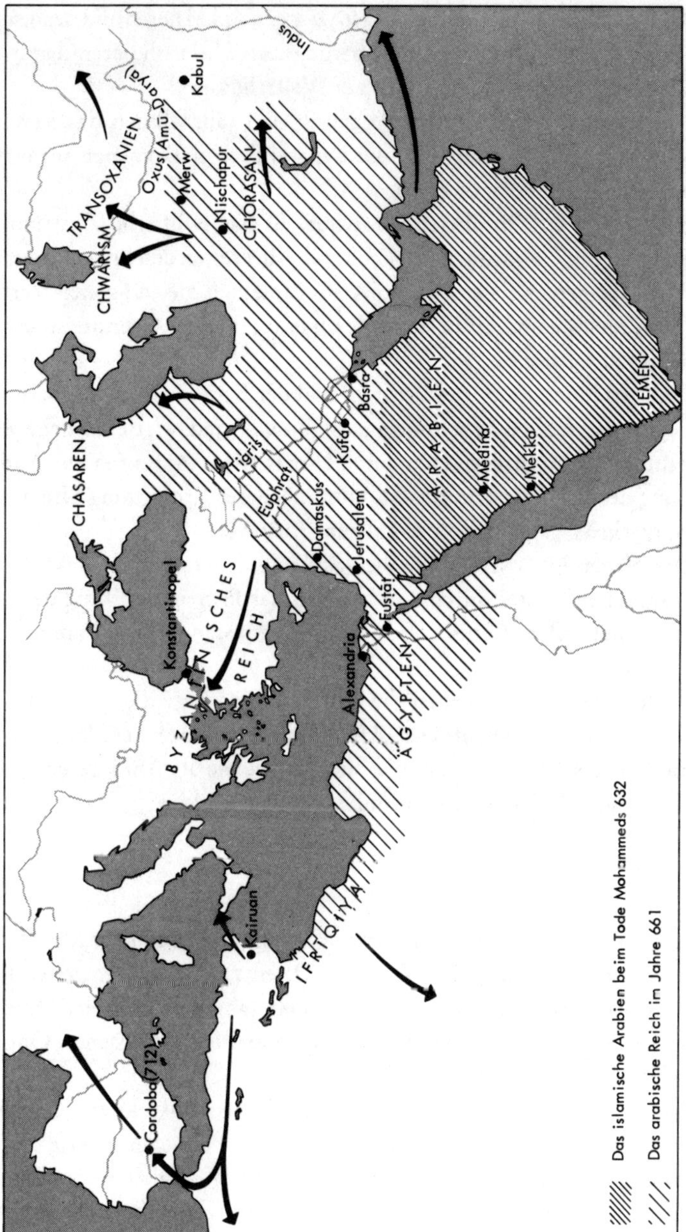

2. Die arabischen Eroberungen im 7. Jahrhundert (nach C. Cahen)

- Abu Bakr (632–34) und Umar (634–44) solidarisieren die arabischen Stämme durch erfolgreiche Eroberungszüge, konsolidieren damit den Islam und bereiten seinen Weg zur Weltreligion.
- Die arabischen Eroberer gewinnen in drei Jahrzehnten das Sasanidische Reich (Irak, Iran) und die byzantinischen Domänen in Syrien, Ägypten und Mesopotamien.
- Die „Stadt des Propheten", Medina, ist das politische Zentrum des Reiches; die Garnisonen der Eroberungsheere werden Provinzzentren. Basis der provinzialen Administration bleiben die indigenen Verwaltungsapparate und die bestehende Organisation des Grundbesitzes und der Besteuerung.
- Die Verteilung des Grundbesitzes und der Beute aus den Eroberungen begründet soziale Spannungen. Mißbrauch und wirtschaftliche Ausbeutung der Staatspfründen durch Utman (644–56) führen zur Auflehnung der Stämme. Die Krise kommt nach der Ermordung Utmans im Bürgerkrieg gegen Ali (656–61) zum Austrag.
- Der Sieger Muʿawiya setzt die säkular-pragmatische Auffassung des islamischen Staates durch und beseitigt das Prinzip der Wahl des Kalifen unter allen Clans der Quraiš zugunsten seiner Familie: der Umaiyaden.
- In der Opposition bleiben die Partei (Schia) Alis, die für die Rechte seiner leiblichen Nachfolger, Abkommen des Propheten, kämpft, und die „Sezessions"-Stämme, die ihre Ansprüche als Anklage gegen den Verrat an der Theokratie formulieren (Charidschiten).

b) Das Kalifat der Umaiyaden (661–750)

Unter der Umaiyadendynastie verlagern sich die Zentren der Macht nach den alten Kulturländern des Vorderen Orients. Durch ihren ersten Kalifen Muʿawiya (661–80) wird für nahezu ein Jahrhundert Syrien (Damaskus) die politische Zentrale des Reiches. Hort der schiitischen Opposition ist schon seit Ali Kufa im Irak.

- Die Restaurationsbewegung der mekkanischen Aristokratie (Gegenkalifat des Abdallah ibn az-Zubair) und die anarchischen Kräfte des Beduinentums führen zum zweiten Bürgerkrieg, begleitet von Seuchen und Wirtschaftskatastrophen (683–92). Gestützt auf die in Syrien angesiedelten Stämme rettet Abdalmalik (685–705) die Einheit des Reiches. Der Preis ist ein Kompromiß zwischen dem religiösen Ideal des „gerechten" Gemeinwesens und dem säkularen Verständnis der Einheit.

Aber dieser Kompromiß ermöglicht den Aufstieg der Verkündung des arabischen Propheten zur Weltreligion und die geistige Integration des Reiches vom Oxus bis zum Atlantik im Amalgam der islamischen Kultur.

- Unter Abdalmalik und seinem Nachfolger al-Walid (705–15) zwingen starke Gouverneure den von Parteikämpfen erschütterten Irak in die Botmäßigkeit der Dynastie. Arabische Heere vollenden die Eroberungen im Osten und Westen bis zur größten Ausdehnung des Kalifenreiches unter zentraler Herrschaft.
- Umfassende Verwaltungsreformen stellen nach dem Krisenjahrzehnt des Bürgerkrieges die administrative und finanzielle Autonomie des Staates her: Abdalmalik arabisiert und vereinheitlicht die Kanzleien und das Münzwesen; Umar ibn Abdalʿaziz (717–20) paßt Besteuerung und Staatswirtschaft an die durch Islamisierung und Ausweitung des Grundbesitzes veränderten Verhältnisse an, kann jedoch vor seinem frühen Tode das begonnene Reformwerk nicht durchsetzen.
- In der Endphase des Umaiyadenstaates schwächt der Streit um Legitimität und „Gerechtigkeit" des Regimes die Solidarität der Araber. Der Zwist und die Auflehnung der Stämme, dazu die vielstimmige Kritik der Frommen, der Charidschiten, der Schia am säkularen „Königtum" der Dynastie, führen den Niedergang der Umaiyaden herbei. Doch scheitern sie letztlich an den Konflikten, die sich aus den Problemen der sozialen Assimilation und der ökonomischen Integration der Nichtaraber im Vielvölkerreich des Islams ergeben.

4. Das Kalifat der Abbasiden und seine Nachfolgestaaten von 749 bis zur Mitte des 11. Jahrhunderts

Der dritte Bürgerkrieg im Islam – die abbasidische Revolution – bringt eine andere Dynastie aus dem Stamme Quraiš an die Macht, die Banu l-Abbas (749–1258); dem Propheten näher in Verwandschaft, näher auch nach ihrem Anspruch, die Theokratie des wahrhaft islamischen Staates wiederherzustellen. Der Anspruch, eine islamische Regierung und ausgleichende Gerechtigkeit für alle Muslime zu verwirklichen, scheitert; aber im Widerstreit der religiösen, politischen, sozialen und wirtschaftlichen Kräfte entsteht die klassische islamische Kultur unter Beteiligung aller, der arabischen und der nichtarabischen Muslime.

a) Das erste Jahrhundert der Abbasiden (749–847)

Im ersten Jahrhundert ihrer Herrschaft vollenden die Abbasiden das Werk ihrer Vorgänger: Sie wahren die Hegemonie der Araber unter Führung der Quraiš; sie drängen die politisch-religiösen Sekten, die die Einheit des Reiches und des Glaubens gefährden, zurück; sie festigen die Grenzen des Islams und schaffen die Brückenköpfe seiner weiteren Ausbreitung; und die arabische Sprache, anfangs Sprache der Erobererschicht, wird Reichssprache, Medium der islamischen Kultur für alle ihre Träger, gleich welcher Herkunft. In demselben Zeitraum kommt schließlich auch der Sammlungs- und Eliminationsprozeß der juristisch-religiösen Überlieferung zum Abschluß, dessen Anfänge weit in die Umaiyadenzeit zurückreichen; er mündet in die Kodifikation der Sunna (im Hadit) und in der Lehrüberlieferung der „orthodoxen" Rechtsschulen.

- Das politische und kulturelle Zentrum rückt weiter nach Osten, wo die Gegner der Umaiyaden ihre Hausmacht gesammelt und den Aufstand entfacht hatten: nach dem Irak und den ihm geographisch und politisch zugewandten Provinzen Irans (bes. Chorasan). Die Gründung Bagdads (763) als neuer Hauptstadt durch al-Mansur (754–75) macht dies manifest.
- Die Kalifen von Bagdad organisieren das Reich als multinationalen Zentralstaat. Nichtaraber, vor allem Perser, tragen in wachsendem Anteil seine Administration und seine Kultur; das Vorbild des sasanidischen Iran prägt seine Institutionen. Aus der aktiven Aneignung der hellenistischen und iranischen Literatur- und Wissenschaftstradition (nach einer Zeit passiver Rezeption) wächst die „klassische" islamische Kultur.
- War im Umaiyadenreich die einzige politische Institution die Staatsgewalt, so schaffen die ersten Abbasiden – nach ihrem Selbstverständnis charismatische Hüter der Theokratie, orientiert am iranischen Modell – in Institutionen der Rechtspflege, der Administration und des Militärs Instrumente ihrer geistlichen und weltlichen Hoheit. Der Forderung „das Rechte zu mehren, dem Unrecht zu wehren" *(al-amr bil-maʿruf wan-nahy an al-munkar)* – Parole des Widerstandes gegen die Umaiyaden – suchen sie mit Reformen des Boden- und Steuerrechts nachzukommen und so dem sozialen Wandel (Islamisierung, Urbanisierung) Rechnung zu tragen.

b) Der Verfall des Kalifats (9.–10. Jh.)

Der theokratische Anspruch der Abbasiden wird zum Mythos der Theoretiker. Die inneren Widersprüche der Gesellschaft verschärfen sich unter dem Druck des sozialen Wandels; die Institutionen des Militärs und der Administration entgleiten der Kontrolle des Souveräns, und die zentrifugalen Kräfte in den Provinzen des Großreiches führen zur Ablösung vom geschwächten Kalifat, schließlich zur Autonomie einer Vielzahl regionaler – arabischer und iranischer – Fürstentümer. An der Stelle des islamischen Reiches als politischer Institution bleibt der islamische Kulturkreis.

- Der Versuch des Kalifats, durch eine Inquisition der höchsten Richter – die Mihna, „Prüfung", des Ma'mun (813–33) und seiner beiden Nachfolger, 829–48 – die religiöse Institution auf Lehrsätze einer spekulativen Dogmatik zu verpflichten, scheitert. Der Oktroi begegnet dem Widerstand der Traditionisten unter Führung von Ahmad ibn Hanbal; ihre Auflehnung, gestützt durch eine breite Volksbewegung, führt zum Erfolg (Restauration des Mutawakkil, 848).
- Der Kalif al-Muʿtasim (833–42) bildet eine Leibgarde aus türkischen Militärsklaven und gründet die Garnison Samarra (836) als neue Residenz. Die Entfremdung des Kalifats vom Volk ist damit auch äußerlich sichtbar. Bald aber wird der Rückzug aus dem nahen Bagdad auch Zeugnis verhängnisvoller Schwäche: al-Mutawakkil (847–61) und seine Nachfolger werden zum Werkzeug der Machtpolitik ihrer türkischen Generäle.
- Die Besoldung der Armee durch Steuerlehen führt zur Zerrüttung der Staatsfinanzen. Die bewährte Trennung zwischen Militär- und Finanzverwaltung wird aufgegeben; der Oberemir (*amir al-umara*, zuerst Ibn Ra'iq 936–38) erhält umfassende Vollmachten.
- Im Jahre 945 erobern die iranischen Buyiden den von Türken und Arabern umkämpften Irak. Indem sie den Kalifen „retten", machen sie ihn gänzlich zu ihrer Marionette und übernehmen mit dem Amt des obersten Emirs die politische Gewalt. Adudaddaula (949–83), der Erneuerer des iranischen Königtums und ab 978 auch Herrscher in Bagdad, läßt sich vom Kalifen zum König krönen.
- Die an den Traditionen der iranischen Agrargesellschaft orientierte Administration der Buyiden versagt vor der Aufgabe, Organisationsformen der stürmisch wachsenden Städte zu schaffen. Hier führen soziale Spannungen zur spontanen Organisation militanter Bünde und zum Ausbruch von Unruhen. Hinzu kommen Aufstände unter dem

ländlichen Sklavenproletariat der südirakischen Latifundien bis hin zur Rebellion der Zanǧ (afrikanischer Sklaven) der Jahre 869–83. In diesen Unruheherden, überdies unter den arabischen Beduinen, beginnt die Ismaʿiliya ihre Propaganda im Namen sozialer Gerechtigkeit und damit ihren Aufstieg zu politischer Macht.

– Der politische Quietismus der Intellektuellen und die freie Konkurrenz der geistigen Kräfte in der Zeit der arabisch-iranischen Bipolarität ermöglichen eine neue Vielfalt der islamischen Kultur im 10. Jahrhundert. (Man hat von einer „Renaissance" gegenüber der „Klassik" der ersten abbasidischen Blütezeit gesprochen, auch im Hinblick auf die erneute Belebung des antiken Wissenschaftserbes.)

c) Der Aufstieg lokaler Autonomien und die Nachfolgestaaten des Kalifenreiches (Mitte des 9. bis Mitte des 11. Jh.)

Der Zerfall des Kalifenreiches in Teilstaaten hatte schon bald nach der Machtübernahme der Abbasiden begonnen. Zunächst im Westen: In Spanien hatte bereits 755 der Umaiyade Abdarrahman ein unabhängiges Emirat begründet, wenig später wurden Aliden in Marokko, Charidschiten in Ostalgerien selbständig, und die loyalen Gouverneure von Ifriqiya und von Ägypten wurden seit der Mitte des 9. Jahrhunderts praktisch autonom. Nicht anders die Regenten von Chorasan, Sistan und Transoxanien im iranischen Osten. Unter Führung des iranischen Hauses der Samaniden, am Hof von Buchara, gewann die iranische Welt seit dem 10. Jahrhundert mit der politischen Autonomie auch ihre kulturelle Identität zurück.

– Im Laufe des 10. Jahrhunderts bewegt sich das Machtzentrum Irans nach Westen. Am Kaspischen Meer beginnen die Dailamiten ihren Aufstieg und werden unter der Buyiden-Dynastie in Raiy, Isfahan und Schiras für die zweite Hälfte des 10. Jahrhunderts die Vormacht des Ostens, die selbst das Kalifat in ihren Dienst zwingt. So wird es das tief islamisierte und in den Städten auch arabisierte Westiran, das ehemalige Sasanidenreich, das die klassische „neupersische" Kultur entscheidend prägt.
– Die Wirtschaftspolitik der Buyiden beruht auf Ausbeutung des Grundbesitzes durch Militärlehen und verhindert sozialen Ausgleich; Opposition innerhalb und außerhalb der Städte im Verein mit dynastischen Auseinandersetzungen beschleunigt ihren Niedergang. Gleichzeitig werden die Samaniden durch ihre türkischen Sklavengeneräle

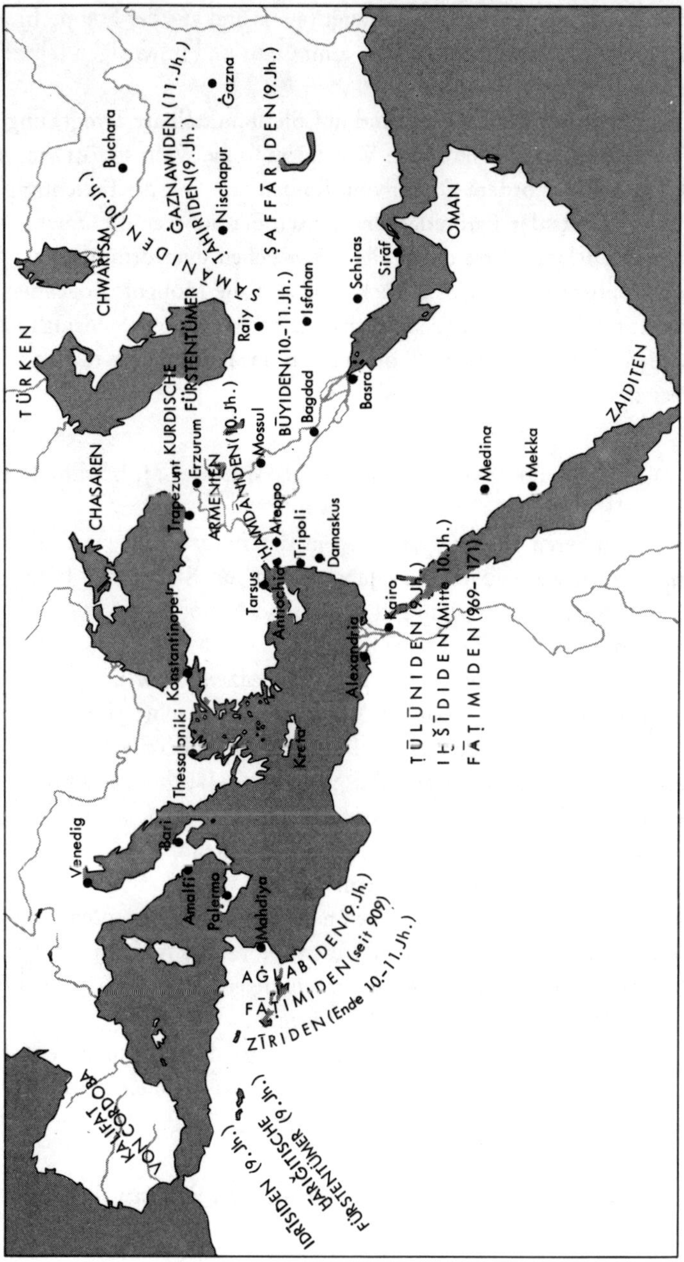

3. Die islamische Welt im 10. Jahrhundert (nach C. Cahen)

von Gazna aus Chorasan verdrängt (999), und aus der Steppe Innerasiens rücken Turkmenenstämme zum Oxus und in wenigen Jahrzehnten nach Westpersien vor.

- Die Provinzen des Kalifats sind auf die unmittelbare Umgebung der Hauptstadt Bagdad reduziert. Wie die iranische Welt, so löst sich auch der arabische Vordere Orient vom Kalifen, und mit der Errichtung des Gegenkalifats der Fatimiden droht nach der äußeren die innere Spaltung des Islams. Erst die Seldschuken geben dem orthodoxen Islam sein politisches Gewicht zurück, und erst die Mongolen beenden die Agitation der Nizariya (Assasinen), die nach erneutem Schisma in Kairo den islamischen Osten vom 11. bis 13. Jahrhundert in Schrecken versetzten.

5. Die Seldschukenzeit (Mitte des 11. bis Mitte des 13. Jahrhunderts)

Nach der inneren Desintegration ist es der Einbruch neuer Kräfte des Nomadismus, der seit dem 11. Jahrhundert die Reiche des Islams erschüttert. Soziale Umwälzungen, politische Neuordnung und religiöse Neuorientierung sind die Folgen.

- Türkische Militärsklaven, von den Ostgrenzen deportiert, hatten seit der frühen Abbasidenzeit im Vorderen Orient eine rühmliche und unrühmliche Vergangenheit und konkurrierten bereits mit den iranischen Fürsten. Aber seit dem Ausgang des 10. Jahrhunderts bricht eine Invasion türkischer Stämme über den Orient herein, welche die geographische und – unter Führung des Seldschukenhauses – die politische Landschaft tiefgreifend verändern.
- Bewegungen arabischer Beduinen nach Syrien und Ägypten erreichen im Überfall der Hilal über den Westen Nordafrikas – von den Fatimiden als Strafmaßnahme gegen die abtrünnigen Ziriden (1049) veranlaßt – einen Höhepunkt verheerenden Ausmaßes.
- Ebenfalls um die Mitte des 11. Jahrhunderts dringen islamisierte Berberstämme vom Atlas her nach Norden vor, nehmen Marokko und von dort aus den Andalus in ihren Besitz.

a) Die Seldschuken (Iran und Irak 11.–12. Jh., in Anatolien bis zum 13. Jh.)

- Die Dynastie der Seldschuken (Salǧuqiden) aus dem Stamm der Oguz gibt den Kräften des türkischen Nomadentums politischen Zusammenhalt und strategische Führung auf ihrem Weg bis nach Anatolien. Die Demütigung der Gaznawiden (1040), die Besetzung Bagdads durch Togril-Bek (1055) und die Zerschlagung der byzantinischen Armee durch Alp-Arslan (1071) sind die wichtigsten Stationen auf diesem Wege.

- Nach der Eroberung Bagdads übernehmen die Seldschuken von ihren Vorgängern, den Buyiden, die Investitur durch den Kalifen (der ihnen den Titel Sultan verleiht) und die iranisch-islamische Staatsorganisation als Institute ihrer Autorität. Gleichfalls nach dem Vorbild der Buyiden unterhalten sie die stehende Armee durch Belehnung mit Staatsdomänen *(iqta)* und binden so das Militär an den Boden. Das System wird nun systematisch ausgeweitet und ist unter strenger Kontrolle zunächst ein Mittel der Stabilisierung. Aber nach dem Verfall der seldschukischen Zentralgewalt im 12. Jahrhundert verstärken sich die partikulären Kräfte; die ursprünglich der befristeten Alimentation dienenden Lehen werden erbliche Domänen der Provinzgouverneure (Atabegs, eig. Prinzentutoren). Der Kalif erhält wieder eine gewisse, wenn auch regional beschränkte Handlungsfreiheit, und neben dem Seldschukenhause in Iran regieren selbständige Linien der Seldschuken in Anatolien sowie der Atabegs in Mesopotamien und Syrien.
- Angesichts der Rivalität zwischen Kalif und Sultan um die politische Macht fällt die religiöse Autorität an die Rechtslehrer, die Überlieferer und Ausleger der Sunna des Propheten. Die Seldschukensultane und ihre Wesire treten als Verteidiger der Sunna auf, insbesondere im Kampf gegen die radikale ismailitische Schia; und sie suchen sich vollends zu legitimieren, indem sie Lehrer und Lehrinstitutionen der anerkannten Rechtsschulen fördern. Ein seit dem 9. Jahrhundert währender Prozeß kommt mit dieser Institutionalisierung der Sunna zum Abschluß: der Traditionalismus und Pragmatismus der Rechtsschulen wird anerkannt als die eigentliche Orthodoxie des Islams. Auch der Sufismus, in „Orden" organisiert und reglementiert, wird Institution und Instrument dieser Orthodoxie. Zugleich erhält die Religiosität eine antiintellektuelle, subjektivistische Prägung.

b) Syrien und Ägypten unter Atabegs und Aiyubiden; der islamische Gegenschlag gegen die Kreuzritter. Die Endphase des Abbasidenkalifats (12. bis Mitte des 13. Jh.)

- Im 12. Jahrhundert führen die Zangiden von Mosul und Damaskus – eingesetzt als Atabegs der Seldschuken, doch bald autonom – und

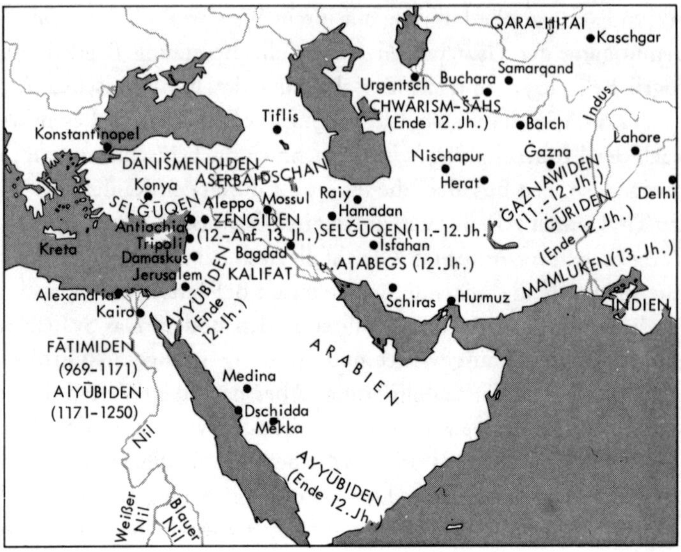

4. Die islamische Welt im 12. Jahrhundert (nach C. Cahen)

darauf die Nachkommen ihres Kurdengenerals Aiyub den Heiligen Krieg für die Restauration des sunnitischen Islams gegen die häretischen Fatimiden und gegen die christlichen Kreuzfahrer. Die bedeutendsten Namen der beiden Dynastien, Nuraddin ibn Zangi und Salahaddin ibn Aiyub (Saladin), sind eng verbunden mit dem Kampf gegen die „Franken“; aber die zentralen Vorgänge im Zusammenhang der islamischen Geschichte sind die Beendigung des ismailitischen Gegenkalifats in Kairo (1171) im Namen des Abbasidenkalifen durch Širkuh und seinen Neffen Saladin, und darauf – von Ägypten als neuer Machtbasis her – die Vereinigung des Fruchtbaren Halbmonds unter Saladins Alleinherrschaft. Die Abwehr des dritten Kreuzzuges und die Eroberung Jerusalems (1187) waren ruhmreich in den Augen der Muslime, doch für Saladin vor allem ein notwendiger Zug zur Sicherung Nordsyriens und der Ǧazira gegen die Ansprüche der letzten Zangiden; hier blieb er stehen. Für Europa waren die Kreuzzüge, ausgelöst durch die Auseinandersetzung des revolutionären Papsttums mit den politischen Mächten, epochal, für Byzanz eine nachhaltige Katastrophe; für den Islam waren sie eine Beunruhigung, regional auch eine Bedrohung, doch letztlich eine Fortsetzung der alten Grenzkriege mit dem byzantinischen Christentum. Die politische Spaltung des Islams konnte auch angesichts der Gefahr nicht nachhaltig überwunden werden.

- Der Kalif rückt – weiter noch als bisher – an den Rand des politischen Geschehens. Auch an-Nasir (1180–1225), die letzte große Persönlichkeit des Abbasidenhauses, hat nicht mehr als lokale Bedeutung, auch wenn er sich aus der Kontrolle der Türken befreien und seine Macht wieder nach Chusistan und Ǧibal ausdehnen kann. Das Mittel zu diesem Erfolg verrät politisches Genie: Er vereint die ritterlichen Männerbünde der städtischen Futuwa, erneuert sie zu einer staatstragenden Organisation unter seiner Kontrolle und macht sie zu einem Instrument politischer Allianz. Aber auf seine Unterstützung gegen die Kreuzritter hoffen die Muslime vergeblich. Zwar bestätigt er Saladin die Investitur in das Sultanat (diesem dienlich in der Auseinandersetzung mit den Zangiden), aber sein Mißtrauen gegenüber der aiyubidischen Expansion ist stärker als die Einsicht, daß man den Franken gemeinsam begegnen müsse. Nicht nur der Machtbereich, auch der politische Horizont des Kalifen ist provinziell geworden.

c) Almoraviden und Almohaden in Nordafrika und Spanien (1056–1269)

- In der Periode der Seldschuken und Atabegs im Osten wird der äußerste Westen zweimal durch Berberdynastien vom Atlas her unterworfen. Beide, Almoraviden (al-Murabitun) und Almohaden (al-Muwahhidun), erobern Spanien und treten zum Widerstand gegen die Reconquista an; aber während der Almoravide Yusuf ibn Tašufin bei Zallaqa (1086) einen großen Triumph über die Christen erringen kann, müssen die letzten Almohaden nach der Entscheidungsschlacht von Las Navas de Tolosa (1212) den Rückzug nach Nordafrika antreten.
- Beide Mächte erscheinen im Zeichen religiöser Erweckung und Erneuerung. Aber während die Almoraviden im Bündnis mit der orthodoxen Institution der malikitischen Rechtsschule einen rigiden Traditionalismus, Erstarrung und Isolierung betreiben, stellen die Almohaden in aufgeschlossener Förderung des geistigen Austauschs und der Wissenschaften – der religiösen wie der profanen – die lebendige Beziehung zu den östlichen Zentren der islamischen Kultur wieder her.

6. Die Mongolenzeit

Von der Eroberung Bagdads durch die Mongolen bis zur Errichtung des Osmanischen Reiches im Vorderen Orient (1258–1517)

a) Der Mongolensturm und die Mongolenzeit des islamischen Ostens (13.–15. Jh.)

Die Invasion mongolischer Stämme aus Zentralasien erfaßt und verändert den weiten Raum vom Fernen Osten bis zum Balkan. Die islamische Welt erlebt im Mongolensturm eine elementare Bedrohung durch nichtislamische Feinde. Eine jahrhundertealte gesellschaftliche und wirtschaftliche, religiöse und kulturelle Entwicklung wird gefährdet und vielerorts endgültig abgeschnitten. Insoweit ist der Sturz des Bagdader Kalifats durch Hülegü (1258) ein symbolisches Epochendatum.

- Der Prozeß der Beduinisierung durch türkische Stämme, die in der Mongolenarmee (oder durch sie verdrängt) erneut nach dem iranischen und dem anatolischen Plateau einströmten, wird verstärkt, der ethnische Charakter ganzer Regionen für immer verändert; die Städte und ihre Kultur werden gefährdete Inseln. Innerhalb des Reichs der Mongolen und dort, wo sie auf Widerstand stoßen, zeichnen sich neue Demarkationslinien ab. Schließlich hat die mongolische Invasion nicht nur unmittelbar die Verbreitung türkischer Völker über ganz Westasien vollendet, sondern mittelbar durch den Zusammenbruch des Seldschukenreiches den Aufstieg seiner Nachfolger in Anatolien, damit schließlich auch des Osmanenreiches ermöglicht.
- Tiefer als je zuvor wird die Trennung zwischen der arabischen Welt und der iranischen Sphäre; denn der iranischen fügen sich nach der Bekehrung der Ilchane zum Islam (Mahmud Gazan, 1295–1304) in Staatseinrichtung, Sprache und Kultur die mongolischen wie die türkischen Herren Irans und Kleinasiens, Innerasiens und Indiens ein.
- Während die mongolische Herrschaft im Fernen Osten den Buddhismus fördert, sind die Mongolen Irans klug genug, die Religion ihrer muslimischen Untertanen im iranischen Raum anzunehmen, und vermitteln so den Islam auch nach Innerasien (selbst die Goldene Horde in Rußland bekehrt sich zum Islam). Sie vereiteln damit die Hoffnungen Europas, mit Diplomatie und Mission das asiatische Christentum unter den Türken (unter den Uiguren hatte es bereits Fuß gefaßt) und den Mongolen nachhaltig zu stärken; das Christentum in Asien sinkt zur verstreuten Minderheit herab.

– Gemeinsame Rivalität mit den islamischen Mächten des Vorderen Orients führt zur Anknüpfung diplomatischer Beziehungen zwischen Europa und dem Mongolenreich, öffnet Asien und den Fernen Osten den europäischen Händlern und Reisenden und ermöglicht weitreichende Handels- und Kulturkontakte – von Europa nach dem Ende der Pax Mongolica aus eigener Initiative und auf neuen Wegen fortgeführt.

b) Die Mamluken in Ägypten und Syrien (1250–1517). Der Aufstieg des Osmanischen Reiches

Das Zentrum der arabisch-islamischen Kultur rückt aus dem ruinierten Irak endgültig nach dem Westen des Vorderen Orients, nach Kairo und Damaskus. Der Staat der Mamluken schafft mit dem Sieg über das Mongolenheer in Palästina (Ain Ǧalut, 1260) und mit der endgültigen Zerschlagung der Kreuzfahrerstaaten am syrisch-palästinensischen Litoral die Voraussetzungen einer zweihundertjährigen stabilen Herrschaft im Nahen Osten und einer zwar nicht schöpferischen, aber durch Konsolidierung der Tradition und Sammlung des Wissens ausgezeichneten Spätblüte der Kultur des sunnitischen Islams.

– Nach dem Vorgang der Seldschuken und der Aiyubiden – als deren Militärsklaven sie den Weg zur Herrschaft in Ägypten und Syrien antraten – begründen die Mamluken ihre Autorität auf Legitimation durch die Institution der sunnitischen Orthodoxie (symbolisiert im abbasidischen „Schattenkalifat" von Kairo), ihre Macht auf die Institution der Militäraristokratie aus türkischen Leibeigenen *(mamluk)*, ihren Staatshaushalt auf das *iqta*-Lehen aus Steuerdomänen.
– In der Zeit seines Verfalls stößt der Mamlukenstaat – zunächst noch siegreich (1491) – an die expandierende Macht der Osmanen, die nach langer Rivalität seine Domänen im Vorderen Orient übernehmen (1516–17). Seit dem 14. Jahrhundert hatte der Aufstieg des Fürstentums der Osmanen in Westanatolien und auf dem Balkan begonnen, von dem Mongolen Timur zerschlagen (1402), doch in wenigen Jahrzehnten wieder erstanden. In ihrer Frühzeit getragen vom Geist der Gazis („Kämpfer" für den Glauben), der seit der Zeit der Grenzkriege am Oxus und Jaxartes die Turkmenen in Zentralasien, nun aber im Kampf gegen Byzanz und den christlichen Balkan beseelte, übernehmen endlich auch sie die imperiale Staatsidee und Organisation ihrer Vorgänger im Reich des arabischen Kalifats.

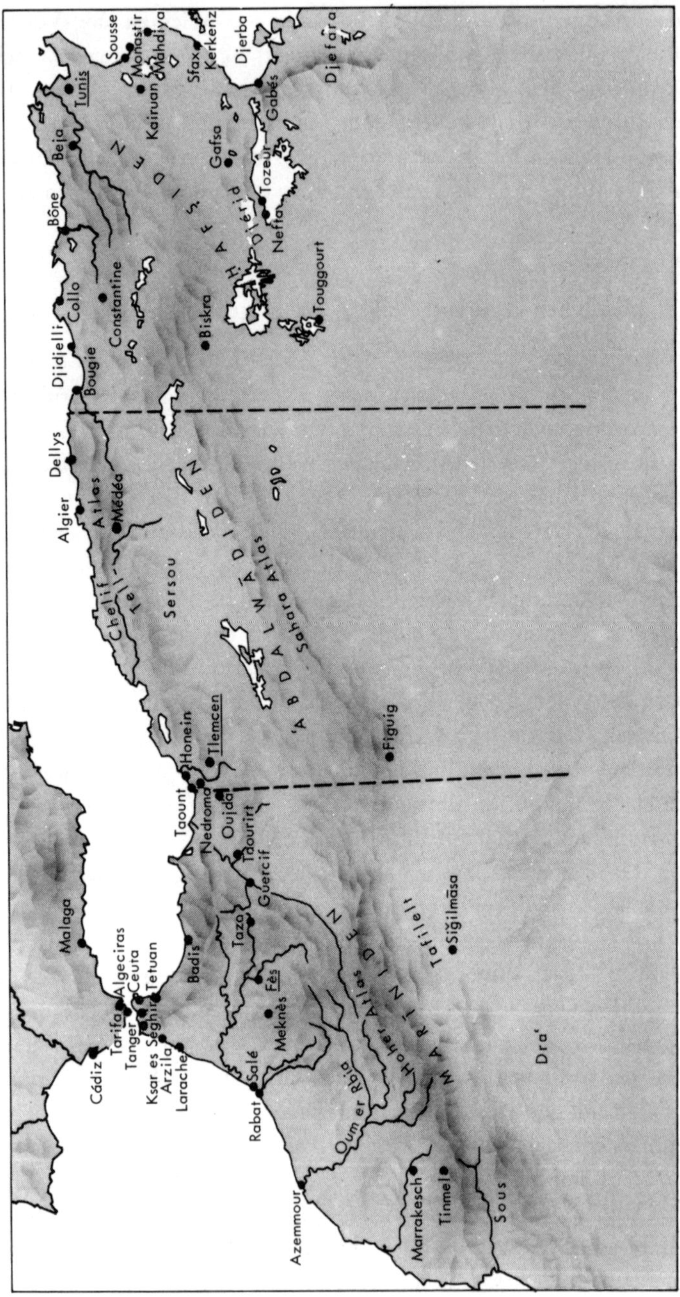

5. Der Magrib gegen Ende des 13. Jahrhunderts (nach Ch.-A. Julien)

c) Der Westen unter den letzten Berberdynastien (Mitte des 13. bis Mitte des 16. Jh.)

- Mit dem Almohadenreich bricht 1269 das letzte große, Nordafrika und Spanien umfassende Imperium des westlichen Islams zusammen. In Spanien bleibt das Fürstentum der Nasriden von Granada als glänzende Bastion des Islams, bis auch sie vor dem Angriff der vereinigten christlichen Fürsten erliegt (1492).
- Nordafrika wird unter drei Berberdynastien aufgeteilt: den Mariniden (1269–1465) in Fes, den Abdalwadiden (1236–1554) in Tlemcen und den Hafsiden (1229–1569) in Tunis. Die Hafsiden errichten noch einmal eine nominelle Hegemonie in Nordafrika, können jedoch in Ermangelung einer starken Zentralorganisation keine wirksame Kontrolle ausüben. Im ganzen Magrib bleibt das unstete Gleichgewicht zwischen unbotmäßigen Stammesverbänden und dem auf die Städte und ihr Umland beschränkten, pazifizierten Kronland (zwischen *bilad as-sa'iba* und *bilad al-mahzan*) bestimmend.

7. Die Osmanenzeit (16.–18. Jahrhundert)

a) Das Osmanische Reich

Bereits in der Periode, die wir pauschal als Mongolenzeit bezeichneten, vollzog sich der Aufstieg des Osmanischen Reiches. Das Fürstentum Osmans, des Gründers der Dynastie am Ende des 13. Jahrhunderts, war zunächst nur eines der kleinsten unter den türkischen Prinzipaten Anatoliens. Militärische Erfolge auf dem Balkan öffnen den Weg zur Vormacht in Kleinasien; die Eroberung Konstantinopels (1453) – das Ende des Byzantinischen Reiches – und die Eroberung Syriens und Ägyptens (1516–17) – das Ende des Mamlukenstaates – sind die Stationen des Aufstiegs zur Großmacht des Vorderen Orients, die alle Länder der klassischen arabisch-islamischen Kultur umfaßt. Sie tritt nun, sowohl im theoretischen Anspruch als auch in der praktischen Machtvollkommenheit, das Erbe des Kalifates an.

- Leitungshierarchie und Staatseinrichtung werden von Modellen der seldschukischen und mamlukischen Vorläufer geprägt. Zu den charakteristischen Institutionen gehören die Kaste der Führungselite (die Osmanlis unter der Leitung der osmanischen Dynastie), die Erhaltung einer Militärelite durch Kauf und Einfuhr (aus dem Balkan), die zen-

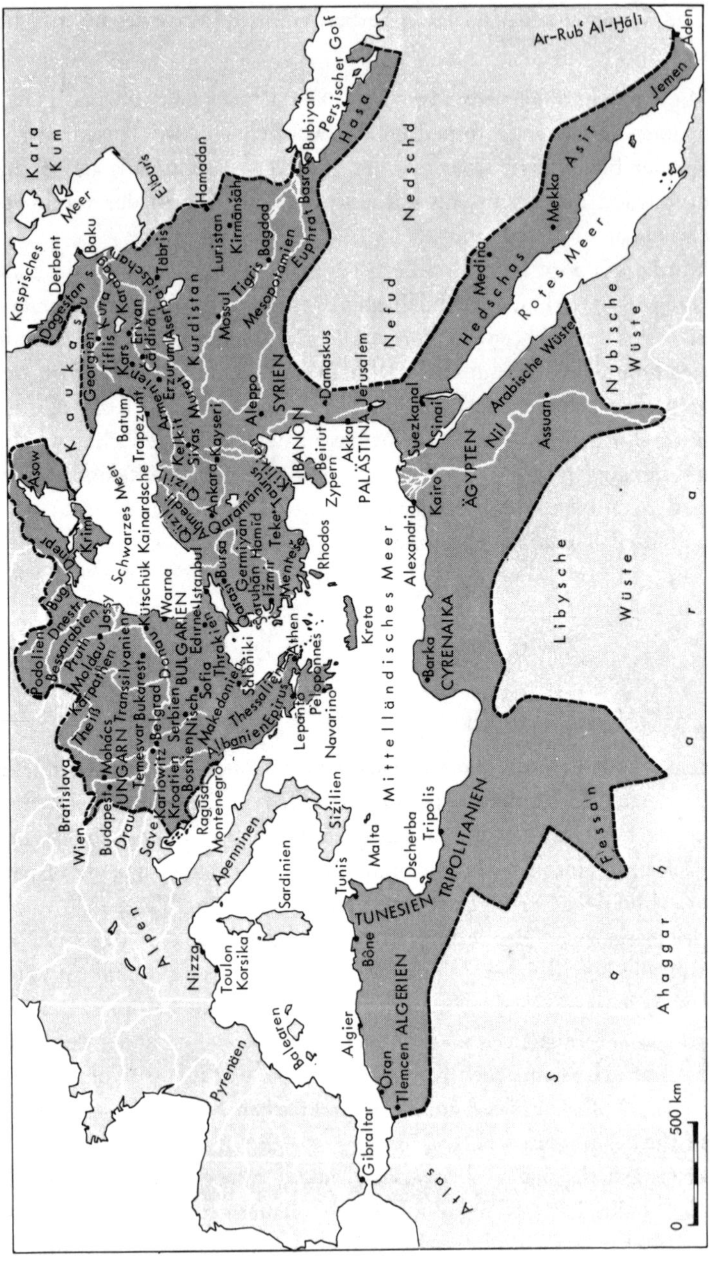

6. *Das Osmanische Reich (nach H. W. Hazard)*

tralistische Administration unter dem Wesirat und die Gründung der Provinzverwaltung auf verschiedene Formen von Steuerlehen und Steuerpacht, schließlich die Rechtsautonomie der Religionsgemeinschaften *(millet)* – damit die faktische Aufgabe der Identität von Staat und Umma.

- Nach dem Höhepunkt der Machtentfaltung unter Süleyman I. (1520–66) beginnt mit Zerfallserscheinungen der inneren Struktur die lange Periode des Niedergangs. Seit der zweiten Hälfte des 16. Jahrhunderts führt die Machtausweitung des Großwesirats zur Trennung der Zentralgewalt vom Sultanat, dem Bezugspunkt der Loyalität. Zunächst verliert die türkische Aristokratie, nach 1579 auch das Großwesirat die Führungsautorität an die Militärelite der Janitscharen-Aghas. Seit dem 17. Jahrhundert (Friede von Karlowitz, 1699) muß das Reich nach einer langen Reihe von Rückschlägen und Niederlagen gegen das militärisch überlegene Europa den Rückzug aus den meisten seiner Domänen im Balkan antreten.
- Die Bemühung, der Herausforderung Europas in Wirtschaft, Technik und Kultur durch wirtschaftliche Anpassung und Reform der imperialen Institutionen zu begegnen, bestimmt seit dem 18. Jahrhundert die Entwicklung des Reiches. Zeigt schon die „Tulpenzeit“ (Wesirat des Damad Ibrahim, 1718–30) eine neue Öffnung nach Europa, so beginnt im Jahre 1789 eine Folge von Reformen von Militär, Regierung und Verwaltung, welche doch schließlich die politische und wirtschaftliche Abhängigkeit von Europa und den allmählichen Zerfall des Großreichs nicht aufhalten können.

b) Nordafrika

Während in Marokko im 16. Jahrhundert aus langwährenden Auseinandersetzungen eine Dynastie arabischer Scharifen (*šurafa*, alidische Nachkommen des Propheten) siegreich hervorgeht und mit geschickter Bündnispolitik gegenüber den Stämmen das Kronland über das Gebiet nördlich des Atlas ausdehnen kann, fällt der zentrale und östliche Magrib in der zweiten Hälfte des Jahrhunderts an das Osmanische Reich.

c) Iran seit der Safawidenzeit

In die Konkursmasse des nachmongolischen Westiran teilen sich zunächst die turkmenischen Stammeskonföderationen der Qara-Qoyunlu

(1380–1468) und der Aq-Qoyunlu (1378–1508). Die erneute Einigung Irans ist das Werk der Safawiden, einer Dynastie, die zunächst aus einem sektiererischen Sufi-Orden hervorging, unter den Turkmenen Aserbaidschans und Ostanatoliens im Laufe des 15. Jahrhunderts eine mächtige Gefolgschaft sammelte (die Qizilbaš) und mit deren Hilfe die Region von Aserbaidschan bis zum Oxus erobert (Schah Isma'il ibn Haidar, 1501–24). Die Vorstöße gegen das Osmanische Reich werden durch den Sieg Selims bei Čaldiran (1514) endgültig zurückgewiesen.

- Die Safawiden errichten eine theokratische Herrschaft im Namen des Verborgenen Imams der Schia; ihre Legitimation ruht auf der Institution der Rechtslehrer, die bis zur Wiederkehr des Imams, des erwarteten Mahdi, die Auslegung des religiösen Gesetzes (den *iǧtihad*) ausüben. Unter den Safawiden wird Iran – vordem weithin von sunnitischen Türken und Mongolen beherrscht – das Land der Schia, neben den alten Zentren im Irak der Hort ihrer religiösen und kulturellen Tradition; und die gemeinsame Konfession fügt die Völker Irans zu dauernder politischer und geistiger Einheit zusammen. Schah Abbas I. (1588–1629) macht die Hauptstadt Isfahan zur Stätte glanzvoller Erneuerung der iranisch-islamischen Kultur.
- Nach einem Jahrhundert der kriegerischen Auseinandersetzung und der Spaltung des von den Safawiden geschaffenen Reiches unter den Nachfolgedynastien der türkischen Afšar (1736–95) und der afghanischen Zand-Dynastie (1750–94, Hauptstadt Schiras) gewinnt Iran unter der Despotie der Qaǧaren (1779–1924) wieder eine bedeutende Machtstellung, bedeutend auch als Partner der europäischen Mächte in deren Hegemoniepolitik um das zerfallende Osmanenreich.

d) Indien unter den Mogulkaisern (1526–1858)

- Politische Erben Timurs, des Führers der zweiten mongolischen Invasion gegen die islamische Welt zu Ende des 14. Jahrhunderts, lösen nach erfolgreicher Invasion Nordindiens (Schlacht von Panipat, 1526), das Sultanat der türkischen Militärdynastie von Delhi und kleinerer Prinzipate ab – zunächst nur vorübergehend; aber Akbar (1556–1605), der größte der „Mogul-Kaiser“, stabilisiert die islamische Herrschaft über Nord- und Zentralindien. Unter seiner Ägide bildet sich die klassische indo-islamische Kultur, geprägt von iranischer Staatsorganisation, aber auch beeinflußt und mitgestaltet vom einheimischen Hinduismus. Im *din-i ilahi* („göttliche Religion“) Akbars selbst, einer synkretistischen Universalreligion, hat sie ihren höchsten Ausdruck gefunden.

- Bereits nach dem Tode Aurangzibs (1658–1707) beginnt ein schneller Verfall. Die Invasionen Nadir-Šahs aus Iran (Besetzung von Delhi 1738–39) und des Afghanen Durrani bahnen dem Aufstieg hinduistischer Fürstentümer, schließlich der englischen Kolonialherrschaft den Weg.

8. Die Entstehung der Nationalstaaten
Verwestlichung und Reform (seit Anfang des 19. Jahrhunderts)

Seit der Wende zum 19. Jahrhundert setzt eine Entwicklung ein, in deren Verlauf die gesamte islamische Welt neue politische Grenzen und Strukturen erhält.

- Der politische und wirtschaftliche Angriff Europas wird bestimmend für die innere Entwicklung der islamischen Völker. Napoleons Invasion nach Ägypten, 1798–1801, ist ein einprägsames Epochendatum. Zwar hatte schon hundert Jahre zuvor der Rückzug der Osmanen vor ihren europäischen Gegnern und der Zerfall des imperialen Staatswesens begonnen; nun aber weckt die Begegnung mit Europa Kräfte des Nationalbewußtseins im Innern der islamischen Welt: Zugleich mit den Freiheitskriegen auf dem Balkan beginnt die Rückkehr Ägyptens zu staatlicher Autonomie.
- Die geistige Konfrontation mit dem säkularisierten und technisch überlegenen Europa führt zur Selbstbesinnung der Muslime. Islamische Reformer zeigen, daß Entwicklung und Fortschritt aus den Grundlagen des Glaubens zu gewinnen und im Geiste des Islams geboten seien. Sie beginnen ferner, den europäischen Begriff der Nation in einem islamischen Sinne zu interpretieren. Die traditionellen Juristen hatten den Anspruch der Sultane auf Herrschaft über die Gläubigen (auf das Kalifat) aus Notwendigkeit gerechtfertigt; der Begriff nationaler Identität innerhalb der Umma, der Gemeinschaft der Gläubigen, war ihnen fremd. Mit der Aneignung der Idee der Nation wird die Forderung nach Widerstand gegen ungerechte Herrschaft laut, hörbar vor allem in der Auflehnung gegenüber der osmanischen Oppression unter den Arabern, die sich – auch über Grenzen verbunden durch die Sprache des Korans – als *umma arabiya*, „arabisches Volk", zu verstehen beginnen.

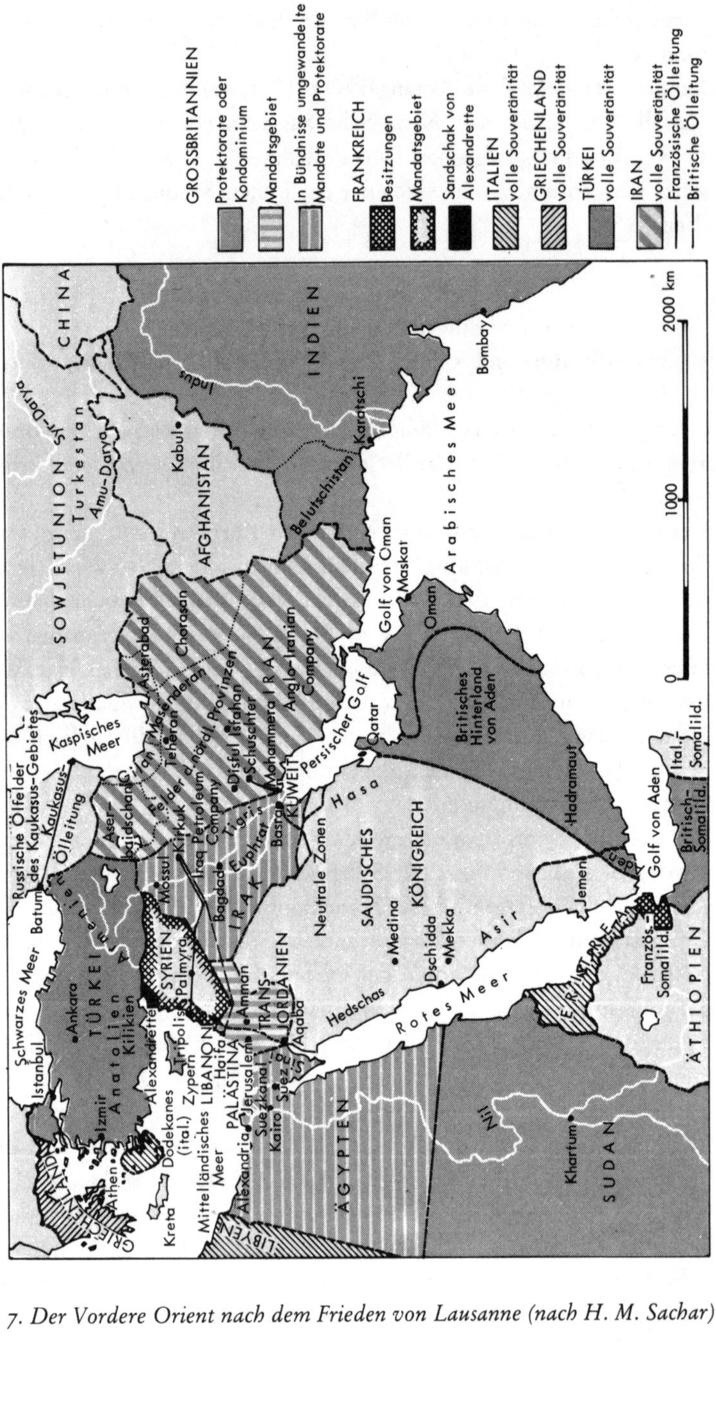

7. Der Vordere Orient nach dem Frieden von Lausanne (nach H. M. Sachar)

– Die im Widerstand gegen die osmanische Herrschaft geweckten Kräfte des Nationalismus richten sich endlich seit dem Ende des 19. Jahrhunderts allenthalben – in der arabischen Welt, in Iran wie auch unter den Türken – gegen den europäischen Kolonialismus und Imperialismus. Ihr Erfolg – die Gründung souveräner Staaten seit dem Ende des Ersten Weltkriegs – geht einher mit der Säkularisierung des öffentlichen, zusehends auch des privaten Lebens. Gegenüber einer stürmischen Entwicklung von Wirtschaft und Technik, krassen sozialen Unterschieden und politischen Gegensätzen innerhalb der islamischen Welt droht die idealisierte Einheit der Religion und der religiösen Kultur zur Fiktion zu werden. Die Bewegungen des politischen Islams in der jüngsten Vergangenheit sind eine Reaktion auf diese Entwicklung; aber hinter den gemeinsamen Schlagworten – zurück zu den islamischen Grundlagen von Staat und Gesellschaft – steht eine Vielzahl von Vorstellungen und Programmen.

VII. Anhang: Elemente der Quellenkunde

1. Sprache und Schrift

a) Das Arabische: die Sprache des Islams

Das Arabische ist die Sprache des Islams; es ist die Sprache, in der nach dem Glauben der Muslime Gott zu den Arabern, und durch sie zu aller Welt gesprochen hat; die Sprache, in der die Offenbarung der Vorzeit erneuert, nun aber rein und vollständig an die Menschheit ergangen ist: „Der Barmherzige lehrte den Koran; er schuf den Menschen, und er lehrte ihn die klare Rede" (Koran, Sure 55, Vers 1–4); „Wir haben keinen Gesandten geschickt, außer in der Sprache seines Volkes, damit er ihnen Klarheit gibt" (14, Vers 4); der Koran ist „vom Herrn der Menschen in aller Welt herabgesandt ... in deutlicher arabischer Sprache" (26, Vers 192, 195).

Von den islamischen Eroberern über die Halbinsel hinausgetragen, war das Arabische zunächst nur die Sprache des Heeres und der dünnen Oberschicht von Offizieren und Gouverneuren. Der Beamtenapparat der eroberten Reiche blieb vorläufig in Funktion, damit auch die Amtssprachen der sasanidischen und byzantinischen Bürokratie, das Persische und das Griechische. Durch die Verwaltungsreform des Umaiyadenkalifen Abdalmalik (685–705) wird in den neunziger Jahren des 7. Jahrhunderts das Arabische die offizielle Verwaltungssprache des Reiches. Die Quellen fassen den Vorgang in folgende Anekdote:

„Der Diwan [„Liste" der Soldempfänger und der Bodensteuer, im weiteren Sinne: die staatliche Finanzverwaltung] wurde in Syrien weiterhin auf griechisch geführt – bis zur Regierung von Abdalmalik ibn Marwan, der ihn im Jahre 81 [700 n. Chr.] (ins Arabische) übertragen ließ. Der Anlaß war, daß einer der griechischen Schreiber etwas schreiben mußte und, als er kein Wasser fand [zum Anrühren des Tintenpulvers], ins Tintenfaß pißte. Abdalmalik hörte davon und ließ ihn maßregeln; und er befahl Sulaiman ibn Saʿd, den Diwan zu übertragen. Dieser bat ihn, ihm dafür die Grundsteuer der Provinz Jordanien für ein Jahr [als Pfründe] zuzuweisen. So geschah es, und bevor ein Jahr herum war, hatte er die Übertragung vollendet und Abdalmalik übergeben. Der Kalif rief seinen Sekretär Sergios und legte ihm das Werk vor; da wurde dieser mit Kummer erfüllt, und er verließ ihn tiefbetrübt. Draußen traf er einige der griechischen Sekretäre und sagte zu ihnen: Sucht euch einen anderen Lebensunterhalt, denn diesen Beruf hat euch Gott genommen."

(al-Baladuri: Futuh al-buldan [„Die Eroberungen der Länder"]. Ed. M. J. de Goeje. Leiden 1866, S. 193.) – Ähnliche Vorgänge werden aus den iranischen Provinzen, die vom Irak aus verwaltet wurden, überliefert.

Doch erst mit dem Zustrom und der Urbanisierung arabischer Stämme und mit der Islamisierung der nichtarabischen Bevölkerung wurden die einheimischen Volkssprachen des Vorderen Orients allmählich zurückgedrängt. Um die Jahrtausendwende wurden das Aramäische in Syrien und Mesopotamien und das Koptische in Ägypten nur noch von christlichen Minderheiten gesprochen, als Literatursprachen nur noch von gelehrten Theologen gepflegt. Nach der Mongolenzeit überlebten diese Sprachen, von wenigen entlegenen Sprachgemeinschaften abgesehen, fast ausschließlich im liturgischen Gebrauch der monophysitischen und nestorianischen Kirchen.

Nicht überall starben die einheimischen Sprachen aus; vor allem dort, wo nach den Invasionen der Eroberungsheere die Zuwanderung und Ansiedlung arabischer Stämme auf ein geringes Maß beschränkt blieb, blieben die Volkssprachen lebendig: so in Iran, im Kaukasus (Armenien), in Nordafrika (die Sprachen der Berberstämme im Atlas und im Süden der Gebirgsketten).

Aber im ganzen islamischen Reich wurde das Arabische die Sprache des islamischen Staates und der klassischen islamischen Kultur. Als gottgegebene Sprache des Korans war sie die Sprache des Gottesdienstes, der Jurisprudenz und der Rechtspflege; sie wurde als Sprache der vorislamischen Dichter – diese hatten aus den Mundarten der Stämme die Gemeinsprache Arabiens geschaffen, deren sich der Koran bediente – die Sprache der Literatur; sie wurde als Sprache der Administration die Sprache der städtischen Macht- und Wirtschaftszentren, die Sprache politischer Machtausübung überhaupt. Daher wurde die Sprache der arabischen Eroberer ein Mittel sozialer Emanzipation für alle, die – im eigentlichen und im weiteren Sinne – mitreden wollten, blieb es auch dann noch, als unter den Abbasiden seit dem Ende des 8. Jahrhunderts mehr und mehr Vertreter der unterworfenen und zum Islam bekehrten Völker am politischen

Leben des Reiches Anteil erhielten (zunächst vor allem Iraner). Diese Völker (arab. *šuʿub*, daher wird die soziale und literarische Emanzipationsbewegung der Nichtaraber Šuʿubiya genannt) suchten ihren Gleichrang, ja ihre Überlegenheit im Medium der arabischen Sprache zu erweisen; und sie betrieben – mit den Arabern, welche die Kultur ihrer hellenistischen Umwelt anzunehmen begonnen hatten – die Übersetzung und Fortbildung des antiken Wissenschaftserbes. So wird das Arabische nach dem Rückzug des Griechischen und des Syrisch-Aramäischen der Christen die Wissenschaftssprache des Orients. Einer der großen islamischen Naturwissenschaftler, der aus Chwarasm gebürtige al-Biruni (1973–c. 1050), konnte schreiben, daß er lieber auf arabisch beschimpft als auf persisch gelobt werden wolle. Die Sprache des Korans durchdrang alle Bereiche und wurde Maßstab allen Sprechens und Schreibens; und die Prägungen ihres Vokabulars, die Themen und Formen der Dichtkunst und die Stilmittel der Prosa hinterließen ihren tiefen Einfluß auch dort, wo politische Autonomie den Volkssprachen der Provinzen wieder zu Ansehen und offiziellem Gebrauch verhalf.

Das Arabische gehört zur Gruppe der semitischen Sprachen. Wir unterscheiden drei große Sprachfamilien des Semitischen: 1. das Babylonische und Assyrische des alten Mesopotamien (Nordostsemitisch), 2. das Kanaanäische – Hebräisch, Phönizisch – und das Aramäische des westlichen Orients (Nordwestsemitisch), 3. das Nordarabische – seit der islamischen Zeit das Arabische schlechthin –, das „Altsüdarabische" der südwestlichen Randstaaten (bis zum 6. Jahrhundert n. Chr.) und das diesem nahestehende Äthiopische (Südwestsemitisch). Sie alle sind durch zahlreiche gemeinsame Elemente der Phonologie, der Morphologie, des Wortschatzes und des Satzbaus miteinander verbunden. Diese Beziehungen sind so eng, daß die Annahme eines gemeinsamen Ursprungs auf der Hand liegt. Eine gewisse strukturelle Verwandtschaft besteht darüber hinaus zwischen den semitischen Sprachen und den „hamitischen" Sprachen Nord- und Nordwestafrikas, zum Ägyptischen, Kuschitischen (Sudan, Äthiopien) und – besonders deutlich – zum Libysch-Berberischen.

Die seßhaften Araberstämme der nördlichen Randstaaten bedienten sich der Mundarten des Aramäischen, der alten lingua franca des Vorderen Orients (so z. B. die Nabatäer des arabischen Staates von Petra und Bosra, vom 1. Jahrhundert v. Chr. bis zum 3. Jahrhundert n. Chr.). Im Verhältnis dazu ist die Sprache der nordarabischen Beduinen vor dem Islam weitaus schlechter – nur durch wenige Inschriften – authentisch bezeugt. Fest steht, daß das Nordarabische vor – wie auch nach – dem

Erscheinen des Islams in verschiedenen Regionaldialekten gesprochen wurde; auch die Sprache des Korans enthält Besonderheiten, die der Mundart des Hiğaz eigentümlich waren. Für die Folgeentwicklung bedeutsam war andererseits, daß die Sprache der Dichter, die zu den Festen und Märkten der Heiligtümer zusammenkamen – z. B. nach Mekka – und dort Glanz und Ruhm ihrer Stämme besangen, im Laufe des 6. Jahrhunderts n. Chr. zu einer gemeinsamen „Hochsprache" konvergierte. Freilich können wir deren ursprüngliche Form nicht mehr mit Sicherheit feststellen. Die vorislamische Dichtung wurde mündlich tradiert, gelegentlich aufgezeichnet, aber erst von islamischen Philologen in der uns erhaltenen Form kodifiziert und gesammelt; natürlich muß in diesen Sammlungen bereits der normative Einfluß des Korans vermutet, muß auch mit Fälschungen gerechnet werden. Aber eine für die Folgeentwicklung bedeutsame Tatsache ist kaum zu bezweifeln: Muhammad konnte auf die Gemeinsprache der Dichter (und der heidnischen Seher) zurückgreifen – für die Verbreitung und Wirkung der islamischen Verkündigung ein wichtiger Umstand. Die Autorität des Korans selbst setzte alsdann auch der Sprache eine Norm, und schon seit der frühen Umaiyadenzeit, also seit dem Ende des 7. Jahrhunderts, bemühten sich Korankenner und Grammatiker, gegen Einflüsse aus Vulgärsprache und Fremdsprachen die Arabiya an dieser Norm auszurichten. Angesichts einer stürmischen sozialen Entwicklung, gekennzeichnet durch die Wanderung und Vermischung arabischer Stämme im Zuge der Eroberungen, ihre Ansiedlung und ihr Zusammenleben in den Garnisonen und Städten miteinander und mit Nichtarabern, propagierten sie ferner die reine Sprache der Beduinendialekte; und wo der Koran phonetische Besonderheiten des Dialekts von Mekka aufwies (noch erkennbar an der archaischen Orthographie des Konsonantentextes), wurde seine Aussprache an die östlichen Dialekte angeglichen. So entstand eine gemeinarabische Schriftsprache, das Klassische Arabisch, und sie blieb unter der Gesetzgebung einer normativen Grammatik bis auf den heutigen Tag bewahrt.

Die Hochsprache war also von vornherein konservativ; sie war Ausdruck der Einheit im Glauben und des zentralistischen Staates. Sie war auch der Code einer sozialen Hierarchie, an deren Spitze die durch Bekehrung zu freien Muslimen gewordenen Nichtaraber (die Mawali, s. o. S. 109) erst gelangten, als sie diese Sprache zu der ihren machten. Aber die Entwicklung der lebendigen Volkssprache ging weiter. Unterschiedliche Sprachsubstrate der Bevölkerung und Unterschiede der geographischen und ethnischen Struktur führten auch beim Arabischen der Eroberer zur

Ausbildung diverser, immer selbständigerer Dialekte, vor allem in den Provinzen fern der Metropolen. Ohnehin wurde die Hochsprache in ihrer „klassischen" Form nicht einmal von den Gebildeten im täglichen Leben gesprochen, und sie trennte sich allenthalben von den Mundarten der Umgangssprache durch eine immer tiefer werdende Kluft. Dieser Prozeß hatte auch Rückwirkungen auf die Schriftsprache; solche wurden zuerst in den Bereichen des Schrifttums sichtbar, die nicht – wie Poesie, Kunstprosa, philologische und religiös-juristische Literatur – den strikten Vorschriften der Grammatik unterworfen wurden: in der Literatur der hellenistischen Wissenschaften, bei den Autoren der christlichen und jüdischen Minderheiten, in Privatbriefen. Nach dem Ende des Kalifats, nach dem Mongolensturm, finden wir die phonologischen und grammatikalischen Vereinfachungen dieses „Mittelarabischen" auch in Chroniken und in der unterhaltenden Prosa. Die Entwicklung der Schriftsprache ist jedoch nicht weiter in diese Richtung gegangen; im Gegenteil: nach einer längeren Phase der Stagnation hat gerade in den letzten hundert Jahren der arabische Nationalismus auch sprachlichen Purismus befördert – um den Preis der Sprachlosigkeit in den Bereichen der modernen Wissenschaft und Technik –, ohne freilich das Eindringen von Vokabeln und Sprachmustern aus den europäischen Sprachen eindämmen zu können.

So ist die arabische Sprache über das Ganze der islamischen Geschichte charakterisiert durch das Auseinanderfallen der Schriftsprache (die mündlich nur in Predigten und Ansprachen und im gelehrten Diskurs verwendet wurde, heute z. B. im Rundfunk) und der verschiedenen Dialekte. Die arabische Schriftsprache blieb – bis heute – das einigende Band der arabisch-islamischen Welt; daß die Konsonantenschrift gewisse Aussprachevarianten (und z. B. auch den Wegfall von Flexionsendungen) nicht sichtbar macht, war dieser Einheit förderlich. Indessen entfernten sich die regionalen Abkömmlinge der alten Stammesdialekte von der Hochsprache und voneinander so weit wie etwa die verschiedenen romanischen Sprachen im Verhältnis zum Lateinischen. Die wichtigsten Großgruppierungen der unzähligen Lokaldialekte sind die Beduinendialekte Zentral- und Nordarabiens, die sich nach der Mongolenzeit auch in Mesopotamien durchsetzten (mit wenigen Inseln alter Seßhaftendialekte am oberen Euphrat und in Anatolien); die Dialektgruppe Syriens, Palästinas und Ägyptens; und das breite Spektrum des Magribinischen, also der Dialekte Nordwestafrikas, die durch den Kontakt mit den Berbersprachen besonders eigentümlich geprägt sind. Auch innerhalb der Regionen unterschieden und unterscheiden sich die Mundarten bestimmter sozialer Gruppen, der Städter, der seßhaften Landbewohner und der Beduinen. Als das Mamlukenheer im Jahre 1301 einen Aufstand der ägyptischen Landbevölkerung unterdrückte, konnte man Fellachen und Beduinen (die miteinander ein für die Regierung bedrohliches Zweckbündnis eingegangen waren) nach ihrer Aussprache sondern. Heute führt die wachsende soziale Homogenität und Mobilität der Bevölkerung allmählich zu einer gewissen sprachlichen Konvergenz; Schulbildung und Medien beginnen auch, regionale Divergenzen, vor allem des Lexikons, zu nivellieren und Schrift- und Volkssprache einander anzunähern. Aber bislang bleibt die Grundlage arabischer Einheit die Arabiya, die Sprache des Korans – religiös, kulturell und politisch ein bedeutendes Faktum.

b) Die weiteren Islamsprachen

Der Niedergang der politischen Macht des Kalifen und, mit dem Aufstieg der Provinzherren zu faktischer Autonomie, der Zerfall des Reiches, leiteten eine neue kulturelle Entwicklung ein. Nationale Sprachen wurden wieder hoffähig: Iranische Dynastien besannen sich auf die Traditionen des iranischen Königtums, förderten die Pflege der persischen Literatur an ihren Höfen und führten auch die persische Sprache wieder in ihre Kanzleien ein.

Die Sprache des Sasanidenreiches (Pahlawi, ,,Mittelpersisch" im Unterschied zum Altpersischen der Achämenidenzeit), unter den ersten Kalifen noch Sprache der Verwaltung im Osten, wurde nach der offiziellen Arabisierung vor allem in der religiösen Überlieferung der Zarathustrier weiter gepflegt. Indessen hatte die persische Umgangssprache schon in der späten Sasanidenzeit eine progressive Entwicklung durchgemacht, die sich unter der arabischen Herrschaft – frei von den Fesseln einer konservierenden Hochsprache – beschleunigte und verstärkte (vergleichbar der des Angelsächsischen unter den Normannen): Schwund der Morphologie, Hervortreten dialektaler Besonderheiten (v. a. in Ostiran) und die Aufnahme arabischer Elemente kennzeichnen das so entstehende ,,Neupersische". Als Schriftsprache – die Schrift ist nun die arabische – tritt es zuerst dort in Erscheinung, wo die ersten islamisch-iranischen Autonomien aufstehen: in Chorasan und Transoxanien. Aus alter, nie versiegter Tradition der Poesie, der heroischen Epik und der didaktischen und unterhaltenden Erzählung, im ständigen Dialog mit der ausgereiften, schon zur Wortartistik degenerierenden arabischen Poetik und Stilistik, erstand seit dem 9. Jahrhundert aufs neue eine persische Literatur. Unter den Samaniden von Buchara erlebte sie gegen Ende des 10. Jahrhunderts ihre erste Blüte. Hier brachte Firdausi die epische Überlieferung der iranischen Helden- und Königssagen in seinem „Königsbuch" in eine neue poetische Form; Mediziner, Astronomen und Geographen vermittelten praktische Kenntnisse in der Landessprache; hier und am Hofe der türkischen Fürsten von Gazna in Sistan (welche wie vor ihnen die Samaniden die Kanzlei iranisierten) begann eine persische Geschichtsschreibung. Zugleich entstand auch in Westiran unter den Dynastien aus Dailam – deren bedeutendster Fürst, der Buyide Adudaddaula, sich vom gedemütigten Kalifen den iranischen Königstitel verleihen ließ – persische Poesie und Prosa; die Buyiden beschäftigten selbst im arabischen Bagdad einen besonderen Sekretär für die persische Hofkorrespondenz. In Isfahan begründete Avicenna (Ibn Sina), der große Arzt und Philosoph aus Buchara (der sonst, wie die meisten Gelehrten seiner Zeit, arabisch schrieb), mit einer kleinen Enzyklopädie die philosophische Literatur in persischer Sprache.

In ganz Iran wurde so die Volkssprache wieder zu einem allgemeinen Ausdrucksmittel, durch den schriftlichen Austausch zusehends vereinheitlicht; bis zur Mitte des 11. Jahrhunderts verdrängte die neue Hochsprache in den größeren Städten Irans die älteren Dialekte. Dialektale Besonderheiten des Ostens, u. a. Archaismen, die dort – in Chwarasm, Sogd, Chorasan – zunächst noch hervortraten, wurden von solchen des Nordwestens abgelöst – vor allem aber durch den wachsenden Einfluß des Arabischen überlagert, das den Wortschatz des Persischen tief und nachhaltig prägte, ja überfremdete. Man hat die ältere Literatur Irans eine Literatur in zwei Sprachen genannt, so mächtig war das arabische „Superstrat" des Persischen sowohl im Lexikon (deutlich sichtbar bis heute) als auch in den Formen des literarischen Ausdrucks.

Die iranische Hegemonie im Osten der islamischen Welt trat nur als Intermezzo zwischen die arabische Herrschaft und die ersten türkischen Einfälle. Die Oguzen-Stämme, die im 11. Jahrhundert nach Westen vordrangen, sprachen türkische Dialekte, aber sie waren nicht schriftkundig. Daher mußten sich die Seldschukenfürsten, die bis zur Mitte des Jahrhunderts die Herrschaft der Gaznawiden und der Buyiden beendeten und im Jahre 1055 in Bagdad einzogen, in Iran – wie seinerzeit die Araber – der persischen Verkehrs- und Verwaltungssprache bedienen. Und während türkische Nomaden auf dem iranischen Plateau die seßhafte Bevölkerung und deren Sprache zurückdrängten, übernahm die Oberschicht die iranische Staatseinrichtung und Kultur. Die fortdauernde Blüte der persischen Literatur in den Städten ist hierfür beredtes Zeugnis. Nicht einmal unter den schweren Verwüstungen der mongolischen Invasionen verdorrte sie gänzlich; nur die Zentren verlagerten sich: in den weniger hart betroffenen Südwesten (Schiras) und nach Aserbaidschan (Tabris wird Hauptstadt der Ilchane) – erst im 16. Jahrhundert wieder ins Zentrum, in die Safawidenhauptstadt Isfahan. Persisch war auch unter den anatolischen Seldschuken des 12. und 13. Jahrhunderts die Sprache des Hofes von Konya, seiner Dichter und Chronisten; ebenso unter den türkischen Sultanen von Delhi und (nach der Eroberung Indiens durch die Timuriden im 16. Jahrhundert) unter ihren mongolischen Nachfolgern bis in den Anfang des 19. Jahrhunderts. Unter dem starken Einfluß des Persischen, das wiederum die arabische Schrift und arabischen Wortschatz vermittelte, entwickelte sich aber zugleich – abseits der Metropole – die islamische Variante der neuindischen Schriftsprache, das Urdu. Mit der islamischen Religion verbreitete sich arabisch-persisches Sprach- und Literaturgut (wiederum mit der arabischen Schrift) von Indien aus in Indonesien, einflußreich vor allem im Malaiischen des islamischen Königreichs von Malakka (Ende 14.–15. Jahrhundert) und des Sultanats von Atjeh auf Sumatra (16.–19. Jahrhundert).

Wie die arabische, so umgreift auch die persische Schriftsprache – in geographisch und linguistisch kleinerem Rahmen – ein breites Spektrum von Dialektgebieten (einschließlich Afghanistan mit seiner Pašto genannten, altertümlichen Mundart). Nur die östlich-mittelasiatische Variante hat durch die Einführung der kyrillischen Schrift im sowjetischen Tadžikistan ein Eigenleben als Schriftsprache begonnen. – Mit einem Wort muß auch die Sprache der Kurden im westpersischen und irakischen Bergland und in Ostanatolien erwähnt werden; freilich spiegelt das Schicksal des Kurdischen (einer iranischen Sprache wie das Persische) die politische Zerrissenheit und Schwäche dieses in die islamische Geschichte vielfältig eingreifenden, doch glücklosen Volkes; erst in jüngster Zeit wird es (mit lateinischen Buchstaben) auch als Schriftsprache verwendet.

Das Türkische ist durch die Staatsbildung der Osmanen zur dritten „großen" Islamsprache aufgestiegen. Die osmanische Reichssprache, welche dem heutigen Türkei-Türkischen zugrundeliegt, ist nur eine der verschiedenen Türksprachen (oder Turksprachen), die aus den Idiomen der türkischen Nomaden hervorgingen; sie stehen dem Mongolischen und anderen Sprachgruppen nahe, die wie sie in Zentralasien zuhause sind. Die ältesten Zeugnisse finden sich dort, noch außerhalb des islamischen Bereichs, seit dem Ende des 7. Jahrhunderts in alttürkischen „Runen", dann (11.–12. Jh.) in uigurischer Schrift. In islamischer Umgebung, nun zumeist in arabischer Schrift, finden wir erste Literaturdenkmäler bei den Qarahaniden Ostturkestans in der zweiten Hälfte des 11. Jahrhunderts: In Kašgar – jenseits des Pamir – entsteht ein „mitteltürkisches" Lehrgedicht, und von dort stammt der Verfasser eines in Bagdad verfaßten arabisch-türkischen Wörterbuchs. Abkommen der osttürkischen Literaturdialekte entwickelten sich im 13. Jahrhundert im Dialekt von Chwarasm, dann – unter den Mongolen – in Transoxanien, zwischen Oxus (Amu-Darja) und Jaxartes (Syr-Darja): dort schufen die Hofdichter der Timuriden von Samarkand und Herat im 15. Jahrhundert eine von persischen Vorbildern inspirierte Literatur im čagatayischen Dialekt, der Literatursprache, zu der die Turkdialekte des islamischen Ostens verschmolzen waren. Heute werden in den zentralasiatischen Sowjetrepubliken verschiedene osttürkische Sprachen gesprochen und überwiegend in kyrillischer Schrift geschrieben.

Später als im Osten kam es unter den türkischen Dynastien des Westens zur Ausbildung einer türkischen Schriftsprache. Die im 11. Jahrhundert in Iran und im Irak etablierten Groß-Seldschuken übernahmen, wie schon gesagt, mit der iranischen Staatsorganisation auch das Persische als Verwaltungssprache, ebenso der anatolische Zweig der Dynastie. Aber in der Bevölkerung nahm der türksprachige Anteil stetig zu, noch erheblich verstärkt durch die mit den Mongoleneinfällen nach Westen geschwemmten Türkvölker. (Noch heute finden sich auch in Südwest- und Zentralpersien Nachkommen dieser Stämme, deren Dialekte z. T. einen besonders altertümlichen Sprachstand konserviert haben.) Seit dem 13. Jahrhundert sind daher auch in Kleinasien und im Wolgagebiet Schriftzeugnisse „mitteltürkischer" Mundarten erhalten. Zur Kanzleisprache erhoben das Türkische im 14. Jahrhundert die Qaramaniden in Süd- und Zentralanatolien, bald darauf die osmanischen Sultane im Westen. Mit deren Sieg über die Byzantiner und die türkischen Rivalen setzt sich das Osmanische (zur Sprachgruppe der Oguzen gehörig) in Kleinasien und auf dem Balkan durch. Allerdings konkurriert es noch lange Zeit mit dem Persischen, vor allem in der schönen Literatur, und es entwickelt sich durch Aufnahme persischer und arabischer Elemente in Wortschatz und Syntax zu einer stark überfremdeten Mischsprache. Man unterscheidet als Osmanisch im engeren Sinne diese (wie ihre Vorläufer in arabischer Schrift geschriebene) Sprache vom modernen Türkischen, das seit den nationaltürkischen Reformen (Atatürk ließ 1928 die Lateinschrift einführen) durch den Rückgriff auf mitteltürkisches Sprachgut von vielen arabisch-persischen Lehnwörtern wieder gereinigt wird.

c) Die arabische Schrift

Der Siegeszug des Islams hat mit der arabischen Sprache auch die arabische Schrift über den Vorderen Orient nach Nord- und Zentralafrika, im Osten über Iran und Indien bis nach Indonesien verbreitet. Von Muslimen der verschiedensten Sprachgemeinschaften wurde die arabische Schrift auch für eine große Zahl weiterer Sprachen benutzt und adaptiert.

Das arabische Alphabet besteht aus 28 Zeichen, welche die konsonantischen Phoneme und die Langvokale der arabischen Sprache repräsentieren. Sie werden in linksläufiger Anordnung geschrieben und bei der Zusammenfügung z. T. nach beiden Seiten, z. T. auch nur mit dem vorangehenden Zeichen verbunden. Kurze Vokale, Vokallosigkeit und Verdoppelung der Konsonanten werden im allgemeinen nicht bezeichnet; sie können aber bei Bedarf – so zur Fixierung kanonischer religiöser Texte (bes. des Korans) und zur Erleichterung des Verständnisses – durch Hilfszeichen bei den Grundgraphen dargestellt werden. Wie in den anderen semitischen Sprachen wird bei Nomen und Verb die Verteilung der Vokale im Wortstamm – der auf drei oder vier Wurzelkonsonanten (Radikalen) aufbaut – durch bestimmte, regelmäßig gebildete Morphemtypen festgelegt. Die richtige Lesung ist daher in vielen Fällen aus dem Konsonantentext des einzelnen Wortes bestimmbar, kann aber oftmals eindeutig nur aus dem Zusammenhang des Satzes erschlossen werden. Das gilt um so mehr dort, wo die arabische Schrift für nichtsemitische Sprachen – wie Persisch und Türkisch – verwendet wird. Auch kann die richtige Lesung seltener Wörter und v. a. Eigennamen in älteren Texten nicht immer mit Sicherheit festgestellt werden.

Die arabische Schrift ist – wie ja auch die griechische und unsere lateinische – ein Abkomme des nordwestsemitischen Alphabets, das zuerst in den phönizisch-kanaanäischen Inschriften seit der Mitte des zweiten Jahrtausends v. Chr. in Erscheinung tritt und dessen weitere Entwicklung sich im Laufe des ersten vorchristlichen Jahrtausends in phönizischen, hebräischen und aramäischen Zeugnissen (vor allem Inschriften) verfolgen läßt. Der aramäischen Sprache – die im altpersischen Reich der Achämeniden Verkehrssprache des Nahen und Mittleren Ostens geworden war – und der aramäischen Schrift bedienten sich auch die arabischen Nabatäer des Staates von Petra. Diese nabatäische Schrift blieb nach der römischen Eroberung (106 n. Chr.) im Umkreis der Provincia Romana (mit ihrer Hauptstadt Bosra) weiter im Gebrauch. Eine jüngere, kursive Form – die Einflüsse aus der syrisch-aramäischen Kursivschrift Mesopotamiens aufgenommen haben mag – wird endlich auch zum Schreiben des Arabischen benutzt, ersetzt die in anderen Araberstaaten der nördlichen Halbinsel gängigen Varianten der „südsemitischen" Schrift des Jemen und entwickelt sich weiter zur arabischen Schrift, zum Träger der klassischen arabischen Literatursprache.

Die Stationen dieser Entwicklung lassen sich anhand der wenigen vorislamischen Funde nicht kontinuierlich verfolgen. Zwei Jahrhunderte trennen die nabatäische Inschrift von Namara (328 n. Chr.), in der sich ein gewisser Imra'alqais als „König der Araber" bezeichnet, von den ersten datierten arabischen Inschriften aus den nordwestarabischen Randzonen des syrischen Siedlungslandes; hier, in den Zeugnissen des 6. Jahrhunderts, liegt das Zeicheninventar der arabischen Schrift in den Grundzügen bereits vollständig vor. Über welche Wege und Stationen dieses Alphabet in den Hiğaz, nach Mekka, gelangte, wo es seit dem zweiten Jahrzehnt des 7. Jahrhunderts zur Aufzeichnung der islamischen Offenbarung verwandt wurde, läßt sich nicht mit Sicherheit ausmachen. Wir dürfen aber vermuten, daß auf denselben Karawanenstraßen, welche die Handelsstadt Mekka mit einigen der Fundorte protoarabischer Inschriften verbanden, auch die Kenntnis der Schrift verbreitet wurde.

Die Kultur des Islams, der letzten der großen Schriftreligionen, ist in ganz besonderem Maße eine Kultur der Schrift und des Buches. Mit der Verbreitung des islamischen Bekenntnisses und des Korans – der unter dem Kalifen Utman (644–56) seine verbindliche Textgestalt erhielt –, mit der Arabisierung des Kanzleiwesens (ab 697) und mit dem Aufblühen juristischer, religiöser und historischer Überlieferung in allen Städten des Reiches nahm die Schrift eine schnelle graphische Entwicklung. Eine graphische Ausgestaltung war deshalb geboten, weil die arabischen Buchstaben in ihrem vor dem Islam entwickelten Grundbestand zur Darstellung des arabischen Phoneminventars nicht ausreichten. Einige lautliche Differenzierungen des Arabischen fehlten im Aramäischen, waren daher im aramäischen Vorbild des arabischen Alphabets nicht repräsentiert; andererseits hatten einige ursprünglich verschiedene Zeichen im Verlauf der Entwicklung dieselbe Form erhalten. Zur Herstellung eines eindeutigen Schriftbildes wurden diese „Homographen" schon früh durch diakritische Marken – einen, zwei oder drei Punkte – unterschieden. Gegen Ende des 7. Jahrhunderts ist dieses Markierungssystem, und damit das arabische Alphabet mit seinen 28 Buchstaben, vollständig entwickelt. Um die gleiche Zeit bemühen sich die Gouverneure der Umaiyaden im Irak um die Konsolidierung des Korantextes, seiner Orthographie und Aussprache; hierzu wird ein System von Lesezeichen für die kurzen Vokale, Vokallosigkeit und Doppelkonsonanz eingeführt, das in seiner gegen die Mitte des 8. Jahrhunderts von den Grammatikern festgelegten Form noch heute im Gebrauch ist.

Schon früh auch begann die stilistische, kalligraphische Ausgestaltung. Der kursive Charakter der Schrift mit ihren einfachen geometrischen Grundelementen, deren Verbindungen vielfach in einem Zug zu schreiben sind, bietet hierfür besonders gute Voraussetzungen. Die aus der Frühzeit erhaltenen Zeugnisse sind spärlich; aber bereits in der zweiten Hälfte des 1. Jahrhunderts nach der Hiǧra begegnen in den Papyrusurkunden aus ägyptischen Kanzleien differenzierte Schreibstile, ähnliche in den ältesten Koranfragmenten. Zusehends werden die Länge und Neigung der vertikalen Grundstriche, die Dimension der Horizontalen, die Geometrie der Schleifen und der am Wortende ausschwingenden Bögen und die Harmonie dieser Elemente zueinander Gegenstand graphischer Stilisierung. In der Lapidarschrift – dem Duktus der Inschriften und Münzen – führt die Sprödigkeit des Materials, aber auch bewußte Gestaltung zur Betonung der Horizontalen, der Vertikalen und der geometrischen Grundformen (Kreis, Rechteck, Dreieck, Rhombus), und bereits die ältesten Bau- und Grabinschriften zeigen eine eigenständige, monumentale Entwicklung (schon ausgereift in den Bauinschriften des Felsendoms in Jerusalem von 691 im Namen des Kalifen Abdalmalik). Die hier beobachtete Tendenz zur geometrischen Stilisierung und Monumentalisierung griff gegen Ende des ersten islamischen Jahrhunderts auch auf die Schrift der Korancodices über. Zuerst, wie es scheint, im Irak, denn während der Duktus der Korane aus Mekka und Medina sich durch hohe, rechtsgeneigte Oberlängen auszeichnete, wurde dieser gedrungene, die Horizontale des Schriftkörpers betonende Stil als der von Kufa bekannt. Er blieb nicht auf den Irak beschränkt, sondern verbreitete sich auch im Hiǧaz und in den anderen Provinzen und wurde für Jahrhunderte zur hieratischen Schrift schlechthin; „kufische Schrift" wurde so zur Bezeichnung aller geometrisch-monumentalen Formen der älteren Schrift.

Neue Impulse der Schriftgestaltung gingen von den Kanzleien des Abbasidenkalifates aus. Durch chinesische Kriegsgefangene hatten die Muslime in Turkestan das Hadernpapier kennengelernt, mit dessen Herstellung in Samarkand nach 751 begonnen wurde. Von dort aus eroberte das flexible, bequem zu faltende und zu bindende, daher wirtschaftliche und – vor allem gegenüber dem kostbaren Pergament – verhältnismäßig billige Material innerhalb eines Jahrhunderts den islamischen Osten und ersetzte bis zum 11. Jahrhundert auch in Ägypten und im Westen den Papyrus. Leichter als der spröde Papyrus zu beschreiben, war es auch ein schmiegsames Material für die kalligraphische Gestaltung. War die ältere Kunstschrift von Material und Technik der Lapidare geprägt, so wurde es die neue von den Gesetzen der Rohrfeder *(qalam)*, deren zugespitzte und abgeflachte Kante die Maßverhältnisse und Stärke der Striche und Punkte zu bestimmen begann. Die kalligraphische Erneuerung der Kanzleischrift durch die Sekretäre der Abbasidenkanzlei seit der ersten Hälfte des 10. Jahrhunderts (verbunden mit dem Namen des Wesirs Ibn Muqla, gest. 940) erhebt den *nash* (oder *nashi*), „Kopierschrift", genannten Duktus in den Rang einer Koranschrift, die der „kufischen" zur Seite tritt und sie schließlich ablöst. Nicht nur in illuminierten Luxuskoranen, sondern bald auch in profanen Prachtcodices findet dieser Duktus (mit seiner Monumentalform, dem gleichfalls aus einer Kanzleischrift entwickelten *tulut*) zunehmend Verwendung; und nicht nur in der kursiven Buch- und Gebrauchsschrift wirken sich die von den Kalligraphen geschaffenen Normen für die Gestaltung und Proportionierung der graphischen Elemente aus, sondern auch in der Lapidarschrift: der Steinmetz ahmt die Züge des Schreibrohrs nach.

Aus den älteren Spielarten der Kursive entsteht so eine Vielzahl „runder" Schriftarten, die seit dem 11. Jahrhundert den islamischen Osten erobern; und mit der politischen und kulturellen Verselbständigung der Provinzen bilden sich regionale Stile, so in Iran *ta'liq* und *nasta'liq* mit ihren „hängenden" Girlanden. Eine Sonderentwicklung zeigt sich schon früh im Westen, wo aus der „kufischen" Schrift der charakteristische Duktus der magribinischen hervorgeht.

Die paläographische Sichtung und Analyse der regionalen und chronologischen Entwicklung steht noch in den Anfängen. Am besten erforscht und dargestellt ist heute die Schrift der Papyri und der epigraphischen Zeugnisse (vor allem durch die Pionierarbeiten und Handbücher von Adolf Grohmann [14.09–14.11]); aber eine Paläographie der Buchschrift steht noch aus. Angesichts der umfangreichen Editionsvorhaben, denen die Paläographie nicht nur bei der Lesung, sondern auch bei der Datierung der mittelalterlichen Handschriften zur Seite stehen könnte, wartet hier noch eine wichtige Aufgabe.

Die arabische Schrift blieb in den Ländern des Islams auch dort in Gebrauch, wo sich die Sprache der Einwohner oder (wie im Falle der Türkei) der Einwanderer als Staats- und Literatursprache durchsetzte: in Iran für das Neupersische, in Anatolien für das Türkische (hier 1928 im Zuge der Reformen Atatürks durch die Lateinschrift ersetzt), für das Urdu der Muslime Indiens (Nordindien, heute bes. Pakistan, Bangladesch), in Indonesien für das Malaiische und die Bahasa Indonesia (jetzt allgemein durch die Lateinschrift verdrängt), auch für verschiedene Sprachen des islamischen Afrika. Das graphische Inventar der Schrift wurde zur Bezeichnung der im Arabischen nicht vertretenen Laute durch diakritische Zeichen ergänzt. Während die Juden und die Christen der syrischen Kirchen in den arabischen Ländern auch für das Arabische die hebräische bzw. die syrische Schrift benutzten, schrieben die Sprachminderheiten der muslimischen Bevölkerung durchweg in arabischer Schrift: so die spanischen Dialekte der iberischen Halbinsel unter dem Islam, die Aljamía (nach arab. *al-ağamiya* „nichtarabisch"); als Aljamiado-Literatur werden heute auch analoge Erscheinungen bezeichnet, wie das arabisch geschriebene serbokroatische Schrifttum der Türkenzeit. So ist die arabische Schrift äußeres Symbol der islamischen Kulturgemeinschaft geworden und weithin bis heute geblieben.

2. Namen und Titel

a) Islamische Personennamen

„Bürgerliche", d. h. erbliche und allen Mitgliedern und Abkommen einer Familie gemeinsame Zunamen sind im islamischen Orient erst in jüngster Zeit aufgekommen. Im Mittelalter und in einigen arabischen Ländern bis heute wird die Abkunft des einzelnen durch Nennung des Vaters, des Großvaters usw. in patronymischer Folge bezeichnet; hinzu treten weitere Angaben über Stammeszugehörigkeit, Herkunfts- oder Wohnort, Berufsbezeichnung, andere Übernamen sowie Ehrentitel, die oft wie ein persönlicher Eigenname verwendet werden.

1. Der persönliche Name *(ism)* wird in den weitaus meisten Fällen aus einem relativ kleinen, durch die islamische Tradition sanktionierten Repertoire gewählt. Name und Beinamen des Propheten, seiner Gefährten, der im Koran erscheinenden biblischen Gestalten, ferner Zusammensetzungen mit Gottesnamen sind besonders beliebt und bei allen islamischen Völkern verbreitet.

Nicht wenige dieser Namen waren schon im vorislamischen Arabien im Gebrauch, blieben es weiterhin wegen ihrer schlichten, glückverheißenden Bedeutung, vor allem aber auch deshalb, weil sie von einem der Gefährten des Propheten getragen worden waren: Hasan, Husain (von der Wurzel *hsn* „gut, schön"), Saʿd, Saʿid, Masʿud (*sʿd* „Glück"), Amr, Umar (*ʿmr* „Leben"), Zaid, Yazid (*zyd* „wachsen"), Tabit („fest"), Asad („Löwe"); es sind z.T. Adjektive und Partizipien (mit den Präfixen *ma-*, *mu-*, wie in Muhammad „gepriesen", Masʿud „glückbegabt") und im Sinne eines Wunsches gebrauchte Verbformen (Yahya „der leben möge", Yazid „der wachsen möge"). Eigenschafts- und Gattungsbezeichnungen erhalten als Appellative oft den arabischen Artikel *al-*, wie al-Hasan „der Schöne", al-Abbas „der grimmig blickende (Löwe)", al-Harit „der reißende (Löwe)". Der weitaus häufigste islamische Name wurde der des Propheten, Muhammad, ferner die anderen Ableitungen der Wurzel *hmd* („Lob, Preis"): Ahmad, Hamid, Mahmud, und sein Beiname al-Mustafa („der [durch Gott] Geläuterte"). Häufige Frauennamen sind die seiner Mutter Amina, seiner Gattinen A'iša, Zainab usw. und seiner Tochter Fatima. Ähnlich beliebt sind in der Schia die Namen Alis, seiner Söhne Hasan und Husain und die Namen der Imame: Ǧaʿfar, Rida (pers. Reza), Mahdi. Durch den Islam verbreitet wurden ferner die im Koran genannten, als Propheten verehrten biblischen Gestalten: Ibrahim (Abraham), Ismaʿil (Ismael), Ishaq (Isaak), Yaʿqub (Jakob), Yusuf (Josef), Musa (Mose), Harun (Aaron), Dawud (David), Sulaiman (Salomo), Isa (Jesus), Maryam (Maria). Einen erheblichen Anteil stellen schließlich die zweiteiligen, theophoren Namen, die den Träger als Knecht Gottes, Abd-Allah, bezeichnen; für Allah kann auch einer der koranischen „schönen Namen Gottes" eintreten: Abdarrahman „Knecht des Barmherzigen", Abdalmalik „Knecht des Königs", Abdalqadir „Knecht des Mächtigen", in jüngerer Zeit auch ʿAbduh „Sein (Gottes) Knecht".

Mit dem Eintreten von Persern und Türken in die islamische Geschichte kommen auch iranische und türkische Namen auf; viele Perser nahmen mit der Bekehrung arabische Namen an und fingierten arabische Genealogien, aber manch bedeutender Mann ist unter seinem iranischen Namen bekannt geworden, wie der Grammatiker Sibawaih, der Historiker Miskawaih (eig. Seboye, Miškoye). Auch die Generäle und Herrscher der Seldschuken- und Mamlukenzeit kennt man unter ihren türkischen Appelativa als ,,Held", ,,Löwe", ,,Falke" usf., wie Alp-Arslan, Alp-Tegin, Aq-Sonqur, Togril, Baibars, Barquq und andere. Durch den türkischen Nationalismus wurden sie jüngst wieder belebt, wie auch in Iran die

Namen der vorislamischen Könige und Helden – Hosrau, Bahram, Rustam und andere mehr.

2. Vor den *ism* tritt ein persönlicher Beiname *(kunya)*, der den Träger als „Vater des Soundso" (Abu ...) oder die Trägerin als „Mutter des Soundso" (Umm ...) bezeichnet. Ursprünglich ist die *kunya* mit dem Namen des ältesten Sohnes verbunden. Bis in die frühe Abbasidenzeit war sie ein Privileg der „reinen" Araber und wurde den Nichtarabern, die nach ihrer Bekehrung Klienten (Mawali) arabischer Stämme wurden, nur als besondere Ehrenbezeigung gegeben. Späterhin erhalten auch Kinderlose die *kunya*, und sie wird schließlich schon dem volljährigen Knaben als Zeichen der Mündigkeit verliehen. Verwendet wird sie in höflicher und freundschaftlicher, ehrender Anrede und respektvoller Erwähnung (z. B. wenn ein Autor seinen Lehrer zitiert).

So hatte der Kalif Umar die *kunya* Abu Abdallah, eine Tochter Muhammads hieß Umm Kultum, der Prophet selbst Abu l-Qasim. An die Stelle des Namenselements tritt später im erweiterten Gebrauch der *kunya* häufig ein Nomen, das eine Eigenschaft, ein Attribut des Trägers angibt; die *kunya* hat dann die Funktion eines Übernamens oder Spitznamens *(laqab)*: Abu l-Barakat „Vater der [d. h.: begabt mit] Segnungen", Abu l-Maʿali „von hohen Tugenden", Abu l-Mahasin „von schönen Eigenschaften", anders Abu Šama „der mit dem schwarzen Mal", Abu Huraira „der mit dem Kätzchen", Abu l-Atahiya „Vater der Narretei" (ein Dichter). Zu Ismaʿil tritt häufig die *kunya* Abu l-Fida (*fida* „Lösegeld, Opfer"): nach überwiegender islamischer Auffassung bot Abraham nicht Isaak, sondern Ismael zum Opfer.

3. Auf den persönlichen Namen folgt das Patronym, der Name des Vaters, und die weitere Filiation *(nasab)*. Vor jedem der Namen der Vorfahren steht *ibn* „Sohn (des) ..." (abgekürzt *b.*), vor dem Patronym einer Frau *bint* „Tochter". Mit *banu* (Plural von *ibn*) verbundene Namen bezeichnen arabische Stämme und Stammesgruppen, solche mit *āl* „Familie" Clans und Herrscherhäuser der arabischen Beduinen. Zwei Beispiele: Muhammad ibn Abdallah ibn Abdalmuttalib ibn Hašim ibn Abdmanaf ibn Qusaiy (der Prophet), Fatima bint Muhammad ibn Abdallah usw. (seine Tochter). In den meisten arabischen Ländern (ausgenommen in Arabien und in Nordafrika) läßt man heute das Wort *ibn* fort (Ahmad Amin, Taha Husain); im persischen Sprachraum tritt an seine Stelle die Annexionspartikel *-i:* Nasir-i Hosrau „Nasir (Sohn) des Hosrau". Manchmal – häufiger im Andalus – steht am Ende der Kette der Name, Beiname oder Titel eines Vorfahren, der von mehreren Generatio-

nen seiner Nachkommen als eine Art Familienname getragen wird: Ibn al-Furat (Wesirsfamilie des 9.–10. Jh.), Ibn Rušd (Rušd hieß schon der Großvater des berühmten Philosophen, hispanisiert Averroes), Ibn Haldun (der Historiker ist Abkomme einer alten spanisch-arabischen Familie von Banu Haldun), Ibn aš-Šihna (nach einem Ahnherrn, der das Amt eines *šihna* – Polizeipräfekten – innehatte), Ibn al-Qutiya (spanischer Historiker, dessen Vorfahr eine fürstliche Gotin, Qutiya, geheiratet hatte). Dieselbe Funktion haben persische Patronyme auf *-zade* (wie deutsche Familiennamen auf -sohn, -sen, -s) und türkische auf *-oglu* (hier dem persönlichen Namen vorangestellt).

4. Hinter der Filiation steht die *nisba*, ein Herkunfts- oder Wohnstättenname, im Arabischen (wie auch im Persischen) mit dem Suffix *-i* von Stammes-, Städte- und Ländernamen abgeleitet. Er bezeichnet ursprünglich die Stammeszugehörigkeit: al-Kindi ,,vom Stamme der Kinda", al-Qurasi ,,der Quraišit"; dann – im städtischen Milieu – den Ort der Geburt oder des Wohnsitzes: ad-Dimašqi ,,der Damaszener", al-Maqdisi oder al-Muqaddasi ,,der Jerusalemer" (arab. al-Bait al-Muqaddas od. Bait al-Maqdis), al-Karhi nach dem Bagdader Stadtteil Karh, al-Marwazi ,,aus Merw", ar-Razi ,,aus Raiy", at-Tabari ,,aus Tabaristan".

Mit einer *nisba* wird auch die Zugehörigkeit zu einer juristischen Schule oder einer religiösen Konfession angegeben: al-Hanafi nach der Rechtslehre von Abu Hanifa, aš-Šiʿi ,,der Schiit", zuweilen der Beruf: as-Sairafi ,,der Geldwechsler", al-Qalanisi ,,der Hutmacher", al-Baqillani ,,der Bohnenverkäufer", al-Mawardi ,,der Rosenwasserhändler". Die Form der *nisba* hat häufig auch der nom de plume *(tahallus)* persischer und türkischer Dichter, z. B. Firdausi ,,der Paradiesische". Im Persischen entfällt der Artikel (arab. *al-*); im Türkischen hat die *nisba* die Endung *-li* (bzw. *-lu*) und tritt vor die übrigen Namensteile: Izmirli „aus Izmir", Konyali „aus Konya".

5. Schließlich können zu den bisher genannten, regelmäßigen Bestandteilen der Nomenklatur noch verschiedene Übernamen *(laqab)* treten. Dazu gehören Spitznamen wie at-Tawil ,,der Lange", al-Aʿša ,,der Nachtblinde", al-Atraš ,,der Taube", al-Ǧahiz ,,Glotzauge", auch ehrende wie al-Hafiz ,,der Koran- und Haditkenner"; häufig sind Berufsbezeichnungen – deren Angabe oft interessante Aufschlüsse über den sozialen Hintergrund von Gelehrten und Literaten gibt – wie z. B. az-Zaǧǧaǧ ,,der Glaser", al-Farra ,,der Kürschner", at-Tahhan ,,der Müller", al-Attar ,,der Gewürzhändler, Apotheker", al-Warraq ,,der Papier- und Buchhändler, Kopist", al-Hatib ,,der Prediger".

Im Osmanischen Reich erhielten Personen nichtmuslimischer Herkunft wie die Janitscharen, die keinen *nasab* hatten, vielfach einen *laqab* als Zunamen (hier vorangestellt). Auch die Sultane gleichen Namens wurden so unterschieden: Fatih Muhammad „der Eroberer" (Mehmed II.) von Auği Muhammad „der Zenith" (Mehmed IV.).

Ebenfalls als *laqab* bezeichnet, jedoch den übrigen Namen vorangestellt werden Herrscher- und Hoftitel und ähnliche Ehrennamen, mit denen der Träger als Stütze, Erhalter usw. der Dynastie *(daula)* oder der Religion (*din*) benannt wird (s. u. S. 182f.). Die mit *din* zusammengesetzten sind seit der Osmanenzeit zu einem Komplement des *ism* abgesunken und bereichern heute das Repertoire der Eigennamen.

Werden alle oder mehrere Teile der Nomenklatur angeführt, so erscheinen sie in einer festen Abfolge: *laqab* (Ehrenname) – *kunya* (Abu ...) – *ism* – *nasab* (ibn ... ibn ...) – *nisba* (al-...i) – *laqab* (Übername).

Ein Beispiel: Imadaddin [*laqab*] Abu Abdallah [*kunya*] Muhammad [*ism*] ibn Safiyaddin [*laqab* des Vaters] Abi l-Farağ [*kunya* des Vaters, die Form Abi ist Genitiv] Muhammad [*ism* des Vaters] ibn Nafisaddin [*laqab* des Großvaters] Abi r-Rağa [*kunya* des Großvaters] Hamid [dessen *ism*] ibn Muhammad [Urgroßvater] ibn Abdallah ibn Ali ibn Mahmud ibn Hibatallah [weitere Ahnen] al-Isbahani [*nisba* „aus Isfahan"] al-Katib [*laqab* „der Sekretär"].

Bekannt oder berühmt sind historische Persönlichkeiten – und waren es schon ihren Zeitgenossen – nur unter ein oder zwei besonders charakteristischen Elementen dieser Kette. So wird der eben als Beispiel genannte Sekretär und Hofchronist Saladins meist Imadaddin al-Isbahani genannt. Viele Autoren sind bekannt unter ihrer *nisba* (wie die Historiker at-Tabari, al-Masʿudi), andere unter der *kunya* (wie die Dichter Abu Nuwas, Abu Tammam), dem *nasab* (wie die Historiker Ibn Ishaq, Ibn Qutaiba) oder einem Spitznamen (wie der Literat al-Ğahiz „Glotzauge"). Im *nasab* erscheint dann anstelle eines *ism* oft die väterliche *kunya*, *nisba* oder ein anderer Beiname des Vaters: Ibn Abi Usaibiʿa, Ibn al-Ğazari, Ibn al-Hatib, Ibn al-Qalanisi. Beliebt ist die Verbindung von *kunya* oder Hoftitel mit der *nisba:* Abu l-Farağ al-Isbahani, Tağaddin as-Subki.

b) Herrscher- und Ehrentitel

„Kalif", *halifat Rasul Allah* („Nachfolger, Vertreter des Gesandten Gottes"), war seit Umar, dem zweiten Träger des Amtes, die Bezeichnung des Hauptes der islamischen Theokratie. Seit Umar auch führte er in Staatsschreiben, auf Inschriften und Münzen den Titel *amir al-mu'minin* „Herrscher der Gläubigen". Daneben trugen die Kalifen des frühen Islams und der Umaiyadendynastie keine persönlichen Titel. Erst die Abbasiden nahmen Herrschertitel an, welche gegenüber dem „Königtum" der Umaiyaden und gegenüber den Prätentionen der oppositionellen Schia den Kalifen als Repräsentanten der Theokratie, als von Gott eingesetzten und unter seinem Beistand regierenden Imam der islamischen Gemeinde auswiesen, ja als *halifat Allah* „Stellvertreter Gottes". Der erste knüpft noch an die revolutionäre Erwartung an, welche die Gegner der Umaiyaden in den „rechtgeleiteten" Imam, den Mahdi aus dem Hause des Propheten setzten: as-Saffah „der Blutvergießer"; die weiteren kennzeichnen den Kalifen als charismatischen Herrscher: al-Mansur (zu ergänzen: bi-Allah) „dem Gott Sieg verleiht", sein Nachfolger al-Mahdi „der (von Gott) Rechtgeleitete" (ein Titel, den ja auch die in die Opposition abgedrängte Schia dem erwarteten Erneuerer des Glaubens und Herrscher der Gläubigen gibt), ar-Rašid „der (von Gott auf den rechten Weg Geführte", al-Ma'mun „der (von Gott mit der Führung) Betraute", al-Mutawakkil „der sich (auf Gott) verläßt", an-Nasir „der (durch Gottes Hilfe) Siegreiche".

Den Titel *amir al-mu'minin* und entsprechende Herrschertitel trugen als Zeichen ihres Anspruchs auch die Rivalen der Abbasiden; so die Fatimiden, als sie im 10. Jh. mit den Epitheta des erwarteten Imams als Kalifen auftraten: al-Mahdi, al-Qa'im bi-amr Allah „der Gottes Befehl (auf Erden) vertritt", al-Hakim bi-amr Allah „der nach Gottes Befehl entscheidet". Die spanischen Umaiyaden nahmen nun ebenfalls den Kalifentitel an (Abdarrahman III., ab 928). Ihre Nachfolger huldigten nach dem Ende der Fatimiden in Nordafrika zunächst wieder dem Kalifen von Bagdad. Die Almoraviden nannten sich seit dem Ende des 11. Jahrhunderts *amir al-muslimin* „Fürst der Muslime" – mit ähnlichem Anspruch, doch formaler Bescheidung. Anders ihre Gegner und Besieger, die Almohaden, die – als „Kalifen" des Mahdi Ibn Tumart – wiederum als *amir al-mu'minin* mit universalem Anspruch auftraten. Ihre Nachfolger trugen den Titel als Abzeichen regionaler Hegemonie in Nordafrika, während die Mamluken – nach dem Fall von Bagdad (1258) – ein abbasidisches „Scheinkalifat" in Kairo installierten. Die Osmanen schließlich maßten sich selbst die Kalifenwürde an. Noch heute tragen die Könige von Saudi-Arabien und Marokko den Titel *amir al-mu'minin* als Abzeichen religiöser Legitimation.

Unter den Abbasidenkalifen bildeten sich die Organe des älteren Kalifats zu selbständigen Institionen aus: die Administration der ,,Sekretäre" *(kuttab)* untersteht dem Wesir *(wazir)*, die Rechtspflege dem Oberkadi (*qadi l-qudat*), die Armee den Emiren (*amir*, später einem Oberemir, *amir al-umara*, als höchstem Würdenträger untergeordnet), die Verwaltung der Provinzen dem ,,Agenten" (*amil* – ursprünglich ,,Gouverneur", später als Beamter der Finanzverwaltung einem Emir unterstellt). Zunächst trugen die Beamten mit ihrer Würde nur die einfachen Amtstitel. Erst im 10. Jahrhundert, als die Macht des Kalifen dahinschwand, als das Reich zerfiel, wurde die Verleihung von besonderen Ehrentiteln an Militärführer und Provinzfürsten ein Mittel der Politik – ungedeckt von wirksamen Sanktionen, von inflationärer Häufung bald entwertet, doch für den Historiker ein Indiz für Machtverteilung und Machtverschiebung im Umbruch des Reichsgefüges bis zum Ende des Kalifats.

Ein Zeitgenosse hat diese Entwicklung mit spöttischen und enrüsteten Worten beklagt: ,,Als die Banu l-Abbas begannen, ihren Vasallen falsche Titel zu verleihen, womit sie alle, Freunde und Feinde ohne Unterschied, zur Dynastie *(daula)* in Beziehung setzten – da ging ihre Dynastie zugrunde", schreibt al-Biruni um das Jahr 1000 in seiner ,Chronologie' (ed. C. E. Sachau, S. 132). ,,Sie übertrieben diese Praxis, bis der Fürst, der bei Hofe [als Oberemir] amtierte, eine Unterscheidung zwischen sich und den anderen suchte; da gaben sie ihm doppelte Titel. Andere suchten desgleichen und verhalfen ihrem Verlangen mit Geschenken zum Erfolg, obwohl jede Legitimation fehlte. Darum mußte wiederum zwischen diesen und dem bei Hofe bestallten Fürsten unterschieden werden; man gab ihm also drei Titel und fügte die Würde des Šahanšah [pers. ,,König der Könige"] hinzu. Die Titulatur wurde in einem Maße überladen und schwerfällig, daß man der Aufzählung müde wird, bevor man noch recht begonnen hat, daß man viel Zeit und Schreibraum verliert, wenn man sie aufschreiben will, und wenn man sie zur Anrede gebraucht, läuft man Gefahr, die Zeit des Gebets zu versäumen. ... [S. 134:] Ebenso erhielten die Wesire des Kalifats Titel mit *du* [,,Besitzer von", ,,begabt mit –"], z. B. Du l-Yaminain [,,der mit den zwei rechten (geschickten) Händen"], Du r-Ri'asatain [,,der mit den zwei Prinzipaten", d. h. der militärischen und der administrativen Hoheit], Du l-Kifayatain [,,der mit den zwei Tüchtigkeiten", d. h. für das Schwert und für die Feder, im selben Sinne wie der vorige Titel], Du s-Saifain [,, der mit den zwei Schwertern"], Du l-Qalamain [,,der mit den zwei Federn"] und dergleichen. Die Buyiden taten es ihnen nach, als die dynastische Macht, wie erwähnt, an sie gelangte, ja sie trieben es bis zum Exzeß in maßloser Falschheit; sie nannten ihre Wesire Kafi l-Kufat [,,der Tüchtigste der Tüchtigen"], al-Kafi al-Auhad [,,der einzige der Tüchtigen"] ... [Nach weiteren Beispielen:] Ja, einige haben diese Grenze überschritten und nannten sich selbst Amir al-Alam [,,Fürst der Welt"] und Saiyid al-Umara [,,Herr der Fürsten"] – Gott lasse sie schmecken die Schmach in diesem Leben und zeige ihnen und den anderen ihre Schwäche!"

Bereits in der zweiten Hälfte des 9. Jahrhunderts hatten die Oberbefehlshaber der türkischen Prätorianer am Kalifenhofe die wahre politische Macht in Bagdad übernommen. Gegen die Mitte des 10. Jahrhunderts erreicht diese Entwicklung eine verhängnisvolle Wendung: Als der Kalif al-Muttaqi im Jahre 942 aus dem umkämpften Bagdad nach Mosul flieht und den Schutz des Hamdaniden al-Hasan sucht, verleiht er ihm mit dem Amt des Oberemirs *(amir al-umara)* den Titel Nasir-ad-Daula (,,Helfer der Dynastie"), seinem Bruder Ali den Titel Saif-ad-daula (,,Schwert der Dynastie"). Titel dieser Art, Genetivverbindungen mit dem Element *daula* ,,Dynastie" (eig. ,,Zyklus", ,,Periode" der Souveränität) waren zuvor einigen Wesiren gegeben worden; die Verleihung an die Statthalter besiegelt förmlich die Abtretung der politischen Führung an die ,,Reichsfürsten" der Provinzdynastien. Sieger im Ringen um den Irak bleiben die iranischen Buyiden: ,,Befreier" des Kalifen, die ihn endgültig zu ihrer Marionette erniedrigen. Nicht nur Ahmad ibn Buya erhält nun – im Jahre 945 – als neuer Oberemir einen Titel, der ihn als ,,Verherrlicher der Dynastie", Muʿizz-ad-Daula, auszeichnet, sondern auch seine Brüder in Schiras und Isfahan als deren ,,Stütze" und ,,Pfeiler", Imad-ad-Daula und Rukn-ad-Daula. Gegenüber der politischen Vollmacht der Reichsfürsten, die in dieser Titulatur zum Ausdruck kommt, werden die Befugnisse des Kalifen zusehends auf die religiöse Sanktion und Jurisdiktion beschränkt. Die Titelverleihung selbst wird Mittel der buyidischen Außenpolitik gegenüber Rivalen und Bündnispartnern, der Kalif Vollzugsbeamter, und sie wird Ausdruck der Erneuerung iranischer Hoftradition. Diese Tradition hatte schon die Institutionen des Abbasidenkalifates seit seiner Gründung beeinflußt. Aber die Buyiden knüpften, wie schon kleinere iranische Fürstenhäuser vor und neben ihnen, bewußt und in vielen Äußerlichkeiten an sasanidisches Zeremoniell an, und auch die *daula*-Titel sind sasanidischen Hoftiteln nachgebildet. Alsbald trat ihnen der iranische Königstitel zur Seite. Rukn-ad-Daula nannte sich in Iran „König der Könige" (Šahanšah); Adud-ad-Daula, der bedeutendste Herrscher des Hauses, ließ sich nach seinem Amtsantritt in Bagdad (978) vom Kalifen selbst den zweiten *laqab* Tağ-al-Milla „Krone der Religionsgemeinschaft" übertragen – in geschickter Verbindung des persischen Symbols mit einem arabisch-islamischen Element – und eine Krone aufs Haupt setzen und führte alsbald nach dem einfachen Titel *malik* „König" den vollen des „Königs der Könige". Geschah dies noch in offener Brüskierung des Kalifen, so mußte einem seiner Nachfolger, Baha-ad-Daula, die arabische Entsprechung Malik-al-Muluk offiziell zugestanden werden (1002).

Mit den Machtkämpfen nach dem Tode Adudaddaulas begann die von al-Biruni beklagte Inflation der Titel. Zu den *daula*-Titeln traten nun regelmäßig solche mit den Elementen *milla* „Religionsgemeinschaft" und – vorläufig als Privileg des Großemirs – *umma* „Gemeinde", nachdem nun auch die östlichen Rivalen, die Samaniden, begonnen hatten, ihren Statthaltern in Chorasan Titel auf *daula* zu verleihen. Noch bedenklicher war, daß Baha-ad-Daula im Jahre 1002 auch zur „Basis des Glaubens", Qawam-ad-Din, erhoben wurde; ein Präzedenzfall war das Epithet Nasir-ad-Din-wad-Daula, dem Kurden Hasanwaih für Verdienste um die heiligen Stätten und den Schutz der Pilgerstraßen verliehen – aber die Buyiden gehörten, obwohl sie den Kalifen aus religionspolitischen und machtpolitischen Gründen in seinem Amt beließen, zur Schia, zu der Oppositionspartei also, die den rechtmäßigen und rechtgläubigen Imam aus den Reihen der Aliden erwartete. Sich als „Lauterer Freund des Herrschers der Gläubigen", Safi-Amir-al-Mu'minin – dies eine weitere Neuerwerbung Baha-ad-Daulas – zu verhalten, konnte den Reichsfürsten erst angelegen sein, als mit der inneren Schwäche des Buyidenhauses die Bewegungsfreiheit des Kalifen wieder zunahm. Ohne solche Bedenken wurden Titel auf *din* „Glaube, Religion" den rechtgläubigen Gaznawiden gewährt (wie auch im 11. Jahrhundert den Seldschuken und ihren Vasallen). Als letzte Steigerung blieb den Iranern die schon erwähnte Annahme des Königs- und Großkönigstitels.

Die Gaznawiden beanspruchten solche Königswürde nicht; aber als Mahmud von Gazna (998–1030) den Titel *sultan* „Herrschaft" zu führen begann, symbolisierte dies keinen geringeren Anspruch der neuen Macht in Sistan, welche die Samaniden im Osten verdrängte und die Buyiden in Westpersien bedrohte: keine geringere Anmaßung als die der absoluten Herrschaft, die – mit dem Titel Sultan – ursprünglich dem Kalifen allein gebührte. Dem Seldschuken Togril, der 1055 die Nachfolge der Buyiden in Bagdad antrat, wurde gleichwohl auch der Sultanstitel vom Kalifen selbst verliehen. Im übrigen übernahm der Seldschukenstaat mit den iranischen und islamisch-arabischen Elementen der Administration sämtliche Titelprägungen der Vorgänger. Die Reihen der Titulatur wurden so lang, daß ein Damaszener Historiker des 12. Jahrhunderts, Ibn al-Qalanisi, sich mit einigen in extenso gegebenen Bandwürmern von Titeln dafür entschuldigt, daß er die Ehrennamen der Fürsten und Würdenträger nicht durchweg aufführen könne. (Nicht die Chroniken, sondern die Münzen und vor allem die Inschriften sind darum die ergiebigste Quelle für die Geschichte der Titulatur). Die Atabegs auf den Statthalterposten der seldschukischen Provinzen, die Offiziere und die Hofbeamten (Wesire usw.) erhalten genau abgestufte Titelfolgen, selbst die islamischen Gelehrten waren – schon unter den letzten Buyiden – „geheimratsfähig" geworden. Feste Bestandteile der Titulatur werden, folgend auf das mit *din* zusammengesetzte Element, Komposita mit *islam, daula, milla, umma* und (an letzter Stelle) mit *amir al-mu'minin.* Privileg der Sultane bleiben der Großkönigstitel *(šahanšah al-aʿzam)* und zunächst auch Doppelepitheta mit dem Genetiv *ad-dunya-wad-din* „(Helfer usw.) der Welt und der Religion". (Aber auch Saladin – Salah-ad-Din – konnte sich nach den ruhmreichen Kämpfen gegen die Kreuzritter Salah-ad-Dunya-wad-Din nennen.) Den einfachen Königstitel mit verschiedenen Epitheta trugen die Statthalter (al-Malik al-Adil „der gerechte König" usw.) und nach den Aiyubiden in Ägypten und Syrien auch die Mamluken. Daneben blieben einige der älteren Ehrennamen Abzeichen des islamischen Herrschers, so bei den späteren Mamluken stets Saif-ad-Din „Schwert des Glaubens". Hier und bei den anderen, türkischen und mongolischen Dynastien, so auch bei den Osmanen, bleibt nach dem Ende des Kalifats der Sultanstitel Ausdruck einer nicht mehr vom Kalifen verliehenen, sondern in seiner Nachfolge angetretenen Souveränität.

Die vom Bagdader Kalifat und seinen Reichsfürsten aufgebaute Hierarchie der Ehrentitel hat ihre Parallelen bei den Rivalen im Westen, in Kairo (unter den Fatimiden) und in Cordoba. Und je reicher die Titulatur der höchsten Ränge wird, um so reichhaltiger wird auch das Repertoire der unteren Ränge des Hofes und des Militärs. Wollte man darauf eingehen, so würde man in der Tat ,,müde, bevor man noch recht begonnen hat". Bemerkt sei aber noch, daß zunehmend persische und – unter den türkischen und mongolischen Herrschern – türkische Amtsbezeichnungen, Herrscher- und Ehrentitel aufkommen. Zunächst sind dies naturgemäß die militärischen Ränge der Eroberungsheere, aber mit der Konsolidierung der Staatsorganisation dringen solche auch in die zivile Hierarchie ein. Vor allem die verzweigte hierarchische Gliederung des Osmanischen Reiches hat eine Vielzahl von Titeln für die Ränge des Palastes, des Militärs und der Verwaltung geschaffen.

3. Die islamische Zeitrechnung

„Die Datierung nach der Emigration (Hiğra) des Propheten von Mekka nach Medina beruht auf Mondjahren, und zwar (wird der Monatsanfang bestimmt) aufgrund der Sichtbarkeit des Neumondes, nicht aufgrund einer (astronomischen) Berechnung. Alle Anhänger des Islams benutzen sie. Daß dieser Zeitpunkt (die Hiğra) festgesetzt wurde (als Epoche des Kalenders) und nicht die Geburt, die Sendung oder der Tod des Propheten, kam so: Man legte Umar ibn al-Hattab [dem zweiten Kalifen, 634–44] – nach der Überlieferung von Maimun ibn Mihran [Steuereinnehmer in der Ğazira] – eine Zahlungsanweisung [über eine Besoldungszahlung] vor, welche auf den Monat Šaʿban datiert war. Umar fragte: Welcher Šaʿban, der laufende oder der nächste? Darauf versammelte er die Gefährten des Propheten und fragte sie um Rat, wie man dieser plötzlichen Verlegenheit in der Frage der Zeitrechnung begegnen solle. ..." Nach anderen Zeugnissen gab eine Rückfrage des Gouverneurs von Kufa, Abu Musa al-Ašʿari, an Umar den Anstoß zu diesen Überlegungen. Die Verwendung älterer Ären – wie der seleukidischen oder der sasanidischen – wurde aus praktischen Gründen abgelehnt. Aber die Erfordernisse der Administration drängten zu einer Entscheidung: „Umar hatte die Diwane [Register der Dotationsempfänger aus dem Eroberungsgut] aufgestellt, die Bodensteuern und andere Gesetze erlassen; er brauchte eine Datierung, aber er schätzte die älteren Methoden nicht. Darum sammelte er (Sachverständige) um sich und ließ sich beraten. Als der klarste, zweifelsfreiste und unbedenklichste Termin erwies sich das Datum der Hiğra, die Ankunft (des Propheten) in Medina; dies war am Montag, dem 8. Rabi I [20. September 622]; der erste des Jahres war ein Donnerstag [1. Muharram = 15. Juli 622], und dieser Tag wurde zur Epoche der Datierung gemacht. Das geschah im Jahre 17 nach der Hiğra."

al-Biruni (973–c. 1050): Chronologie orientalischer Völker (al-Atar al-baqiya). Hrsg. v. C. Eduard Sachau. Leipzig 1878. S. 29–30.

Der islamische Kalender wurde nach dem oben gegebenen Bericht des Astronomen al-Biruni und anderen Quellen im Jahre 638 n. Chr. eingeführt und blieb seither in allen islamischen Ländern die offizielle Zeitrechnung. Heute wird er vom gregorianischen Kalender des Westens im

Wirtschaftsverkehr und auch im alltäglichen Gebrauch zusehends verdrängt, spielt jedoch als Grundlage des islamischen Festkalenders auch im öffentlichen Leben nach wie vor eine bedeutende Rolle.

Das islamische Jahr ist ein „Mondjahr": Die astronomische Grundeinheit ist der synodische Monat, die Periode zwischen einem und dem nächstfolgenden Neulicht *(hilal)*, der ersten Sichtbarkeit des Mondes. Die mittelalterlichen Astronomen datierten allerdings den Monatsersten, und damit auch den Ärabeginn, auf den wahren Neumond (die Konjunktion zwischen Mond und Sonne, während derer der Mond noch unsichtbar ist), also auf den vorhergehenden Tag. Eine zweifelsfreie Umrechnung islamischer Daten auf unseren Kalender ist daher nur möglich, wenn der Wochentag bekannt ist. Der Historiker hat aber in den meisten Fällen die Rechnung nach dem Neulicht vorauszusetzen. Zu beachten ist auch, daß der Kalendertag mit dem Sonnenuntergang beginnt und bei Sonnenuntergang des folgenden Tages endet.

Die genaue Länge des Mondjahres aus zwölf synodischen Monaten beträgt 29,5306 × 12 = 354,367 Tage. Weder der Monat noch das Jahr ist also ein ganzzahliges Vielfaches der Tageseinheit. Zum Ausgleich läßt man Monate von 30 und 29 Tagen miteinander abwechseln und fügt in einem Zyklus von 30 Jahren elf mal (nämlich am Ende des 2., 5., 7., 10., 13., 16. [oder auch 15.], 18., 21., 24., 26. und 29. Jahres) einen Schalttag (*yaum kabs*) hinzu:

al-Muharram	(30 Tage)
Safar	(29 Tage)
Rabi I	(30 Tage)
Rabi II	(29 Tage)
Ǧumada I	(30 Tage)
Ǧumada II	(29 Tage)
Raǧab	(30 Tage)
Šaʿban	(29 Tage)
Ramadan	(30 Tage)
Šauwal	(29 Tage)
Du l-Qaʿda	(30 Tage)
Du l-Hiǧǧa	(29, in Schaltjahren 30 Tage)

Der letzte Monat des Jahres ist der Monat der Pilgerfahrt *(haǧǧ)* nach Mekka; der 10. Du l-Hiǧǧa, das Opferfest der Mekkapilger, ist der höchste islamische Feiertag (*id al-adha,* auch *al-id al-kabir,* türk. *büyük bayram* „das große Fest"). Der zweite kanonische Feiertag ist das Fest des Fastenbrechens (*id al-fitr,* auch *al-id as-sagir* „das kleine Fest", türk.

küçük bayram, şeker bayramı) am 1. Šauwal, mit dem das Fasten des Monats Ramadan zum Ende kommt – ein besonders freudiger Anlaß. Ein volkstümliches Fest, erst im Laufe des Mittelalters lokal aufgekommen und ausgestaltet, ist auch der Geburtstag des Propheten *(maulid an-nabi)* am 12. Rabi I.

Das Ausgangsdatum, die „Epoche", der islamischen Ära ist der 1. Muharram des Jahres, in welchem Muhammad mit seinen Anhängern von Mekka nach Medina emigrierte. Dieser Tag wird in astronomischer Chronologie auf den 15. Juli 622 A.D., sonst auch auf den 16. Juli berechnet. Wegen einer geringfügigen Verschiebung der wahren Mondphasen gegenüber dem Mondkalender nach der Epoche 15. Juli setzte sich später in der osmanischen Periode allgemein die Rechnung nach der Epoche 16. Juli durch. In Zweifelsfällen kann, wie schon gesagt, nur die Angabe des Wochentages den Ausschlag geben. Die Hiğra, die Emigration selbst, kam am 21. September 622 mit der Ankunft des Propheten in Medina zum Abschluß. In Medina wurde das erste islamische Gemeinwesen errichtet, wurde die Rechts- und Staatsordnung begründet; hier wurden auch neue Weisungen für die Zeitrechnung gegeben: „Gott ist es, der die Sonne zur Helligkeit (am Tag) und den Mond zu Licht (bei Nacht) gemacht und Stationen für ihn bestimmt hat, damit ihr über die Zahl der Jahre und die Berechnung (der Zeit) Bescheid wißt" (Koran, Sure 10, Vers 5). Im vorislamischen Arabien wurde – wie bei allen semitischen Völkern des alten Orients – ein Lunisolarkalender benutzt: ein Mondkalender, der in gewissen Abständen durch Einschaltung eines ganzen Monats an den Kalender des Sonnenjahrs angepaßt wurde. Das Verbot der Interkalation des Schaltmonats, des *nasi*, im Koran (Sure 9, V. 37) hatte wohl vor allem religionspolitische Gründe. Die alte Praxis war mit dem Fest- und Marktkalender des altarabischen Heidentums verbunden; überdies war die Regulierung ein Privileg bestimmter Familien. Für die Bestimmung länger zurückliegender Daten orientierte man sich vor dem Islam an denkwürdigen Ereignissen. So soll Muhammad im „Jahr des Elefanten" geboren sein, dem Jahr, in dem der abessinische Gouverneur von Jemen mit einem Heer, das auch afrikanische Elefanten mitführte, gegen Mekka zog. Es wird auf das Jahr 570 n. Chr. berechnet, aber eine genaue Kalenderüberlieferung fehlt ebenso wie überhaupt jede schriftliche Geschichtstradition. Demgegenüber war die Hiğra nicht nur ein markantes, sondern das erste genau bestimmbare Datum des Islams. Die Hiğra bot sich daher als Anhaltspunkt der Epoche an; schon deshalb, weil seither der Prophet das unumstrittene politische Oberhaupt der Gemeinde geworden war. Auch die alten Ären des Orients datierten vom Regierungsantritt der Dynastie oder – in Iran – jedes einzelnen Herrschers. Eingeführt wurde die Hiğra-Ära jedoch erst, wie wir gesehen haben, unter dem Kalifen Umar (634–44); das von al-Biruni und anderen angegebene Datum (17. n.d.H. = 638 n.Chr.) wird durch eine in Damaskus geprägte Münze desselben Jahres bestätigt. Die Regierung des wachsenden Reiches verlangte nach einer einheitlichen Datierung von Erlassen, Urkunden und Münzen; zunächst hatten sich die arabischen Eroberer des Verwaltungsapparates, des Steuer- und Münzwesens der gewonnenen Länder, so auch der lokalen Kalenderären bedient. Jene Ären rechneten sämtlich nach Sonnenjahren und wurden zur praktischen Orientierung wie auch zur Erhaltung der Kontinuität noch für einige Jahrzehnte neben der neuen Ära bemutzt. Die Reformen des Umaiyadenkalifen Abdalmalik (685–705) führten zur Vereinheitlichung, Arabisierung und Islamisierung der Administration und verhalfen auch dem islamischen Kalender bald zu allgemeiner Geltung.

Zu den anfangs konkurrierenden Ären gehörten die Yazdgird-Ära in Iran (nach der Thronbesteigung des letzten Sasanidenkönigs Yazdgird III., 632 n.Chr.); die seleukidische Ära, arab. auch „Alexander-Ära" (beginnend mit dem 1. Oktober 312 v.Chr.) im hellenistischen Vorderen Orient; vor allem in Ägypten die diokletianische Ära (nach dem Regierungsantritt Diokletians am 29. August 284 n.Chr.). Die hellenistische Zeitrechnung blieb bei den Christen der islamischen Welt für den Kalender des Kirchenjahres und im internen Verkehr der Minderheiten weiter im Gebrauch: Die Kopten rechneten nach der diokletianischen Ära (wegen der Christenverfolgung Diokletians auch „Märtyrerära" genannt), und im übrigen Vorderen Orient erhielt sich mit dem seleukidischen Kalender das dort verwendete julianische Jahr (damit auch die aramäischen Monatsnamen, die bis heute im arabischen Sprachgebrauch die Monate des Sonnenjahres bezeichnen).

Das Jahr des Mondkalenders ist mit 354,367 Tagen gegenüber dem tropischen oder Sonnenjahr mit 365,2422 mittleren Sonnentagen um 10,875 Tage kürzer. Der Beginn des islamischen Jahres verschiebt sich also gegenüber dem des Solarkalenders jährlich um etwa 11 Tage nach rückwärts und fällt nach 33 Jahren wieder auf etwa dasselbe solare Datum, d.h. 33 Mondjahre entsprechen etwa 32 Sonnenjahren. Für eine grobe Umrechnung von Jahren nach der Hiğra (H) in Jahre nach Christi Geburt (C) ergeben sich daraus und aus dem Ärabeginn die Näherungsgleichungen:

$H \cdot \frac{32}{33} + 622 \simeq C \qquad (C - 622) \cdot \frac{33}{32} \simeq H$

Für Überschlagsrechnungen ist zu merken, daß die Differenz für 100 Mondjahre etwa 3 Sonnenjahre ausmacht, z. B. ist 1400 H. $\simeq 1400 - (3 \cdot 14) + 622 \simeq 1980$ n. Chr. Genaue Rechnung ergibt, daß das Jahr 1400 des islamischen Kalenders bereits am 21. November 1979 begann und am 8. November 1980 endete; es fiel also, wie die weitaus meisten Hiğra-Jahre, auf zwei aufeinanderfolgende Jahre unserer Zeitrechnung. Für genaue Konversionen wurden Tabellen berechnet, welche die bequeme Bestimmung jedes Datums und seines Wochentages ermöglichen. Die bei uns bekanntesten und umfassendsten sind die ‚Vergleichungstabellen' von F. Wüstenfeld und E. Mahler [73.02], denen in ihrer neusten Bearbeitung auch Tabellen anderer orientalischer Ären beigegeben sind. Historische Daten werden meist in der Form angegeben, daß man neben das Hiğra-Jahr, durch einen Schrägstrich getrennt, das entsprechende Jahr (oder die beiden Jahre) nach Christi Geburt stellt (z. B. 132/749–50).

Die laufende Verschiebung des Mondkalenders gegenüber den Jahreszeiten des Sonnenjahres machte ihn für Wirtschaft und Verwaltung denkbar ungeeignet – so mußten die Termine für die Ernteabgaben aus der Bodensteuer laufend neu bestimmt werden. Schon im Mittelalter gab es daher verschiedentlich Ansätze (erstmals im 4./10. Jahrhundert) zu einer Kalenderreform. Auch die Seleukidenära blieb aus diesem Grunde in Gebrauch, ebenso der persische Solarkalender in Iran, hier neu geregelt durch den Seldschuken Malik-Šah (sog. Ǧalali-Ära ab 1079). Im osmanischen Reich wurde seit 1677 n. Chr., offiziell ab 1789, für die Steuererhebungen ein sog. Finanzjahr (Maliye-Jahr) eingeführt, das am 1. März begann, im übrigen mit dem julianischen Kalender übereinstimmte. Die Zählung folgte derjenigen des Mondkalenders nach der Hiğra (nach dem islamischen Jahr, in das der 1. März fiel) und übersprang zum Ausgleich jedes 33. Jahr in der numerischen Folge.

Während die Türkei am 1. März 1917 den gregorianischen Kalender einführte, griff Rida Šah Pahlawi in Iran seit 1925 auf das alte persische Sonnenjahr mit Beginn am Frühlingsäquinoktium (Nauruz, 21. März) zurück. Die Rechnung des neupersischen Kalenders ist dem gregorianischen angepaßt; die Zählung beginnt jedoch mit dem Jahr der Hiğra. Die Konversion dieser „Sonnen-Hiğra-Jahre" (*hiğri šamsi*, H. Š.) in Jahre n. Chr. ist einfach: HŠ + 621 = C (für Daten zwischen 21. 3. und 31. 12.); HŠ + 622 = C (1. 1. bis 20. 3.).

VIII. Zeittafel

Bearbeitet unter Mitwirkung von Annegret Ellerichmann und Esther Peskes.

Unser Datengerüst der islamischen Geschichte ist auf vielfältige Quellenangaben gestützt. Aber nicht jedes historische Datum wird durch Primär- oder Traditionsquellen genau und verläßlich überliefert. Manche Unsicherheiten liegen im islamischen Mondkalender (Datierung nach der Hiǧra von 622, s. o. S. 186) begründet: in Schwankungen des angenommenen Ärabeginns, unterschiedlicher Beobachtung oder Berechnung des Neumonds, fraglicher Datierung der Stunden nach Sonnenuntergang. Oft genug sind die Angaben der Quellen lückenhaft oder ungenau. Das Annalenschema vieler älterer Chroniken der Reichs- und Provinzialgeschichte ist nicht immer ein Vorteil, denn es enthält einen gewissen Datierungszwang, also eine nur scheinbare Genauigkeit. Andererseits werden Regionen, die vom Blickpunkt des Annalisten am Rande liegen, oft nur dann berücksichtigt, wenn sie infolge umwälzender, bedrohlicher Ereignisse ins Visier des Souveräns geraten – dann erst wird die zurückliegende Entwicklung mehrerer Jahre zusammenfassend nachgetragen. Den Hofchronisten (seit dem Ende des 10. Jahrhunderts die Mehrzahl der Historiker) gebietet das Interesse des Herrschers, Gebiets- und Prioritätsansprüche der Dynastie von seiner Warte aus darzustellen; das ist nicht immer die Geschichte, wie sie wirklich gewesen ist. Hier bedarf es also auch der Hilfswissenschaften, des Studiums der Primärquellen. Originalurkunden sind aus der Zeit vor dem Mongolensturm kaum erhalten, in größerer Zahl erst seit dem 16. Jahrhundert (ausgenommen die ägyptischen Papyri). Dagegen haben wir schon aus der Frühzeit eine Fülle von Inschriften (ein Katalog datierter Inschriften ist das ‚Répertoire chronologique d'épigraphie arabe' [14.18]) und zahllose Münzen mit ihren Angaben über Prägeherren und Prägedaten, die uns für die Herrscherdaten der kleineren Lokaldynastien und für die Amtszeiten von Provinzgouverneuren und anderen hohen Beamten oftmals die einzigen Informationen liefern. Chronologische Herrschertafeln der islamischen Dynastien sind darum vor allem von Numismatikern erarbeitet worden, so die umfassende von Ed. Zambaur [60.03]. Neue Entdeckungen und Untersuchungen führen noch stets zu Korrekturen; der jüngste Forschungsstand wurde zuletzt in dem kleinen Handbuch von C. E. Bosworth [60.02] berücksichtigt. – Für die Daten der Literatur- und Kulturgeschichte bieten die alten biographischen Lexika der einheimischen Tradition (seit dem 12. Jahrhundert auch die Obituarien der historischen Annalen) reiches Material, überliefern jedoch zumeist nur die Todesjahre der Gelehrten und Literaten.

Die folgende Datenübersicht greift auf eine Reihe kleinerer und größerer Zeittafeln in verschiedenen Gesamtdarstellungen und Monographien zurück. Dankbar benutzt wurden, neben dem bereits genannten Werk von Bosworth [60.02], die Tabellen in Brockelmann [13.01], Cahen [13.07], Duri [40.04], Grunebaum [13.06, 13.08], Inalcik [67.03], Lewis [14.30], Setton [65.17] und Spuler [66.09] und (besonders für die Geschichte des Osmanischen Reiches) der detaillierte Abriß von Kissling [13.10]. Für die Zeit nach 1918 sind lediglich Daten der Bildung und Proklamation unabhängiger Staaten im Nahen und Mittleren Osten und Nordafrika aufgeführt.

1. Arabien vor dem Islam

4.–6. Jh.	Arabien im Vorfeld der Kriege zwischen Rom/Byzanz und Persien und der von ihnen gelenkten Auseinandersetzung zwischen Abessinien und Südarabien.
	Arabische Pufferstaaten:
Ende 3. Jh. – 602	Die Lahmiden von al-Hira, Vasallen der Sasaniden im Irak.
502–614	Die Gassaniden, Phylarchen der Byzantiner an der syrischen Grenze.
6.–7. Jh.	Beduinisierung und wirtschaftlicher Zusammenbruch Südarabiens. Byzanz und Persien versuchen, über Abessinien und Südarabien die Arabische Halbinsel und den Transithandel unter ihre Kontrolle zu bringen.
	Aufschwung des Handels von Mekka. Aufstieg der kaufmännischen Aristokratie des Stammes Quraiš.
bis 528	al-Harit ibn Amr (Arethas), König der Kinda auf dem Höhepunkt ihrer Macht in Nordarabien.
503–54	Der Lahmide al-Mundir III. ibn an-Nuʿman von al-Hira.
525	Tod des jüdischen Königs Du Nuwas von Jemen; Südarabien wird abessinische Kolonie.
529–69	Der Gassanide al-Harit IV. ibn Ǧabala, Patricius und Phylarch der Araber, besiegt 554 Mundir III.
570 (?)	Dritter Bruch des Staudammes von Ma'rib; Ende der altsüdarabischen Hochkultur. Der abessinische Gouverneur von Jemen,

	Abraha, führt einen mißglückten Angriff gegen Mekka („Jahr des Elefanten"), gerichtet gegen die Autorität und Wirtschaftsmacht des Heiligtums.
	Geburt Muhammads aus dem Stamm der Quraiš in Mekka.
575	Der Jemen wird sasanidische Provinz (ab 598 unter persischen Satrapen).
602	Ende der Lahmiden von Hira.
610 (?)	Arabische Stämme besiegen ein arabisch-persisches Heer bei Du Qar im Irak.

2. Muhammad

610 (?)	Muhammad erfährt die erste Offenbarung und tritt in Mekka als Prophet des Islams auf. Verkündigung des Korans.
613 (?)	Beginn der öffentlichen Predigt.
615 (?)	Emigration einer Gruppe von Muslimen nach Abessinien.
616–19	Boykott der Quraiš gegen den Clan Muhammads (die Banu Hašim).
620–22	Angehörige der Stämme Aus und Hazrağ von Yatrib (Medina) bekehren sich zum Islam und verhandeln mit Muhammad mit dem Ziel, ihn zum Führer ihres von Fehden zerrütteten Stammesverbandes zu erheben.
622	Die Hiğra: Emigration Muhammads und seiner Anhänger nach Yatrib (nun: Madinat an-Nabi, al-Madina „die Stadt des Propheten"). Begründung des ersten islamischen Gemeinwesens; soziale und wirtschaftliche Reformen. Ausgangsdatum der islamischen Zeitrechnung.
624	Expedition von Badr: Sieg der Muslime über die Quraiš von Mekka.
625	Niederlage Muhammads gegen die Mekkaner am Berge Uhud. Vertreibung des jüdischen Stammes der Banu n-Nadir.
626	Expedition nach Dumat al-Ǧandal gegen Stämme im syrischen Grenzgebiet.
627	Vergebliche Belagerung Medinas durch die Quraiš (der „Grabenkrieg", al-Handaq). Vernichtung der jüdischen Banu Qurayza. Unterwerfung der Kalb bei Dumat al-Ǧandal.
628	Der Vertrag von Hudaibiya öffnet den Muslimen den Zutritt zum Heiligtum von Mekka (erste Pilgerfahrt 629).
	Eroberung der jüdischen Oase Haibar.
629	Erfolglose Expedition gegen byzantinisches Gebiet (Mu'ta).
630	Kampflose Eroberung von Mekka.
630–32	Unterwerfung der Stämme der Arabischen Halbinsel. Schlacht von Hunain. Belagerung von at-Ta'if. Feldzug gegen Tabuk (Gassaniden, Vasallen von Byzanz).
632	Abschiedswallfahrt und Tod des Propheten Muhammad.

3. Das Kalifat bis zum Ende der Umaiyaden

a) Die Zeit der „orthodoxen" Kalifen. Die Entstehung des arabischen Reiches

632–34 Abu Bakr, der erste Kalif *(ḫalifa)*, stellt gegen die Abfallsbewegung der Stämme die Autorität der islamischen Regierung in ganz Arabien wieder her und sendet arabische Eroberungsheere nach Mesopotamien und Syrien.

633 Eroberung von Südmesopotamien.

634 Sieg bei Ağnadain (Palästina) über die Byzantiner.

634–44 Der Kalif Umar ibn al-Hattab. Die Muslime unterwerfen Ägypten, Palästina, Syrien, Mesopotamien und Persien. Militärische Niederlassungen und Anfänge islamischer Staats- und Finanzorganisation in den eroberten Ländern.

635 Damaskus ergibt sich den Muslimen.

636 Schlacht am Yarmuk: Niederlage einer starken byzantinischen Armee gibt Syrien in die Hand der Muslime. Endgültige Besetzung von Damaskus.

636 (?) Die Araber unter Saʿd ibn Abi Waqqas überwältigen in der Schlacht von Qadisiya (bei Hira) eine sasanidische Armee, gewinnen den Irak westlich des Tigris und durch den Sieg bei Ğalula die Hauptstadt Seleukia/Ktesiphon.

638 Konzil von Ğabiya (Syrien): Umar berät mit den Prophetengenossen über Verteilung und Verwaltung der erbeuteten Besitztümer; daraufhin Einrichtung des *Diwan* (Heereslisten, Grundlage der Dotationen) um 640.

Eroberung von Jerusalem.

Die Garnisonsstädte Basra (gegr. 635) und Kufa werden Zentren der Militärverwaltung des Irak und Ausgangspunkt der weiteren Eroberungszüge nach Osten und Norden.

639–42 Eroberung Ägyptens (642 Einnahme von Alexandria) durch Amr ibn al-As.

640 Einnahme des Seehafens Caesarea in Palästina; Ende der byzantinischen Präsenz in Syrien.

640–42 Eroberung von Persien (640 Chusistan; 641 Entscheidungsschlacht von Nihawand im Zagros).

641 Eroberung von Mosul (Obermesopotamien) und von Babylon in Ägypten (arabische Garnison Fustat, beim späteren Kairo).

642 Eroberung von Alexandria. Feldzug nach Barqa (Tripolitanien, 642–3).

643 Kampagnen nach der Küste von Makran und nach Südost-Iran.

644 Ermordung Umars.

644–56 Kalifat Utmans. Fortsetzung der Eroberungen in Nord- und Ostiran und Nordafrika; innere Konflikte des islamischen Staates um Führungs- und Besitzprivilegien.

ab 645	Anfänge arabischer Seemacht, gerichtet gegen Byzanz.
645–6	Alexandria von den Byzantinern zurückerobert, von den Muslimen erneut eingenommen.
647	Eroberung von Tripolitanien. Erste arabische Feldzüge in Nordafrika.
649	Beginn des Seekriegs gegen Byzanz und Eroberung Zyperns.
649–50	Eroberung von Persepolis, Hauptstadt der Persis (Fars) und Zentrum des Zarathustrismus.
651	Yazdgird III., der letzte Sasanide, auf dem Rückzug in Chorasan ermordet.
652	Unterwerfung von Armenien. Die byzantinische Flotte wird vor Alexandria zurückgeschlagen. Angriff auf sizilianische Häfen. Vertragsschluß mit Nubien.
um 653	Utman veranstaltet offizielle Redaktion des Korantextes.
655	Muslimische Seemacht vernichtet die byzantinische Flotte vor Kleinasien.
656	Ermordung Utmans, veranlaßt durch Protestbewegung gegen seine Personal- und Finanzpolitik.
656–61	Kalifat des Ali, Vetter und Schwiegersohn des Propheten; Regierungssitz in Kufa. Bürgerkrieg zwischen der Partei (Schia) Alis und seinen Gegenspielern von den Quraiš.
656	Ali siegt in der ,,Kamelschlacht" bei Basra über politische Gegner (Talha, Zubair, A'iša).
657	Schlacht von Siffin zwischen Ali und Mu'awiya.
658	Schiedsgericht von Adruh zwischen Ali und Mu'awiya verweigert Ali Legitimation im Amt. Die syrischen Truppen huldigen Mu'awiya. Protest im Lager Alis gegen das Schiedsgericht und ,,Auszug" der Opponenten aus Kufa: Partei der Charidschiten (Hawariğ), von Ali bei Nahrawan geschlagen, doch unter arabischen Beduinen und Siedlerstämmen verbreitet. Wachsende Gefahr durch soziale Spannungen im Irak.
661	Ermordung Alis durch Charidschiten; sein Sohn Hasan verzichtet auf das Kalifat. Beginn der Herrschaft der arabischen Umaiyaden-Dynastie (bis 750).

b) Das Kalifat der Umaiyaden

661–80	Kalifat des Umaiyaden Mu'awiya ibn Abi Sufyan. Damaskus wird neue Hauptstadt. Anfang der zweiten großen Expansionsperiode.
662–75	Ziyad ibn Abihi Statthalter im Irak (Basra) und Gouverneur der ehemals sasanidischen Provinzen.
667	Die Araber besetzen Chalkedon, bedrohen Byzanz und überfallen Sizilien.
670	Beginn der Operationen gegen die Berber und der Eroberung Nordafrikas durch Uqba ibn Nafi. Gründung von Kairuan.

672 Beginn der „siebenjährigen" arabischen Belagerung von Konstantinopel.

680–683 Kalifat Yazids I., Sohn des Muʿawiya.

680 Husain ibn Ali führt den Aufstand der alidischen Partei in Kufa und wird bei Kerbela getötet. Sein Martyrium macht ihn zur Zentralgestalt der Schia.

683–92 Der zweite Bürgerkrieg. Nach dem Tode Yazids (683–84 Kalifat Muʿawiyas II.) errichtet Abdallah ibn az-Zubair ein Gegenkalifat im Hiǧaz. Unter Marwan I. gewinnen die Umaiyaden in der Schlacht von Marǧ Rahit (684) Syrien zurück. In Kufa versucht Muhtar, die Herrschaft der Aliden durchzusetzen. Abdalmalik (685–705), Marwans Sohn, stellt die Kontrolle über alle islamischen Provinzen wieder her.

684–85 Kalifat Marwans I. Verschärfte Stammesfehden führen zum Kampf zwischen den Stammeskonföderationen der Kalb (Bündnispartner des Kalifen) und der Qais bei Marǧ Rahit (684).

684–86 Pestepidemie in Mesopotamien, Syrien, Ägypten.

685–87 Religiös und sozial motivierter Aufstand der Schia unter Muhtar im Irak im Namen des Aliden Muhammad ibn al-Hanafiya.

685–705 Kalifat des Abdalmalik. Epoche administrativer Reformen.

691 Bau der Umar-Moschee (Felsendom) in Jerusalem. Musʿab ibn az-Zubair, Bruder des Prätendenten Abdallah ibn az-Zubair und dessen Gouverneur im Irak, getötet. Abdalmalik erobert den Irak.

692 Einnahme Mekkas durch al-Haǧǧaǧ ibn Yusuf. Ende des Gegenkalifats des Abdallah ibn az-Zubair.

694–714 al-Haǧǧaǧ ibn Yusuf, Statthalter im Irak, befriedet die von Sektenkämpfen und Aufständen erschütterte Provinz. Administrative und wirtschaftliche Neuordnung.

698 Endgültige Vertreibung der Byzantiner aus Karthago.

ab 698 Münzreform: Ablösung der sasanidischen und byzantinischen Prägungen durch Münzen mit arabisch-islamischer Legende. Einführung des Arabischen als Kanzleisprache.

701 Revolte des Ibn al-Ašʿat in Südpersien und im Irak.

705 Umbau der Johanneskirche in Damaskus und Ausgestaltung zur Umaiyaden-Moschee.

705–15 Kalifat al-Walids I. Konsolidierung und größte Expansion des Reiches.

711 Tariq ibn Ziyad fällt in das südliche Spanien ein; Beginn der Eroberung des Andalus. Vernichtung des Gotenheeres unter König Roderich am Wadi Bakka.
Eroberung von Sind (Multan) durch Muhammad ibn al-Qasim.

712 Qutaiba ibn Muslim, arabischer Gouverneur von Chorasan, erobert Chawarasm und Transoxanien. Beginnende Islamisierung der innerasiatischen Kulturzentren (Buchara, Samarkand).

715–17 Kalifat Sulaimans. Erfolglose Belagerung von Byzanz.

717–720 Kalifat Umars II. Steuerreform zum Ausgleich sozialer Spannungen und Abwehr der Landflucht: Befreiung der bekehrten Nicht-

	araber (Mawali) von der Kopfsteuer *(ǧizya)*, aber nicht von der Grundsteuer.
719	Cordoba wird Residenz der arabischen Gouverneure des Andalus.
720–24	Kalifat Yazids II.
724–43	Kalifat Hišams. Ausbeutungspolitik in Transoxanien und Nordafrika begünstigt Oppositionsbewegungen.
725	Erster Steueraufstand der Kopten.
728	Tod des Predigers und Theologen Hasan von Basra.
732	Schlacht von Tours und Poitiers (Karl Martell). Rückzug der Araber in das südliche Rhônetal; 737 zweiter Feldzug Karl Martells, erfolglose Belagerung Narbonnes (759 aufgegeben).
734–46	Aufstand des Harit ibn Suraiǧ in Chorasan: Forderung von Steuergerechtigkeit und gleichem Sold für Araber und Mawali.
740	Aufstand des Zaid ibn Ali in Kufa. Berberrevolten unter charidschitischer Führung.
743–44	Kalifat al-Walids II. Zwistigkeiten und Kämpfe unter den Umaiyaden.
744	Kalifat Yazids III. Abu Muslim beginnt mit der offenen antiumaiyadischen Agitation zugunsten der Abbasiden in Chorasan.
744	Kalifat Ibrahims.
744–47	Anti-umaiyadische Revolte von Abdallah ibn Muʿawiya mit starker Beteiligung der Mawali.
744–50	Marwan II., zunächst Prätendent gegen Yazid III. und Ibrahim, geht aus den Nachfolgekämpfen der Umaiyaden als letzter Kalif der Dynastie hervor; versucht Konsolidierung durch Neuordnung der Armee, doch unterliegt der Revolution der Abbasiden.
745	Pestepidemie im Irak, in Obermesopotamien und in Syrien.
746	Aufstände der Kalb in Syrien und der Charidschiten im Irak.
747	Die Revolutionäre unter Abu Muslim entfalten in Chorasan das schwarze Banner der Abbasiden.
748	Qahtaba besiegt den umaiyadischen Gouverneur von Chorasan.
749	Ganz Persien unter abbasidischer Herrschaft; Besetzung Kufas.
749–50	Die abbasidische Revolution beendet das Kalifat der Umaiyaden; 749–1258 Kalifat der abbasidischen Dynastie (Banu l-Abbas).

4. Das Kalifat der Abbasiden und seine Nachfolgestaaten bis zur Mitte des 11. Jahrhunderts

749–54	Kalifat des Abu l-Abbas as-Saffah. Der letzte Umaiyadenkalif Marwan II. wird in der Entscheidungsschlacht am großen Zab vernichtend geschlagen und fällt in Ägypten (750). Massaker an der Umaiyadenfamilie und ihren hohen Beamten.
751	Schlacht bei Atlah am Talas: Araber schlagen eine chinesische Armee in Zentralasien und lernen von Kriegsgefangenen das Papier kennen; Herstellung von Papier in Samarkand.
754–75	Kalifat des Mansur.

Loslösung von der radikalen Schia; Aufstände alidischer Prätendenten.

Bildung eines stehenden Heeres aus Chorasaniern. Das Amt des Post- und Informationsministers *(sahib al-barid wal-habar)* wird zu einem zentralen Kontrollorgan ausgebaut.

755 al-Mansur läßt Abu Muslim ermorden.

755–88 Abdarrahman I., Emir von Cordoba seit 756, begründet die spanische Umaiyaden-Dynastie (755–1031). Zunächst tragen die Herrscher den Titel Emir, ab 929 den Kalifentitel.

Anhaltende Unruhen durch die Rivalität arabischer Stämme miteinander und mit neubekehrten Muslimen.

756 (?) Hinrichtung des iranischen Schriftstellers Abdallah ibn al-Muqaffa, Übersetzer persischer Literatur (Fürstenspiegel, Geschichtswerke) ins Arabische.

762–63 al-Mansur gründet Bagdad als Hauptstadt des Abbasidenreiches; wirtschaftliches und kulturelles Zentrum der islamischen Welt.

Alidische Aufstände im Irak und in Medina (Muhammad ibn Abdallah).

765 Tod Ǧaʿfar as-Sadiqs, Imam der husainidischen Linie der Schia; nach seinem Tod beginnt die Spaltung der Schia.

767 Tod Abu Hanifas, Autorität der nach ihm benannten irakischen Rechtsschule der Hanafiten.

767 (768?) Tod des Historikers Ibn Ishaq, Verfasser der klassischen Muhammad-Biographie *(Sira)*.

775–85 Kalifat des Mahdi; die iranischen Barmakiden als Wesire (bis 803); Kampf gegen neue mazdakitische und manichäische Sekten.

776–79 Erhebung des Muqanna in Chorasan.

777–909 Charidschitisches Fürstentum der Rustamiden in Tahart (Westalgerien).

778 Fehlschlag der Expedition Karls des Großen im Baskenland und Vernichtung von Teilen seines Heeres unter Roland bei Roncesvalles.

785–86 Kalifat des Hadi.

Bau der großen Moschee von Cordoba.

786 (?) Tod des Halil ibn Ahmad (n. a. 776 od. 791), Grammatiker, Lexikograph und Prosodist. Sein Schüler Sibawaih schafft die erste systematische Grammatik des Arabischen.

786–809 Kalifat des Harun ar-Rašid. Das Amt des obersten Richters (Qadi l-Qudat) wird geschaffen. Abu Yusuf verfaßt das ‚Buch der Grundsteuer'. Höhepunkt des Kalifats und Blüte der arabischen Literatur und Wissenschaft.

789–926 Die Idrisiden, alidische Dynastie in Marokko.

795 Tod des Malik ibn Anas, Jurist in Medina, Autorität der malikitischen Rechtsschule.

796–822 al-Hakam I. in Spanien; Aufstände in Cordoba, Stadtstaat in Toledo.

798 Tod des Juristen Abu Yusuf, neben Muhammad aš-Šaibani (gest. 805) der wichtigste Nachfolger Abu Hanifas.

800	Islamische Kaufleute in China (Kanton).
	Gründung einer Papierfabrik in Bagdad.
800–12	Ibn al-Aglab Gouverneur von Ifriqiya (Tunesien, Hauptstadt Kairuan). Aglabiden 800–909.
803	Sturz der Barmakiden, Wesire Harun ar-Rašids.
806	Eroberung von Tyana; arabischer Vorstoß bis nach Ankyra.
808	Gründung von Fes durch die Idrisiden.
809–13	Kalifat des Amin. Nach dem Tod Harun ar-Rašids wird das Reich unter seinen zwei Söhnen aufgeteilt. al-Amin unterliegt al-Ma'mun, der, von chorasanischen Truppen unterstützt, das Reich wiedervereinigt (813).
ab 810	Der Jurist aš-Šafiʿi, Schüler von Malik ibn Anas, lehrt in Bagdad; Systematisierung der Rechtsquellen.
813	Das chorasanische Heer unter Tahir ibn al-Husain belagert und erobert Bagdad für al-Ma'mun. Ermordung des Amin.
813–33	Kalifat des Ma'mun. Kulturelle und wissenschaftliche Blütezeit. Förderung von Übersetzungen der Werke griechischer Mathematiker, Ärzte und Philosophen. Unterdrückung der Traditionsfrömmigkeit der Ahl al-Hadit zugunsten der rationalistischen Dogmatik der Muʿtazila. Tendenzen zur Selbständigkeit in den Provinzen.
814 (815?)	Tod des Abu Nuwas, Repräsentant neuer Themen und Formen der arabischen Dichtung.
816	Tod des Sufi Maʿruf al-Karhi.
816–37	Revolte des Babak (mazdakitische Sekte der Hurramiya: Dualismus, Seelenwanderung) gegen Landadel und Araber in Aserbaidschan, ab 827 auch in Westpersien.
817	al-Ma'mun designiert in Merw den Imam Ali ar-Rida (gest. 818) zum Nachfolger: kurzlebiger Versuch der Aussöhnung mit den Aliden.
817–19	Gegenkalifat des Ibrahim ibn al-Mahdi in Bagdad. Nach der Unterwerfung des Prätendenten kehrt al-Ma'mun nach Bagdad zurück.
820	Tod des Šafiʿi, Autorität der Rechtsschule der Schafiiten.
821–73	Ostiran wird unter den Tahiriden als Statthaltern faktisch selbständig.
822–52	Abdarrahman II. von Cordoba.
823	Tod des Historikers al-Waqidi.
825 od. 826	Tod des Dichters Abu l-Atahiya.
827	Beginn der Eroberung Siziliens.
	al-Ma'mun verfügt die Mihna (Inquisition, fortgesetzt unter seinen Nachfolgern bis 848): Er erklärt die theologische Lehre der Muʿtazila für verbindlich; die Staatsgewalt tritt für die „Erschaffenheit" des Korans ein. Der Traditionarier Ahmad ibn Hanbal (780–855) wird als Vertreter des Widerstandes der Ahl al-Hadit gegen die rationalistische Dogmatik verfolgt.
829–30	Koptenaufstand in Ägypten.

831	Fall Palermos nach arabischer Belagerung (unter islamischer Herrschaft bis 1072).
833–42	Kalifat des Muʿtasim. Bildung einer Leibgarde aus türkischen u. a. Elitetruppen zum Schutz des Kalifen.
836	al-Muʿtasim gründet die Residenz- und Garnisonsstadt Samarra.
837	Die Rebellion der Hurramiya unter Babak (seit 816) in Aserbaidschan wird von der Armee des Kalifen unter dem Iraner al-Afšin niedergeschlagen.
841	Der General al-Afšin stirbt im Gefängnis (Anklage der Apostasie zum Zarathustrismus).
842–47	Kalifat des Watiq, letzter Vertreter der ungeschwächten abbasidischen Staatsgewalt.
844	Die Normannen fallen in Spanien ein und besetzen Sevilla.
847–61	Kalifat des Mutawakkil. Beendigung der Mihna; die Lehre der Ahl al-Hadit wird als Orthodoxie anerkannt, antirationalistische Reaktion. Verfolgung der Schia. Erster Kalif, der von seinen türkischen Prätorianern ermordet wurde.
um 847	Tod des Mathematikers und Geographen al-Hwarazmi.
852–86	Muhammad I. von Cordoba.
855	Tod des Ahmad ibn Hanbal, Lehrer des Hadit und Autorität der Rechtsschule der Hanbaliten.
857	Tod des Muhasibi, eines bedeutenden Lehrers islamischer Frömmigkeit und Theologie.
861–62	Kalifat des Muntasir. Ein Jahrzehnt türkischer Soldatenherrschaft beginnt.
861–945	Verfall der abbasidischen Staatsgewalt; die Provinzen lösen sich nach und nach vom Kalifat.
862–66	Kalifat des Mustaʿin, wie seine beiden Nachfolger völlig in der Hand der türkischen Garde.
865	Parteikämpfe der türkischen Generäle. Die Bevölkerung von Bagdad verteidigt die Stadt unter dem Kalifen gegen das türkische Heer aus Samarra.
866–69	Kalifat des Muʿtazz. Sturz und Ermordung des Mustaʿin.
867–911	Yaʿqub as-Saffar (867–79) und die Saffariden herrschen unabhängig in Sistan, gegen Ende des 9. Jh. im größten Teil Irans.
868	Tod des Autors al-Ǧahiz, Meister der arabischen Prosa und der anekdotisch-enzyklopädischen Adab-Literatur.
868–905	Ahmad ibn Tulun (868–83) und die Tuluniden als Statthalter in Ägypten selbständig. Ägypten löst sich vom Kalifat.
869	Tod des Muhammad ibn Kar(r)am, Lehrer der in Chorasan (um Nischapur) populären Karramiya-Sekte.
869–70	Kalifat des Muhtadi. Aufstand von Negersklaven (Zanǧ) im Südirak unter dem alidischen Führer Ali ibn Muhammad; Gründung eines autonomen Staates (869–83).
870	Tod des Buhari, Verfasser der angesehensten kanonischen Hadit-Sammlung.
870–92	Kalifat des Muʿtamid. Sein Bruder al-Muwaffaq stellt als Regent

	die kalifale Macht im Gebiet zwischen Syrien und Chorasan wieder her.
870 (?)	Tod des Kindi, erster großer islamisch-arabischer Philosoph und Naturwissenschaftler.
873	Ya'qub as-Saffar von Sistan nimmt den Tahiriden Chorasan.
	Tod des Nestorianers Hunain ibn Ishaq, der die Übersetzungstätigkeit medizinischer, naturwissenschaftlicher und philosophischer Werke aus dem Griechischen ins Arabische auf ihren Höhepunkt führt.
	Verschwinden des Zwölften Imams der Schia, der nach schiitischem Glauben als „Herr der Zeit" in der Verborgenheit (*gaiba*) wirkt, zurückerwartet als der Mahdi am Ende der Zeiten.
874 (?)	Tod des Sufi Abu Yazid al-Bistami.
875	Nasr I. ibn Ahmad (864–92) aus der Familie der Samaniden (Gouverneure von Chorasan seit 819) erhält vom Kalifen die Provinz Transoxanien (Buchara, Samarkand). Selbständige Regierung der sunnitischen Samaniden in Ostiran bis zum Ende des 10. Jh.. Kulturelle Blüte, Erwachen des iranischen Nationalbewußtseins und der neupersischen Literatur.
	Tod des Muslim ibn al-Ḥaǧǧaǧ, Verfasser einer kanonischen Hadit-Sammlung.
876	al-Muwaffaq schlägt Ya'qub as-Saffar bei Dair al-Aqul am Tigris.
877	Ahmad ibn Tulun, Gouverneur Ägyptens, besetzt Syrien. Baubeginn der Moschee des Ibn Tulun in seiner Lagerstadt al-Qata'i (Teil des heutigen Kairo).
878	Fall von Syrakus; die Araber entreißen den Byzantinern Sizilien.
879	Zerstörung der bedeutenden islamischen Handelsniederlassung im chinesischen Seehafen Kanton (Hanfu).
879–928	Umar ibn Hafsun und seine Söhne beunruhigen den spanischen Umaiyadenstaat.
883	Die Armee des Kalifen beseitigt den Staat der Zanǧ.
888–912	Abdallah, Umaiyadenkalif von Cordoba. Kampf gegen die Rebellen um Ibn Hafsun.
889	Tod des Philologen, Historikers und Theologen Ibn Qutaiba.
um 890	Die Karmaten, arabische Parteigänger der ismailitischen Schia, unter Führung von Hamdan Qarmat aktiv im Irak und in Syrien. Die zunehmende Militanz der radikalen Schia beschleunigt den Zusammenbruch des Kalifats.
892	Tod des Hadit-Gelehrten Muhammad at-Tirmidi; formulierte Regeln zur Bestimmung der Zuverlässigkeit von Isnaden (Überliefererketten).
892–902	Kalifat des Mu'tadid. Religiöse und politische Unruhen.
894	Gründung eines Karmaten-Staates im Osten der Arabischen Halbinsel.
897	Gründung des zaiditischen Staatswesens im Jemen.
900	Die Samaniden unter Isma'il (892–907) verdrängen die Saffariden aus Chorasan.

Förderung der persischen Sprache.

902–908 Kalifat des Muktafi. Stabilisierung der Macht des Kalifats im Gebiet zwischen Ägypten und Westiran. Nordafrika unter den Aglabiden und Ostiran unter den Samaniden sind autonome Provinzen. Kämpfe mit den Karmaten.

905–91 Die arabische Dynastie der Hamdaniden regiert (929–79 unabhängig) in der Ǧazira (oberes Mesopotamien, Hauptstadt Mosul). 945–1004 auch in Nordsyrien (Hauptstadt Aleppo); führt Grenzkriege mit Byzanz.

908–32 Nach Thronkämpfen und Tod des Rivalen Abdallah ibn al-Muʿtazz Kalifat des Muqtadir. Fortschreitende Entmachtung des Kalifats durch Wesire und Militärs.

909–72 Die Ismailiten verdrängen die Aglabiden aus Ifriqiya (Tunesien) und errichten das Fatimiden-Kalifat mit der Hauptstadt Mahdiya (Ubaidallah al-Mahdi 909–34).

910 Tod des Mystikers Ǧunaid.

912–61 Abdarrahman III. von Cordoba. Kämpfe gegen Fatimiden und Berber im Magrib. Das spanische Umaiyadenreich steht auf seinem Höhepunkt.

913–42 Der Samanide Nasr II. fördert die arabische und persische Kultur. Das samanidische Hoheitsgebiet hat seine größte Ausdehnung mit den Zentren in Chorasan und Transoxanien erreicht.

922 Kreuzigung des Mystikers al-Hallaǧ in Bagdad.

923 Tod des Korankommentators, Juristen und Historikers at-Tabari (geb. 838); seine Annalen fassen die bedeutendsten Quellen für die ältere islamische Geschichte zusammen.

925 (?) Tod des Arztes und Philosophen Abu Bakr Muhammad ibn Zakariya ar-Razi (Rhazes).

929 Abdarrahman III. von Cordoba nimmt den Kalifentitel an.
Tod des Astronomen al-Battani (Albatenius).

929–69 Emirat des Hamdaniden al-Hasan Nasir-ad-Daula von Mosul (Obermesopotamien)

930 Die Bahrain-Karmaten in Mekka: Massaker unter den Pilgern, Raub des Schwarzen Steines aus der Kaʿba. Eroberung Omans.

932–34 Kalifat des Qahir.

934–40 Kalifat des Radi. Die Macht des geschwächten Kalifen wird vom Oberemir (*amir al-umara*) der Armee usurpiert (936).
Die schiitische Militärfamilie der Buyiden aus Dailam am Kaspischen Meer erringt Herrschaft in Westiran.

935–69 Die Ihšididen, von dem Türken Muhammad ibn Tuǧǧ (935–46) gegründete Dynastie, in Ägypten und Syrien.

936 (?) Tod des Theologen al-Ašʿari, der die traditionistische Dogmatik der Ahl al-Hadit mit den Mitteln des Kalam systematisch begründete.

936 Muhammad ibn Ra'iq im Amt des Oberemirs in Bagdad, vereinigt Oberkommando der Armee mit finanzieller und administrativer Kontrolle des Reiches.

939	Abdarrahman III. wird von Ramiro von León bei Simancas geschlagen.
940	Rudaki, Hofdichter des Samaniden Nasr II. in Buchara, erster bedeutender Vertreter der neupersischen Poesie.
940–44	Kalifat des Muttaqi.
ab 941	Pestepidemie im Irak.
941	al-Maturidi stirbt in Samarkand; nach seinem Lehrer al-Aš'ari der zweite große Dogmatiker der Sunna, der die orthodoxe Lehre mit den Mitteln des Kalam verteidigte.
942	Der Hamdanide al-Hasan von Mosul Protektor des Kalifen, nach Ermordung Ibn Ra'iqs letzter arabischer Oberemir, erhält den Titel Nasiraddaula.
	Beginn des Zerfalls der samanidischen Herrschaft in Iran, eingeleitet durch Palastrevolutionen und Aufstände.
944–46	Kalifat des Mustakfi. Die Buyiden übernehmen die militärische und administrative Gewalt im Kalifenreich (945–1055).
944–47	Revolte der Berber gegen die Fatimiden.
945–1003	Die Hamdaniden von Aleppo. Saifaddaula (945–967) übernimmt Aleppo und Hims von den Ihšididen und kämpft gegen die Byzantiner. Er fördert an seinem Hof den Dichter al-Mutanabbi, den Historiker und Literaten Abu l-Farağ al-Isbahani und den Philosophen al-Farabi.
945	Die Buyiden besetzen den Irak, Mu'izzaddaula übernimmt als Oberemir in Bagdad die Kontrolle über das Kalifat.
946–74	Kalifat des Muti.
949–83	Adudaddaula, bedeutendster Herrscher der Buyidendynastie in Iran (ab 977 auch im Irak); Erneuerer des iranischen Königtums.
950	Tod des Philosophen al-Farabi, Deuter der islamischen Prophetie und Theokratie mit den Begriffen der griechischen Philosophie.
ab c. 950	Übertritt türkischer Stämme östlich des Jaxartes (Qarluqen und Qarahaniden) zum Islam.
954–61	Der Samanide Abdalmalik I.
956	Tod des Mas'udi, weitgereister Historiker, verf. Enzyklopädie der Geschichte, der Geographie und der Wissenschaften.
961–76	al-Hakam II. von Cordoba; nach seinem Tode innerer Zerfall des spanischen Umaiyadenkalifats.
961–63	Alptigin, türkischer General der Samaniden, begründet Autonomie in Gazna (Sistan-Afghanistan, bis 999 im Namen der Samaniden).
965	Tod des Mutanabbi, des letzten großen Vertreters der klassischen arabischen Dichtkunst.
	Ahdat-Revolte in Antiochia und Aleppo.
967	Tod des Abu l-Farağ al-Isbahani, Historiker und Literat; sein ‚Buch der Lieder' ist Hauptquelle für die altarabische und klassische Poesie.
968	Byzanz erobert Kilikien und Nordsyrien zurück.
969	Die Fatimiden erobern Ägypten; Einnahme von Fustat und Grün-

dung Kairos (al-Qahira). Die Fatimidendynastie wird Vormacht des östlichen Mittelmeerraumes.

972–1152 Die berberische Dynastie der Ziriden in Ifriqiya und Ostalgerien (bis 1049 als Vasallen der Fatimiden).

973 Kairo wird Hauptstadt der Fatimidenkalifen, die Moschee und Rechtsschule al-Azhar (begr. 970, voll. 972) geistiges Zentrum der ismailitischen Schia.

974 Tod des christl. Theologen und Philosophen Yahya ibn ʿAdi.

Tod des Ibn Ğinni, Systematiker der arab. Grammatik.

um 974 Tod des Samanidenwesirs Balʿami, Übersetzer der Annalen des Tabari ins Persische.

974–91 Kalifat des Ta'i. Ringen des Kalifen mit den Buyidenemiren um Autonomie des Irak.

977 Der Buyide Adudaddaula übernimmt das Bagdader Emirat; läßt sich vom Kalifen zum König krönen.

977–97 Sebüktigin, Sklavengeneral Alptigins, Begründer der Gaznawidendynastie in Afghanistan, Nordindien und Chorasan.

um 980 Episteln der Ihwan as-Safa („Brüder im reinen Glauben") von Basra, philosophisch-naturwissenschaftliche Enzyklopädie.

Tod des Daqiqi, Hofdichter der Samaniden, als Verfasser eines persischen Königsepos Vorläufer Firdausis.

983 Nach dem Tode Adudaddaulas Beginn des Zerfalls der Buyidenherrschaft; Autonomie der Provinzen.

991 Venedig schickt Gesandtschaften an die arabischen Fürsten des Mittelmeeres.

991–1031 Kalifat des Qadir nach Absetzung des Ta'iʿ.

Förderung der traditionistischen Orthodoxie.

bis 992 Turkmenenstämme der Oguzen (Guzz) dringen von der kirgisischen Steppe nach Transoxanien und Chorasan vor.

Familie des Oguzenchefs Salğuq (Selčüq), zum Islam bekehrt, unterstützt Samaniden gegen Qarahaniden im Kampf um Buchara.

992–1124 Die türkischen Qarahaniden in Transoxanien (Buchara) und Ostturkestan. Ende der Samanidenherrschaft; der Oxus wird Demarkationslinie zwischen Qarahaniden und Gaznawiden. Oguzen in Transoxanien und Chwarasm (Ğand, am Syr Darya/Jaxartes), Condottieri aus dem Seldschukenclan unterstützen Qarahaniden.

994 Tod des Bagdader Oberrichters und Literaten at-Tanuhi.

995–1017 Chwarasm-Schahs der Ma'muniden in Gurganğ.

996–1021 Der Fatimide al-Hakim betrachtet sich als Inkarnation des göttlichen Intellekts; Verfolgung der Juden und Christen.

Entstehung der Sekte der Drusen, die ihn als Gottheit verehrt.

998–1030 Mahmud von Gazna, führt Feldzüge in Nordwestindien (Pandschab, 1001–21) und stellt die eroberten Gebiete unter islamische Herrschaft im Namen des Abbasidenkalifen. Aneignung von Chorasan (999), Chwarasm (1017) und Westpersien (1029).

1000 Tod des Muqaddasi, weitgereister Geograph, verf. eine „Kulturgeographie" des Erdkreises.

1006	Mahmud schlägt den Qarahaniden von Turkestan.
1008	Tod des Badiʿazzaman al-Hamadani, Begründer der Literaturgattung der *maqama* (satirische Genrebilder in Reimprosa).
um 1010	Firdausi aus Tus vollendet das persische Nationalepos Šah-name (‚Königsbuch'), Mahmud von Gazna gewidmet.
1013	Tod des Baqillani, Rechtsgelehrter und Theologe aus der Schule des Ašʿari.
1016	Seesieg Pisas und Genuas vertreibt die Muslime aus dem Tyrrhenischen Meer.
1017	Die Gaznawiden in Chwarasm; Ablösung der Ma'muniden.
um 1020	Tod des persischen Dichters Firdausi.
1021	Tod des Sufi as-Sulami, verfaßte mystischen Korankommentar und biographisches Lexikon der sufischen Lehrtradition.
1023	Tod des Literaten, Philosophen und Sufis Abu Haiyan at-Tauhidi.
1023–79	Die arabische Dynastie der Mirdasiden in Aleppo.
1023–91	Die Abbadiden von Sevilla.
1027–31	Hišam III., letzter Umaiyade in Cordoba.
1029	Mahmud von Gazna erobert Raiy und Ǧibal: die Gaznawiden in der westiranischen Hochebene.
1030	Das Indienbuch des Natur- und Kulturforschers al-Biruni (973–c. 1050).
	Kämpfe zwischen Futuwa-Bünden und der türkischen Garnison in Bagdad.
	Tod des Philosophen und Historikers Miskawaih; verf. philosophische Ethik und didaktisches Geschichtswerk (‚Die Erfahrungen der Völker').
1030–41	Masʿud (nach Interregnum seines Bruders Muhammad) Sultan von Gazna.
1031	Ende der Umaiyaden in Spanien; Zerfall des Andalus in Kleinstaaten.
1031–75	Kalifat des Qa'im; letzte Phase der Handlungsfreiheit des Kalifen vor der Ankunft der Seldschuken. al-Mawardi (gest. 1058) formuliert die klassische Theorie des Kalifats.
1032	Pest im Irak, in Obermesopotamien und in Syrien.
1036–37	Die Seldschuken Togril-Bek und Čagri-Bek erobern Chorasan.
1036–94	Der Fatimide al-Mustansir; Höhepunkt der Machtentfaltung, beginnende politische und religiöse Zersetzung des Fatimidenkalifats.
1037	Tod des Ibn Sina (Avicenna), universaler Gelehrter, einflußreichster Philosoph und Arzt des islamischen Ostens im Mittelalter, schuf arabische Enzyklopädie in aristotelischer Tradition.
1038	Togril-Bek Sultan in Nischapur, Čagri-Bek in Merw.
1039	Tod Ibn al-Haitams, Astronom, Mathematiker und Optiker, gefördert von dem Fatimiden al-Hakim.
1039–40	Tod des Unsuri, panegyrischer Dichter am Hofe Mahmuds von Gazna.
1040	Schlacht von Dandanqan: Die Seldschuken Togril und Čagri be-

	zwingen Mas'ud von Gazna. Ende der gaznawidischen Hoheit in Chorasan und Westiran, Fortbestehen um Gazna (Sistan) und in Nordwestindien.
1041	Die Seldschuken unter Togril besetzen Chwarasm.
1043	Togril erobert Tabaristan (Elburs-Gebirge) und die persische Stadt Raiy. Verhandlungen mit dem Kalifen; Togril erklärt sich als „Schutzherr des Fürsten der Gläubigen".
	Syrien löst sich aus der Kontrolle der Fatimiden.
1045–55	Kampagnen der Seldschuken gegen Ostanatolien und Armenien: Bedrohung der byzantinischen Ostgrenze.
1049	Tod des persischen Sufis und Predigers Abu Sa'id ibn Abi l-Hair von Nischapur.
	Die Ziriden von Kairuan kündigen den Fatimiden die Gefolgschaft auf. Kairo lenkt als Vergeltungsmaßnahme die Hilal-Beduinen gegen Ifriqiya (ab 1050).
ab 1050	Expansion der arabischen Stämme der Banu Hilal und Sulaim im westlichen Nordafrika; Verwüstung von Teilen des Magrib, Jahrhundert der Anarchie.
um 1050	Die Murabitun (Almoraviden), Glaubenskämpfer von den Sanhağa-Berbern, verbreiten islamische Erweckungsbewegung in Westafrika (Senegal-Mündung, Mauretanien, Gana, westlicher Sudan).
nach 1050	Tod des iranischen Astronomen und Polyhistors al-Biruni (geb. 973).
1051	Togril erobert Ğibal (Isfahan, bis dahin unter den Kakoyiden). Vordringen turkmenischer Stämme nach Aserbaidschan und ins obere Mesopotamien.

5. Die Seldschukenzeit

Die Seldschuken in Iran, Mesopotamien und Anatolien · Syrien und Ägypten unter Atabegs und Aiyubiden · Der islamische Gegenschlag gegen die Kreuzritter · Die Endphase des Abbasidenkalifats · Almoraviden und Almohaden in Nordafrika

1055	Togril-Bek ergreift die Macht in Bagdad, wird vom Kalifen al-Qa'im als „Sultan des Ostens und Westens" anerkannt und beendet das Prinzipat der Buyiden. Das Sultanat der „Groß-Seldschuken" in Iran und Irak übernimmt die Kontrolle des Kalifats.
1056–61	Sanhağa-Berber der Sahara (Stammesgruppe der Lamtuna) unter Abu Bakr ibn Umar begründen Herrschaft der Murabitun (Almoraviden) im marokkanischen Atlas.
1057	Die Banu Hilal zerstören Kairuan.
1058	Tod des Mawardī, Verfasser einer Gesamtdarstellung der politischen Institutionen des sunnitischen Islams.
	Tod des blinden Dichters Abu l-Ala al-Ma'arri (geb. 973), liberaler Skeptiker.

1059–60 Interregnum des Basasiri (türkischer General des letzten Buyiden) im Irak im Namen des Fatimiden-Kalifen.

1061–91 Die Normannen erobern von Unteritalien aus Sizilien (1072 Palermo).

1061–1106 Die Almoraviden (al-Murabitun) unter Yusuf ibn Tašufin erobern Marokko (1062 Gründung von Marrakesch) und Spanien (1086). Starrer Legalismus nach der Lehre der malikitischen Rechtsschule.

1063–72 Alp-Arslan, seldschukischer Sultan. Als Erbe seines Vaters Čagri-Bek (seit 1061) und – nach der Abwehr anderer Prätendenten (Schlacht von Damgan) – seines Onkels Togril Herrscher aller seldschukischen Domänen. Feldzüge gegen Fatimiden und Byzantiner.

1064 Tod Ibn Hazms, spanischer Politiker, Jurist, Theologe und Literat.

1064–68 Angriffe Alp-Arslans auf Armenien und Zentralanatolien (1067 Caesarea/Kayseri, 1068 Ikonion/Konya). Romanos IV. Diogenes rüstet zum Feldzug nach Armenien (1069).

1065–72 Hungersnot in Ägypten.

1065–92 Nizamalmulk, persischer Wesir der Seldschuken Alp-Arslan und Malik-Šah. Zentralorganisation des Reiches in iranischer Tradition; Ausweitung des *iqta*-Systems von Militärlehen; Konsolidierung der städtischen und ländlichen Wirtschaft.

1067 Nizamalmulk gründet bedeutende Schule des schafiitischen Rechts in Bagdad (al-Madrasa an-Nizamiya).

1069–70 Yusuf von Balasagun schreibt in Kašgar (Turkestan) ein allegorisches Lehrgedicht in osttürkischer Sprache: Anfänge belletristischer Literatur im Türkischen.

1071 Alp-Arslan begegnet der byzantinischen Invasion in Armenien und vernichtet ihre Armee bei Malazgird (Mantzikert); Gefangennahme des Kaisers Romanos Diogenes. Öffnung Anatoliens für die türkische Landnahme.

Aufstieg des Malik Danišmend zum Herrn einer turkmenischen Autonomie in Nord- und Ostanatolien.

1072 Normannen unter Robert Guiscard erobern Palermo (Sizilien).

Tod des Qušairi, verfaßte klassisches Handbuch der Mystik.

Tod Alp-Arslans bei Feldzug gegen die Qarahaniden in Transoxanien.

1072–92 Der Seldschuken-Sultan Malik-Šah.

1073–94 Badr al-Ǧamali Emir und Wesir des Fatimidenstaates.

1075(?) Tod des Sufi al-Huǧwiri, verfaßte erste systematische Abhandlung über Leben und Lehren der Sufis in persischer Sprache.

1075–94 Kalifat des Muqtadi.

1076 Ende der Fatimidenherrschaft in Syrien: Der türkische General Atsiz besetzt Damaskus; Hilfegesuch an die Seldschuken.

1077–78 Sulaiman ibn Qutalmiš (Qutlumuš) begründet in Nikaia (Iznik) Herrschaft der Seldschukenlinie Anatoliens (Rum-Seldschuken, bis 1307, ab 1243 unter mongolischer Hoheit).

1078 Der Seldschuke Tutuš, Bruder des Sultans Malik-Šah, erhält Vollmacht über Syrien und Palästina und verdrängt Atsiz. Linie der Seldschuken von Syrien bis 1117.

1082 Der Führer der Almoraviden Yusuf ibn Tašufin (1062–1106) hat in Nordafrika ein geschlossenes Herrschaftsgebiet geschaffen.

1083 Alfonso VI. von Kastilien und León schlägt al-Muʿtamid von Sevilla.

1085 Eroberung Toledos durch die Streitkräfte der Reconquista unter Alfonso VI.

Tod des Theologen al-Ǧuwaini, Lehrer des Gazali (gest. 1111).

1086 Yusuf ibn Tašufin schlägt die spanischen Christen unter Alfonso VI. in der Schlacht von Zallaqa bei Badajoz. Herrschaft der Almoraviden im Andalus bis 1148.

1088(?) Tod des Nasir-i Husrau, ismailitischer Theologe und Dichter aus Balch, verfaßte inhaltsreichen Reisebericht (1045–52).

1089 Die Fatimiden nehmen Akkon, Tyrus und andere Häfen an der palästinensischen Küste.

Tod Abdallah al-Ansaris, hanbalitischer Sufi, Dichter persischer Poesie und Prosa.

1090–1124 Hasan ibn as-Sabbah Großmeister der militanten „Assassinen" (Nizari-Sekte der Ismaʿiliya) in der Festung Alamut im Elburs-Gebirge.

1090 Der Almoravide Yusuf ibn Tašufin beseitigt die spanischen Kleinfürsten (Muluk at-Tawa'if) und wird Alleinherrscher des Andalus.

1091 Die Seldschuken machen Bagdad zu ihrer Hauptstadt.

ab 1092 Zahlreiche Aufstände von Volksmilizen (Aiyarun) in Bagdad.

1092 Der Seldschukenwesir Nizamalmulk von den Assassinen ermordet.

Nach dem Tode Malik-Šahs Teilung des Seldschukenreiches in Vorderasien.

1092–1107 Qilič-Arslan I. erneuert in Nikaia (Iznik) die Herrschaft der Rum-Seldschuken in Anatolien (nach Interregnum 1086–92). Kämpfe mit den türkischen Danišmendiden in Ostanatolien und mit den Kreuzrittern.

1094–1118 Kalifat des Mustazhir.

Tod des Emirs Badr al-Ǧamali und des Fatimiden al-Mustansir; beginnender Zerfall der Fatimidenherrschaft.

1095 Tutuš fällt im Krieg um die Nachfolge der Seldschuken gegen Berk-yaruq (1094–1105 Sultan in Bagdad). Seine Söhne Ridwan (bis 1113) in Aleppo, Duqaq (bis 1104) in Damaskus.

Die Fatimiden besetzen Südpalästina.

Der byzantinische Kaiser Alexios sucht beim Papst Hilfe gegen die Seldschuken.

Konzil von Clairmont: Papst Urban II. predigt den Kreuzzug nach Jerusalem.

1095–1106 Der Jurist und Theologe al-Gazali gibt sein Lehramt an der Bagdader Nizamiya auf und schreibt in Jahren der Seklusion sein

Hauptwerk ,Die Wiederbelebung der Wissenschaften der Religion'.

1095–1153 Die Familie Sufi stellt den Ra'is von Damaskus.

1096 Beginn des ersten Kreuzzuges zur Eroberung Jerusalems, veranlaßt durch Papst Urban II.

1097 Sieg der Kreuzritter über Qilič-Arslan I. bei Dorylaeum (Nordwestanatolien). Die Kreuzritter unter Gottfried von Bouillon nehmen Nikaia (Iznik), unter Tankred Tarsus ein und belagern Antiochia. Die anatolischen Seldschuken machen Konya zu ihrer Hauptstadt. Balduin von Boulogne Graf von Edessa.

1098 Die Kreuzritter nehmen Antiochia ein (Bohemund von Tarent). Der Fatimidenwesir al-Afdal nimmt den Artuqiden Jerusalem.

1099 Die Kreuzritter erobern Jerusalem; Gottfried von Bouillon Vogt (advocatus) des Heiligen Grabes. Niederlage der Fatimiden (al-Afdal) vor der Seefestung Akkon. Ende des ersten Kreuzzuges.

ab 1100 Städtische Familien monopolisieren das Amt des Ra'is in Syrien und Obermesopotamien: Die Familie Nisan herrscht in Amid, die Familie Badi in Aleppo.

1100–18 Balduin I. König von Jerusalem (1100–1187 lateinisches Königreich, in Akkon bis 1291).

1101–30 Herrschaft des Amir, letzter starker Fatimidenkalif.

1104 Tugtigin, Atabeg des Seldschuken Duqaq, nach dessen Tode Herrscher von Damaskus.

1105–18 Vereinigung des Seldschukenreiches unter Muhammad I. ibn Malik-Šah. Sein Bruder Sanǧar regiert Ostpersien (seit 1097).

1106–43 Ali ibn Yusuf ibn Tašufin Herrscher über das islamische Spanien und Nordafrika. Rückgang der Almoravidenmacht, seit 1120 im Kampf gegen die Almohadenbewegung.

1107 Katastrierung und Neuvergabe der Landkonzessionen in Ägypten. Der Seldschuke Qilič-Arslan I. fällt am Habur (Obermesopotamien) im Kampf mit den Seldschuken von Irak. Die Macht seiner Nachfolger bleibt auf Zentralanatolien beschränkt (Hauptstadt Konya).

1109 Einigung der christlichen Fürsten vor Tripolis um Besitzansprüche im Orient. Das belagerte Tripolis fällt an die Kreuzritter.

1111 Tod des Gazali, Kritiker der spekulativen Dogmatik und der Philosophie (besonders auch der militant-schiitischen Isma'iliya), Erneuerer der Glaubenslehre aus sunnitischer Lehrtradition und sufischer Frömmigkeit.

1113 Aleppo nach dem Tode Ridwans unter seinem Sohn, ab 1114 unter wechselnden Regenten (bis 1129). Saragossa fällt an das christliche Aragon.

1118 Nach dem Tod Muhammads I. ibn Malik-Šah zerfällt das Seldschukenreich endgültig in selbständige Teilstaaten der Sultane von Nischapur (Chorasan), Bagdad (Irak und Westpersien) und Konya (Anatolien) und unabhängige Fürstentümer der Atabegs („Prinzentutoren") in Syrien, Obermesopotamien und Aserbaidschan.

1118–57 Sanğar, Sohn Malik-Šahs, seit 1097 Herrscher über Ostpersien (Chorasan), wird nach dem Tode seines Bruders Muhammad I. oberster Sultan des Seldschukenhauses.
Die Gaznawiden werden den Seldschuken tributpflichtig.

1118–35 Kalifat des Mustaršid.

1120–21 Muhammad ibn Tumart (gest. 1130), Begründer der religiösen Reformbewegung der Muwahhidun (Almohaden), wird von den Masmuda-Berbern als Mahdi anerkannt und beginnt vom Atlas her mit seinem General Abdalmu'min den Kampf gegen die Almoraviden von Marrakesch.

1122 Tod des Hariri, Philologe und Meister des literarischen Genres der *maqama* (Prosagedicht).

1124 Die fränkische und venezische Flotte nimmt Tyrus ein.

1126 Tod des Ahmad al-Gazali, Bruder von Muhammad al-Gazali (gest. 1111), populärer sufischer Lehrer.

1127–46 Imadaddin Zangi ibn Aq-Sonqur (Atabeg des Seldschuken Mugitaddin Mahmud II.), Gouverneur von Mosul und ab 1129 von Aleppo; propagiert den *ğihad* (Glaubenskrieg) und eröffnet die Offensive gegen die Kreuzfahrerstaaten.

1127–56 Der Chwarasm-Schah Atsiz, zunächst als Gouverneur des Seldschuken Sanğar, ab 1141 unabhängig in Gurganğ.

1130(?) Tod des Sana'i, erster großer Dichter der sufischen Mystik in persischer Sprache.

1130–63 Nach dem Tode Ibn Tumarts verdrängt sein „Kalif" Abdalmu'min die Almoraviden aus Marokko (1147 Eroberung von Marrakesch) und führt die Almohadenbewegung zur Herrschaft über Nordafrika (bis 1269) und Spanien (1145–1225).

c. 1131 Tod Umar Haiyams, Mathematiker, Astronom, Philosoph, Dichter epigrammatischer Vierzeiler (*ruba'iyat*).

1132 Bau der Palatina von Monreale bei Palermo durch Roger II. (bis 1140).

1135–36 Kalifat des Rašid. Zahlreiche Aiyarun-Aufstände in Bagdad.

1136–60 Kalifat des Muqtafi.

1137–75 Šamsaddin Eldigüz, Atabeg der Seldschukensultane von Bagdad, begründet selbständiges Fürstentum in Aserbaidschan und Nordwestpersien (bis 1225). Die Macht der Sultane schwindet gegenüber unabhängigen Atabegs und erneuerter Autorität der Kalifen.

1138 Die Kurdengeneräle Aiyub ibn Šadi (Vater Saladins) und sein Bruder Širkuh treten in den Dienst Zangis.

1139 Tod des andalusischen Wesirs, Arztes und Philosophen Ibn Bağğa in Fes.

1141 Niederlage der Seldschuken unter Sanğar im Kampf gegen Erhebung türkischer Stämme der Qara-Hitay. Der Chwarasm-Schah Atsiz (1127–56) sucht Unabhängigkeit von Sanğar, muß aber selbst die Oberhoheit der Qara-Hitay anerkennen.

1144 Zangi erobert Edessa von den Kreuzrittern (Comte Joscelin II.) zurück: Anlaß des Zweiten Kreuzzuges (1147–9).

	Tod az-Zamahšaris, Philologe und muʿtazilitischer Korankommentator in Chorasan.
1145	Die Almohaden fassen auf der Iberischen Halbinsel Fuß.
1146–74	Nuraddin Mahmud ibn Zangi, Nachfolger seines Vaters in Aleppo und (ab 1154) in Damaskus (neben seinem Bruder Saifaddin Gazi in Mosul, 1146–9), bringt das ganze islamische Syrien unter seinen Oberbefehl und kämpft im Geiste des Heiligen Krieges und der Orthodoxie gegen Kreuzritter und Fatimiden; gebietet dem Kreuzzug Einhalt und drängt die Franken auf das Bergland westlich des Orontes und des Jordan zurück.
1147	Die Almohaden unter Abdalmu'min erobern Marrakesch; Ende der Almoravidendynastie. Der Hof wird Zentrum der Künste und der Wissenschaften.
1147–9	Zweiter Kreuzzug. Niederlagen der deutschen Kreuzritter (unter Konrad III.) bei Dorylaeum, der französischen (Ludwig VII.) bei Laodikaia (1148) gegen die anatolischen Seldschuken.
1148	Der Zweite Kreuzzug scheitert bei vergeblicher Belagerung von Damaskus.
	Saifaddin Suri aus Gur (Zentralafghanistan) führt Rachefeldzug gegen Gazna.
1149–69	Der Zangide Qutbaddin Maudud von Mosul.
1149	Nuraddin schlägt die Antiochener (Raimund von Poitiers) bei Inab (Hisn Innib).
1150–51	Der Guride Ala'addin Husain (1149–61) zerstört Gazna. Die Macht der letzten Gaznawiden (bis 1186) wird auf den Pandschab beschränkt.
1152	Raimund III. von Tripolis durch Assassinen ermordet.
	Salahaddin ibn Aiyub (Saladin) tritt in Aleppo in den Dienst Nuraddins.
1153	Askalon fällt an die Franken (König Balduin III. von Jerusalem).
	Tod des Theologen und Häresiographen aš-Šahrastani.
1154	Nuraddin ibn Zangi annektiert Damaskus.
	Der Fatimidenkalif gewährt Pisa Handelsprivilegien. al-Idrisi vollendet am Hofe Rogers II. in Sizilien seine Universalgeographie.
1156–92	Qilič-Arslan II. breitet die Herrschaft der Seldschuken in Zentralanatolien aus; Verdrängung der Danišmendiden.
1157	Tod Sanǧars; Auflösung des seldschukischen Sultanats. Die Chwarasm-Schahs gewinnen Herrschaft über den Osten von Chorasan bis Anatolien (beendet durch die mongolische Invasion ab 1220).
1160–70	Kalifat des Mustanǧid.
1162	Tod des Arztes Ibn Zuhr (Avenzoar), Hofarzt und Wesir des Almohaden Abdalmu'min.
1163–8	Übergriffe der Franken (König Amalrich, 1163–74) auf das von inneren Unruhen erschütterte Ägypten; Bündnis mit dem Fatimidenwesir Šawar. Nuraddin entsendet 1164 und erneut 1167 den Kurdengeneral Širkuh und dessen Neffen Salahaddin (Saladin).
1163–84	Der Almohade Abu Yaʿqub Yusuf I., Nachfolger Abdalmu'mins;

Verteidiger des Islams gegen die Reconquista in Portugal und Spanien; Förderer von Dichtern, Philosophen und Ärzten an den Höfen in Sevilla und Marrakesch.

1164 Hasan II., Großmeister der persischen Nizariya (Assassinen) von Alamut, läßt sich auf einem „Fest der Auferstehung" als Imam huldigen und proklamiert die Abschaffung des islamischen Gesetzes.

1166 Tod des Predigers und Sufis Abdalqadir al-Gilani in Bagdad, versöhnte die traditionalistische Gesetzesreligion der Hanbaliten mit dem ekstatischen Individualismus der Mystiker. Nach ihm die Ordenslehre der Qadiriya.

1168–9 Auf Hilferuf des Fatimiden al-Adid dritter Feldzug der Aiyubidengeneräle Širkuh und Saladin nach Ägypten. Nach dem Rückzug der Franken und dem Tode Šawars wird Širkuh, nach dessen Tode Saladin Wesir des Adid.

1169(?) Tod des persischen Dichters Anwari, Meister der Panegyrik.

1170–80 Kalifat des Mustadi.

Bau der Almohaden-Moschee in Sevilla mit ihrem Minarett, der jetzigen Giralda.

1171 Nuraddin besetzt Mosul.

Saladin proklamiert das Abbasidenkalifat in Ägypten. Mit dem Tode des letzten Fatimiden al-Adid endet das isma'ilitische Gegenkalifat. Saladin bricht mit den Zangiden und etabliert das Sultanat der Aiyubiden (bis 1250).

1171–93 Herrschaft Saladins. Neuaufbau der ägyptischen Marine. Ausschluß der Europäer vom Handel über das Rote Meer; Unterstützung des ägyptischen Indienhandels. Förderung sunnitischer Lehrinstitutionen.

1172 Die Almohaden unter Abu Ya'qub Yusuf I. belagern vergeblich Huete.

1173 Pisa erhält Handelsprivilegien in Alexandria.

1174 Tod Nuraddins. Saladin besetzt Damaskus und eröffnet die Offensive gegen die Zangiden von Nordsyrien.

Der leprakranke Balduin IV. König von Jerusalem.

1175 Der Kalif al-Mustadi verleiht Saladin das Sultanat über Ägypten, Palästina und Syrien. Waffenstillstand mit Jerusalem.

1176 Schlacht bei Myriokephalon: Vernichtung des byzantinischen Heeres unter Manuel I. Komnenos durch die Rum-Seldschuken.

1176–81 Neukatastrierung des Landes in Ägypten, Neuvergabe in Form von Militärlehen (*iqta*) und Kronprivilegien.

1179 Wiederaufnahme des *ğihad:* Saladin schlägt (nach Mißerfolg bei Tall as-Safiya [Mont Giscard nahe Ramla] 1177) ein Kreuzritterheer unter Balduin IV. bei Marğ Uyun. Ägyptischer Flottenangriff auf Akkon. 1180 neuer Waffenstillstand.

1180–1225 Kalifat des Nasir; er eint und erneuert die Futuwa-Bewegung (ritterliche Männerbünde) zu einer staatstragenden Organisation unter seiner Kontrolle und führt mit ihrer Hilfe das Bagdader Kalifat zu seiner letzten Blüte.

1182 Offensive Saladins gegen Mosul.

1183 Rainald von Châtillon (Herr von Karak und Šaubak) führt gegen Mekka gerichteten Angriff auf Häfen am Roten Meer, wird von der ägyptischen Flotte vernichtend geschlagen. Saladin verdrängt die letzten Zangiden aus Aleppo.

Ibn Rušd (Averroes) wird als Nachfolger Ibn Tufails Leibarzt des Almohaden Abu Ya'qub Yusuf I. und Oberkadi von Cordoba.

1184 Der Almohade Yusuf I. fällt nach vergeblicher Belagerung von Santarem (Portugal). Sein Nachfolger Abu Yusuf Ya'qub al-Mansur (1184–99).

1185 Waffenstillstand zwischen Saladin und Raimund III. von St. Gilles (Tripolis und Tiberias).

Saladin erhält freie Hand gegen Mosul und wird durch Vertrag 1186 Oberherr der Ǧazira.

Tod Anwaris, Meister der panegyrischen Qaside in persischer Sprache.

Tod des Arztes und Philosophen Ibn Tufail, Vorläufer und Gönner Ibn Rušds in Cordoba.

1187 Die Guriden vernichten die Gaznawiden am Pandschab und übernehmen ihre Domänen in Ostafghanistan. Giyataddin Muhammad (1163–1203 in Gur) führt Expansion nach Chorasan, sein Bruder Mu'izzaddin Muhammad (1173–1206 in Gazna) erobert Nordindien.

Saladin schlägt das Kreuzritterheer vernichtend bei Hittin (westlich des Sees Genezareth), nimmt König Guido von Jerusalem gefangen und exekutiert Rainald von Karak. Nach Siegeszug durch das palästinensisch-libanesische Litoral Belagerung und Einnahme von Jerusalem.

Attar, persischer mystischer Dichter (gest. 1190 oder später), verfaßt das allegorische Versepos Mantiq at-tair.

1188–92 Dritter Kreuzzug, veranlaßt durch den Fall Jerusalems.

1190 Die deutschen Kreuzritter unter Friedrich I. Barbarossa schlagen die anatolischen Seldschuken und erobern Konya.

Barbarossa ertrinkt im Kalykadnos (Gök Su) in Kilikien.

1191 Richard I. von England und Philipp II. von Frankreich erobern Akkon nach dreijähriger Belagerung durch die Kreuzfahrer.

Yahya as-Suhrawardi, Sufi und Lehrer einer gnostischen Kosmologie und Erleuchtungsphilosophie (*hikmat al-išraq*), wird der Häresie beschuldigt und auf Befehl Saladins hingerichtet.

1192 Die Guriden nehmen Delhi ein.

1193 Saladin stirbt in Jerusalem; Teilung seines Reiches.

1194 Der Chwarasm-Schah Tekiš besiegt den letzten Seldschukensultan Persiens.

1195 Der Almohade Abu Yusuf Ya'qub al-Mansur erringt bei Alarcos einen bedeutenden Sieg über die Kastilier.

1196–1549 Die Berberdynastie der Mariniden in Marokko (bis 1269 neben den Almohaden).

1198 Tod des Hafid Ibn Rušd (Averroës), andalusischer Kadi, Arzt und Philosoph in aristotelischer Tradition, Verfasser bedeutender Kommentare zu den Werken des Aristoteles.
Vollendung der Almohaden-Moschee in Sevilla mit ihrem Minarett, der „Giralda".

1199–1214 Der Almohade Muhammad an-Nasir in Nordafrika und Spanien. Erfolge der Reconquista.

1200–1220 Unter dem Chwarasm-Schah Ala'addin Muhammad erlebt sein Reich höchste Blüte (Restauration iranischer Monarchie, Konflikt mit dem Kalifen an-Nasir) vor dem Zusammenbruch durch den Mongolensturm.

1200–18 Saladins Bruder al-Malik al-Adil Sultan von Ägypten und Syrien.

1201–02 Pest in Ägypten; starker Bevölkerungsrückgang.

1202–04 Vierter Kreuzzug: Lateinisches Kaisertum in Konstantinopel.

1203–27 Temuğin – nach 1206 Čingiz-Chan – begründet das mongolische Reich.

1204 Eroberung Konstantinopels durch die Kreuzfahrer.
Der jüdisch-arabische Arzt, Philosoph und Religionslehrer Maimonides aus Cordoba stirbt in Fustat bei Kairo.

1206–10 Qutbaddin Aibak, General des Guriden Muʿizzaddin, begründet das Sultanat von Delhi („Sklavenkönige", bis 1290).

1206 Temuğin wird als oberster Herr der Mongolen anerkannt und erhält den Titel Čingiz-Han.

1208 Sultan al-Adil von Ägypten gewährt Venedig Handelsprivilegien.
Handelsvertrag zwischen Venedig und dem Aiyubiden von Aleppo.

1209 Tod des Theologen Fahraddin ar-Razi, Verteidiger der Sunna und der Methoden des Ašʿari, in Herat.
Tod des persischen Dichters Nizami von Ganğa, bedeutender Autor romantischer Versepen.

1212 Peter II. von Aragon besiegt die Almohaden in der Schlacht von Las Navas de Tolosa. Die Reconquista führt zum Rückzug der Almohaden aus Spanien (1225).

1215 Die Mongolen dringen in Nordchina ein und erobern Peking.

1218 Mongolische Invasion nach Turkestan (Semirečye).
Der Chwarasm-Schah Ala'addin Muhammad läßt in Otrar am Jaxartes Gesandte Čingiz-Chans hinrichten. Der Vergeltungsschlag bringt Chwarasm und Transoxanien in die Hand der Mongolen (1219–20) und eröffnet die mongolische Invasion des Mittleren und Nahen Ostens.

1218–38 Nach dem Tode des Malik al-Adil Teilung des Aiyubidenreiches; al-Malik al-Kamil Sultan von Ägypten: Politik der Koexistenz mit den Franken.
Bedrohung der Aiyubiden des Nordens (al-Ğazira) durch Rum-Seldschuken und Chwarasm-Schahs.

1219 Damiette fällt an die Kreuzfahrer, 1221 von al-Kamil zurückerobert.

1219–37 Ala'addin Kaiqubad I. Glanzzeit Konyas als Hauptstadt der Rum-Seldschuken.

1220–1 Die Mongolen erobern Chorasan und Chwarasm. Der letzte Chwarasm-Schah Ǧalaladdin (1230–31) wird nach Indien verfolgt und verbringt seine letzten Jahre auf der Flucht nach Westen bis zum Tod in Aserbaidschan.

1221 Tod des Sufi Nağmaddin Kubra (beim Mongoleneinfall in Chwarasm), Schüler von Abdalqahir al-Suhrawardi (gest. 1168); Lehrautorität des Kubrawiya-Ordens.

1222 Badraddin Lu'lu nach dem Tode des letzten Zangiden Atabeg von Mosul.

1223 Die Mongolen unter Ǧebe schlagen Russen und Komanen an der Kalka.

Bürger- und Thronfolgekriege leiten den Zerfall der Almohadendynastie ein. Aufstieg konkurrierender Dynastien in Nordafrika.

1225 Die Almohaden verlassen die Iberische Halbinsel; das islamische Spanien wird auf das kleine Reich der Nasriden von Granada (1230–1492) reduziert.

1225–6 Kalifat des Zahir.

1226–42 Kalifat des Mustansir.

1227 Tod Čingiz-Chans und Reichsteilung: Ögedey (1229–41) wird Großchan der Mongolen in Karakorum; vollendet die Eroberung von Nordchina. Batu (1227–55, Chan der Blauen Horde, des Kerns der späteren Goldenen Horde) in Chwarasm und der kiptschakischen Steppe (Südrußland); Orda (1226–80, Weiße Horde) in Westsibirien; Čagatay (1229–41) in Transoxanien und Ostturkestan; Toluy in der Mongolei.

1228 Friedrich II. (1212–50), von Papst Gregor IX. gebannt, beginnt Kreuzzug.

1228–1574 Die Hafsiden Erben der Almohaden in Ifriqiya (Tunesien und Ostalgerien), Abu Zakariya Yahya I. 1228–49 (ab 1237 unabhängig).

1229 al-Malik al-Kamil tritt Jerusalem durch einen Vertrag mit Friedrich II. an die Franken ab.

Tod des Bagdader Gelehrten Yaqut, verfaßte biographisches und geographisches Lexikon von hohem Wert.

1230–72 In Granada etabliert Muhammad I. ibn al-Ahmar das Haus der Nasriden (Banu l-Ahmar), die letzte islamische Dynastie in Spanien (bis 1492). Bau der Alhambra („Rote Burg").

1233 Tod des Mosuler Historikers Ibn al-Atir, Verfasser einer monumentalen Weltgeschichte.

1234 Tod des Abu Hafs Umar as-Suhrawardi, als Sufi Lehrer des Kalifen an-Nasir, Begründer des mystischen Ordens der Suhrawardiya.

1235 Tod des Ibn al-Farid, bedeutendster sufischer Dichter in arabischer Sprache.

1236 Cordoba ergibt sich den Kastiliern unter Ferdinand III.

1236–1554	Dynastie der Abdalwadiden in Tlemcen.
1237–41	Der größte Teil Rußlands wird von den Mongolen unterworfen (1240 Fall Kiews).
1238	Tod des Malik al-Kamil; Nachfolgekämpfe unter den Aiyubiden.
1240	Derwischaufstand des Baba Ishaq gegen die Seldschuken in Anatolien.
	Der spanische Sufi Ibn al-Arabi aus Murcia stirbt in Damaskus; schuf Theorie der mystischen Illumination (*išraq*) auf der Grundlage eines pantheistischen Monismus.
1240–55	Batu, ein Enkel Čingiz-Chans, Herrscher der Goldenen Horde.
1241	Schlacht auf der Walstatt bei Liegnitz; Mongolen der Goldenen Horde besiegen ein aus deutschen Rittern und Polen zusammengesetztes Heer und verwüsten Ungarn; durch den Tod des Großchans Ögedey zum Rückzug veranlaßt.
1242–3	Invasion der Mongolen in Anatolien. Niederlage der Rum-Seldschuken am Köse Dag (1243).
1242–58	Kalifat des Mustaʿsim, des letzten Abbasidenkalifen.
1244	Eine Armee chwarasmischer Türken (auf dem Rückzug vor den Mongolen nach Mesopotamien verschlagen), wird von dem Aiyubiden al-Malik as-Salih Nağmaddin zum Kampf gegen seinen Rivalen ʿImadaddin nach Syrien gerufen, plündert Jerusalem und beendet die fränkische Herrschaft.
1246–9	Güyük mongolischer Großchan.
1248	Die kastilischen Christen nehmen Sevilla ein.
1249–50	Kreuzzug Ludwigs IX. des Heiligen; die französischen Kreuzritter nehmen Damiette, müssen jedoch nach schweren Rückschlägen den Rückzug nach Akkon antreten.
1250	Der Aiyubidensultan von Ägypten, Turan-Šah, von der türkischen Soldateska ermordet. Der Mamluk Izzaddin heiratet die Witwe und Sultanin Šağar-ad-Durr und begründet den Mamlukenstaat in Ägypten und Syrien (1250–1517).
1251–9	Möngke, Sohn Toluys, Großchan der Mongolen in Karakorum. Sein Bruder Hülegü führt neue mongolische Offensive gegen Westasien.
1253–6	Wilhelm von Rubruck, ein niederdeutscher Franziskaner, als Gesandter des Papstes und Ludwigs des Heiligen von Frankreich beim Großchan in Karakorum.
1256–9	Hülegü, ein Enkel Čingiz-Chans, erobert Transoxanien, Iran und den Irak, zerstört 1256 die Assassinenfeste Alamut im Elbursgebirge.
	Mongolendynastie der Ilchane in Iran (bis 1353).
1256	Batu, Chan der Goldenen Horde, stirbt. Sein Nachfolger
1257–66	Berke, Bruder Hülegüs, wird Muslim; Entente mit den Mamluken in Ägypten, Gegensatz zu den buddhistischen Ilchanen.

6. Die Mongolenzeit

Von der Eroberung Bagdads durch die Mongolen bis zur Errichtung des Osmanischen Reiches im Vorderen Orient · Die Mamluken in Ägypten und Syrien · Der Westen unter den letzten Berberdynastien

1258	Hülegü erobert Bagdad; Ermordung des Kalifen, Untergang des Abbasidenkalifats. Hauptstadt des Ilchan-Reiches wird Tabriz. Tod des Šadili, Gründer eines sufischen Ordens.
1260	Die Mongolen belagern und zerstören Aleppo und erobern Damaskus (unter dem General Kitbuga). Tod Möngkes; Hülegü kehrt nach Karakorum zurück. Qubilai wird Großchan (Eroberer Chinas, 1279–80). Die Mamluken unter Baibars (1260–77) schlagen die Mongolen bei Ain Ǧalut (Goliathsquelle, nördlich von Jerusalem) und gebieten dem Mongolensturm Einhalt.
1261	Handelsvertrag zwischen Ägypten und Byzanz über den Transit von Militärsklaven vom Schwarzen Meer ins Mamlukenreich.
1261–1320	Das seldschukische Anatolien zerfällt in selbständige Emirate und löst sich von der Kontrolle durch die mongolischen Ilchane: Gazi-Fürstentümer in Karien (Menteše-Bey, 1261); um Karaman (Laranda) in Zentral- und Südanatolien (Qaraman-Türken, seit den sechziger Jahren); um Kütahya und Denizli (Germiyan-Türken, Ende des 13. Jh.); in Bithynien (Osman, 1281); um Aydin (Tralleis) und Birge (Pyrgion) im Menderes-Tal (Aydin-Türken, 1308); um Manisa (Magnesia) im Gediz-(Hermos-)Tal (Saruhan-Bey, 1313); in Mysien (Qarasi-Türken).
1265–71	Mamlukische Offensive gegen die Kreuzritter führt zum Ende der meisten fränkischen Besitztümer in Palästina und Syrien.
1265–82	Nach dem Tode des Mongolen Hülegü etabliert sein Sohn Abaqa die Dynastie der Ilchane im Iran. Kämpfe mit der Goldenen Horde und den Mamluken.
1267–80	Möngke Temür, nach dem Muslim Berke wieder Anhänger des Stammes-Schamanismus, wird Chan der Goldenen Horde.
1268	Mamluken unter Baibars erobern und plündern Antiochia.
1269	Tod des andalusischen Philosophen und Sufi Ibn Sabʿin.
1269–1465	Die Dynastie der Mariniden (südlich des Atlas seit 1196; Hauptstadt Fes seit 1248) verdrängt die Almohaden aus Marokko (1470–1549 Linie der Wattasiden).
1270	Kreuzzug Ludwigs IX. mit den französischen Kreuzrittern gegen Tunis. Angriff auf Karthago; nach Ludwigs Tod Vertragsschluß und Abzug.
1270–72	Kreuzzug Eduards von England nach Tunesien und Palästina.
1271	Baibars belagert und erobert die Johanniterburg Krak des Chevaliers.
1273	Tod des Sufi Ǧalaladdin Rumi in Konya, Verfasser mystischer

Lehrgedichte in persischer Sprache. Der Mevleviye-Orden (Orden der „Tanzenden Derwische") wurde nach seiner Lehre begründet.

1274 Tod des andalusischen Dichters und Historikers Ibn Saʿid.
Tod des Nasiraddin at-Tusi, Philosoph, schiitischer Theologe und bedeutender Astronom; er diente den Assassinen und nach deren Ende (1256) den Mongolen.

1277 Der Mamluk Baibars schlägt seldschukisch-mongolisches Heer in Kleinasien (Elbistan); Einnahme von Caesarea (Kappadozien).

1280–90 Qalawun Sultan der Mamluken; vollendet die Vertreibung der Franken aus Syrien.

1281 Mamluken unter Qalawun verteidigen bei Hims Syrien gegen die Mongolen.

1281–1326 Osman I. ibn Ertogril (Osman Gazi) errichtet das osmanische Fürstentum in Bithynien.

1282 Tod des Ibn Hallikan, Verfasser eines biographischen Lexikons bedeutender Männer der islamischen Geschichte und Kultur (1274).

1284–91 Der Ilchan Argun, Sohn Abaqas, versucht in Iran den Buddhismus durchzusetzen; stirbt während eines Volksaufstandes.

1286 Tod des Schiraser Kadis al-Baidawi, verfaßte vielgelesene „orthodoxe" Bearbeitung des Korankommentars von az-Zamahšari (gest. 1144).

1289 Die Mamluken entreißen Tripoli den Kreuzfahrern.
Tod des Sufis Iraqi, von Ibn al-Arabi beeinflußter Dichter mystischer Ekstase.

1290 Qalawun stirbt auf Feldzug gegen Akkon; Nachfolger sein Sohn al-Ašraf Halil (1290–94).

1290–1320 Halği-Sultane von Delhi; in ihrer Nachfolge dehnen Tugluq-Šah und seine ersten Nachkommen 1320–51 die Herrschaft des Sultanats von Delhi über den größten Teil Nord- und Zentralindiens aus.

1291 Akkon, der letzte europäische Stützpunkt in Palästina, wird von den Mamluken unter Halil zurückerobert; Ende des Königreichs von Jerusalem und der übrigen fränkischen Besitzungen in Syrien.

1292 Tod des persischen Dichters Saʿdi aus Schiras, Meister lyrischer und ethisch-didaktischer Poesie und Reimprosa.

1293 Ermordung Halils; Thronstreit unter den Mamluken. Nachfolger an-Nasir Muhammad, Sohn Qalawuns (reg. 1294–95, 1299–1309, 1309–40).

1294 Versuch der Einführung von Papiergeld durch die Ilchane führt zum Zusammenbruch der iranischen Wirtschaft.

1295–1304 Gazan, Arguns Sohn, wird 1295 sunnitischer Muslim; die Ilchane werden zur nationalen Dynastie Irans. Ordnung und neuer Aufschwung des Wirtschaftslebens. Reformprogramm seines Ministers, des Arztes und Geschichtsschreibers Rašidaddin Fadlallah (1247–1318).

1296–1316 Sultan Ala'addin Muhammad von Delhi erobert westlichen und südlichen Dekkan.

1298 Neuverteilung der ägyptischen Militärlehen zugunsten des Kronlandes scheitert am Widerstand der Mamluken; 1299 Ermordung des Sultans Lağin (1297–99).

1299 Mongolische Invasion und vorübergehende Besetzung Syriens.

1301 Osman belagert Iznik (Nikaia) und besiegt ein byzantinisches Heer bei Baphaeon. Wachsende Scharen von türkischen Glaubenskämpfern um Osman in den kleinasiatischen Küstengebieten des Marmarameeres; die Osmanlis werden zur Bedrohung für Byzanz und für die mongolische Souveränität in Anatolien.
Scheich Safiyaddin gründet in Aserbaidschan den Derwisch-Orden der Safawiden.

1303 Die letzte mongolische Invasion nach Syrien wird von den Mamluken zurückgeschlagen.

1304–16 Der Ilchan Ölğeytü, Bruder Gazans; baut 1307 die neue Hauptstadt Sultaniya. Er wird 1310 Schiit.

1308 Die Aydin-Türken erobern Birge (Pyrgion); Herrschaft in Westanatolien bis Izmir (Smyrna).
Tod des letzten Seldschuken Masʿud III.

1310 Tod des hanafitischen Juristen und Theologen an-Nasafi.

1311 Tod des Qutbaddin Širazi, Astronom und Mitarbeiter Nasiraddin Tusis; Revision des ptolemäischen Planetenmodells.

1312 Wassaf wird Hofhistoriker des Mongolen Ölğeytü in Sultaniya.

1313 Saruhan-Bey erobert Manisa (Magnesia); unabhängiges Fürstentum im Gediz-Tal.

1313–41 Özbeg, Chan der Goldenen Horde, nimmt den Islam an. Ausbreitung der islamischen Kultur in der Hauptstadt Sarai.

1315 (1316?) Der Missionar Raymundus Lullus in Bougie (Algerien) zu Tode gesteinigt.

1315 Neukatastrierung und Umverteilung der ägyptischen Militärlehen *(iqta)* durch Sultan an-Nasir: Ausweitung des Kronlandes, Entmachtung der Mamluken.

1316–35 Der Ilchan Abu Saʿid, wieder Anhänger des sunnitischen Islams.

1318 Tod des Rašidaddin, Wesir des Mongolen Gazan; gibt in seiner Universalgeschichte ein Gesamtbild der islamischen Reiche, des christlichen Abendlandes, Indiens und Chinas sowie des Judentums.

1320–25 Giyat-ad-Din Tugluq-Šah, Sultan von Delhi, stellt islamische Herrschaft über den Dekkan wieder her.

1320 Tod des Yunus Emre, türkischer Sufi und Volksdichter.
Tod des Astronomen und Optikers Kamaladdin al-Farisi, Schüler des Qutbaddin Širazi (1236–1311).
Tod Nizaris, schiitischer panegyrischer Dichter und Reisender.

1323 Friede zwischen Mamluken und Ilchanen.

1325 Tod des Theologen und Philosophen al-Allama al-Hilli, Schüler des Tusi, Systematiker der schiitischen Imamatslehre.

Tod Amir-i Husraus von Delhi, Begründer der indisch-persischen Dichtung.

Tod des Nizamaddin Auliya von Delhi, indisch-persischer Sufi und Hauptgründer der Čištiya, des verbreitetsten Sufi-Ordens in Indien.

1325–51 Muhammad Tugluq Sultan von Delhi; fiskalische und politische Experimente und militärische Abenteuer führen zur Schwächung der Herrschaft im Dekkan.

1325–53 Der Reisende Ibn Battuta aus Tanger besucht den Vorderen Orient, Ost- und Innerafrika, Kleinasien und die Territorien der Goldenen Horde, Transoxanien, Indien, Südostasien und China.

1326 Tod Osmans nach der Eroberung Bursas durch seinen Sohn Orhan. Sein Nachfolger Orhan (1326–61) bildet das osmanische Fürstentum um die Hauptstadt Bursa zu einem Staat aus und beginnt die osmanische Expansion nach Europa (1354).

1326–34 Der Čagatayide Tarmaširin tritt zum sunnitischen Islam über. Ausbreitung des Islams in Innerasien. In der Folgezeit (1334–60) scheidet sich Innerasien in eine westliche Hälfte (Transoxanien) mit vorwiegend feudaler Struktur auf islamischer Grundlage und in einen Ostteil unter monarchischer Führung bei geringem Einfluß des Islams.

1328 Tod des Ibn Taimiya, hanbalitischer Jurist und Theologe, Hauptexponent des traditionistisch-orthodoxen Islams.

1331 Orhan besetzt Nikaia (Iznik) und dehnt seine Herrschaft bis nach Skutari nahe Konstantinopel aus.

1332–45 Feldzüge der Aydin-Türken unter Umur-Bey auf dem Balkan.

1333–40 Die marokkanische Dynastie der Mariniden in Spanien; 1347–49 vorübergehende Besetzung des westlichen Nordafrika.

1333–54 Der Nasride Yusuf I.; Bau der Alhambra in Granada vollendet von seinem Sohn Muhammad V. (1354–91).

1335 Tod des Ilchans Abu Saʿid; 1335–53 Zerfall des Staates der Ilchane unter rivalisierenden Lokaldynastien.

1336–1412 Militärhegemonie der mongolischen Ǧalayiriden im Irak und in Aserbaidschan; Konflikte mit der Familie der Muzaffariden bis 1393 in Fars und im persischen Irak.

1336–1576 Die Könige von Bengal unabhängig; ein großer Teil Ostbengalens zum Islam bekehrt.

1337 Erster vergeblicher Landungsversuch der Osmanen in Thrazien.

1337–81 Die Sarbadaren – eine populäre schiitische Bewegung – halten sich gegen die Herrschaft der Kurt-Dynastie von Herat in West-Chorasan; beide werden von Timur vernichtet.

1340 Tod des Mamluken al-Malik an-Nasir Muhammed.

1341 Ǧani-Beg, Chan der Goldenen Horde, erlebt den Zusammenbruch des Ilchan-Reiches im Iran; vergeblicher Versuch, aus dem Erbe Aserbaidschan zur Goldenen Horde zu schlagen.

1345 Die Osmanen annektieren das Fürstentum von Qarasi an der kleinasiatischen Westküste.

1346	Orhans Heirat mit Theodora, Tochter des byzantinischen Prätendenten Johannes VI. Kantakuzenos.
1347–50	Pestepidemie im gesamten Mittelmeerraum (Europa, Nordafrika, Vorderer Orient).
1347–58	Ala'addin Hasan Bahman-Šah begründet das Königreich der Bahmaniden von Madura (nördl. Dekkan), bis 1527 unabhängig von Delhi. Kämpfe der Bahmaniden (1347–1527) gegen die Hindu-Könige Südindiens.
1348	Niederlage des Mariniden Abu l-Hasan (1331–51) gegen eine Konföderation arabischer Beduinenstämme bei Kairuan.
1351–1413	Die Dynastie der Tugluqiden von Delhi, auf das nördliche Indien begrenzt (gefolgt von den Saiyids [1414–51] und den Lodis [1451–1526]); Entwicklung nationaler Prägungen des Islams unter den verschiedenen indischen Dynastien.
1352(1361?)	Tod des Hwağu, Hofdichter der letzten Ilchane, der Muzaffariden und der Ğalayiriden.
1353	Orhans Sohn Süleyman Paša unterstützt Johannes Kantakuzenos mit osmanischen Truppen in Adrianopel.
1354	Osmanisch-Genuesisches Abkommen.
1354–57	Beginn der osmanischen Invasion des Balkans unter Süleyman Paša. 1354 Eroberung der Halbinsel Gallipoli.
1359–61	Die Osmanen besetzen Thrazien.
ab 1359	Zerfall der Goldenen Horde in Bürgerkriegen.
1361–89	Murad I. osmanischer Herrscher, nimmt erstmals den Titel Sultan an. Osmanische Expansion in Westanatolien gegen Byzanz und auf dem Balkan gegen die verfallende Vormacht Serbiens. Bildung des Janitscharen-Corps (*yeni čeri* ,,neue Armee"), Elitetruppe von Leibeigenen des Sultans aus den unterworfenen Balkanländern (*devširme* ,,Knabenlese").
1361	Ankara wird osmanisch.
1362	Murad nimmt Adrianopel (Edirne) ein (1366–1453 osmanische Hauptstadt).
1363–66	Osmanische Eroberungen in Bulgarien und Thrazien bis zum Südhang des Balkangebirges.
1365	Kreuzritter unter Peter I. von Zypern plündern Alexandria.
1370–1405	Der Mongolenherrscher Timur (Temür), setzte sich seit 1360 in Transoxanien durch; unterwirft Ostiran (1379–85), Westpersien und Mesopotamien (1395–1400), die kiptschakische Steppe (1395), Nordindien (1398–99) und Anatolien (1402). Hauptstadt Samarkand; glänzende Architektur.
1371	Die Osmanen überwältigen die Serben bei Černomen an der Maritsa und gewinnen das serbische Makedonien.
1375	Die Mamluken stürzen mit türkischer Unterstützung das armenische Königtum von Kilikien (Kleinarmenien). Wachsende Bedeutung des Mamlukenreiches für den Handelsverkehr zwischen Europa und Indien.

1376–1405	Toqtamiš einigt die Goldene Horde zum letzten Male; er wird zweimal von Timur besiegt.
1378–1508	Die turkmenische Stammeskonföderation der Aq-Qoyunlu („Weiße Schafe") in Diyarbakr und Ostanatolien, nach dem Sieg über die Qara-Qoyunlu (1467) und die Timuriden (1469) Herren über Aserbaidschan und Persien.
1379–85	Der Mongole Timur überschreitet den Oxus und unterwirft Ostiran (Chwarasm, Chorasan).
1380–1468	Der turkmenische Stammesbund der Qara-Qoyunlu („Schwarze Schafe") in Aserbaidschan (Hauptstadt Tabris); Kämpfe gegen die Ǧalayiriden (Eroberung von Bagdad 1412) und Expansion in Westpersien bis zur Niederlage gegen die Aq-Qoyunlu (1467).
1381–86	Osmanische Gebietserweiterungen in Anatolien (1381 Annexion des Gebietes der Germiyan-Türken, 1386 Sieg über die Qaraman-Türken bei Konya).
1382	Toqtamiš vereinigt Weiße und Goldene Horde der Mongolen und nimmt Moskau ein.
1382–99	al-Malik az-Zahir Barquq (Interregnum 1389–90), erster Sultan der tscherkessischen Burǧi-Mamluken (bis 1517).
1385–86	Die osmanischen Türken erobern Sofia und Niš.
1387	Die Osmanen nehmen Saloniki ein.
1388	Koalition aus Serben, Bosniern und Bulgaren schlägt die Osmanen bei Pločnik.
1389	Schlacht von Kosovo (Amselfeld). Die Osmanen sichern mit dem Sieg über die serbische Balkanarmee ihre Eroberungen südlich der Donau (Rumelien).
	Tod des Saʿdaddin at-Taftazani, persischer Historiker und Philologe am Hofe Timurs.
	Tod des Sufi Baha'addin Naqšband, Lehrer des Naqšbandi Ordens.
1389–1403	Der Osmane Bayezid I. Yildirim („der Blitz") dehnt bis zum Rückschlag durch Timurs Mongolen den Machtbereich der Osmanen über Anatolien aus, und festigt die Herrschaft über die christlichen Balkanvölker.
1389–90	Bayezid annektiert die türkischen Emirate in Westanatolien: Menteše, Aydin, Saruhan, Germiyan, Hamid.
1390	Niederlage der Qaramaniden bei Aq-Čay gibt auch Zentralanatolien in osmanische Hand. Eroberung Philadelphias, der letzten byzantinischen Besitzung in Kleinasien.
	Tod des persischen Dichters Hafiz, Meister des Gazal, in Schiras.
1392	Die Osmanen übernehmen Kastamonu und Amasya (Nordanatolien).
1393	Bulgarien verliert Tirnovo und das Donaugebiet an die Osmanen.
1394	Bayezid läßt sich vom abbasidischen Scheinkalifen in Kairo den Titel „Sultan von Rum" verleihen. Osmanische Eroberung Thessaloniens. Beginn der Blockade Konstantinopels (bis 1402).
1395–1400	Der Mongole Timur unterwirft Westpersien und den Irak.

1395 Timur fällt in die kiptschakische Steppe ein und vernichtet die Macht seines Rivalen Toqtamiš, des Chans der Weißen und der Goldenen Horde; Vorstoß bis Moskau und Astrachan.

1396 Schlacht von Nikopolis: Die Osmanen schlagen die Armee des venezisch-ungarisch-byzantinischen Kreuzzugs unter Sigismund von Ungarn.

1397 Die Osmanen nehmen Argos; die Peloponnes in türkischer Hand.

1397–98 Bayezid annektiert Qaraman, Qaisariya und Sivas.

1398–99 Timur erobert Nordindien: Plünderung von Delhi. Verfall und Auflösung des Sultanats von Delhi.

1400–01 Timur dringt nach Georgien, Anatolien, Syrien und dem Irak vor; Eroberung von Bagdad, Aleppo und Damaskus, Verwüstung Syriens.

1402 Schlacht von Ankara: Die osmanische Armee wird von Timur vernichtend geschlagen. Bayezid begeht in der Gefangenschaft Selbstmord (1403). Timur nimmt den Johannitern Smyrna (Izmir).

1403 Zerschlagung des Osmanenreiches: Timur stellt die Autonomie der anatolischen Fürstentümer wieder her, entlastet Byzanz nochmals vom osmanischen Druck.

1403–13 Nach dem Tode Bayezids Interregnum und Nachfolgekriege unter seinen Söhnen Süleyman (1403–11 in Edirne/Rumelien), Isa (in Bursa), Mehmed (in Amasya, dann Bursa/Anatolien) und Musa.

1403 Pestepidemie und Hungersnot in Ägypten.

1405 Timur in Otrar am Jaxartes auf dem Zuge nach China gestorben.

1405–17 Timurs Sohn Šahruh Herrscher in Chorasan, später auch in Transoxanien, Westpersien und Irak. Blüte der iranischen Kultur in den Städten (Literatur in persischer und türkischer Sprache, Malerei, Wissenschaften).

1406 Teilung der osmanischen Domänen; Bruderkrieg zwischen Süleyman (in Europa) und Mehmed (in Anatolien, unterstützt durch Musa).

Tod des Historikers Ibn Haldun, Staatsmann und Richter aus dem Magrib, gibt in der ‚Einleitung' zu seinem Geschichtswerk Theorie und System der Geschichte als politischer Wissenschaft.

1407 Ende des Bürgerkriegs in Ägypten (1405–7) gegen Sultan Farağ.

1408 Die Qara-Qoyunlu unter Qara Yusuf (Hauptstadt Tabris seit 1406) siegen über den Timuriden Miranšah.

1411 Musa besiegt Süleyman und belagert Konstantinopel.

1412 Einvernehmen zwischen Mehmed und dem byzantinischen Kaiser Manuel gegen Musa.

Die Qara-Qoyunlu erobern Bagdad.

1413 Mehmed schlägt den Rivalen Musa und wird Alleinherrscher des Osmanischen Reiches (1413–21). Bemühungen um die politische und religiöse Einigung des Reiches.

Tod des Ali al-Ğurğani, Theologe und Philologe an Timurs Hof.

1415 Portugiesische Expansion, Ceuta erobert.

1416 Osmanischer Konflikt mit Venedig um die Vormachtstellung in

der Ägäis. Sieg der venezianischen Flotte über die Türken bei Gallipoli.
Aufstand an der Westküste Kleinasiens und in Rumelien unter dem Einfluß des häretischen Sufis Badraddin endet mit dessen Hinrichtung.

1418 Tod des Qalqašandi, Kanzleibeamter, Verfasser eines enzyklopädischen Handbuches der Administration.

1421–44 Erste Regierungsperiode Murads II.; verteidigt die osmanische Herrschaft auf dem Balkan gegen die Ungarn. Volle Wiederherstellung der osmanischen Autorität in Anatolien.

1422 Die Osmanen benutzen Feuerwaffen bei dem erfolglosen Versuch, Konstantinopel zu erobern.

1422–38 Herrschaft des Mamlukensultans Barsbay; Versuch, die Zahlungsmittel zu kontrollieren und den Handel mit Zucker, Pfeffer und anderen Genußmitteln zu monopolisieren.

1423 Die Thessalonike wird von byzantinischen Fürsten angesichts der osmanischen Bedrohung an Venedig abgetreten: Anlaß des türkisch-venezischen Krieges (1423–30).

1426 Mamluken unter Barsbay schlagen die zyprische Armee. Zypern wird von Ägypten abhängig (1427).

1426(?)–1486 Haǧǧi Giray, Nachkomme des Mongolen Čingiz-Han, Gründer des unabhängigen Chanats auf der Krim.

1428 Tod des Sufis Abdalkarim al-Ǧili, Anhänger und Fortsetzer der mystischen Lehre von Ibn al-Arabi.

1429 Der Timuride Ulug-Bek errichtet ein Observatorium in Samarkand.

1430 Murad II. beendet venezianische Herrschaft in Thessaloniki.
Tod des Hafiz-i Abru, timuridischer Historiker und weitgereister Geograph.

1437 Tod des Mamlukensultans Barsbay.

1438–57 Regierung des Mamluken al-Malik az-Zahir Ǧaqmaq.

1438 Türkischer Einfall in Ungarn: Semendria genommen. Pest im Irak.

1440 Vergebliche Belagerung Belgrads durch die Türken.

1442 Tod des ägyptischen Historikers al-Maqrizi.

1443 Eine Kreuzritterarmee aus Ungarn, Polen, Serben und Rumänen unter Johannes Hunyadi schlagt die Türken und besetzt Niš.

1444 Murad II. schließt Frieden von Szegedin mit den ungarischen Kreuzrittern: Die Donau wird Grenze, die Walachei den Ungarn tributpflichtig. Erfolgreicher Feldzug gegen die Qaraman-Türken in Anatolien. Nach Bruch des Waffenstillstandes durch die Ungarn entscheidender Sieg über die christlichen Armeen in der Schlacht bei Varna. Murad II. dankt zugunsten seines Sohnes Mehmed II. ab.

1446–51 Murad II. übernimmt erneut die Herrschaft. Wiederaufnahme der osmanischen Expansionskriege in Südosteuropa; Verwüstung der Peloponnes.

1447–49 Der Timuride Ulug-Bek Herrscher in Samarkand.

1447–88 Scheich Ǧunaid (1447–60) und sein Sohn Scheich Haidar (1460–88), militante Nachkommen von Scheich Safiyaddin, organisieren ihre Anhängerschaft als militärische Truppe (Qizilbaš „Rotmützen"), verbreiten den schiitischen Safawiden-Orden im nordwestlichen Iran, Aserbaidschan und in Ostanatolien.

1448 Die zweite Schlacht von Kosovo; Osmanen schlagen die Serben und Ungarn unter Johannes Hunyadi und erobern Transsylvanien.

1451–1526 Afghanische Lodi-Dynastie von Delhi.

1451–69 Der Timuride Abu Saʿid herrscht in Samarkand über Ostiran, Transoxanien und Westturkestan.

1451–81 Der Osmane Mehmed II., genannt Fatih („der Eroberer"). Festigung der Hegemonie auf dem Balkan. Erste osmanische Gesetzbücher. Rege Bautätigkeit. Neuorganisation des Janitscharenkorps. Gefährdung des sozialen Gleichgewichts durch Münzentwertung, Monopolwirtschaft und Konfiskationen.

1453 Einnahme Konstantinopels durch die Osmanen, Ende des Byzantinischen Reiches. Konstantinopel wird Hauptstadt des Osm. Reiches und neuer geistiger Mittelpunkt der islamischen Welt.

1453–61 Sultanat des Mamluken al-Malik al-Ašraf Inal.

1453–78 Uzun Hasan führt die Aq-Qoyunlu zum Gipfel ihrer Macht in Diyarbakr, Ostanatolien und im Kaukasus, unterwirft die Qara-Qoyunlu (1467), beschränkt den letzten Timuridenstaat auf Ostiran und dehnt seine Herrschaft auf Persien, Aserbaidschan und den Irak aus.

1455 Das genuesische Inselreich in der Ägäis in türkischer Hand.

1456 Johannes Hunyadi verteidigt Belgrad gegen die osmanische Belagerung. Rückzug der Türken nach Bulgarien, Entlastung durch den Tod Hunyadis.

1457–58 Tod des serbischen Königs Georg Brankovič. Unterwerfung Serbiens durch Mahmud Paša; Vorstoß zur nördlichen Adria.

1458–1519 Eroberung der atlantischen Hafenstädte Marokkos durch Portugal; 1471 Portugiesen in Westafrika.

1460 Mehmed II. vollendet die Eroberung der Peloponnes; Ende des letzten byzantinischen Herrscherhauses der Palaiologen.

1463–79 Krieg zwischen dem Osmanischen Reich und Venedig. 1463/64 Annexion Bosniens. Waffenhilfe Venedigs an die Aq-Qoyunlu (1470).

1465 Linie der Wattasiden stürzt das Haus der Mariniden in Marokko (regiert bis 1549).

1467 Feldzug der Qara-Qoyunlu unter Ǧihan-Šah gegen die Aq-Qoyunlu (Uzun Hasan) endet mit Niederlage und Ende der Dynastie. Expansion der Aq-Qoyunlu nach Persien und nach dem Irak.

1467–68 Feldzüge Mehmeds II. gegen Albanien; 1468 Tod des Rebellen Iskender Beg.

1468 Mehmed II. annektiert das türkische Fürstentum von Qaraman.

1468–96 Der Mamluk al-Malik al-Ašraf Qa'it-Bay führt Ägypten in Kämpfen mit den Osmanen zum militärischen Erfolg, jedoch zum wirtschaftlichen Ruin.

1469 Tod des Timuriden Abu Sa'id nach gescheitertem Feldzug gegen die Aq-Qoyunlu in Aserbaidschan.

1469–1506 Husain Baiqara in Herat (Chorasan), letzter bedeutender Herrscher des Timuridenhauses.

1470 Venedig verliert Negroponte auf Euboea. Bündnis mit den Aq-Qoyunlu (Uzun Hasan).

1473 Schlacht von Baškent (Terğan) am Euphrat: Mehmed II. bringt Uzun Hasan vernichtende Niederlage bei.

1474 Osmanische Eroberung Kilikiens.

1475 Genuesen aus Kaffa (Kefe/Theodosia auf der Krim) vertrieben. Die Krimtataren Vasallen der Osmanen. Endgültige Annexion des türkischen Fürstentums von Qaraman.

1479 Das Osmanische Reich zwingt durch Belagerung von Skutari (seit 1474) Venedig zum Friedensschluß. Venedig verzichtet auf Albanien und Besitzungen in der Peloponnes.

1481 Bürgerkrieg zwischen Bayezid II., unterstützt von den Janitscharen, und seinem Bruder Ğem (unterliegt 1481, flieht 1482 nach Rhodos), der bis zu dessen Tod (1495) das Reich bedroht.

1481–1512 Bayezid II. osmanischer Sultan. Periode wirtschaftlicher und religiöser Konsolidierung.

1484 Türkischer Feldzug nach der Moldau gegen polnische Südausdehnung.

1485–91 Krieg zwischen Osmanen und Mamluken um Kilikien endet mit Niederlage der Türken bei Qaisariya (Aga Čairi); Verlust von Adana und Tarsus im Frieden von 1491.

1492 Türkische Streifzüge nach der Steiermark, Kärnten, Krain; die Türken bei Villach geschlagen.

Pestepidemie in Ägypten.

Eine christliche Armee unter Ferdinand von Aragon und Isabella von Kastilien nimmt Granada ein und beendet die islamische Herrschaft in Spanien. Der letzte Nasride zieht sich nach Marokko zurück.

Tod des persischen Sufis und Dichters Ğami in Herat.

1497–1503 Bau der Bayezid-Moschee in Konstantinopel.

1497–1510 Eroberung der wichtigsten Mittelmeerstädte Nordafrikas durch Spanien.

1498 Tod Mirhwands, Hofhistoriker der Timuriden.

1498–1509 Begründung der portugiesischen Vorherrschaft im Überseehandel des Indischen Ozeans: 1498 Vasco da Gama segelt mit dem arabischen Kapitän Ibn Mağid von Ostafrika nach Indien, Gründung portugiesischer Handelsplätze; 1509 Sieg der Portugiesen über Bündnis der Sultane von Guğarat mit den ägyptischen Mamluken in Seeschlacht vor Diu.

1499–1503 Zweiter türkisch-venezianischer Krieg; Venedig verliert Besitzungen auf der Peloponnes an die Osmanen.

1500 Muhammad Šaibani, Chan eines sibirischen Mongolenstaates, erobert Domänen der letzten Timuriden und errichtet Özbeg-Dynastie in Transoxanien und Chwarasm.

1501 Tod des Wesirs Ali-Šir Newa'i, bedeutender Dichter der osttürkischen (Čagatay-)Sprache am Timuridenhof in Herat.

1501–16 Qansauh al-Gauri, letzter bedeutender Mamlukensultan.

1501–24 Schah Isma'il errichtet mit den turkmenischen Qizilbaš die Safawiden-Dynastie in Aserbaidschan (Niederlage der Aq-Qoyunlu 1501) und erobert Iran und Mesopotamien. Theokratische Herrschaft im Namen des alidischen Imams einigt Persien unter schiitischem Bekenntnis.

1502 Tod des persischen Philosophen und Theologen Dawani; philosophische Theorie des islamischen Staates nach al-Farabi und Nasiraddin at-Tusi.

1504 Der Türke Zahiraddin Babur aus Fargena (Zentralasien) besetzt Kabul; erste Einfälle nach Indien bis zum Indus leiten Aufstieg der „Mogul-Kaiser" Indiens ein (ab 1526).
Tod des persischen Predigers Kašifi in Herat, Verfasser erbaulicher Kunstprosa und Poesie.

1505 Tod des Ǧalaladdin as-Suyuti, ägyptischer Philologe, Historiker und Enzyklopädist.

1506 Tod des Husain Baiqara, timuridischer Herrscher in Chorasan, Dichter im Čagatay-Türkischen, Förderer der Dichter Ǧami und Newa'i, des Historikers Mirhwand und des Malers Bihzad.

1511 Die Sa'di-Scharifen errichten alidische Herrschaft in Marokko (1549 Ende der Wattasiden in Fes). Verteidigung des Landes gegen türkische und portugiesische Angriffe und Ausdehnung der marokkanischen Macht über Westafrika.

1511–12 Bürgerkrieg zwischen Sultan Bayezid und seinem jüngeren Sohn Selim.

1512–13 Schiitischer Aufstand unter Šah-Quli in Anatolien, geschürt von den Safawiden.

1512–20 Der osmanische Sultan Selim I. Yavuz („der Grimmige"). Blutige Unterdrückung der Schia, verschärft durch den politischen Gegensatz mit der schiitischen Safawiden-Dynastie Irans.

1514 Der Safawide Isma'il führt als Schutzherr der Schia Feldzug gegen die Osmanen. Schlacht von Čaldiran (Aserbaidschan): Selim I. besiegt Isma'il, bringt Kurdistan und Mesopotamien unter osmanische Herrschaft und weist safawidische Expansionsbestrebungen im Westen definitiv zurück.

1515 Vernichtung der Du l-Qadr, Vasallen der Mamluken, in Armenien durch die Osmanen.

1515–16 Die Mamluken erobern den Jemen. Ihr Versuch, Aden zu nehmen, scheitert.

1516 Selim besiegt den Mamluken Qansauh al-Gauri bei Marǧ Dabiq und nimmt Syrien ein.

1517 Die Osmanen unter Selim erobern Ägypten. Ende des Mamlukenstaates. Einführung des osmanischen Lehnssystems im arabischen Vorderen Orient. Selim nimmt die Schlüssel der Kaʿba von Mekka in Empfang und legitimiert sich mit der Kontrolle über die heiligen Stätten zur Annahme des Kalifentitels.

7. Die Osmanenzeit

Das Osmanische Reich · Iran seit der Safawidenzeit · Indien unter den Moguln

1520 Der türkische Korsar Hairaddin Barbarossa unterstellt seine Eroberungen in Algerien dem osmanischen Sultan Selim und führt Flottenunternehmungen gegen Spanien im südlichen Mittelmeer.

1520–66 Sultan Süleyman, gen. Qanuni („der Gesetzgeber", auch „der Prächtige") herrscht über das Osmanische Reich auf der Höhe seiner Machtentfaltung. Die politische und soziale Struktur des Reiches erhält durch Reformen der Staatseinrichtung ihre endgültige Form. Mitwirkung im Kräftespiel der europäischen Politik.

1521 Die Osmanen erobern Belgrad und sprengen die Donau-Verteidigungslinie.

1522 Die Osmanen nehmen Rhodos ein; Abzug der Johanniter.

1524–76 Šah Tahmasp I., Sohn Ismaʿils, in Iran; Feldzüge gegen Özbegs und Osmanen.

1526 Schlacht von Mohács: Sieg Süleymans über König Ludwig von Ungarn, Verwüstung des Landes. Ungarn wird den Türken tributpflichtig.

Schlacht von Panipat: Babur (1526–30) schlägt den letzten Lodi-Sultan von Delhi und begründet die Dynastie der Mogul-Kaiser in Indien.

1527 Ende der Bahmanidendynastie. Fünf Lokaldynastien teilen den Dekkan bis zur Eroberung durch die Mogulkaiser Akbar und Aurangzib.

1529 Die erste türkische Belagerung Wiens schlägt fehl.

Hayreddin Barbarossa tritt in osmanische Dienste, beginnt den Bau der osmanischen Flotte.

Algier osmanisch.

1530–56 Der Mogulkaiser Nasiraddin Humayun (1540–55 im Exil).

1532–33 Feldzug Süleymans gegen Österreich; Eroberung von Güns, 1533 Friede mit Habsburg.

1534 Osmanischer Feldzug gegen Šah Tahmasp von Persien. Süleyman nimmt Tabris und Bagdad; in der Folge Besetzung von Aserbaidschan und Irak.

1534–74 Die Türken fassen von Algier aus in Nordafrika Fuß; Konflikte mit Kaiser Karl V. und Spanien. Wiederholte Eroberung von Tunis (1534 durch den Flottenadmiral Hairaddin Barbarossa, 1570, endgültig 1574) bis zur weitgehenden Vertreibung der Spanier aus Nordafrika.

1536	Französisch-türkischer Handelsvertrag mit Wirkung eines politischen Bündnisses (gerichtet gegen Karl V.).
1536–41	Expedition Kaiser Karls V. gegen Tunis und Algier.
1536–87	Regime osmanischer Beglerbegs in Nordafrika.
1537–57	Vertreibung der Portugiesen aus Südmarokko durch Saʿdi-Scharifen.
1538	Schlacht von Preveza: Die Osmanen schlagen die Flotte der Heiligen Liga (Karl V., Venedig, Papst) und erringen die Seeherrschaft im Mittelmeer.
1540–55	Interregnum der Afghanen unter Šir-Šah Sur und seinen Nachfolgern in Delhi.
1541	Flottenunternehmung Karls V. gegen Algier schlägt fehl.
1541–47	Nach dem Tode Johann Zápolyais von Ungarn türkisch-österreichischer Krieg um Ansprüche Habsburgs auf Ungarn. Osmanische Verwaltung in Ungarn. Nach türkischen Eroberungen Waffenstillstand mit Habsburg, das nur noch geringe Teile Ungarns behält.
1548–55	Neuer türkisch-persischer Krieg. Im Frieden von Amasya behalten die Osmanen ihre Eroberungen in Mesopotamien; Teilung Georgiens.
1549	Saʿdi-Scharifen (Šurafa) vertreiben die Wattasiden aus Fes und treten Herrschaft über ganz Marokko an (Linie der Saʿdiden bis 1659).
1549–54	Abwehr osmanischer Angriffe durch die Saʿdi-Scharifen von Marokko.
1550	Bau der Süleyman-Moschee in Konstantinopel.
1551	Der türkische Admiral Piri Reʾis nimmt Masqat ein.
	Die Johanniter übergeben Tripolis (Libyen) den Osmanen.
1551–62	Fortsetzung des Ungarnkrieges zwischen Osmanen und Habsburg.
1554–56	Dragut (Turgud), Nachfolger Hayreddin Barbarossas, vollendet türkische Eroberung der nordafrikanischen Küste.
1556	Osmanen stürzen die Dynastie der Ziyariden in Westalgerien.
	Osmanisch-portugiesischer Seekrieg im Indischen Ozean.
	Tod des türkischen Dichters Fuzuli.
1556–1605	Kaiser Akbar von Delhi, Gründer einer synkretistischen Universalreligion. Höchste Blüte des Mogulreiches in Nord- und Zentralindien.
1558	Tod des Zainaddin al-Amili, iranischer Theologe der Schia.
1565	Vereinigung der muslimischen Dynastien des Dekkan; Zerstörung des Hindu-Königtums von Viğayanagar in Südindien, der letzten Bastion der alten Hindu-Kultur.
1565–68	Türkisch-österreichischer Krieg.
1566	Mit dem Tode Süleymans endet die Periode der Expansion des Osmanischen Reiches. Sein Nachfolger Selim II., „der Säufer" (1566–74); Regierungsvollmachten in den Händen des serbischen Großwesirs Soqullu Mehmed Paša und des Juden Josef Nasi.

1568–70	Zaiditen-Aufstand gegen die Osmanen im Jemen.
1570	Die Osmanen nehmen Zypern ein. Frieden mit den Moskowitern.
1571	Seeschlacht von Lepanto: Zerstörung der osmanischen Flotte durch die spanisch-venezianische der Heiligen Liga (Don Juan d'Austria). Nach Zerfall der Liga und Wiederaufbau der türkischen Flotte wird Spanien auf das westliche Mittelmehr beschränkt.
1573	Venedig tritt nach dreijährigem Krieg Zypern an die Türken ab.
1574–95	Murad III. osmanischer Sultan. Wachsender Einfluß des Palastes (Periode der „Weiberherrschaft"). Mißbräuche im Lehnswesen und bei der Janitscharen-Rekrutierung; 1589/92 Truppenrevolten.
1577–90	Osmanischer Krieg mit Persien; Einnahme von Tiflis (1578), Kars und Tabris (1585), Fürstentümer Georgiens werden tributpflichtig.
1578–1603	Der Šarif Ahmad al-Mansur von Marokko; 1590–91 Eroberung Westafrikas (Reich der Songai mit Timbuktu und Gao am Niger).
1580	Osmanische Handelsprivilegien für England.
1583	Tod des Wahši von Bafq, sufischer romantischer Dichter.
1587	Schaffung der drei osmanischen Beyliks Algier, Tunis und Tripolis.
1588–1629	Schah Abbas von Persien; Höhepunkt des Safawiden-Reiches. Erweiterung des iranischen Herrschaftsbereiches, Vertreibung der Özbegs aus Chorasan und der Osmanen aus Aserbaidschan, Diyarbakr und dem Irak. Höhepunkt der Baukunst und der Malerei (Rida-i Abbasi).
1588(?)	Tod des Sinan Paša, Architekt der osmanischen Hauptstädte (Süleyman-Moschee [1557] in Istanbul, Selim-Moschee in Edirne).
1590	Friede zwischen Persien und dem Osmanischen Reich, das mit Georgien, Karabag und Schirwan den Kaukasus und das Kaspische Meer erreicht, ferner Tabris und Luristan gewinnt.
1593–1606	Osmanisch-habsburgischer Krieg, beendet durch den Vertrag von Sitvatorok (1606).
1595–1603	Sultan Mehmed III.
1596	Schah Abbas macht Isfahan zur Hauptstadt des Safawidenreiches.
1599	Tod des osmanischen Historikers Saʿduddin Hoğa Efendi.
1600	Tod des türkischen Dichters Baqi; sein Werk der Höhepunkt der klassischen türkischen Lyrik.
1602–12	Neuer türkisch-persischer Krieg.
1603	Der Safawidenschah Abbas gewinnt Aserbaidschan (Tabris) und den Kaukasus (Eriwan, Schirwan, Kars) von den Osmanen zurück.
1603–17	Herrschaft des osmanischen Sultans Ahmed I.
1605	Persischer Sieg über die Osmanen am Urmia-See; die Safawiden gewinnen Diyarbakr und den Irak (Mosul, Bagdad) zurück.
1605–27	Der Mogulkaiser Ğahangir in Delhi.
1606	Frieden von Sitvatorok, zwanzigjähriger Waffenstillstand zwischen den Osmanen und Österreich; Gebietsverluste Habsburgs in Ungarn.

1609–14	Vertreibung der Muslime aus Spanien.
1609–87	Nach dem Fall anderer Dekkan-Königreiche teilen sich die Adil-Šahi-Dynastie von Biǧapur und die Qutb-Šahi-Dynastie von Golkonda Südindien bis zur Eroberung durch die Mogulkaiser. Anfänge der Urdu-Literatur.
1612	Friedensschluß zwischen Iran und dem Osmanischen Reich, das Aserbaidschan und Georgien an die Safawiden verliert. Osmanische Handelsprivilegien für Holland.
1617–18	Sultan Mustafa I., nach Palastrevolution wegen Geistesschwäche abgesetzt.
1618–22	Sultan Osman II.
1622 (1621?)	Tod des Baha'addin al-Amili, schiitischer Theologe, Mathematiker.
1622	England beschießt Algier als Vergeltung für Piratenaktionen (wiederholt 1655, 1672). Türkische Kampagne in der Moldau gegen Polen (1620–22) endet mit Verlusten; nach dem Friedensschluß Janitscharen-Aufstand: Osman II. erschlagen.
1622–23	Zweite Regierungsperiode Mustafas I., durch *fatwa* des Šeyh-ül-Islam abgesetzt.
1623	Eroberung Bagdads durch Schah Abbas I. von Persien.
1623–40	Sultan Murad IV., beschränkt die Machtstellung des Janitscharen-Korps. Wechselvoller Krieg mit Iran (1623–39).
1628–58	Der Mogulkaiser Schah Ǧahan.
1629–42	Mit Schah Safi beginnt der Niedergang der Safawiden. Murad IV. gewinnt den Irak zurück (1638).
ab 1631	Filali-Linie der Scharifen wahrt politische Einheit Marokkos.
1633	Aufstand des Drusenfürsten Fahraddin in Libanon und Syrien, im Bündnis mit der Toskana, dem Papst und Spanien, wird von den Osmanen niedergeschlagen (Fahraddin 1635 hingerichtet).
1635	Tod des Naf'i, türkischer Dichter im indisch-persischen Stil.
1638	Murad IV. erobert den Irak von Iran zurück (Schiitenmassaker in Bagdad). Im Vertrag von Qasr-i Širin überläßt Murad IV. den Kaukasus (Eriwan) und Aserbaidschan (Tabris) den Safawiden; endgültige Gebietsabgrenzung zwischen Osmanen und Safawiden.
1640	Tod des persischen Theologen und Philosophen Sadraddin Širazi (Molla Sadra) in Isfahan.
1640–48	Sultan Ibrahim I. Einfluß der Haremscliquen auf dem Höhepunkt. Mißwirtschaft führt zum Ruin der Staatsfinanzen.
1645–69	Osmanisch-venezianischer Krieg um Kreta als letzter Position Venedigs im östlichen Mittelmeer.
1648–87	Sultan Mehmed IV.; bis 1656 anarchische Periode unter fortgesetzten Parteikämpfen.
1651	Sieg der venezianischen Flotte bei Paros.
1656–61	Der Großwesir Mehmed Köprülü erneuert das im Niedergang begriffene Osmanische Reich durch innere Reformen – Beseitigung des Einflusses von Harem und Janitscharen, Sanierung der Staatswirtschaft – und militärische Erfolge.

1657 Wiederherstellung der türkischen Autorität in den Donau-Fürstentümern.

1658 Tod des türkischen Kosmographen und Enzyklopädisten Hağği Halifa (Katib Čelebi).

1658–59 Unterdrückung von Aufständen in Anatolien durch die Osmanen.

1658–1707 Der Mogulkaiser Aurangzib setzt sich in Nachfolgekämpfen gegen seinen Bruder Dara Šikuh durch (1658–59) und stabilisiert die Herrschaft des Islams in Nordwestindien und im Dekkan. Nach seinem Tode beginnt der Niedergang des Mogulimperiums.

1659–71 Regime der Agas des Armeekorps in Algier.

1661–76 Ahmed Köprülü, Sohn Mehmeds, Nachfolger im Großwesirat und in der faktischen Herrschaft.

1663–64 Osmanische Offensive gegen Österreich endet mit Niederlage am St. Gotthard; zwanzigjähriger Waffenstillstand.

1665 Franzosen bombardieren Algier und Tunis als Repressalie gegen Seeräuberei.

1669 Die Osmanen erobern Kreta von Venedig.

1670 Friede von Venedig: Kreta bis auf drei feste Plätze osmanisch.

1671–1830 Regime der Deys (dayi) in Algier.

1672–76 Türkisch-polnischer Krieg. König Johann III. Sobieski von Polen muß nach wechselvollen Kämpfen (1676 Niederlage bei Zurawno) Podolien und die Ukraine den Osmanen überlassen: Das Osmanische Reich wird unmittelbarer Nachbar Rußlands.

1676–83 Qara Mustafa (Schwager von Ahmed Köprülü) osmanischer Großwesir.

1677–81 Türkisch-russischer Krieg. Im Frieden von Radzin (1681) fällt Kiew an Rußland.

1683–99 Türkisch-österreichischer Krieg. 1683 zweite vergebliche Belagerung von Wien durch Qara Mustafa; Niederlage am Kahlenberge. 1684 Heilige Allianz Österreichs mit Polen, Venedig und dem Papst, 1687 auch Rußland gegen die Osmanen.

1684 Tod des Evliya Čelebi, Verfasser eines bedeutenden Reiseberichtes über das Osmanische Reich und seine Nachbarländer in Europa und im Vorderen Orient.

1686 Österreich erobert Ofen.

1687 Die Osmanen bei Mohács geschlagen; Verlust Ungarns. Meuterei der Janitscharen; Absetzung Sultan Mehmeds IV.

1687–91 Süleyman II. osmanischer Sultan.

1688 Die Österreicher nehmen Belgrad ein.

1689 Niederlage der Osmanen bei Niš. Mustafa Köprülü Großwesir; Reorganisation der meuternden Armee und der Finanzen.

1690 Niš und Belgrad von den Osmanen zurückerobert.

1691 Mustafa Köprülü fällt in der Schlacht von Szalankamen.

1691–95 Ahmed II. osmanischer Sultan.

1694 Gründung der Compagnie d'Afrique, nordafrikanische Land- und Handelskonzessionen an Frankreich.

1694–1722 Husain, der letzte unabhängige Safawiden-Schah in Iran, gefährdet durch interne Konflikte, russische und türkische Interessen und anti-schiitische Autonomie in Afghanistan.

1695–1703 Mustafa II., osmanischer Sultan.

1696 Peter der Große nimmt Azov ein.

1697 Entscheidende Niederlage der Osmanen gegen kaiserliches Heer unter Prinz Eugen von Savoyen bei Zenta an der Theiss.

1699 Vertrag von Karlowitz; erste bedeutende diplomatische Niederlage der Osmanen: Ungarn, Siebenbürgen, Slawonien und Kroatien fallen an Österreich; Kameniecz, Podolien, Ukraine an Polen, die Peloponnes und ein großer Teil Dalmatiens an Venedig.

1700 Tod des Safawidenwesirs Muhammad Baqir Mağlisi, schiitischer Theologe.

1702 Die Osmanen verlieren Azov im Friedensschluß mit Rußland.

1703 Janitscharenrevolte gegen den Šeyh-ül-Islam Feyzullah und Sturz des Sultans Mustafa II. Sein Nachfolger Ahmed III. (1703–30).

1706–1957 Die Dynastie der Husainiden-Beys in Tunis.

1707 Tod Aurangzibs nach schweren Verlusten in zwanzigjährigem Krieg gegen die Marathas im Dekkan. Unter seinen Nachfolgern schneller Zerfall des Mogulreiches.

1710–11 Osmanisch-russischer Krieg, beendet durch Niederlage Peters des Großen und Frieden am Pruth; Rückgabe Azovs an die Türkei.

1711–1835 Dynastie der Qaramanlis in Tripolitanien.

1714–18 Osmanische Offensive gegen Venedig. Die Venezianer verlieren ihre Festungen auf der Peloponnes und die letzten Plätze auf Kreta. 1716 Eingreifen Österreichs.

1716 Prinz Eugen von Savoyen siegt über die Türken bei Peterwardein, nimmt Temesvár ein und erobert Belgrad (1717).

1718 Friede von Passarowicz, zweite große Niederlage der Osmanen gegen Habsburg: Türkei verliert Temesvár, Nordserbien und die Kleine Walachei an Österreich.

1718–30 Die „Tulpenära“ unter Newšehirli Ibrahim Paša, Großwesir des Sultans Ahmed III.: Öffnung für westlichen Kultureinfluß, Einführung der Druckerei. Reformen zur Stabilisierung der Staatsfinanzen.

1722 Afghanische Revolte in Persien; Mir Mahmud nimmt Isfahan ein, setzt Schah Husain ab und ermordet Safawidenprinzen. Kurzlebige afghanische Herrschaft.

1722–23 Rußland erreicht mit der Expedition Peters des Großen gegen Derbend und Baku das Kaspische Meer. Durch Parteinahme in den iranischen Thronwirren für Tahmasp (1722–32) Ansprüche auf weitere iranische Gebiete.
Die Osmanen nehmen Tiflis ein (1723).

1724 Türkisch-russischer Vertrag über Aufteilung Nordwest-Irans. Die Türken besetzen Hamadan und Tabris.

1727 Ibrahim Müteferriqa, osmanischer Staatsmann ungarischer Herkunft, nimmt die erste türkische Druckerpresse in Betrieb.

1729 Nadir, Führer des Turkmenenstammes der Afšar, vertreibt im

Dienste des Safawiden Tahmasp II. die Afghanen aus Persien, erhält Statthalterschaft Ostpersiens und zentrale Machtposition.

1730 Nadir verdrängt die Türken aus Aserbaidschan (Tabris) und Kirmanschah (Hamadan).
Janitscharen-Aufstand zwingt Ahmed III. zur Abdankung. Zweijährige Diktatur des Janitscharen-Führers Patrona Halil.

1730–54 Sultan Mahmud I. Der französische Renegat Bonneval reorganisiert Verwaltung und Armee.

1736 Nadir zwingt nach Bündnis mit Rußland (1735) das Osmanische Reich zur Rückgabe der Kaukasusländer Georgien, Schirwan und Armenien. Nach dem Tod des letzten Safawiden läßt sich Nadir zum Schah von Persien (1736–47) proklamieren.

1736–47 Nadir Herrscher Irans. Unterwerfung Afghanistans (1738), Feldzüge gegen Indien (1738–39), Turkestan (1740), Dagestan (1741–42). Versuch des Ausgleichs zwischen sunnitischem und schiitischem Islam durch Reform der schiitischen Imamatslehre. 1743–46 Krieg mit dem Osmanischen Reich um die Anerkennung der gemäßigten Schia als orthodoxer Rechtsschule.

1736–39 Krieg der Osmanen gegen Österreich und Rußland. Im Frieden von Belgrad gewinnt die Türkei Nordserbien mit Belgrad und die Seeherrschaft über das Schwarze Meer zurück; Rußland erhält Asov.

1738–39 Nadir-Šah fällt in Indien ein und plündert Delhi. Der Mogulkaiser Muhammad muß Provinzen nördlich und westlich des Indus abtreten.

1746 Muhammad ibn Abdalwahhab (1703–91), Begründer der fundamentalistischen Reformbewegung der Wahhabiya, beginnt im Bündnis mit dem arabischen Stammesführer Muhammad ibn Saʿud in Darʿiya (Naǧd/Zentralarabien) die militante Verbreitung seiner Lehre in Arabien.

1747 Nadir-Šah von Afšaren- und Qaǧaren-Führern ermordet. Das Reich zerfällt in Kämpfen zwischen zahlreichen Prätendenten.
Ahmad-Šah Durrani errichtet mächtige Autonomie in Afghanistan, Expansion nach Ostiran und Indien.

1747–1831 Regime der Mamluken-Paschas von Bagdad.

1750–79 Muhammad Karim Han Zand von Schiras Herrscher in Iran. Periode politischer und wirtschaftlicher Stabilität; Handelsbeziehungen mit England.

1754–57 Sultan Osman III. Innere Unruhen, Regime der Intoleranz.

1757–74 Mustafa III. osmanischer Sultan; sein Großwesir Ragib Paša tatsächlicher Herrscher. Trotz Friedensverlangen in verhängnisvollen Krieg mit Rußland verwickelt.

1757 Ahmad-Šah Durrani (1747–73) von Afghanistan plündert Delhi und Agra und dehnt sein Reich über Nordwestindien aus (Sind, Balutschistan, Pandschab und Kaschmir).

1761 Freundschaftsvertrag zwischen dem Osmanischen Reich und Preußen.

1768–74 Osmanisch-russischer Krieg.

1770 Die russische Ostseeflotte zerstört die osmanische Flotte in der Schlacht bei Česme (vor Chios).

1774 Friede von Kūčük Kaynarği: Das Osmanische Reich verzichtet auf Hoheit über die Krimtataren (bei Wahrung der Rechte des Sultans als geistliches Oberhaupt der Muslime); die Zarin erhält Schutzrechte über die orthodoxen Christen unter osmanischer Herrschaft. Mit russischen Schiffahrtsrechten verliert die Türkei ihre Stellung im Levante-Handel. Innen- und außenpolitische Schwäche gegenüber den europäischen Großmächten.

1774–89 Sultan Abdülhamid I.

1779 Aga Muhammad, Führer der turkmenischen Qağaren, bemächtigt sich Nordpersiens (Hauptstadt Tehran 1785); Wiederaufbau der zentralen Regierung in Iran.

1783 Zarin Katharina II. unterwirft die Krimtataren.

1784 Vertrag von Aynali Kavak zwischen dem Osmanischen Reich und Rußland; die Krim fällt an Rußland. Der Anspruch des Sultans auf das Imamat über alle Muslime wird hinfällig.

1787–92 Osmanischer Krieg gegen Rußland und Österreich, beendet durch die Verträge von Sistowa (1791) und Jassy (1792): Die Türken verlieren das nördliche Schwarzmeerufer bis zur Dnjestr-Mündung und die Krim an Rußland.

1788–1840 Bašir Šihab II., Emir von Libanon, kämpft für die Autonomie des Landes.

1789–1807 Sultan Selim III.: Zweite Periode der Europäisierung; erste osmanische Botschaften in europäischen Hauptstädten; Gründung der *Nizam-i-ğedid*-Armee. Widerstand der Janitscharen gegen die Neuerungen führt zur Absetzung des Sultans.

1794–97 Aga Muhammad ermordet den letzten Zand von Schiras (1794) und begründet Herrschaft der Qağaren-Dynastie über ganz Persien (1794–1924); 1796 zum Šah gekrönt.

1797–1834 Fath-Ali-Šah Herrscher Irans. Persien wird zum Spannungsfeld der Expansionsinteressen Rußlands (Kaukasus) und Englands (Afghanistan).

8. Die Entstehung der Nationalstaaten

1798–1801 Französische Expedition unter Napoleon Bonaparte nach Ägypten; militärische Eroberung und wissenschaftliche Erforschung des Landes.
Osmanisches Bündnis mit England und Rußland.

1799–1801 Osmanisches Expeditionskorps unter Muhammad Ali zwingt die Franzosen zum Verlassen Ägyptens.

1800 Vertrag der englischen East India Company (Gesandter Sir John Malcolm) mit Fath-Ali-Šah von Iran gegen Afghanistan und Frankreich.

1801	Die Wahhabiten überfallen und plündern Kerbela im Irak.
1801–05	Machtkampf zwischen dem osmanischen Gouverneur, den Mamluken und der albanischen Brigade Muhammad Alis nach dem Abzug der Franzosen aus Ägypten.
1802	Ägypten fällt im Vertrag von Amiens an das Osmanische Reich zurück.
1803–06	Die Wahhabiten unter Saʿud ibn Abdalʿaziz erobern den Hiǧaz (Medina 1804, Mekka 1806) und beherrschen bis zur Unterdrükkung durch ägyptische Truppen (1812–18) weite Teile Arabiens.
1804–06	Erster serbischer Aufstand unter Karageorgios (Karađorđe); 1805 eigene Verfassung für Serbien.
1804–13	Iranisch-russischer Krieg im Kaukasus.
1805–48	Muhammad Ali erringt Herrschaft in Ägypten und wird vom Sultan als Statthalter des Landes anerkannt (1806–48, ab 1840 als erblicher Herrscher selbständig), führt Ägypten auf den Weg zur nationalen Unabhängigkeit. Heeres-, Land- und Steuerreform, Bemühungen um Aufbau eines modernen Bildungswesens und einer modernen Industrie.
1806–12	Osmanisch-russischer Krieg, beendet durch den Vertrag von Bukarest.
1807	Englische Flottenintervention vor Konstantinopel abgewiesen; englisches Landungskorps bei Alexandria geschlagen. Vertrag von Finkenstein zwischen Frankreich und Iran gegen Rußland und England. Der französische General Gardane zur Ausbildung der Armee in Iran.
1807–08	Sultan Mustafa IV. nach Ermordung Selims III.; von Anhängern Selims gestürzt.
1808–39	Sultan Mahmud II. Reformen unter dem Einfluß westeuropäischer Ideen, Neuordnung der Staatsverwaltung und der Armee. Beseitigung des Janitscharenkorps (1826).
1811	Muhammad Ali liquidiert das ägyptische Mamlukenkorps; Ermordung der Mamlukenführer. Neuordnung von Armee und Verwaltung nach französischem Vorbild. Monopolwirtschaft, Konfiskation von Großgrundbesitz und Stiftungsgütern (1816).
1811–18	Muhammad Alis Feldzüge gegen die Wahhabiten; seine Söhne Tusun und (1816–18) Ibrahim beseitigen die wahhabitische Macht der Al Saʿud auf der arabischen Halbinsel. Der Hiǧaz und die Küste am Roten Meer geraten unter ägyptischen Einfluß.
1812	Osmanisch-russischer Friede von Bukarest.
1813	Iranisch-russischer Friede von Gulistan: Iran tritt Kaukasus-Provinzen (Dagestan, Georgien, Derbend, Schirwan) an Rußland ab.
1814	Iranisch-britisches Abkommen; Konsolidierung des englischen Einflusses.
1815–17	Zweiter serbischer Aufstand unter Miloš Obrenović, 1817 als oberster Kuz des Pašaliks Belgrad anerkannt.
1817	Verbot der Piraterie in Marokko.

1818 Die ägyptische Armee unter Ibrahim Paša nimmt Darʿiya: Ende des ersten Wahhabiten-Reiches der Al Saʿud.
Import europäischer Maschinen nach Ägypten. Einrichtung von Ausbildungsstätten für Medizin, Ingenieurwissenschaften und Chemie, von Militär- und Marineakademien.

1820 Britischer Vertrag mit den Scheichtümern am Persischen Golf.

1820–22 Muhammad Ali von Ägypten erobert den Ostsudan (1823 Gründung von Chartum).

1821 Errichtung der ägyptischen Staatsdruckerei in Kairo-Bulaq.

1821–29 Der griechische Unabhängigkeitskrieg. Philhellenische Bewegung in Europa.

1824–27 Muhammad Ali greift als Feldherr des Sultans in den griechischen Freiheitskrieg ein. Feldzug seines Sohnes Ibrahim auf der Peloponnes; Besetzung Kretas. 1827 Kapitulation der Akropolis.

1826 Blutige Liquidierung der Janitscharen nach Meuterei gegen die Armeereform Mahmuds II. Abschaffung des ihnen nahestehenden Bektaši-Ordens.

1826–28 Russisch-persischer Krieg im Kaukasus. Im Frieden von Turkomančai (1826) tritt Iran Eriwan und Nahčiwan an Rußland ab. Hohe Kriegsentschädigung: „Kapitulationen" (Extraterritorialrechte) für russische Vertreter in Iran.

1827 Englisch-französisch-russische Allianz gegen die Osmanen zur Unterstützung der Griechen. Vernichtung der ägyptischen Flotte in der Seeschlacht bei Navarino.

1828 Rußland dringt um das Kaspische Meer nach Zentralasien vor.
Erscheinen der ersten arabischen Zeitung, des ägyptischen Regierungsorgans *al-Waqaʾi al-Misriya.*

1829 Londoner Protokoll der europäischen Großmächte über die Unabhängigkeit Griechenlands. Russische Eroberung von Adrianopel (Edirne).
Im Frieden von Adrianopel gibt Rußland seine Eroberungen in der europäischen Türkei auf. Osmanische Anerkennung des Londoner Protokolls.

1830 Die Franzosen besetzen Algerien.

1831 Mahmud II. erobert Bagdad zurück und hebt das Pašalik der Mamluken auf.

1831–32 Die ägyptische Armee unter Ibrahim Paša erobert Syrien. Der Qağaren-Prinz Abbas Mirza erobert Chorasan.

1832 Erscheinen der ersten osmanischen Zeitung, *Taqwim-i weqayi* (Staatsanzeiger).

1832–33 Ägyptische Invasion in Anatolien; Sieg bei Konya (1832). Russische Intervention zugunsten des Sultans löst erste internationale Nahost-Krise aus; diplomatische Gegenzüge Englands und Frankreichs. Im Abkommen von Kütahya tritt der Sultan Syrien mit Adana an Muhammad Ali ab.

1832–47 Abdalqadir Emir von Algerien; Unabhängigkeitskrieg gegen Frankreich.

1833 Beistandspakt von Hunkar Iskelesi zwischen Osmanen und Russen. Die Türkei tritt Syrien und Adana an Ägypten ab.
Gründung der Sanusiya-Bruderschaft in der Cyrenaika.

1834–48 Muhammad Schah von Persien. Abzug der britischen Militärmission. Militärischer Einsatz gegen Afghanistan schlägt wegen britischen Drucks fehl. Religiöse Unruhen durch Bewegung des ,,Bab" (1844–50).

1835 Abdalqadir schlägt die Franzosen an der Macta. Rückeroberung von Tripolitanien.

1837–38 Persische Belagerung von Herat, auf britischen Druck hin aufgehoben.
Muhammad Ali erweitert Herrschaft Ägyptens in Arabien (bis zum Persischen Golf) und im Sudan.

1838 Vertrag von Jalta-Liman zwischen der Türkei und Großbritannien: Vorzugszölle für englische Produkte.

1839 England besetzt Aden, Maßnahme gegen die ägyptische Expansion in Arabien.
Zweite Nahost-Krise durch osmanisch-ägyptischen Krieg: Osmanische Invasion in Syrien, Niederlage in der Schlacht von Nasibin.
Die Briten besetzen Kabul und Kandahar (bis 1842), um russischer Expansion zuvorzukommen.

1839–61 Sultan Abdülmeğid; sein Großwesir Rešid Paša: Fortsetzung und Ausweitung der Politik der Reformen (Tanzimat-Periode). 1839 *hatt-i šerif* von Gülhane: Grundrechte, Abschaffung von Lehen und Steuerpacht, Bildung der ersten Legislative (1854, 1861).

1840 Der Vertrag von London beendet Nahost-Krise. Friedensvorschlag von Muhammad Ali abgelehnt; Niederlage der ägyptischen Marine gegen England. Ägypten muß den Vertrag von Jalta-Liman durchführen und die Schutzzölle aufheben. Der Industrialisierungsversuch scheitert.
Die europäischen Mächte intervenieren zugunsten des Sultans und zwingen Ägypten zum Rückzug aus Syrien.

1841 Muhammad Ali wird die erbliche Vizekönigschaft über Ägypten gewährt; bei Anerkennung der osmanischen Oberhoheit faktisch selbständig.

1842 Drusen-Revolte im Libanon, Neuaufbau des Landes.
Aufstand des Emirs Dost Muhammad von Kabul vertreibt die Briten aus Afghanistan.

1843 Abdalqadir, der Emir von Algerien, agitiert in Marokko für Aufstand gegen Frankreich.

1847 Der Aufstand Abdalqadirs scheitert in Algerien, Abdalqadir in Marokko gefangengenommen (stirbt 1883 im Exil).

1848 Regentschaft Ibrahim Pašas in Ägypten; Tod Ibrahims und Muhammad Alis im selben Jahr.

1848–50 Erhebungen der Anhänger des „Bab" Saiyid Ali Muhammad, der seit 1844 als Empfänger göttlicher Offenbarungen auftritt, in Persien. Der Bab wird gefangengenommen und 1850 hingerichtet.

1848–54 Abbas Hilmi Vizekönig Ägyptens. Anti-westliche Strömung gegen Modernisierung des Landes.

1848–96 Nasiraddin-Šah in Iran. Der Großemir Mirza Taqi Han bemüht sich um Modernisierung (1848–51).

1849 Die Wahhabiten unter Faisal (Al Saʿud) vertreiben den letzten ägyptischen Gouverneur von der Arabischen Halbinsel.

1850–60 Den ägyptischen Fellachen wird das Erbrecht an ihrem Land zuerkannt.

1852 Die erste ägyptische Eisenbahn.

Attentat von Anhängern des Bab auf Nasiraddin-Šah. Verfolgung und Massenhinrichtungen unter den Babis.

1853–56 Der Krimkrieg, veranlaßt durch europäische Rivalitäten um den Schutz der christlichen Minderheiten im Osmanischen Reich; beendet durch den Vertrag von Paris (1856).

1854 Der Rat der Tanzimat wird erstes osmanisches Gesetzgebungsorgan.

1854–63 Saʿid Vizekönig von Ägypten; erste europäische Darlehen.

1856 *Hatt-i hümayun:* Dekret zur Bestätigung und Ausweitung der osmanischen Reformen; Glaubensfreiheit, Rechte der christlichen Untertanen, Justiz- und Steuerreform.

Friede von Paris zur Beendigung des Krimkrieges: Anerkennung der territorialen Integrität der Türkei, Neutralisierung des Schwarzen Meeres, Aufhebung des russischen Protektorats über die Donaufürstentümer.

1856–57 Iranisch-britischer Krieg als Folge der iranischen Eroberung Herats, beendet durch Vertrag von Paris: Iran räumt Afghanistan und erkennt die Unabhängigkeit des Landes an. Afghanistan wird Pufferstaat zwischen Rußland und Indien.

1857 Verfassung für Tunesien.

1858 Osmanisches Landgesetz.

Gründung der Suez-Kanal-Gesellschaft (1854 Konzession an Fernand de Lesseps) mit englischem und französischem Kapital; 1859 Baubeginn.

1859 Fehlschlagen des *Quleli waqʿasi,* des konservativen Versuches, die osmanischen Reformen zu beenden.

Beginn des Baus des Suez-Kanals.

1860 In Syrien und Libanon reaktionäre Umtriebe gegen *hatt-i hümayun.* Christenverfolgung in Damaskus.

Niederlage Marokkos im Krieg gegen Spanien.

1860–61 Drusen-Revolte, Bürgerkrieg und Massaker an maronitischen Christen im Libanon; Militärintervention Frankreichs zu deren Schutz. 1861 Etablierung der autonomen Provinz Mont Liban; „règlement organique“ legt Konfessionsproporz der politischen Repräsentation fest.

1861 Schaffung des *Meğlis-i ahkam-i adliyye,* der neuen osmanischen gesetzgebenden Körperschaft.

1861–76 Sultan Abdülʿaziz; Weiterführung der Tanzimat-Reformen (Gesetzgebung, Unterrichtswesen); finanzieller Bankrott des Reiches durch hohe Verschuldung in Europa (1874).

1862 Der Sultan erkennt die 1859 vollzogene Vereinigung der Moldau mit der Walachei an: Entstehung Rumäniens (1866 selbständig).

1863 Baha'allah, Schüler des Bab, tritt im Irak als Manifestation des göttlichen Willens auf; Begründung der Religionsgemeinschaft der Baha'is. Von 1868 bis zu seinem Tode 1892 auf Anordnung der osmanischen Regierung mit seinen Anhängern im Exil in Akka.

1863–79 Der Vizekönig Ismaʿil in Ägypten (1866 Titel Hidiw). Expansive Außenpolitik am Roten Meer und im Sudan und kostspielige Reformen zur Europäisierung des Landes führen zu hoher Auslandsverschuldung. Aufschwung des Baumwollhandels während des amerikanischen Bürgerkrieges.

1864 Großbritannien erhält Konzession für den Ausbau des Telegraphenwesens in Iran.
Das *vilayet*-Gesetz reformiert das osmanische Provinzialsystem.

1865 Gründung des Oppositionsbundes der Jungen Osmanen unter der Leitung von Namiq Kemal, Ziya Paša und Ali Suʿavi; Ideologie des osmanischen Patriotismus und Konstitutionalismus und des islamischen Modernismus, aktiv bis 1870.

1866 Gründung der Amerikanischen Universität in Beirut durch protestantische Missionare; „Renaissance" *(nahda)* der arabischen Literatur bei den syrischen Christen, gefördert durch Butrus Bustani und Nasif al-Yaziǧi.

1866–68 Aufstand auf Kreta von den Osmanen unterdrückt.

1867 Abdülʿaziz bereist als erster Sultan Europa. Die Osmanen räumen serbische Festungen.

1868 Schaffung des osmanischen Staatsrates *(Šura-yi devlet)*, einer modernen repräsentativen Legislative.

1868–69 Ausarbeitung der *Meǧelle*, eines osmanischen Bürgerlichen Gesetzbuches.

1869 Eröffnung des Suez-Kanals.

1869–71 Reformversuch Midhat Pašas im Irak.

1870 Algerien wird der französischen Zivilverwaltung eingegliedert.
Muhammad Ahmad ibn Abdallah tritt im Sudan als erster „Mahdi" auf; fundamentalistische Reform des Islams.

1871 Tod Muhammad Muqranis im antikolonialen Aufstand der Kabylen-Berber in Algerien.

1871–79 Der persische Religionsphilosoph und Reformer Ǧamaladdin al-Afgani, Begründer des panislamischen Modernismus, in Kairo; beeinflußt die wachsende Opposition ägyptischer Nationalisten und Konstitutionalisten gegen den Hidiw und gegen ausländische Kontrolle des Landes. Unter seinen Schülern sind Muhammad Abduh und Saʿd Zaglul.

1872 Der englische Baron Julius de Reuter erhält von Schah Nasiraddin umfassende Konzession zur wirtschaftlichen Erschließung und

Ausbeutung Irans. 1873 Entlassung des Reformpolitikers Mirza Husain Han, Annullierung der Konzessionen.

1873 Europareise Schah Nasiraddins (weitere Reisen 1887, 1889); durch schlichten Stil einflußreiche Reiseberichte.

1873–77 Hairaddin Paša Großwesir von Tunesien: Reformen der Verwaltung, Sanierung des Staatshaushaltes.

1873–94 Sultan al-Hasan von Marokko.

1874 Finanzieller Zusammenbruch des Osmanischen Reiches. Gründung der *Düyunu umumiye* („Allgemeine Schuldenkommission"), Kontrollkonsortium der europäischen Gläubigerstaaten. Als Folge Komplott Midhat Pašas gegen Sultan Abdülʿaziz.

1875 Einführung von gemischten Gerichtshöfen in Ägypten. Bankrott der ägyptischen Staatsfinanzen führt zum Verkauf der Suezkanal-Aktien an England (Disraeli); Bildung einer internationalen Schuldenverwaltung (1876), steigender englischer Einfluß in Kairo.

1875–76 Aufstände gegen die osmanische Herrschaft in Bosnien und der Herzegowina, 1876 in Bulgarien. 1876 Kriegserklärung Serbiens und Montenegros an das Osmanische Reich, türkische Besetzung Serbiens. Waffenstillstand unter russischem Druck.

1876 Durch eine Palastrevolution unter Führung von Midhat Paša wird Sultan Abdülʿaziz gestürzt (darauf ermordet); der neue Sultan, Murad V., wegen Geisteskrankheit kurz nach Amtsübernahme abgesetzt.

1876–1909 Sultan Abdülhamid II.

1876 Midhat Paša proklamiert Verfassung des Osmanischen Reiches: Unteilbarkeit des Reiches, Freiheit und Gleichberechtigung aller Untertanen, parlamentarische Regierung.

1877 Das osmanische Parlament wird nach kurzer Sitzung vertagt. Sultan Abdülhamid setzt die Verfassung außer Kraft und kehrt zur absolutistischen Regierungsform zurück. Verfolgung der politischen Opposition. Midhat Paša wird entlassen (1883 im Exil ermordet).

1877–78 Russisch-türkischer Krieg. Schlacht um Plevna und den Šipka-Paß. Die Russen in Adrianopel. Friede von San Stefano: Montenegro, Serbien, Rumänien de jure unabhängig, Bulgarien autonom. Rußland erhält Gebiete in Ostanatolien und Transkaukasien. England erhält Zypern für geheime Beistandszusage an die Türkei gegen Rußland.

1878 Berliner Kongreß. Bestätigung der Abmachungen von San Stefano. Österreichisches Besatzungsrecht für Bosnien und die Herzegowina. Osmanische Restgebiete auf dem Balkan bleiben Krisenherde. Schaffung der Kosakenbrigade unter dem Kommando russischer Offiziere als Truppenteil der iranischen Armee; durch diese wird der russische Einfluß in Iran gestärkt.

1879 Zugeständnisse des Hidiw Ismaʿil an die nationalistische Opposition gegen ausländische Wirtschaftskontrolle. Ismaʿil wird unter Druck der europäischen Mächte durch den Sultan abgesetzt. Tau-

fiq sein Nachfolger (1879–92). Erneute Bestellung und erweiterte Vollmachten der europäischen Finanzaufsicht.
Ausweisung Ğamaladdin al-Afganis aus Ägypten.

1881–82 Aufstand der Offiziersopposition Ägyptens unter Ahmad Urabi Paša, unterstützt durch Konstitutionalisten und Anhänger Afganis, erzwingt nationalistisches Kabinett.
Volksaufstände führen zur Besetzung durch England (1882): Ägypten kommt unter britische Herrschaft.
Der „Mahdi" Muhammad Ahmad ibn Abdallah ruft zum Heiligen Krieg gegen die ägyptische Herrschaft im Sudan auf; erste militärische Erfolge.

1881–83 Französische Besetzung Tunesiens (1881); durch den Vertrag von Bardo (1881) und die Konvention von La Marsa (1883) wird Tunesien französisches Protektorat.

1882–1907 Lord Cromer britischer Prokonsul in Ägypten. Wirtschaftliche Expansion und Stabilisierung; Steigerung der Baumwollproduktion; starkes Bevölkerungswachstum. Abschaffung der Fronarbeit.

1883 Der Mahdi erobert Ubaid und kontrolliert nach Vernichtung der anglo-ägyptischen Armee den Ostsudan.

1884 Ğamaladdin al-Afgani und Muhammad Abduh publizieren in Paris die arabische Zeitschrift *al-Urwa al-wutqa* (für islamische Erneuerung, gegen britische Kolonialpolitik).

1885 Mahdisten erobern Chartum; Niederlage ägyptischer Truppen unter dem englischen Gouverneur Gordon, Tod Gordons.
Tod des Mahdi als Herrscher des Sudan in Chartum. Sein Nachfolger („Kalif") Abdallah Abu Bakr; Expansion gegen Abessinien.

1885–88 Aufstände in Ostrumelien; Anschlußbewegung an Bulgarien. Weiterhin Unruhen und Terrorakte in den osmanischen Balkanprovinzen.

1888 Die Mahdisten führen Krieg gegen Abessinien, zerstören Gondar, unterwerfen die Äquatorial-Provinz.

1889 Mahdisten schlagen Abessinier bei Gallabat; Kaiser Johannes fällt.
Studenten der medizinischen Militärakademie in Istanbul gründen erste Organisation der liberalen Oppositionsbewegung der „Jungtürken". Nach mißglücktem Umsturzversuch (1892) Agitation im europäischen Exil.

1890–97 Armenische Revolutionsbewegung. Massaker von osmanischen Beamten durch aufständische Gruppen.

1891 Masqat und Oman unter britischem Schutz.
Ğamaladdin al-Afgani aus Iran nach der Türkei abgeschoben, agitiert im Exil gegen Schah Nasiraddin.

1891–92 Die Tabakrevolte in Iran: Protest einer religiös-radikalen Allianz unter Führung der schiitischen *ulama* gegen ausländisches Tabakmonopol (Konzession von 1890) und Ausverkauf Irans an die Europäer. Kündigung der Konzession (1892) belastet Iran mit hoher Auslandsschuld. Anwachsen des russischen Einflusses auf Kosten des britischen.

1892–1914	Abbas Hilmi II. Viezkönig von Ägypten.
1892	Midhats Refomen im Irak aufgegeben.
	Muhammad Abduh, bedeutendster ägyptischer Schüler von al-Afgani, wirkt an der Hochschule der Azhar-Moschee in Kairo (1892–1905), ab 1899 auch als Mufti von Ägypten, für liberale Reformen im Geist des islamischen Modernismus.
	Der Romancier Ǧurǧi Zaidan (1861–1914) gründet mit anderen libanesischen Christen in Kairo die einflußreiche literarische Zeitschrift *al-Hilal*.
1894	Blutige Unterdrückung armenischer Aufstände mit Hilfe von kurdischen irregulären Truppen; Armeniermassaker erregen öffentliche Meinung in Europa.
1894–1907	Sultan Abdalʿaziz von Marokko.
1896–97	Griechisch-türkischer Krieg um Kreta. Nach türkischen Erfolgen Friedensschluß unter Druck der Großmächte. 1898 Kreta erhält Autonomie unter griechischem Gouverneur (1908 Union mit Griechenland).
1896	Schah Nasiraddin von einem Anhänger Ǧamaladdin al-Afganis ermordet.
1896–97	Schah Muzaffaraddin Herrscher Irans; gegenüber schwacher Regierung weiteres Vordringen russischer und britischer Interessen, Konflikt um Kontrolle Irans durch wirtschaftliche Konzessionen an das Ausland.
1898	Britisch-ägyptische Truppen unter General Kitchener besiegen die Aufständischen der Mahdiya-Bewegung bei Umm Durman.
	Muhammad Rašid Rida, Schüler Muhammad Abduhs, gründet in Kairo die Wochenzeitschrift al-Manar zur Verbreitung seiner und Abduhs Gedanken einer modernistischen Reform des Islams unter Berufung auf die ,,Vorväter" des Urislams (*salaf*, daher Salafiya).
1899	Britisch-ägyptisches Kondominium über den Sudan.
1900–08	Bau der Hiǧaz-Bahn nach Mekka als panislamisches Projekt.
1905	Armeniermassaker in der Osttürkei.
1905–06	Revolution in Iran gegen den ausländischen Einfluß und die unfähige Qaǧaren-Regierung. Entlassung des Premierministers Ainaddaula (1903–06); Wahlen für eine beratende Nationalversammlung *(Maǧlis-i Šura-yi Milli)*. Der erste Maǧlis tritt in Teheran zusammen und entwirft eine parlamentarische Verfassung.
1906	Verkündung der iranischen Verfassung.
	England erzwingt Abtretung der Sinai-Halbinsel an Ägypten.
1906–07	Die Dinšaway-Affäre um Übergriffe britischer Offiziere in Ägypten weckt Aktivität nationalistischer Widerstandsbewegungen; Gründung von Mustafa Kamils Nationalpartei und Lutfi as-Saiyids Umma-Partei. Rücktritt Cromers.
1907	Die Umsturzbewegung der ,,Osmanischen Freiheits-Gesellschaft" (*Osmanli Hürriyet Ǧemʿiyeti)* vereinigt sich in Saloniki mit Exilgruppen der Jungtürken zum ,,Komitee für Einheit und Fortschritt" *(Ittihad ve Teraqqi Ǧemʿiyeti).*

Britisch-russische Entente über Aufteilung Irans in Interessensphären: Britischer Einfluß im Gebiet des Persischen Golfs und im Südosten, russisches Interessengebiet im nördlichen und zentralen Iran, ein neutrales Gebiet im Südwesten bleibt offen für Konzessionen an beide Mächte.

1908 Der autokratische Schah Muhammad Ali (1907–09), gestützt von der Kosakenbrigade, löst den Maǧlis auf und läßt Führer der nationalistischen Opposition hinrichten. Aufstand der Opposition in Aserbaidschan (Tabris).

Jungtürkischer Aufstand unter Führung des „Komitees für Einheit und Fortschritt", unterstützt von revoltierenden Regierungstruppen. Proklamation der konstitutionellen Verfassung in Saloniki (Enver Paša). Sultan Abdülhamid setzt die Verfassung von 1876 wieder in Kraft; Neuwahl des Parlaments mit jungtürkischer Mehrheit. Ziya Gök-Alp formuliert das grundlegende Konzept des türkischen Nationalismus.

Bulgarien erklärt seine Unabhängigkeit vom Osmanischen Reich; Österreich annektiert Bosnien und die Herzegowina.

1908–09 Bürgerkrieg in Iran: Russische Truppen besetzen Tabris; Bahtiyaren und Revolutionäre aus Aserbaidschan nehmen Isfahan und Gilan und marschieren gegen Teheran. Flucht des Schahs nach Rußland.

1909 Fehlschlag des konservativen Gegenputsches in Istanbul. Sultan Abdülhamid wird abgesetzt, Mehmed V. (1909–18) konstitutioneller Sultan. Liberale Verfassungsreform.

1909–25 Sultan Ahmad-Šah regiert unter Kontrolle der Konstitutionalisten in Iran.

1909 Gründung der Anglo-Persian Oil Company, Konzession zur Ausbeutung der südpersischen Erdölvorkommen. Spannung zwischen englischen und russischen Erdölinteressen.

1911 Der Amerikaner Morgan Shuster übernimmt in Iran die Reorganisation der persischen Finanzen im Auftrag des Maǧlis. Rußland erzwingt die Bildung einer pro-russischen Regierung und Entlassung Shusters.

1911–12 Osmanisch-italienischer Krieg um Tripolis; Italien erobert Libyen, Verzicht der Türkei im Frieden von Lausanne.

1912–13 Erster Balkan-Krieg. Die Osmanen verlieren Adrianopel und Saloniki.

Französische und spanische Protektorate in Marokko. 1912–25 Marschall Lyautey Gouverneur von Marokko.

1913 Die Jungtürken geraten durch einen Staatsstreich an die Macht; das pro-deutsche Triumvirat von Enver, Talʿat und Ǧemal führt das Reich in den Ersten Weltkrieg.

Im zweiten Balkankrieg Serbiens, Griechenlands und Rumäniens gegen Bulgarien gewinnt Enver Adrianopel zurück; Friedensverträge von Konstantinopel (1913) und Athen (1914).

1914–1918 Erster Weltkrieg.

1914 Die Türkei tritt auf seiten der Mittelmächte in den ersten Welt-

krieg ein. Kämpfe an vier Fronten: Suezkanal, Mesopotamien und Persien, Kaukasus, Dardanellen.
Ägypten wird zur Sicherung des Suezkanals zum britischen Protektorat erklärt.

1914–17 Iran sucht Neutralität, wird von britischen und russischen Truppen in Kämpfen gegen die Türkei besetzt; die Regierungsgewalt auf Teheran beschränkt.

1916 Sykes-Picot-Abkommen zur Abgrenzung englischer und französischer Interessen im Nahen Osten, für Errichtung eines unabhängigen arabischen Staates unter europäischer Kontrolle.

1916–18 Revolte auf der arabischen Halbinsel gegen das Osmanische Reich unter dem Scharifen Husain von Mekka, mit Unterstützung der Briten (T. E. Lawrence).

1917 Deklaration des englischen Außenministers Balfour über die Errichtung einer „nationalen Heimstatt" der Juden in Palästina.
Die Osmanen werden von den Briten in Mesopotamien geschlagen und ziehen sich aus dem Irak zurück. Nach der bolschewistischen Revolution russischer Rückzug aus Iran.

1918 Britische Militärmission organisiert den Kaukasus gegen das bolschewistische Rußland und zur Sicherung des englischen Einflusses in Iran. Front gegen türkische Invasion (Aserbaidschan-Kirmanschah) und gegen deutschen Angriff aus der Ukraine.
Lawrence erobert Damaskus. Zusammenbruch der türkischen Palästinafront. Absetzung und Flucht der Jungtürkenführer. Waffenstillstand von Mudros: Demobilisierung der Türkei, Öffnung der Meerengen, danach Besetzung von Istanbul und Teilen Anatoliens durch die Alliierten.
Unabhängigkeit des Jemen; Konstitution als Königreich.
Kurzlebige Republik Tripolitanien.
Ägyptische Delegation (*wafd*) unter Saʿd Zaglul legt Unabhängigkeitsforderungen vor. Beginn der Wafd-Bewegung in Ägypten.

1918–22 Mehmed VI. Wahidüddin, letzter osmanischer Sultan.

1919 Saʿd Zaglul, Führer der Wafd-Partei für nationale Unabhängigkeit Ägyptens, von den britischen Behörden verhaftet; Volksaufstand, von den Besatzungstruppen niedergeschlagen.
Erklärung des türkischen Nationalpakts.
Iranisch-britischer Vertrag zum Ausbau der englischen Stellung nach Bestechung iranischer Minister unterzeichnet.

1919–22 Nach griechischer Invasion in Anatolien Sammlung nationalistischer Streitkräfte unter Mustafa Kemal (Atatürk); türkischer Unabhängigkeitskrieg gegen die Allierten.

1920 Die syrische Nationalversammlung proklamiert unabhängiges Königreich Syrien unter Faisal, Sohn des Scharifen Husain.
Die Völkerbunds-Konferenz von San Remo erklärt Syrien und Libanon zu französischem Mandatsgebiet; Frankreich besetzt Damaskus und stürzt die Regierung Faisal.
Der Hiǧaz erhält Unabhängigkeit.

Das Staatsgebiet des Mont Liban wird von der französischen Mandatsmacht durch Angliederung der Küstenstädte (u. a. Beirut) zum Grand Liban erweitert.

Die Bolschewiken besetzen Rešt in Iran. Die Sowjetrepublik Gilan wird proklamiert; die Briten ziehen sich nach Qazwin zurück.

Bedingungen des Vertrags von Sèvres von der Regierung in Istanbul unterzeichnet; von Mustafa Kemal nicht anerkannt, durch den griechisch-türkischen Krieg hinfällig.

1921 Der Irak wird konstitutionelle Monarchie unter dem Hašimiten Faisal ibn Husain; „Bündnisvertrag" wahrt britische Ziele.

Schlacht am Sakarya: Die Türken werfen die griechische Invasion zurück.

Die türkische Nationalversammlung verkündet in Ankara das Grundgesetz.

Staatsstreich Rida Hans, Offizier der Kosakenbrigade, in Iran. Neue nationale Regierung. 1921–25 Unterwerfung der Stammesautonomien (Bahtiyaren und südpersische Stämme, von England unterstützt) und Festigung der Militärherrschaft.

1921–26 Rif-Krieg in Spanisch-Marokko, Unterwerfung Abdalkarims.

1922 Konferenz von Mudanya; die Alliierten stimmen der Räumung Anatoliens zu. Die Türken schaffen das Sultanat ab; Mehmed VI. flieht aus Istanbul; Abdülmeğid wird zum Kalifen ohne weltliche Macht ernannt.

Großbritannien verkündet die Bildung eines unabhängigen Königreiches Ägypten mit Ahmad Fu'ad I. als König unter britischer Kontrolle.

1922–32 Endgültige Eroberung Libyens durch Italien.

1923 Verkündung der ägyptischen Verfassung.

Friedensvertrag von Lausanne: Türkei verzichtet auf nichttürkische Territorien, erhält Ostthrazien um Edirne, Kontrolle über Istanbul mit den Meerengen, Souveränität über Anatolien.

Proklamation der türkischen Republik; Mustafa Kemal Präsident.

Transjordanien von England als autonomer Staat unter britischer Mandatsherrschaft anerkannt (Hauptstadt Amman).

Rida Han wird Premierminister in Iran; der Schah geht nach Europa.

1924 Ibn Sa'ud erobert den Hiğaz, vertreibt Husain, gründet ein wahhabitisches Königreich.

Abschaffung des Kalifats in der Türkei; Ende des Osmanenhauses. Zivile Gerichtshöfe anstelle der Šariʿa-Gerichtshöfe.

1925 Ende der Qağaren-Dynastie; Rida Han zum Schah proklamiert.

1926 Abdalʿaziz ibn Saʿud nach Eroberung von Mekka und Sturz des Scharifen Husain (1925) zum König des Hiğaz ausgerufen. Unabhängigkeit 1927 von England anerkannt.

Proklamation der Republik Libanon unter französischem Mandat. Verfassung regelt Konfessionsproporz.

1928 Abschaffung des Islams als Staatsreligion in der Türkei; Einführung des lateinischen Alphabets.

1932	Unabhängigkeit des Irak und Aufnahme in den Völkerbund. Die Türkei tritt dem Völkerbund bei.
1936	Ende der englischen Militärbesatzung in Ägypten (ausgenommen die Kanalzone).
1937	Aufnahme Ägyptens in den Völkerbund.
1941	Formelle Aufhebung des britisch-französischen Mandats und Ausrufung der Republik Syrien.
1943	Unabhängigkeit des Libanon. „Nationalpakt" regelt die Verteilung der Machtpositionen v.a. zwischen maronitischen Christen und sunnitischen Muslimen.
1945	Syrien und Libanon treten dem Völkerbund bei. Gründung der Arabischen Liga: Ägypten, Syrien, Libanon, Transjordanien, Irak, Saudi-Arabien und Jemen.
1946	Jordanien, Libanon und Syrien werden als unabhängig anerkannt; Rückzug der französischen und britischen Truppen. Proklamation des Königreiches Transjordanien.
1947	Gründung des Staates Pakistan und der Indischen Union als Nachfolgestaaten des Vizekönigtums Britisch-Indien.
1948	Ende des britischen Palästinamandats; die Vereinten Nationen billigen die Teilung des Landes und die Errichtung des jüdischen Staates Israel. Arabisch-israelischer Krieg.
1950	Nach der Annexion eines Teiles von Palästina wird Jordanien in Hašimitisches Königreich Jordanien umbenannt.
1951	Das Königreich Libyen unabhängig.
1952	Ägyptische Revolution: Putsch der „Freien Offiziere" unter Oberst Abd-an-Nasir (Nasser) und General Nağib, Absetzung des Königs Faruq (1936–52).
1953	Ägypten wird zur Republik erklärt.
1954	Zugeständnis der Autonomie Tunesiens durch Frankreich. Beginn des algerischen Befreiungskampfes gegen Frankreich.
1956	Königreich Marokko unter Muhammad V. (1927–61) unabhängig. Unabhängigkeit Tunesiens, 1957 Republik.
1958	Revolution im Irak unter Abdalkarim Qasim, Sturz der Monarchie, Proklamation der Republik.
1958–61	Ägypten und Syrien in der Vereinigten Arabischen Republik.
1962	Proklamation der Unabhängigkeit Algeriens. Verfassung für Marokko. Proklamation der Jemenitischen Arabischen Republik nach dem Sturz der Monarchie.
1967	Proklamation der Volksrepublik Südjemen (seit 1970 Volksdemokratische Republik Jemen).
1969	Sturz der Monarchie in Libyen durch Oberst Muʿammar al-Qadafi; 1977 Proklamation der Sozialistisch-Libyschen Arabischen Volks-Ǧamahiriya.
1979	Revolution in Iran: Sturz des Schah Muhammad Rida Pahlawi; Ausrufung der Islamischen Republik Iran.

IX. Bibliographie

Die Gliederung der Bibliographie folgt den Kapiteln der Darstellung: Die erste Ziffer der Titelzählung bezeichnet das Kapitel, die zweite den Abschnitt. Die Bibliographie allgemeiner Nachschlagewerke, Gesamtdarstellungen und Hilfsmittel (zu Kap. I) hat eine besondere Einteilung (s.u.).

Zahlen in eckigen Klammern [...] verweisen auf die gezählten Titel der Bibliographie.
EI[1] = Enzyklopädie des Islām. 1913–38 [12.01].
EI[2] = Encyclopaedia of Islam/Encyclopédie de l'Islam. 1954ff. [12.02].

I. Bibliographien. Nachschlagwerke. Gesamtdarstellungen. Quellenkunde

1. Bibliographien
   a) Fortlaufende Bibliographien
   b) Systematische Fachbibliographien
2. Enzyklopädie und Biographie
3. Gesamtdarstellungen der islamischen Geschichte und Kulturgeschichte
4. Quellen

1. Bibliographien

a) Fortlaufende Bibliographien

11.01 Abstracta Islamica. In: Revue des études islamiques. Paris 1925ff.
Jährliche Bibliographie in sachlicher Anordnung mit kurzen, kritischen Bemerkungen. Erfaßt auch die im Orient erscheinende Literatur.
11.02 Behn, Wolfgang H.: Islamic book review index, 1982ff. Berlin 1982ff.
11.03a Behn, Wolfgang: Index Islamicus 1665–1905. Millersville, Pa., 1988.
11.03b Pearson, James Douglas: Index Islamicus. A catalogue of articles on Islamic subjects in periodicals and other collective publications, 1906–1955. Cambridge 1958. [Nebst] Supplement 1ff. 1962ff.
1: 1956–1960. Cambridge 1962.
2: 1961–1965. Cambridge 1968.
3: 1966–1970. London 1972.

4: 1971–1975. London 1977.
5: 1976–1980. Part 1: Articles; Part 2: Monographs. 1983.
Bibliographie des Inhalts von Zeitschriften, Kongreßakten, Festschriften, ab Band 5 auch mit Monographien, in systematischer Anordnung.

11.04 The Quarterly Index Islamicus. Current books, articles and papers on Islamic subjects (1–6,2: on Islamic studies). 1–6,2: ed. b J. D. Pearson; 6,3ff.: compiled by G. J. Roper [etc.]. 1ff. London 1977ff.
Vierteljährliche Fortführung des Index Islamicus, mit Monographien. Weitere Fünfjahres-Kumulationen sind vorgesehen.

Ergänzungen:

11.05 Majer, Hans-Georg: Osmanistische Nachträge zum Index Islamicus 1906–1965. In: Südostforschungen. München. 27. 1968. S. 242–91.

b) Systematische Fachbibliographien und bibliographische Einführungen

11.06 Arab Islamic bibliography. The Middle East Library Committee guide. Based on Guiseppe Gabrieli's Manuale di bibliografia musulmana. [Hrsg.:] Diana Grimwood-James, Derek Hopwood, James Douglas Pearson. Hassocks 1977.
Bibliographie, Buchkunde und historische Hilfswissenschaften.

11.07 Bibliographical guide to Iran. The Middle East Library Committee guide. Ed. by L[aurence] P. Elwell-Sutton. Sussex, New Jersey 1983.

11.08 Cahen, Claude: Introduction à l'histoire du monde musulman médiéval, VIIe-XVe siècle. Méthodologie et éléments de bibliographie. Paris 1982. (Initiation à l'Islam. 1.)

11.09 Humphreys, R. Stephen: Islamic history, a framework for inquiry. Minneapolis 1988.

11.10 Kornrumpf, Hans-Jürgen: Osmanische Bibliographie mit besonderer Berücksichtigung der Türkei in Europa. Unter Mitarbeit von Jutta Kornrumpf. Leiden, Köln 1973. (Handbuch der Orientalistik. Abt. I Erg.-Bd. 8.)

11.11 Meiseles, Gustav: Reference literature to Arabic studies, a bibliographical guide. Tel-Aviv 1978.

11.12 Pfannmüller, Gustav: Handbuch der Islam-Literatur. Berlin u. Leipzig 1923.
Wertvoller Führer durch die ältere Literatur.

11.13 The study of the Middle East: research and scholarship in the humanities and the social sciences. Ed. by Leonard Binder. New York [etc.] 1976.

11.14 Middle East and Islam. A bibliographical introduction. Ed. by Derek Hopwood and Diana Grimwood-Jones. Foreword by J. D. Pearson. Zug [usw.] 1972. (Bibliotheca Asiatica. 9.) – 2nd ed. 1979. – [Dazu:] Supplement 1977–1983, ed. by Paul Auchterlonie. Zug 1986.

2. Enzyklopädie und Biographie

12.01 Enzyklopädie des Islām. Geographisches, ethnographisches und biographisches Wörterbuch der muhammedanischen Völker. Bd. 1–4. Leiden, Leipzig 1913–34. [Nebst] Ergänzungsband. 1938.
Abk.: EI[1].

12.02 The Encyclopaedia of Islam. New edition. Vol. 1–. Leiden 1954– .
Encyclopédie de l'Islam. Nouvelle édition. T. 1– . Leyde & Paris 1954– .
Abk.: EI[2].
Das umfassendste Nachschlagewerk für Religion, Geschichte und Kultur der islamischen Welt. Signierte Artikel mit Literaturangaben. Die Neubearbeitung ist z.Zt. bei Bd. 7 (Buchst. M) angelangt.

12.03 Handwörterbuch des Islam. Im Auftrag der Koninklijke Akademie van Wetenschapen, Amsterdam, hrsg. von A. J. Wensinck und J. H. Kramers. Leiden 1941.
Enthält diejenigen Artikel aus EI[1], die sich besonders auf den Islam als Religion beziehen (mit einigen Ergänzungen).
Noch erhältlich die englische Ausgabe:

12.04 Shorter Encyclopaedia of Islam. Edited on behalf of the Royal Netherlands Academy by H. A. R. Gibb and J. H. Kramers. Leiden und London 1953. Repr. 1961. 1964.

12.05 Kreiser, Klaus; Diem, Werner; Majer, Hans-Georg [Hrsg.]: Lexikon der islamischen Welt. Bd. 1–3. Stuttgart 1974. (Urban Taschenbücher. 200, 1–3.)

12.06 Ronart, Stephan & Nancy: Lexikon der arabischen Welt. Ein historisch-politisches Nachschlagewerk. Zürich und München 1972.
Deutsche Bearbeitung von: Concise Encyclopaedia of Arab Civilisation. The Arab East. Amsterdam 1959. The Arab West. 1966. – Nicht durchweg zuverlässig.

3. Gesamtdarstellungen der islamischen Geschichte und Kulturgeschichte

13.01 Brockelmann, Carl: Geschichte der islamischen Völker und Staaten. München und Berlin 1939, [2]1943; Nachdr. Hildesheim 1977.
Kompakte, materialreiche Darstellung der Ereignisse bis zum 2. Weltkrieg, zum Nachschlagen geeignet. Für die jüngste Vergangenheit aktualisierte englische Übersetzung unter dem Titel: History of the Islamic peoples. New York 1944 [u.ö., zuletzt London 1980].
Cahen, C.: Der Islam. 1968 [13.07].

13.02 The Cambridge History of Islam. Vol. 1: The central Islamic lands. Vol. 2: The further Islamic lands. Islamic society and civilization. Ed. by P. M. Holt, Ann K. S. Lambton, Bernard Lewis. Cambridge 1970.
Gemeinschaftswerk von Spezialisten.

13.03 Elisséeff, Nikita: L'Orient musulman au moyen âge. Paris 1977.
Besonders ausführliche Darstellung des Vorderen Orients in der Seldschuken- und Kreuzzugszeit.

13.04 Geschichte der arabischen Welt. Unter Mitwirkung von Ulrich Haarmann, Heinz Halm, Barbara Kellner-Heinkele, Helmut Mejcher, Tilman Nagel, Albrecht Noth, Alexander Schölch, Hans-Rudolf Singer und Peter von Sivers hrsg. von Ulrich Haarmann. München 1987.
Die beste Gesamtdarstellung in deutscher Sprache.

13.05 Gibb, Hamilton Alexander Roskeen: An interpretation of Islamic history. In: Cahiers d'histoire mondiale 1. 1953. S. 39–62 = Gibb: Studies in the civilization of Islam [13.13]. S. 3–33.
Analyse des Geschichtsprozesses bis zum Niedergang des Kalifats.

13.06 Grunebaum, Gustav Edmund von: Der Islam in seiner klassischen Epoche, 622–1258. Zürich und Stuttgart 1966. (Die Bibliothek des Morgenlandes.)
[Erstveröffentlichung unter dem Titel:] Der Islam. In: Propyläen-Weltgeschichte. Bd. 5. Berlin 1963. S. 21–179. – Nachdr. Frankfurt a.M., Berlin 1976 (Ullstein Taschenbuch Nr. 4729. 4730.)
Stellt Religion und Literatur in den Zusammenhang der politischen Entwicklung.

13.07 Hourani, Albert: A history of the Arab peoples. London 1991.
Der Islam in der Gegenwart. Hrsg. von W. Ende und U. Steinbach. 1984 [68.05].

13.08 Der Islam. I: Vom Ursprung bis zu den Anfängen des Osmanenreiches. Hrsg. und verf. von Claude Cahen. Bearb. von G. Endreß. Frankfurt a.M. und Hamburg 1968. – Durchges. Ausg. 1987. (Fischer Weltgeschichte. Bd. 14.)
Wertvoll u.a. durch die ausführliche und kompetente Darstellung der Sozial- und Wirtschaftsgeschichte.

13.09 Der Islam. II: Die islamischen Reiche nach dem Fall von Konstantinopel. Hrsg. von G. E. von Grunebaum. Frankfurt a.M. 1971 [u.ö.]. (Fischer Weltgeschichte. Bd. 15.)

13.10 Kennedy, Hugh: The Prophet and the age of the Caliphates. London 1986. (A History of the Near East, ed. P. M. Holt.)
Fortgeführt von P. M. Holt: The age of the Crusades. 1986 [65.05].

13.11 Kissling, Hans Joachim: Die islamischen Länder am Mittelmeer und im Nahen Osten. In: Abriß der Geschichte Außereuropäischer Kulturen. Bd. 1. München 1961. (Oldenbourgs Abriß der Weltgeschichte.) T. II. S. 35–83 [nebst Karten u. Register, S. 84–110].
Daten der islamischen Geschichte, nach den großen Perioden und Regionen geordnet.

Kulturgeschichte

Spezielle Literatur über Religion, Recht und Institutionen des Islams siehe unten, Kap. III.

13.12 Becker, Carl Heinrich: Islamstudien. Vom Werden und Wesen der islamischen Welt. Bd. 1.2. Leipzig 1924–32.
Bd. I, S. 1–23: Der Islam als Problem. S. 24–39: Der Islam im Rahmen einer allgemeinen Kulturgeschichte.

The Cambridge History of Islam. 1970 [13.02].
Bd. 2 enthält Beiträge über Wirtschaft und Gesellschaft, Religion und Recht, Mystik, Reformbewegungen, Literatur, Kunst, Wissenschaften und andere Aspekte der islamischen Kultur.

13.13 Gibb, Hamilton Alexander Roskeen: Studies on the civilization of Islam. Ed. by Standford J. Shaw a. William R. Polk. London 1962; repr. 1969.

13.14 Goitein, Shlomo Dov: Studies in Islamic history and institutions. Leiden 1966.
Gesammelte Aufsätze 1929–1964. S. 3–53: The four faces of Islam. S. 54–70: The intermediate civilization. The Hellenic heritage in Islam.

13.15 Grunebaum, Gustav Edmund von: Der Islam im Mittelalter. Zürich und Stuttgart 1963. (Die Bibliothek des Morgenlandes.)

13.16 –: Studien zum Kulturbild und Selbstverständnis des Islams. Zürich und Stuttgart 1969.

13.17 Kraemer, Jörg: Das Problem der islamischen Kulturgeschichte. Tübingen 1959.

13.18 Kremer, Alfred von: Culturgeschichte des Orients unter den Chalifen. Bd. 1.2. Wien 1875–77.
Noch immer lesenswerte Gesamtdarstellung.

13.19 Lewis, Bernard [Hrsg.]: Die Welt des Islam (The world of Islam, dt.). Geschichte und Kultur im Zeichen des Propheten. (Übers.: Franz Allemann.) Braunschweig 1976.
Beiträge über Glauben und Gesetz, Kunst, die islamische Stadt, Mystik, Literatur, Musik, Naturwissenschaften, Kriegsführung, den Islam in Spanien, in Iran, das Osmanische Reich, den Islam in Indien und den modernen Islam.

13.20 Makdisi, George: The rise of humanism in classical Islam and the Christian West; with special reference to scholasticism. Edinburgh 1990. (Islamic Surveys. 18.)
Eindrucksvolles Gesamtbild der Synthese indigener und fremder Überlieferung in der Kultur des klassischen Islams; Gemeinsamkeiten und Unterschiede zu der Entwicklung im Westen.

13.21 Mez, Adam: Die Renaissance des Islâms. Heidelberg 1922.
Materialreiche, lebendige Darstellung der Kultur und Gesellschaft des 10. Jahrhunderts.

13.22 Miquel, André: L'Islam et sa civilization. Paris 1968.

Pareja, Felix M.: Islamologie. En collaboration avec Ludwig Hertling, Alessandro Bausani, T. Bois. Beyrouth 1957–63.
Erstausgabe in italienischer Sprache: Islamologia. Roma 1951.

13.23 Schacht, Joseph; Bosworth, Clifford Edmund [Hrsg.]: Das Vermächtnis des Islams (The legacy of Islam. 1974 [deutsch]). 1.2. Zürich u. München 1980. (Die Bibliothek des Morgenlandes.)
Das kulturelle Erbe des Islams und seine Wirkung auf Europa in Beiträgen verschiedener Autoren. Auch die ältere Sammlung unter gleichem Titel (nur engl.; Hrsg.: T. W. Arnold, A. Guillaume. Oxford 1931) enthält noch lesenswerte Beiträge.

13.24 Sourdel, Dominique; Sourdel-Thomine, Janine: La civilisation de l'Islam classique. Paris 1968.
Mit Beiträgen über Gesellschaft und Wirtschaft, Archäologie und Kunst; guter Abbildungsteil.
13.25 Vernet, Juan: Die spanisch-arabische Kultur in Orient und Okzident. Übers. von Kurt Maier, Zürich und München 1984.
13.26 Watt, William Montgomery: The majesty that was Islam. The Islamic world, 661–1100. London 1974.

4. Quellen

Bibliographie der historischen Hilfswissenschaften in: Arab Islamic Bibliography [11.06] und Cahen: Introduction [11.08].

14.01 Grundriß der arabischen Philologie. Hrsg. von Wolfdietrich Fischer und Helmut Gätje. Bd. 1. 2 [nebst] Supplement. Wiesbaden 1982–91.
1. Sprachwissenschaft. 1982. [Beiträge über die Geschichte der arabischen Sprache, Epigraphik, Numismatik, Papyrologie und Handschriftenkunde.]
2. Literaturwissenschaft. 1987. [Dazu:] Supplement. 1991. [Beiträge über Poesie und Prosaliteratur, den Koran, Geschichte der einheimischen Grammatik, Poetik und Lexikographie, historisches und geographisches Schrifttum, Disziplinen der religiösen und juristischen Literatur und der hellenistischen Wissenschaften, Bibliographie der Hilfsmittel.]

Nachschlagewerke für die historische Literatur

14.02 Babinger, Franz: Die Geschichtsschreiber der Osmanen und ihre Werke. Mit einem Anhang: Osmanische Zeitrechnungen von Joachim Mayr. Leipzig 1927.
Abkürzung: GOW.
14.03 Brockelmann, Carl: Geschichte der arabischen Litteratur. Zweite, den Supplementbänden angepaßte Auflage. Bd. 1.2. [Nebst:] Supplementband 1–3. Leiden 1943–49; Suppl.: 1937–42.
Abkürzung: GAL^2, GAL S. – Biographische Skizzen der Autoren und Bibliographie (Handschriften, Editionen) ihrer Werke.
14.04 Sezgin, Fuat: Geschichte des arabischen Schrifttums … bis ca. 430 H. Bd. 1ff. Leiden 1967ff.
1. Qur'ānwissenschaften, Ḥadīṯ, Geschichte, Fiqh, Domatik, Mystik. 1967. – 2. Poesie. 1975. – 3. Medizin, Pharmazie, Zoologie, Tierheilkunde. 1970. – 4. Alchimie, Chemie, Botanik, Agrikultur. 1971. – 5. Mathematik. 1974. – 6. Astronomie. 1978. – 7. Astrologie und Meteorologie. 1979. – 8. Lexikographie. 1982. – 9. Grammatik. 1984.
Abkürzung: GAS. – Autoren- und Werkkatalog nach dem Vorbild von Brockelmanns GAL [14.03], zunächst für die Literatur bis zum Anfang des 11. Jahrhunderts.

14.04 Storey, Charles Ambrose: Persian literature. A bio-bibliographical survey. Vol 1 ff. London 1927 ff.
1. Qur'ānic literature. History and biography. Part 1. 1927–39. Part 2. 1953. – 2. 1958–77. – 3,1. Leiden 1984.

Einführungen und Hilfsmittel für die historische Quellenkunde

14.06 Cahen, Claude: L'historiographie arabe des origines au VIIe s.H. In: Arabica 33. Leiden 1986. S. 133–98.

14.07 Creswell, Keppel Archibald Cameron: A bibliography of the architecture, arts and crafts of Islam to 1st January, 1960. Cairo 1961.
[Nebst:] Supplement, Jan. 1960–Jan. 1972. Cairo 1973.

14.08 Gibb, Hamilton Alexander Roskeen; Landau, Jacob M.: Arabische Literaturgeschichte. Zürich und Stuttgart 1968. (Die Bibliothek des Morgenlandes.)

14.09 Grohmann, Adolf: I. Arabische Chronologie. II. Arabische Papyruskunde. Mit Beiträgen von Joachim Mayr und Walter C. Till. Leiden und Köln 1966. (Handbuch der Orientalistik. Abt. 1. Erg.-Bd. 2. Halbband 1.)

14.10 –: Arabische Paläographie. T. 1 (Einleitung). 2 (Das Schriftwesen. Die Lapidarschrift). Wien 1967–71. (Österreichische Akademie der Wissenschaften. Philosophisch-historische Klasse. Denkschriften. Bd. 94, 1.2.)

14.11 –: Einführung und Chrestomathie zur arabischen Papyruskunde. Bd. 1: Einführung. Praha 1954. (Monografie Archivu Orientálního. 13,1.)

14.12 Hinz, Walter: Islamische Maße und Gewichte, umgerechnet ins metrische System. Leiden und Köln 1955; ²1970. (Handbuch der Orientalistik. Abt. 1. Erg.-Bd. 1. H. 1.)

14.13 Historians of the Middle East. Ed. by Bernard Lewis and P[eter] M[alcolm] Holt. London 1962. (Historical Writing on the Peoples of Asia. 4.)
Sammelwerk mit Beiträgen über die islamische Geschichtsschreibung des Mittelalters und über die moderne Historiographie des Vorderen Orients in Europa, Rußland und der islamischen Welt.

14.14 Die Kunst des Islam. Von Janine Sourdel-Thomine und Bertold Spuler. Mit Beiträgen von Klaus Brisch [u.a.]. Berlin 1973. (Propyläen Kunstgeschichte. Bd. 4.)
Mit historischen und kunsthistorischen Artikeln über zahlreiche Einzelmonumente des Abbildungsteils.

14.15 Lewis, Bernard: Der Islam von den Anfängen bis zur Eroberung von Konstantinopel [Islam from the Prophet Muhammad to the capture of Constantinople. 1976]. Übers. von H. Fähndrich. Bd. 1. 2. Zürich und München 1981–82. (Die Bibliothek des Morgenlandes.)
Ausgewählte Quellentexte in Übersetzung.

14.16 Mayer, Leon Ary: Bibliography of Muslim numismatics, India excepted. London 1954. (Oriental Translation Fund. 35)
Ergänzungen in: Arab Islamic Bibliography [11.06], S. 211–20.

14.17 Miquel, André: La géographie humaine du monde musulman jusqu'au milieu du 11e siècle. T. 1–3. Paris, La Haye 1967–80. (École pratique des hautes-études. Section 6: Sciences économiques et sociales. Centre de recherches historiques. Civilizations et sociétés. 7.)

1. Géographie et géographie humaine dans la littérature arabe des origines à 1050. 1967; ^{2}1973. – 2. Géographie arabe et représentation du monde. La terre et l'étranger. 1975. – 3. Le milieu naturel. 1980.

14.18 Répertoire chronologique d'épigraphie arabe. Publié par M. Cohen [u.a.] sous la direction d'Étienne Combe, J[ean] Sauvaget et G[aston] Wiet (t. 16: N. Élisséeff, D. S. Rice et G. Wiet). T. 1–16. Le Caire 1931–64.

Repertorium datierter Inschriften bis zum Jahre 726 H./1361 n. Chr. Dazu: Index géographique. Le Caire 1975.

14.19 Spuler, Bertold: Die historische und geographische Literatur in persischer Sprache. In: Handbuch der Orientalistik. Abt. 1. Bd. 4: Iranistik. Abschnitt 2: Literatur. Lfg. 1. Leiden 1968. S. 100–167.

Siehe auch unten [71.01]–[73.02] zu VII. Elemente der Quellenkunde (Sprachen, Schrift, Namenkunde, Zeitrechnung).

II. Europa und der Islam: Geschichte einer Wissenschaft

20.01 Daniel, Norman: Islam and the West; the making of an image. Edinburgh 1960; repr. 1962, 1966.

Die Ausbildung der westlichen Vorstellung von der islamischen Religion von etwa 1100 bis 1350 und ihr Fortleben bis zur Neuzeit. Enhält gute Bibliographie des Quellenmaterials.

20.02 –: Islam, Europe and Empire. Edinburgh 1966.

Das Bild der islamischen Welt in Europa von der frz. Revolution bis zum Ende des 19. Jahrhunderts – gegenüber Kolonialismus, Mission und Imperialismus.

20.03 Fück, Johann: Die arabischen Studien in Europa bis in den Anfang des 20. Jahrhunderts. Leipzig 1955.

20.04 Ismael, Tareq Y. [Hrsg.]: Middle East studies: international perspectives on the state of the art. New York, London 1990.

20.05 Lewis, Bernard: The study of Islam. In: Encounter. London. Jan. 1972 = Lewis: Islam in history. London 1973. S. 11–32.

20.06 Rodinson, Maxime: Das Bild im Westen und westliche Islamstudien. In: Das Vermächtnis des Islams. 1980 [13.23]. 1. S. 24–81.

20.07 Rodinson, Maxime: Die Faszination des Islam. Deutsch von Irene Riesen. München 1985. (Beck'sche Reihe. 290.)

20.08 Rotter, Ekkehart: Abendland und Sarazenen. Das okzidentale Araberbild und seine Entstehung im Frühmittelalter. Berlin [usw.] 1986. (Studien zur Sprache, Geschichte und Kultur des islamischen Orients: Beihefte zur Zeitschrift 'Der Islam'. N.F., Bd 11.)

20.09 Said, Edward W.: Orientalism. London 1979. – [Deutsch u.d.T.:] Orientalismus. Frankfurt a.M. 1981.

Scharfe, nicht immer sachliche Kritik an der westlichen Orientalistik.

Das Geschichtsbild des zeitgenössischen Islams

20.10 Ende, Werner: Arabische Nation und islamische Geschichte. Die Umayyaden im Urteil arabischer Autoren des 20. Jahrhunderts. Beirut, Wiesbaden 1977. (Beiruter Texte und Studien. 20.)
S. a. Historians of the Middle East [20.03], T. 3.

20.11 Wielandt, Rotraud: Offenbarung und Geschichte im Denken moderner Muslime. Wiesbaden 1971. (Akademie der Wissenschaften und der Literatur. Veröffentlichungen der Orientalischen Kommission. Bd. 25.)

III. Der Islam: Religion und Rechtsordnung

Allgemeine Einführungen
(neben den oben [13.12–26] genannten Gesamtdarstellungen der Kultur- und Geistesgeschichte des Islams)
Ein noch immer lesenswerter „Klassiker" der Islamwissenschaften:

30.01 Goldziher, Ignaz: Muhammedanische Studien. Th. 1.2. Halle a.S. 1889–90. Nachdr. Hildesheim 1971.

30.02 –: Vorlesungen über den Islam. 2. Auflage. Heidelberg 1925. Nachdr. Heidelberg 1963.

30.03 –: Gesammelte Schriften. Hrsg. v. Joseph Desomogyi. 1–6. Hildesheim 1967–73.

Moderne Darstellungen:

30.04 Esposito, John L.: Islam – the Straight Path. Oxford 1988; Taschenbuchausg. 1990.

30.05 Fazlur Rahman: Islam. London 1966; ^{2}1979.
Wissenschaftlich fundierte Darstellung aus der Feder eines pakistanischen Muslims.

30.06 Gardet, Louis: Les hommes de l'Islam. Approche des mentalités. Paris 1977.

30.07 –: Islam. (L'Islam, religion et communauté [deutsch]. Übersetzt von S. Summerer und G. Kurz.) Köln 1968.

30.08 Grunebaum, Gustav Edmund von: Der Islam im Mittelalter. Zürich und Stuttgart 1963. (Die Bibliothek des Morgenlandes.)

30.09 Hartmann, Richard: Die Religion des Islam. Eine Einführung. Berlin 1944. Nachdr. Darmstadt 1987.
Besonders S. 38–99: Glaube. Gesetz. Kultische Pflichten. Recht.

Der Islam in der Gegenwart. Hrsg. von W. Ende und U. Steinbach. 1984 [68.05].

30.10 Pareja, Felix Maria: Islamologie. En collaboration avec Ludwig Hertling [u. a.]. (Islamologia. 1951 [franz.]). Beyrouth 1957–63.
P. 2: Institutions.

30.11 Schimmel, Annemarie: Der Islam: eine Einführung. Stuttgart 1990. (Reclams Universal-Bibliothek. Nr. 8639.)

30.12 Watt, William Montgomery [u.a.]: Der Islam. Bd 1–3. Stuttgart [usw.] 1980–90. (Die Religionen der Menschheit. Bd. 25.)
1. Mohammed und die Frühzeit. Islamisches Recht. Religiöses Leben. Von W. M. Watt, Alford T. Welch. 1980.
2. Politische Entwicklungen und theologische Konzepte. Von W. M. Watt und Michael E. Marmura. 1985.
3. Islamische Kultur. Zeitgenössische Strömungen. Volksfrömmigkeit. Von Annemarie Schimmel [u.a.]. 1990.

1. Die Offenbarung

a) Der Koran

Übersetzungen:

31.01 [Deutsch:] Der Koran. Übersetzung von Adel Theodor Khoury unter Mitwirkung von Muhammad Salim Abdullah. Gütersloh 1987.
Flüssige und wissenschaftlich fundierte Übertragung.

31.02 [Deutsch:] Der Koran. Übersetzung von Rudi Paret. Stuttgart 1966; 2. Aufl. 1982. [Überarb. Taschenbuchausg.:] 1979; ^{4}1985.
Die zuverlässigste wissenschaftliche Übersetzung.

31.03 [Englisch:] The Qur'ān. Translated, with a critical re-arrangement of the Surahs by Richard Bell. Vol. 1.2. Edinburgh 1937–39. Repr. 1960.

31.04 [Englisch:] The Koran interpreted. By Arthur J[ohn] Arberry. Vol. 1.2. London 1955, ^{3}1971.

31.05 [Französisch:] Le Coran. Traduit de l'arabe par Régis Blachère. Paris 1957.

Islamische Koranexegese

31.06 Gätje, Helmut: Koran und Koranexegese. Zürich und Stuttgart 1971. (Die Bibliothek des Morgenlandes.)
Ausgewählte Texte in deutscher Übersetzung.

31.07 Goldziher, Ignaz: Die Richtungen der islamischen Koranauslegung. An der Universität Upsala gehaltene Olaus-Petri-Vorlesungen von Ignaz Goldziher. Leiden 1920. Neudr. Leiden 1952. (Veröffentlichungen der „De-Goeje-Stiftung". 6.)

Einführungen

31.08 Bell, Richard: Bell's Introduction to the Qur'ān. Completely revised and enlarged by W. Montgomery Watt. Edinburgh 1970. (Islamic Surveys. 8.)

31.09 Nagel, Tilman: Der Koran. Einführung, Texte, Erläuterungen. München 1983.

31.10 Nöldeke, Theodor: Geschichte des Qorāns. Zweite Auflage.

1: Über den Ursprung des Qorāns. Bearb. von Friedrich Schwally. Leipzig 1909.

2: Die Sammlung des Qorāns. Völlig umgearb. von Friedrich Schwally. Leipzig 1919.

3: Die Geschichte des Korantextes. Von G[otthelf] Bergsträsser und O[tto] Pretzl. Leipzig 1938.

Nachdr. Hildesheim 1961, 1970.

Noch immer das umfassendste Standardwerk.

31.11 Paret, Rudi: Der Koran: Kommentar und Konkordanz. Stuttgart 1971; 2. Aufl. 1977. [Ergänzte Taschenbuchausg.:] ³1986.

Laufender Kommentar und Konkordanz der inhaltlichen und sprachlichen Paralleltexte innerhalb des Korans.

31.12 Watt, William Montgomery: Companion to the Qur'ān, based on the Arberry translation. London 1967.

Allgemeine Einführung in Geschichte und Theologie der koranischen Verkündung geben die unten [31.17–19] genannten Monographien über Muhammad.

b) Leben und Wirken des Propheten Muhammad

Die klassische arabische Biographie des Propheten (*Sīra*), nach dem Werk des Ibn Isḥāq (gest. 767 od. 768) bearbeitet von Ibn Hišām (gest. 828 od. 834):

31.13 [Englisch:] The life of Muhammad. A translation of Isḥāq's Sīrat Rasūl Allāh. With introduction and notes by A[lfred] Guillaume. London 1955.

31.14 [Ausz., deutsch:] Das Leben des Propheten. Aus dem Arabischen übertragen und bearbeitet von Gernot Rotter. Tübingen, Basel 1976. (Bibliothek arabischer Klassiker. 1.)

31.15 Sellheim, Rudolf: Prophet, Chalif und Geschichte. In: Oriens. 18–19. Leiden 1965–66. S. 33–91.

Über die historischen und politischen Voraussetzungen, „Schichten" und Tendenzen der Sīra.

31.16 Rodinson, Maxime: Bilan des études mohammadiennes. In: Revue historique. Ann. 87, t. 229. Paris 1963. S. 169–220.

Vorzügliche bibliographische Übersicht.

31.17 Gräf, Erwin: Mohammeds Berufung. Eine koranexegetische Studie. In: Bustan. 8. Wien 1967. S. 20–28.

31.18 Paret, Rudi: Mohammed und der Koran. Geschichte und Verkündigung des arabischen Propheten. Stuttgart 1957; ⁷1991. (Urban Taschenbücher. 32.)

Die beste kurzgefaßte Einführung.

31.19 Watt, William Montgomery: Muhammad at Mecca. Oxford 1953 [u. ö.]. Muhammad at Medina. Oxford 1956 [u. ö.].

Standardwerke der neueren Muḥammad-Forschung. Zusammenfassende Darstellung in deutscher Sprache in: Watt: Der Islam [30.12]. Bd. 1. 1980.

2. Die Glaubenslehre

Siehe auch [30.01–12], über das Verhältnis des Islams zu Judentum und Christentum [42.01–06].

a) Islamische Religion und islamische Geschichte

32.01 Arkoun, Mohammed: La pensée arabe. Paris 1975; ^{2}1979. (Que sais-je? 915.)
32.02 Becker, Carl Heinrich: Der Islam als Problem. In: Der Islam. Straßburg. 1. 1910. S. 1–21 = Becker: Islamstudien [13.12], 1. S. 1–23.
32.03 Gibb, Hamilton Alexander Roskeen: An interpretation of Islamic history (1953). In: Gibb: Studies [13.13]. S. 3–33.
32.04 Goitein, Shlomo Dov: The four faces of Islam. In: Goitein: Studies in Islamic history and institutions. 1966. [13.14]. S. 3–53.
32.05 Scholars, saints and sufis. Muslim religious institutions in the Middle East since 1500. Ed. by Nikki R. Keddie. Berkeley, Los Angeles 1972.

b) Bürgerkrieg und Schisma

32.06 Laoust, Henri: Les schismes dans l'Islam. Introduction à une étude de la religion musulmane. Paris 1965.
32.07 –: Comment définir le sunnisme et le chiisme. In: Revue des Études islamiques 47. Paris 1979. S. 3–17.
Watt, William Montgomery [u. a.]: Der Islam. Bd. 2. 1985 [30.12].

Die Schia

32.08 Corbin, Henry: En Islam iranien. Aspects spirituels et philosophiques. T. 1–4. Paris 1971–72. (Bibliothèque des Idées.) T. 1: Le shīʿisme duodécimain. – T. 2: Sohrawardī et les platoniciens de Perse. – T. 3: Les Fidèles d'amour. Shīʿisme et soufisme. – T. 4: L'école d'Ispahan, l'école Shaykhie. Le Douzième Imām.
32.09 Halm, Heinz: Die Schia. Darmstadt 1988.
32.10 Yann, Richard: Der verborgene Imam. Die Geschichte des Schiismus im Iran. [Le Shiʿisme en Iran. 1980, deutsch]. Aus dem Französischen von Beate Seel. Berlin 1983; ^{2}1989.
Siehe auch R. Mottahedeh: Der Mantel des Propheten. 1987 [68.44].

Die Ismāʿīlīya und das Drusentum

Siehe auch [64.17–18].

32.11 Halm, Heinz: Die islamische Gnosis. Die extreme Schia und die ʿAlawiten. Zürich, München 1982. (Die Bibliothek des Morgenlandes.)
Texte der Ismaʿiliya und anderer Sekten der ʿextremen' Schia (*ġulāt*), übersetzt mit Einleitungen und Kommentaren.

32.12 Stern, Samuel Miklos: Studies in early Ismailism. Jerusalem, Leiden 1983. (Max Schloessinger Memorial Series. Monographs. 1.)

32.13 Hodgson, Marshall Goodwin Simms: The order of Assassins. The struggle of the early Nizārī Ismāʿīlīs against the Islamic world. 's-Gravenhage 1955.

32.14 Sacy, Silvestre de: Exposé de la religion des Druzes. 1.2. Paris 1838. Nachdr. Paris 1964.

32.15 Bryer, David R. W.: The origins of the Druze religion. In: Der Islam. Berlin. 52. 1975. S. 47–84, 239–62; 53. 1976. S. 5–28.

c) Die Dogmatik

32.16 Allard, Michel: Le problème des attributs divins dans la doctrine d'al-Ašʿarī et de ses premiers grands disciples. Beyrouth 1965. (Recherches publiées sous la direction de l'Institut de lettres orientales de Beyrouth. T. 28.)

32.17 Ess, Josef van: Die Erkenntnislehre des ʿAḍudaddīn al-Īcī. Übersetzung und Kommentar des ersten Buches seiner Mawāqif. Wiesbaden 1966. (Akademie der Wissenschaften und der Literatur. Veröffentlichungen der Orientalischen Kommission. Bd. 22.)

32.18 –: The logical structure of Islamic theology. In: Logic in classical Islamic culture, ed. by G. E. von Grunebaum. Wiesbaden 1970. (First Levi Della Vida Biennial Conference, 1967.) S. 21–50.

32.19 –: Zwischen Ḥadīṯ und Theologie. Studien zum Entstehen prädestinatianischer Überlieferung. Berlin 1975. (Studien zur Sprache, Geschichte und Kultur des islamischen Orients. N.F. Bd. 7.)

32.20 Gardet, Louis; Anawati, M.-M. [Georges C.]: Introduction à la théologie musulmane. Essai de théologie comparée. Paris 1948. (Études de philosophie médiévale. 37.)

32.21 Makdisi, George: Ashʿarī and the Ashʿarites in Islamic religious history. In: Studia Islamica. Paris. 17. 1962. S. 37–80; 18. 1963. S. 19–39.

32.22 Nagel, Tilman: Die Festung des Glaubens. Triumph und Scheitern des islamischen Rationalismus im 11. Jahrhundert [aufgezeigt am Werk des Imām al-Ḥaramain al-Ǧuwainī, gest. 1085]. München 1988.

32.23 Patton, Walter Melville: Aḥmed ibn Ḥanbal and the Miḥna. A biography of the Imām including an account of the Moḥammedan inquisition called the Miḥna, 218–234 A. H. Leiden 1897.

32.24 Watt, William Montgomery: Islamic philosophy and theology. Edinburgh 1962. (Islamic Surveys. 1.) – 2nd ed.: An extended survey. 1985. (Islamic Surveys. 12.)

–: Der Islam [30.12]. Bd. 2. 1985.

d) Askese, Mystik und Ordenswesen

32.25 Anawati, Georges C.; Gardet, Louis: Mystique musulmane. Aspects et tendances – expériences et techniques. Paris 1961; [3]1976. (Études musulmanes. 8.)

32.26 Andrae, Tor: Islamische Mystiker [I myrtenträdgården. Studier i sufisk mystik. 1947, dt.]. Deutsch von Helmhart Kanus-Credé. Stuttgart 1960. (Urban-Taschenbücher. 46.)

32.27 Jong, Fred de: Ṭuruq and ṭuruq-linked institutions in nineteenth-century Egypt. A historical study in organisational dimensions of Islamic mysticism. Leiden 1978.

32.28 Gellner, Ernest: Saints of the Atlas. London 1969.

32.29 Gramlich, Richard: Die schiitischen Derwischorden Persiens. T. 1–3. Wiesbaden 1965–80. (Abhandlungen für die Kunde des Morgenlandes. Bd. 36, 1.2. 45,2.)

1: Die Affiliationen. 1965. – 2: Glaube und Lehre. 1976.– 3: Brauchtum und Riten. 1980.

32.30 Massignon, Louis: La passion de Husayn ibn Mansûr Hallâj, martyr mystique de l'Islam exécuté à Bagdad le 26 mars 922. Tome 1–4. Paris 1922; ²1975. (Bibliothèque des Idées.)

32.31 Ritter, Hellmut: Das Meer der Seele. Mensch, Welt und Gott in den Geschichten des Farīduddīn ʿAṭṭār. Leiden 1955; ²1978.

32.32 Schimmel, Annemarie: Mystische Dimensionen des Islam. Köln 1986.

32.33 Trimingham, J. Spencer: The Sufi orders in Islam. Oxford 1971.

32.34 Watt, William Montgomery: Muslim intellectual: the struggle and achievement of al-Ghazali. Edinburgh 1963.

3. Recht und Staat

Einführungen in das islamische Recht

33.01 Coulson, N. J.: A history of Islamic law. Edinburgh 1964; ²1978 [u.ö.]. (Islamic Surveys. 2.)

33.02 Orientalisches Recht. Leiden & Köln 1964. (Handbuch der Orientalistik. Abt. 1. Erg.-Bd. 3.)

Enthält Beiträge über das islamische Recht in Syrien, Libanon, Ägypten, Tunesien, Algerien, Marokko und der Türkei; ferner:

33.03 Spies, Otto; Pritsch, Ernst: Klassisches islamisches Recht. Ebenda S. 220–343.

Bibliographische Einführung.

33.04 Schacht, Joseph: An introduction to Islamic law. Oxford 1964.

Mit umfassender Bibliographie.

Die Traditionsliteratur (Ḥadīṯ)

33.05 Goldziher, Ignaz: Über die Entwickelung des Ḥadîth. In: Goldziher: Muhammedanische Studien. 1889–90 [30.01]. S. 1–274.

Grundlegende Studie. Eine gegensätzliche Position (authentische schriftliche Lehrüberlieferung schon seit der Generation der Prophetengenossen) vertreten muslimische Gelehrte wie F. Sezgin: Geschichte des arabischen Schrifttums [14.04]. Bd. 1. 1967. Siehe dazu auch H. Motzki [33.14].

32.06 Juynboll, Gualterus H. A.: Muslim tradition. Studies in chronology, provenance and authorship of early ḥadīth. Cambridge [etc.] 1983.

33.07 Wensinck, Arent Jan: A handbook of early Muhammadan tradition, alphabetically arranged. Leiden 1927; repr. 1971.
Alphabetisches Sachregister (engl. Begriffe, arab. Termini) der wichtigsten arab. Traditionssammlungen, v.a. des 9. Jahrhunderts.

Entwicklung der Schulen und Methoden der Rechtswissenschaft (Fiqh)

33.08 Brunschvig, Robert: Logic and law in classical Islam. In: Logic in Classical Islamic Culture. Ed. by G. E. von Grunebaum. Wiesbaden 1970. (First Giorgio Levi Della Vida Biennial Conference, 1967.) S. 9–20.

33.09 Goldziher, Ignaz: Die Ẓāhiriten. Ihr Lehrsystem und ihre Geschichte. Beitrag zur Geschichte der Muhammedanischen Theologie. Leipzig 1884.

33.10 Laoust, Henri: Essai sur les doctrines sociales et politiques d'Ibn Taymiyya. Le Caire 1939.

33.11 –: Contribution à une étude de la méthodologie canonique de [...] Ibn Taimīya. Le Caire 1939.

33.12 Makdisi, George: Ibn ʿAqīl et la résurgence de l'Islam traditionaliste au XIe siècle ⟨Ve siècle de l'Hégire⟩. Damas 1963.

33.13 –: L'Islam hanbalisant. In: Revue des études islamiques. Paris. 42. 1974. S. 211–44; 43. 1975. S. 45–76.

33.14 Motzki, Harald: Die Anfänge der islamischen Jurisprudenz bis zur Mitte des 2./8. Jahrhunderts. Stuttgart 1991. (Abhandlungen für die Kunde des Morgenlandes. Bd. 50,2.)

Patton, W. M.: Aḥmed ibn Ḥanbal. Leiden 1897 [32.23].

33.15 Schacht, Joseph: The origins of Muhammadan jurisprudence. Oxford 1950.
Bahnbrechende Arbeit über Jurisprudenz und Sunna-Begriff des Šāfiʿī.

Institutionen und Methoden der Lehrüberlieferung

33.16 Makdisi, George: Religion, law and learning in classical Islam. London 1991. (Collected Studies Series. 347.)
Grundlegende Untersuchungen der Prinzipien und Institutionen der islamischen Jurisprudenz und Theologie.

33.17 –: The rise of colleges. Institutions of learning in Islam and the West. Edinburgh 1982.

–: The rise of humanism in classical Islam and the Christian West. 1990 [13.20].

33.18 Urvoy, Dominique: Le monde des ulémas andalous du V/XIe au VII/XIIIe siècle, étude sociologique. Genève 1978.

Handbücher der Schuldoktrin

33.19 Bergsträsser, Gotthelf: Bergsträsser's Grundzüge des islamischen Rechts, bearb. und hrsg. v. Joseph Schacht. Berlin und Leipzig 1935.
33.20 Bousquet, Georges-Henri [Übers.]: Khalîl ben Ish'âq. Abrégé de la loi musulmane selon le rite de l'Imâm Mâlek. 1–4. Paris 1956–62.
1: Le rituel. 2: Le Statut personnel. 3: Le patrimoine. 4: Judicature, droit pénal, affranchissements, statut successoral.
33.21 Fyzee, Asaf Ali Asghar: Outlines of Muhammadan law. New Delhi, London 1949; ⁴1974.
33.22 Linant de Bellefonds, Yves: Traité de droit musulman comparé. 1 ff. Paris, La Haye 1965 ff. (1–3: 1965–73). (Études méditerranées. 6.9.)
33.23 Sachau, Eduard: Muhammedanisches Recht nach schafiʿitischer Lehre. Berlin 1895. (Lehrbücher des Seminars für Orientalische Sprachen. Bd. 17.)
33.24 Santillana, David: Istituzioni di diritto musulmano malichita con riguardo anche al sistema sciafiita. 1.2. Roma 1926–38.

Recht der Schia

33.25 Löschner, Harald: Die dogmatischen Grundlagen des šīʿitischen Rechts. Eine Untersuchung zur modernen imāmitischen Rechtsquellenlehre. Köln [usw.] 1971. (Erlanger Juristische Abhandlungen. Bd. 9.)
33.26 Sachedina, Abdulaziz Abdulhussein: The Just Ruler (al-sultān al-ʿādil) in Shīʿite Islam, the comprehensive authority of the jurist in Imamite jurisprudence. New York, Oxford 1988.

Gerichtsbarkeit und Rechtspflege

33.27 Brunschvig, Robert: Le système de la preuve en droit musulman. In: Recueils de la Société Jean Bodin. 18. Bruxelles 1964. S. 169–86.
33.28 Gräf, Erwin: Gerichtsverfassung und Gerichtsbarkeit im islamischen Recht. In: Zeitschrift für Vergleichende Rechtswissenschaft. 58. 1955. S. 48–78.
33.28 Tyan, Émile: Histoire de l'organisation judiciaire en pays d'Islam. 2ème éd. revue et corrigée. Leiden 1960.
33.30 Cahen, Claude [u. a.]: Ḥiṣba. In: EI². 3, s. v. (1967).
Siehe auch [44.16] über die Marktaufsicht.

Pflichtenlehre und Kultus

33.31 Gaudefroy-Demombynes, Maurice: Le pèlerinage à la Mekke. Étude d'histoire religieuse. Paris 1923.
Siehe auch Snouck Hurgronje, C.: Het Mekkaansche Feest. 1880 [61.08]; Art. Ḥadjdj in EI². 3. 1965 (A. J. Wensinck u. a.).
33.32 Grunebaum, Gustav Edmund von: Muhammadan festivals. New York 1957. – 2nd ed. Introd. by C. E. Bosworth. London 1976.

33.33 Haarmann, Ulrich: Die Pflichten des Muslims – Dogma und geschichtliche Wirklichkeit. In: Saeculum. Freiburg u. München. 26. 1975. S. 75–110.

Der islamische Staat

33.34 Crone, Patricia: Slaves on horses. The evolution of the Islamic polity (roughly A. D. 650–850). Cambridge 1980.
33.35 Crone, Patricia; Hinds, Martin: God's Caliph. Religious authority in the first centuries of Islam. Cambridge 1986.
33.36 Donner, Fred M.: The formation of the Islamic state. In: Journal of the American Oriental Society 106. 1986. S. 282–96.
33.37 Gibb, H. A. R.: Al-Māwardī's theory of the caliphate. (1937.) In: Gibb: Studies [13.13]. S. 151–65.
33.38 Goitein, Shlomo Dov: The origin of the vizierate and its true character. In: Islamic Culture. Hyderabad. 16. 1942. S. 255–62, 380–92; Appendix in: Journal of the American Oriental Society. 81. 1961. S. 425 6 = Goitein: Studies [13.14]. S. 168–96.
33.39 –: A turning-point in the history of the Muslim state. ⟨Apropos of the Kitāb al-Ṣaḥāba of Ibn al-Muqaffaʿ.⟩ In: Islamic Culture. Hyderabad. 23. 1949. S. 120–35 = Goitein: Studies [13.14]. S. 149–67.
33.40 Lambton, Ann Katherine Swynford: State and government in medieval Islam. An introduction to the study of Islamic political theory: the jurists. London 1981. (London Oriental Series. 36.)
33.41 Laoust, Henri: La pensée et l'action politique d'al-Māwardī 364–450/974–1068. In: Revue des études islamiques. 36. 1968. S. 11–92.
33.42 –: La politique de Ġazālī. Paris 1970. (Bibliothèque d'études islamiques.)
33.43 Lapidus, Ira Marvin: The separation of state and religion in the development of early Islamic society. In: International Journal of Middle Eastern Studies 6. 1975. S. 363–85.
Makdisi, G.: History and politics in 11th century Baghdad [65.08]. Bes. Nr. VII: Les rapports entre calife et sulṭân à l'époque saljûqide (1975); VIII: Authority in the Islamic community (1982).
33.44 Nagel, Tilman: Staat und Glaubensgemeinschaft im Islam. Geschichte der politischen Ordnungsvorstellungen der Muslime. Bd. 1.2. München 1981.
33.45 Rosenthal, Erwin I.J.: Political thought in medieval Islam. An introductory outline. Cambridge 1958, ²1968.
Sachedina, A. A.: The Just Ruler in Shīʿite Islam. 1988 [33.26].

Ibn Ḫaldūn und seine Staatstheorie:

33.46 [Ibn Ḫaldūn:] The Muqaddimah. An introduction to history. By Ibn Khaldûn. Translated from the Arabic by Franz Rosenthal. Vol. 1–3. London, New York 1958; ²1967. (Bollingen Series. 43.)
Mit umfassender Bibliographie der Ibn-Ḫaldūn-Literatur von Walther J. Fischel (Bd. 3. S. 483–521).

33.47 Sivers, Peter von: Khalifat, Königtum und Verfall. Die politische Theorie Ibn Khaldūns. München 1968. (Schriftenreihe zur Politik und Geschichte. Hrsg. v. Eric Voegelin.)

Administration:

33.49 Duri, Abdalaziz [u.a.]: Dīwān. In: EI². 2, s.v. (1962).
33.50 Puin, Gerd-Rüdiger: Der Dīwān von ʿUmar ibn al-Ḫaṭṭāb. Ein Beitrag zur frühislamischen Verwaltungsgeschichte. Bonn 1969.
Literatur über das Steuerwesen s.u. Kap. IV [43.01–06].
Über das osmanische Staats- und Verwaltungsrecht s. Gibb, H.A.R.; Bowen, H.: Islamic society and the West. 1950–57 [40.06].

Islam, Islamisches Recht und islamischer Staat in der Moderne

Siehe auch [68.01–20], K. Dilger in [68.05] Der Islam, S. 170–97.
33.51 Anderson, James N. D.: Islamic law in the modern world. New York 1959. – Law reform in the Muslim world. London 1976.
33.52 Johansen, Baber: Islam und Staat. Berlin 1982. (Argument Studienhefte. 54.)
33.53 Kerr, Malcolm H.: Islamic reform. The political and legal theories of Muḥammad ʿAbduh and Rashīd Riḍā. Berkeley, Los Angeles 1966.
33.54 Lewis, Bernard: Die politische Sprache des Islam [The political language of Islam. 1988, deutsch]. Aus dem Amerik. von Susanne Enderwitz. Berlin 1991.
33.55 Peters, Rudolph: Islam and colonialism. The doctrine of Jihad in modern history. The Hague [etc.] 1979. (Religion and Society. 20.)
33.56 Rosenthal, Erwin I. J.: Islam in the modern national state. Cambridge 1965.
33.57 Smith, Wilfred Cantwell: Der Islam in der Gegenwart [Islam in modern history. 1957, deutsch]. Frankfurt a.M., Hamburg 1963. (Fischer Bücherei. 498.)
33.58 Tibi, Bassam: Der Islam und das Problem der kulturellen Bewältigung sozialen Wandels. Frankfurt am Main 1985. (Suhrkamp Taschenbuch Wissenschaft. 531.)
33.59 –: Vom Gottesreich zum Nationalstaat. Islam und panarabischer Nationalismus. Frankfurt am Main 1987. (Suhrkamp Taschenbuch Wissenschaft. 650.)
33.60 Vatikiotis, Panayiotis J.: Islam and the nation-state. London 1983.

IV. Die islamische Welt

Kulturgeographie: Landschaft und Geschichte

40.01 Bobek, Hans: Die Hauptstufen der Gesellschafts- und Wirtschaftsentfaltung in geographischer Sicht. In: Die Erde. 90. 1959. S. 259–98.

40.02 Planhol, Xavier de: Kulturgeographische Grundlagen der islamischen Geschichte [Les fondements géographiques de l'histoire de l'Islam. 1968, deutsch]. Aus dem Französischen übertragen von Heinz Halm. Zürich und München 1975. (Die Bibliothek des Morgenlandes.)

Miquel, André: La géographie humaine du monde musulman. 1967–80 [14.17]. 3: Le milieu naturel.

Sozial- und Wirtschaftsgeschichte der islamischen Welt

Cahen: Der Islam. I. 1968 [13.08]. S. 133–96.

40.03 Duri, Abdalaziz: Arabische Wirtschaftsgeschichte [Muqaddima fī t-tārīḫ al-iqtiṣādī al-ʿarabī. 1969, deutsch]. Aus dem Arabischen übersetzt von Jürgen Jacobi. Zürich und München 1979. (Die Bibliothek des Morgenlandes.)

40.04 Gellner, Ernest: Muslim society. A sociological interpretation. Cambridge 1981. (Cambridge Studies in Social Anthropology. 32.)

40.05 Gibb, Hamilton Alexander Roskeen; Bowen, Harold: Islamic society and the West. A study of the impact of Western civilization on Moslem culture in the Near East. Vol. 1: Islamic society in the eighteenth century. Part. 1.2. Oxford 1950–57. Repr. 1969.

40.06 Heine, Peter: Ethnologie des Nahen und des Mittleren Ostens. Eine Einführung. Berlin 1991.

40.07 The Islamic Middle East, 700–1900. Studies in economic and social history. Ed. by A. L. Udovitch. Princeton, N. J., 1981.

40.08 Issawi, Charles [Hrsg.]: The economic history of the Middle East, 1800–1914. A book of readings. Chicago, London 1966.

40.09 Lapidus, Ira Marvin: A history of Islamic societies. Cambridge 1988.

40.10 Owen, Roger: The Middle East in the World Economy, 1800–1914. London 1981.

40.11 Pipes, Daniel: Slave soldiers and Islam. The genesis of a military system [A. D. 600–900]. New Haven, London 1981.

40.12 Rodinson, Maxime: Islam und Kapitalismus [Islam et capitalisme. 1966, deutsch]. Aus dem Franz v. Renate Schubert. Frankfurt a. M. 1971. (Wissenschaftliche Sonderausgaben.)

40.13 Studies in the economic history of the Middle East from the rise of Islam to the present day. Ed. by M[ichael] A[llan] Cook. London [usw.] 1970.

40.14 Wirtschaftsgeschichte des Vorderen Orients in islamischer Zeit. Teil 1. Mit Beiträgen von B. Lewis [u. a.]. Leiden, Köln 1977. (Handbuch der Orientalistik. Abt. 1. Bd. 6: Geschichte der islamischen Länder. Abschnitt 6.)

B. Lewis: Sources. – M. Rodinson: Les conditions religieuses islamiques de la vie économique. – G. Baer: The organization of labour. – H. Müller: Sklaven. – A. S. Ehrenkreutz: Money. – E. Ashtor: The development of prices. – B. Spuler: Die wirtschaftliche Entwicklung des iranischen Raumes und Mittelasiens. – A. K. S. Lambton: Aspects of agricultural organisation and agrarian history in Persia [u. a.]

Beduinen und Seßhafte

41.01 Baer, Gabriel: Fellah and townsman in the Near East. Studies in social history. London 1981.
41.02 Bulliet, Richard W.: The camel and the wheel. Cambridge, Mass. 1975.
41.03 Caskel, Werner: Die Bedeutung der Beduinen in der Geschichte der Araber. Köln u. Opladen 1953. (Arbeitsgemeinschaft für Forschung des Landes Nordrhein-Westfalen. Geisteswissenschaften. H. 8.)
41.04 Oppenheim, Max Freiherr von: Die Beduinen. Bd. 1–4. (1.2: Unter Mitbearbeitung von Ernst Bräunlich und Werner Caskel. 3.4: Bearb. und hrsg. von Werner Caskel.) Leipzig (3.4.: Wiesbaden) 1939–68.
41.05 Garcin, Jean-Claude: Note sur les rapports entre bédouins et fellahs à l'époque mamluke. In: Annales islamologiques. 14. Le Caire 1978. S. 147–63.
41.06 Lambton, Ann Katherine Swynford: Landlord and peasant in Persia. London 1953.
41.07 Sivers, Peter von: Military merchants and nomads. The social evolution of the Syrian cities and countryside during the classical period. In: Der Islam. 56. Berlin 1979. S. 206–44.
41.08 Watson, Andrew M.: Agricultural innovation in the early Islamic world. The diffusion of crops and farming techniques, 700–1100. Cambridge 1983.

Muslime und Nichtmuslime

42.01 Bulliet, Richard W.: Conversion to Islam in the medieval period. An essay in quantitative history. Cambridge, Mass. 1979.
42.02 Busse, Heribert: Die theologischen Beziehungen des Islams zu Judentum und Christentum. Grundlagen des Dialogs im Koran und die gegenwärtige Situation. Darmstadt 1988. (Grundzüge. Bd. 72.)
42.03 Caspar, Robert [u.a.]: Bibliographie du dialogue islamo-chrétien. In: Islamochristiana. 1–7. Roma 1975–81.
42.04 Goitein, Shlomo Dov: A mediterranean society. The Jewish community of the Arab world as portrayed in the documents of the Cairo Geniza. Vol. 1–4. Berkeley 1967–88.
1: Economic foundations. 1967. – 2: The community. 1971. – 3: The family. 1978. – 4: Daily life. 1983. – 5: The individual. 1988.
42.05 Lewis, Bernard: Die Juden in der islamischen Welt vom frühen Mittelalter bis ins 20. Jahrhundert. [The Jews of Islam. 1985, deutsch.] Aus dem Englischen von Liselotte Julius. München 1987.
42.06 Wirth, Eugen: Zur Sozialgeographie der Religionsgemeinschaften im Orient. In: Erdkunde. Bonn. 19. 1965. S. 265–84.

Staatswirtschaft, Steuer- und Lehnswesen

43.01 Dennett, Daniel C.: Conversion and the poll-tax in early Islam. Cambridge, Mass. 1950. (Harvard Historical Monographs. 22.)

43.02 Løkkegaard, Frede: Islamic taxation in the classic period. With special reference to circumstances in Iraq. Copenhagen 1950. Repr. 1977.

Puin, Gerd-Rüdiger: Der Dīwān von ʿUmar b. al-Ḫaṭṭāb. 1970 [33.50].

43.03 Schmucker, Werner: Untersuchungen zu einigen wichtigen bodenrechtlichen Konsequenzen der islamischen Eroberungsbewegung. Bonn 1972. (Bonner Orientalistische Studien. N.S. Bd. 24.)

43.04 Cahen, Claude: L'évolution de l'iqtaʿ du IXe au XIIIe siècle. Contribution à une histoire comparée des sociétés médiévales. In: Annales. Economies-sociétés-civilizations. 8. Paris 1953. S. 25–52.

43.05 Rabie, Hassanein: The financial system of Egypt A.H. 564–741/A.D. 1169–1341. London 1972.

43.06 Beldiceanu, Nicoară: Le timar dans l'État ottoman ⟨début XIVe–début XVIe siècle⟩. Wiesbaden 1980.

Geld, Preise und Löhne

43.07 Ashtor, Eliyahu: Histoire des prix et des salaires dans l'Orient médiéval. Paris 1969. (Monnaie, Prix, Conjoncture. 8.)

43.08 Cahen, Claude: Contribution à l'étude de la circulation monétaire en Orient au milieu du moyen âge. In: Annales islamologiques. 15. Le Caire 1979. S. 37–46.

43.09 Ehrenkreutz, Andrew S.: Money. In: Wirtschaftsgeschichte. 1977 [40.14]. S. 84–97.

Die islamische Stadt

44.01 Abu-Lughod, Janet L.: The Islamic city – historic myth, Islamic essence, and contemporary relevance. In: International Journal of Middle East Studies. 19. Cambridge 1987. S. 155–76.

Kritischer Rückblick auf die Forschung (mit bibliographischen Anmerkungen).

44.02 Beldiceanu, Nicoară: Recherche sur la ville ottomane au XVe siècle. Étude et actes. Paris 1973. (Bibliothèque archéologique et historique de l'Institut français d'archéologie d'Istanbul. 25.)

44.03 Bulliet, Richard W.: The patricians of Nishapur. A study in medieval Islamic history. Cambridge, Mass. 1972. (Harvard Middle Eastern Studies. 16.)

44.04 Grotzfeld, Heinz: Das Bad im arabisch-islamischen Mittelalter. Kulturgeschichtliche Studie. Wiesbaden 1970.

44.05 Grunebaum, Gustav Edmund von: Die islamische Stadt. In: Saeculum. Freiburg & München. 6. 1955. S. 138–53.

44.06 The Islamic city. A colloquium. Ed. by Albert H[abib] Hourani and [Samuel] M[iklos] Stern. Oxford [etc.] 1970. (Papers in Islamic History. 1.)

44.07 Lapidus, Ira Marvin: Muslim cities in the later Middle Ages. Cambridge, Mass. 1967. (Harvard Middle Eatern Studies. 1.)
Damaskus und Aleppo in der Mamlukenzeit.
44.08 Wirth, Eugen: Die orientalische Stadt. Ein Überblick aufgrund jüngerer Forschungen zur materiellen Kultur. In: Saeculum. 26. Freiburg & München 1975. S. 45–94.
Literatur über die Geschichte einzelner Städte siehe auch unter V: Regionen der islamischen Welt.

Bünde und Zünfte

44.09 Cahen, Claude: Zur Geschichte der städtischen Gesellschaft im islamischen Orient des Mittelalters. In: Saeculum. 9. Freiburg & München 1958. S. 59–76.
44.10 –: Mouvements populaires et autonomisme urbain dans l'Asie musulmane au moyen âge. In: Arabica. 5. Leiden 1958. S. 225–50; 6. 1959. S. 25–56, 233–65.
44.11 Taeschner, Franz: Zünfte und Bruderschaften im Islam. Texte zur Geschichte der Futuwwa. Zürich und München 1979. (Die Bibliothek des Morgenlandes.)
44.12 Baer, Gabriel: Egyptian guilds in modern times. Jerusalem 1964.
44.13 –: The organization of labour. In: Wirtschaftsgeschichte des Vorderen Orients in islamischer Zeit. 1977 [40.14]. S. 31–52.
Siehe auch die Beiträge von C. Cahen und S. M. Stern in: The Islamic City. 1970 [44.06]. S. 25–63.

Markt und Handel

44.14 Raymond, André : Artisans et commerçants au Caire au XVIIe siécle. T. 1.2. Damas 1973–74.
44.15 Wirth, Eugen: Zum Problem des Bazars. In: Der Islam. 51. Berlin 1974. S. 203–60; 52. 1975. S. 6–46.
44.16 ʿAbd ar-Rāziq, Aḥmad: La ḥisba et le muḥtasib en Égypte au temps des Mamlūks. In: Annales islamologiques. 13. Le Caire 1977. S. 115–78.
44.17 Pirenne, Henri: Mahomet und Karl der Große (Mahomet et Charlemagne. 1937, dt.). Untergang der Antike am Mittelmeer und Aufstieg des germanischen Mittelalters. (Aus dem Franz. übertragen von P. E. Hübinger.) Frankfurt a. M. 1963.
S. 300-1: Mahomet und Karl der Große in der wissenschaftlichen Literatur nach Pirenne (1937–60).

Zur These Pirennes:

44.18 Hübinger, Paul Eugen [Hrsg.]: Bedeutung und Rolle des Islam beim Übergang vom Altertum zum Mittelalter. Darmstadt 1968. (Wege der Forschung. 202.)

44.19 Cahen, Claude: Quelques mots sur le déclin commercial du monde musulman à la fin du moyen âge. In: Studies in the Economic History of the Middle East. 1970 [40.13]. S. 31–36.

Goitein, Shlomo Dov: A mediterranean society. 1967–88 [42.03].

44.20 Hourani, George Fadlu: Arab seafaring in the Indian Ocean in ancient and early medieval times. Princeton, N. J. 1951.

44.21 Labib, Subhi Y.: Handelsgeschichte Ägyptens im Spätmittelalter ⟨1171–1517⟩. Wiesbaden 1965. (Vierteljahresschrift für Sozial- und Wirtschaftsgeschichte. Beihefte. Nr. 46.)

44.22 Udovitch, Abraham L.: Partnership and profit in medieval Islam. Princeton, N.J. 1970.

V. Regionen der islamischen Geschichte

Historische Kartographie

50.01 An historical atlas of Islam. Ed. by William C. Brice under the patronage of the Encyclopaedia of Islam. Leiden 1981.

A history of the Crusades. Ed.: Kenneth M. Setton. Vol. 1.2: ²1969; 3: 1975 [65.17].

Enthält eine Reihe guter historischer Karten nicht nur der Kreuzzüge selbst, sondern auch der Gesamtentwicklung der islamischen Territorien im Osten und im Westen vom 12. bis 15. Jahrhundert.

50.02 Tübinger Atlas des Vorderen Orients. Hrsg. vom Sonderforschungsbereich 19 „Tübinger Atlas des Vorderen Orients" der Universität Tübingen. 1– . Wiesbaden 1977– .

Teil A: Geographie. Teil B: Geschichte.

Einzelkarten (Format 72×50 cm) stellen Entwicklungen der politischen, sozialen, wirtschaftlichen und kulturellen Geschichte dar. Jede Karte ist das Ergebnis umfangreicher Forschungsarbeit, die in monographischen „Beiheften" dokumentiert wird.

Historische Topographie und Geographie, Regional- und Stadtgeschichte nach Ländern:

1. Die Arabische Halbinsel

51.01 Ṣanʿāʾ, an Arabic Islamic city. Ed. by Robert Bertram Serjeant and Ronald Lewcock. London 1983.

51.02 Snouck Hurgronje, Christian: Mekka. 1: Die Stadt und ihre Herren. 2: Aus dem heutigen Leben. Den Haag 1888–9.

2. Syrien, Palästina und Libanon

Syrien und Libanon

Cahen, Claude: La Syrie du Nord à l'époque des Croisades. 1940 [65.16].
52.01 Dussaud, René: Topographie historique de la Syrie antique et médiévale. Paris 1927. (Institut français d'archéologie de Beyrouth. Bibliothèque archéologique et historique. 4.)
52.02 Gaube, Heinz; Wirth, Eugen: Aleppo. Historische und geographische Beiträge zur baulichen Gestaltung, zur sozialen Organisation und zur wirtschaftlichen Dynamik einer vorderasiatischen Fernhandelsmetropole. [1:] Textband. [2:] Karten. Wiesbaden 1984. (Tübinger Atlas des Vorderen Orients. Beihefte. Reihe B. Nr. 58.)
Gaudefroy-Demombynes, M.: La Syrie à l'époque des Mamelouks. 1923 [66.17].
52.03 Hitti, Philip Khûri: Lebanon in history. London 1957.
52.04 Sauvaget, Jean: Esquisse d'une histoire de la ville de Damas. In: Revue des études islamiques. 8. Paris 1934. S. 421–80.
Siehe auch Lapidus [44.07].

Palästina

52.05 Le Strange, Guy: Palestine under the Moslems. A description of Syria and the Holy Land from A.D. 650 to 1500. Translated from the works of the mediaeval Arab geographers. London 1890. Repr. Beirut 1965.

3. Der Irak

53.01 Le Strange, Guy: The lands of the Eastern Caliphate. Mesopotamia, Persia and Central Asia from the Moslem conquest to the time of Timur. Cambridge 1905. Repr. London 1966.
53.02 Herzfeld, Ernst: Geschichte der Stadt Samarra. Hamburg 1948. (Forschungen zur islamischen Kunst. Hrsg. v. Friedrich Sarre. 2: Die Ausgrabungen von Samarra. Bd. 6.)
53.03 Lassner, Jacob: The topography of Baghdad in the early Middle Ages. Detroit 1970.

4. Der Westen

a) Spanien

Über das frühislamische Spanien siehe auch [64.13–14].

54.01 Arié, Rachel: Études sur la civilization de l'Espagne musulmane. Leiden 1990. (Medieval Iberian Peninsula: Texts and Studies. 6.)

54.02 Guichard, Pierre: Structures sociales „orientales" et „occidentales" dans l'Espagne musulmane. Paris, La Haye 1977. (École des Hautes études en sciences sociales. Centre de recherches historiques. Civilizations et sociétés. 60.)

54.03 Hoenerbach, Wilhelm: Islamische Geschichte Spaniens. Übersetzung der Aʿmāl al-aʿlām und ergänzende Texte. Zürich u. Stuttgart 1970. (Die Bibliothek des Morgenlandes.)

Übersetzung und Darstellung nach einem der großen Historiker des islamischen Spanien, Lisānaddīn Ibn al-Ḫaṭīb (1313–75).

54.04 Imamuddin, S.M.: Muslim Spain, 711–1492 A.D. A sociological study. Leiden 1965; ^{2}1981.

54.05 Watt, William Montgomery; Cachia, Pierre: A history of Islamic Spain. Edinburgh 1965; ^{2}1977. (Islamic Surveys. 4.)

54.06 Ahmad, Aziz: A history of Islamic Sicily. Edinburgh 1975. (Islamic Surveys. 10.)

b) Nordafrika

54.07 Abun-Nasr, Jamil: A history of the Maghrib. Cambridge ^{2}1975; ^{3}1989.

54.08 Bousquet, Georges-Henri: L'Islam maghrébin. 4éme éd. Alger 1955.

54.09 Julien, Charles-André: Histoire de l'Afrique de Nord. Tunisie, Algérie, Maroc. 1.2. 2ème éd. Paris 1952; réimpr. 1961, 1978.

2: De la conquête arabe à 1830. 2ème éd. revue et mis à jour par Roger Le Tourneau.

54.10 Marçais, Georges: La Berbérie musulmane et l'Orient au moyen-âge. Paris 1946.

Geschichte des islamischen Nordafrika bis zur Zeit der Hafṣiden. Siehe auch [65.36].

54.11 Sivers, Peter von: Nordafrika in der Neuzeit [1300–1985]. In: Geschichte der arabischen Welt. 1987 [13.04]. S. 502–90.

54.12 Terrasse, Henri: Histoire du Maroc des origines à l'établissement du Protectorat français. T. 1–2. Casablanca 1949–50.

54.13 Le Tourneau, Roger: Fès avant le Protectorat. Étude économique et sociale d'une ville de l'occident musulman. Casablanca 1949. (Publications de l'Institut des Hautes études marocaines. T. 45.)

5. Ägypten

55.01 Baer, Gabriel: Studies in the social history of modern Egypt. Chicago, London 1969. (Publications of the Center for Middle Eastern Studies. 6.)

55.02 Müller, Caspar Detlef G.: Grundzüge des christlich-islamischen Ägypten von der Ptolemäerzeit bis zur Gegenwart. Darmstadt 1969. (Grundzüge. Bd. 11.)

55.03 Staffa, Susan Jane: Conquest and fusion. The social evolution of Cairo, A.D. 642–1850. Leiden 1977.

6. Iran und Innerasien

56.01 Barthold, W. [Vladmir Vladimirovič Bartol'd]: An historical geography of Iran [Istoriko-geografičeskoj obzor Irana. 1903]. Transl. by S. Soucek. Princeton, N. J. 1984.

56.02 Gaube, Heinz: Iranian cities [Herat, Isfahan, Bam]. New York 1979. (Hagop Kevorkian Series on Near Eastern Art and Civilization.)

Le Strange, Guy: The lands of the Eastern Caliphate. 1905 [53.01]

56.03 Morgan, David: Medieval Persia, 1040–1797. London, New York 1988. (A History of the Near East, ed. by P. M. Holt.)

56.04 Schwarz, Paul: Iran im Mittelalter nach den arabischen Geographen. Bd. 1–9. Leipzig 1896–1936.

56.05 The Cambridge History of Iran. Vol. 1– . Cambridge [usw.] 1968– .
1: The land of Iran. Ed. by W. B. Fisher. 1968.
4: The period from the Arab invasion to the Saljuqs. Ed. by R. N. Frye. 1975.
5: The Saljuq and Mongol periods. Ed. by J. A. Boyle. 1968.
6: The Timurid and Safavid periods. Ed. by Peter Jackson and Laurence Lockhart. 1986.

Innerasien

56.06 Barthold, W. [Vasilij Vladimirovič Bartol'd]: Turkestan down to the Mongol invasion. Third ed. with an additional chapter, ed. with further addenda and corrigenda by C. E. Bosworth. London 1968; 4th ed. (repr.) 1977. (E. J. W. Gibb Memorial Series. N.S. 5.)

56.07 Gabain, Annemarie von: Einführung in die Zentralasienkunde. Darmstadt 1979.

7. Anatolien und Balkan

57.01 Birken, Andreas: Die Provinzen des Osmanischen Reiches. Wiesbaden 1976. (Tübinger Atlas des Vorderen Orients. Beihefte. Nr. 13.)

57.02 Pitcher, Donald Edgar: An historical geography of the Ottoman Empire from the earliest times to the end of the sixteenth century. Leiden 1972.

57.03 Mantran, Robert: Istanbul dans le seconde moitié du XVIIe siècle. Paris 1962. (Bibliothèque archéologique et historique de l'Institut français d'archéologie d'Istanbul.)

8. Die weiteren islamischen Länder

58.01 Arnold, Thomas Walker: The preaching of Islam. 2nd. ed. London. 1913.

Indien

58.02 Ahmad, Aziz: An intellectual history of Islam in India. Edinburgh 1969. (Islamic Surveys. 7.)
58.03 Schimmel, Annemarie: Islam in the Indian Subcontinent. Leiden 1980. (Handbuch der Orientalistik. Abt. 2. Bd. 4. Abschnitt 3.)
58.04 –: Der Islam im indischen Subkontinent. Darmstadt 1983. (Grundzüge. Bd. 48.)
58.05 Schwerin, Kerrin Gräfin: Der Islam in Südasien. Ein Literaturbericht. In: Zeitschrift der Deutschen Morgenländischen Gesellschaft. 128,2. Wiesbaden 1978. S. *35–*41.
58.06 Wink, André: Al-Hind: the making of the Indo-Islamic world. 1–5. Leiden 1990ff.

1. Early medieval India and the expansion of Islam, 7th–11th centuries. 1990. – 2. The Slave Kings and the Islamic conquest of India, 11th–13th centuries. – 3. Indo-Muslim society, 14th–15th centuries. – 4. Imperial formations, 16th–17th centuries. – 5. State and society in the eighteenth century.

Ost- und Südostasien

58.07 Graaf, H. [u.a.]: South-East Asian Islam. In: The Cambridge History of Islam. 2. 1970 [13.02]. S. 121–207.
58.08 Kähler, Hans: A short history of Indonesia. In: The Muslim world, a historical survey. 4. Leiden 1981. S. 236–337.
58.09 Sarkisyanz, Emanuel: China und Südostasien. In: Der Islam. II. 1971 [13.09]. S. 288–324.
58.10 Snouck Hurgronje, Christiaan: Verspreide Geschriften. Bonn, Leipzig, Leiden 1923–27. (Bes. Bd. 4.)
58.11 –: The Achehnese [De Atjèhers. 1893–94, engl.] 1.2. Leiden 1906.

Afrika

58.12 Holt, Peter Malcolm; Daly, M. W.: The history of the Sudan from the coming of Islam to the present day. 3rd. ed. London 1979.
58.13. Trimingham, John Spencer: The influence of Islam upon Africa. London, Harlow, Beirut 1968. (Arab Background Series.)
58.14 –: Islam in the Sudan. London 1949; ^{2}1965. – Islam in Ethiopia. 1952; ^{2}1965. – Islam in West Africa. 1959. – A history of Islam in West Africa. 1962. – Islam in East Africa. 1962.

VI. Perioden der islamischen Geschichte

Allgemeines zur Periodisierung. Hilfsmittel der Genealogie und Chronologie

60.01 Goitein, Shlomo Dov: A plea for the periodization of Islamic history. In: Journal of the American Oriental Society. 88. New Haven 1968. S. 224–8.

60.02 Bosworth, Clifford Edmund: The Islamic dynasties. A chronological handbook. Edinburgh 1967; ²1980. (Islamic Surveys. 5.)
Herrschertafeln und knappe historische Skizzen der wichtigsten islamischen Dynastien. In seinem Rahmen das beste und verläßlichste Nachschlagewerk.

60.03 Zambaur, Edouard de: Manuel de généalogie et de chronologie pour l'histoire de l'Islam. Hannover 1927.
In Einzelheiten überholt, doch für entlegenere Dynastien und untergeordnete Amtsträger noch immer das umfassendste Standardwerk. Daten werden, soweit bekannt, mit Monat und Tag gegeben, doch nur nach der islamischen Ära.

Zur islamischen Zeitrechnung siehe auch [73.01–02].

Literatur über die Geschichte der einzelnen Perioden

Nicht alle Perioden, Regionen und Persönlichkeiten sind bereits hinreichend studiert und monographisch behandelt worden. Für viele Gegenstände kann daher nur auf die unter Kap. I (Gesamtdarstellungen) und Kap. V (Regionen) angeführten Überblicks- und Sammelwerke verwiesen werden.

1. Arabien und Araber vor dem Islam

61.01 Caskel, Werner: Der arabische Stamm vor dem Islam und seine gesellschaftliche und juristische Organisation. In: Accademia Nazionale dei Lincei. Atti del Convegno internazionale sul tema: Dalla tribù allo stato, 1961. Roma 1962. S. 139–49.

61.02 Crone, Patricia: Meccan trade and the rise of Islam. Cambridge 1987.
Stellt Umfang und Bedeutung der mekkanischen Handelsbeziehungen in Frage. Dagegen siehe R. B. Serjeant, Journal of the American Oriental Society 110. 1990. S. 472–86.

61.03 Dietrich, Albert: Geschichte Arabiens vor dem Islam. In: Handbuch der Orientalistik. Abt. 1. Bd. 2: Keilschriftforschung und alte Geschichte Vorderasiens. Abschnitt 4: Orientalische Geschichte von Kyros bis Mohammed. Lfg. 2. Leiden & Köln 1966. S. 291–336.

61.04 Grohmann, Adolf: Arabien. München 1963. (Handbuch der Altertumswissenschaft. Abt. 3. T. 1, Bd. 3: Kulturgeschichte des Alten Orients. Abschnitt 3,4.)

61.05 Kister, Meir Jacob: Studies in Jāhiliyya and early Islam. London 1980. (Collected Studies Series. 123.)

61.06 Bravmann, Meir Max: The spiritual background of early Islam. Leiden 1972.

61.07 Fahd, Toufic: Le panthéon de l'Arabie centrale à la veille de l'Hégire. Paris 1968. (Institut français d'archéologie de Beyrouth. Bibliothèque archéologique et historique. 88.)

61.08 Snouck Hurgronje, Christiaan: Het Mekkaansche Feest. Leiden 1880 = Verspreide Geschriften. 1. Bonn und Leipzig 1923 S. 1–124.

2. Muḥammad (c. 610 bis 632)

Siehe oben Kap. III [31.01–19].

3. Das Kalifat bis zum Ende der Umaiyaden (632–750)

Donner, F. M.: The formation of the Islamic state. 1986 [33.36].
63.01 Veccia Vaglieri, Laura: The Patriarchal und Umayyad caliphates. In: The Cambridge History of Islam. 1970 [13.02]. 1. S. 57–103.
63.02 Wellhausen, Julius: Das arabische Reich und sein Sturz. Berlin 1902.

Die islamisch-arabischen Eroberungen

63.03 Collins, Roger: The Arab conquest of Spain, 710–797. Oxford 1989. (A History of Spain.)
63.04 Donner, Fred McGraw: The early Islamic conquests. Princeton, N.J. 1981. (Princeton Studies on the Near East.)
63.05 Mantran, Robert: L'expansion musulmane [VIIe–XIe siècles]. Paris 1969; ²1979 (Nouvelle Clio. 20.)
63.06 Morony, Michael G.: Iraq after the Muslim conquest. Princeton, N.J. 1984.
63.07 Vasiliev, Aleksandr Aleksandrovič: Byzance et les Arabes. Éd. française préparée par Henri Grégoire et Marius Canard. 1–3. Bruxelles 1935–68.
3: Ernst Honigmann: Die Ostgrenze des byzantinischen Reiches von 363 bis 1071. 1935.

Über Verwaltung und Steuerrecht s. Dennett [43.01], Løkkegaard [43.02], Puin [33.50], Schmucker [43.03].

a) Die Zeit der „orthodoxen" Kalifen (ar-Rāšidūn, 632–61)

63.08 Hinds, Martin: The murder of the Caliph ʿUthmân. In: International Journal of Middle East Studies. 3. Cambridge 1972. S. 450–69.
63.09 –: The Siffin arbitration agreement. In: Journal of Semitic Studies. 17. Manchester 1972. S. 93–129.
63.10 Veccia Vaglieri, Laura: Il conflitto ʿAlī-Muʿāwiya e la secessione khārigita riesaminati alla luce di fonti ibāḍite. In: Annali dell'Istituto Universitario Orientale di Napoli. N.S. 4. 1952. S. 1–94; 5. 1953. S. 1–98.

b) Das Kalifat der Umaiyaden (661–750)

63.11 Caskel, Werner: Der Felsendom und die Wallfahrt nach Jerusalem. Köln, Opladen 1963. (Arbeitsgemeinschaft für Forschung des Landes Nordrhein-Westfalen. Geisteswissenschaften. 114)
Über den Felsendom auch:

63.12 Grabar, Oleg: The Umayyad Dome of the Rock. In: Ars Orientalis. 3. Washington 1959. S. 33-62.

63.13 Rotter, Gernot: Die Umayyaden und der zweite Bürgerkrieg (680–692). Wiesbaden 1983. (Abhandlungen für die Kunde des Morgenlandes. 45,3.)

63.14 Sellheim, Rudolf: Der zweite Bürgerkrieg im Islam (680-692). Das Ende der mekkanisch-medinensischen Vorherrschaft. Wiesbaden 1970. (Sitzungsberichte d. Wissenschaftl. Gesellschaft an der J.-W.-Goethe-Universität Frankfurt/Main. Bd. 8. Jhg. 1969. Nr. 4.)

63.15 Périer, Jean: Vie d'al-Ḥadjdjâdj ibn Yousof ⟨41–95 de l'Hégire = 661–714 de J.-C.⟩ d'après les sources arabes. Paris 1904. (Bibliothèque de l'École des Hautes Études. Sciences historiques et philologiques. Fasc. 151.)

4. Das Kalifat der Abbasiden und seine Nachfolgestaaten von 749 bis zur Mitte des 11. Jahrhunderts.

a) Die abbasidische Revolution. Das erste Jahrhundert der Abbasiden (749–847)

64.01 Daniel, Elton Lee: The political and social history of Khurasan under Abbasid rule, 747–820. Minneapolis, Chicago 1979.

Goitein, S.D.: A turning-point in the history of the Muslim state. 1949 [33.61].

64.02 Kennedy, Hugh: The early Abbasid Caliphate. A political history. London 1981.

64.03 Lassner, Jacob: The shaping of ʿAbbāsid rule. Princeton, N.J. 1979. (Princeton Studies on the Near East.)

Part 1: The political setting. Part 2.: The physical setting.

64.04 –: The topography of Baghdad. 1970 [53.03].

Über die Gründung und Anlage von Bagdad s.a. Duri, Abdal-Aziz: Baghdād. In: EI². 1, s.n. (1958–59), und das Sonderheft der Zeitschrift Arabica (t. 9, fasc. 3): Baġdād. Volume spécial du mille deux centième anniversaire de sa fondation. Leiden 1962.

64.05 Nagel, Tilman: Untersuchungen zur Entstehung des abbasidischen Kalifates. Bonn 1972. (Bonner Orientalistische Studien. N.S. 22.)

Patton, W.M.: Aḥmed ibn Ḥanbal and the Miḥna. 1897 [32.23].

64.06 Sharon, Moshe: Black banners from the East. The establishment of the ʿAbbāsid state – incubation of a revolt. Jerusalem, Leiden 1983. (The Max Schloessinger Memorial Series. Monograph 2.) – Revolt. The social and military aspects of the ʿAbbāsid revolution. 1990. (Monograph 5.).

64.07 Sourdel, Dominique: La politique religieuse du calife ʿabbâside al-Ma'mûn. In: Revue des études islamiques. 30. Paris 1962. S. 27–48.

64.08 –: Le vizirat abbaside, 749–936. 1.2. Damas 1959–60.

Watt, W.M.: Der Islam. 2. 1985 [30.12]. S. 151–319.

b) Der Verfall das Kalifats (9.–10.Jh.)

64.09 Busse, Heribert: Chalif und Großkönig. Die Buyiden im Iraq (945–1055). Beirut, Wiesbaden 1969. (Beiruter Texte und Studien. 6.)
Herzfeld, Ernst: Geschichte der Stadt Samarra. 1948 [53.02].
64.10 Mottahedeh, Roy P.: Loyalty and leadership in an early Islamic society. Princeton, N.J. 1980.
Westiran und südlicher Irak im 10. und 11. Jahrhundert.
64.11 Popovic, Alexandre: La révolte des esclaves en Iraq au IIIe/IXe siécle. Paris 1976. (Bibliothèque des études islamiques. T. 6.)
64.12 Töllner, Helmut: Die türkischen Garden am Kalifenhof von Samarra. Ihre Entstehung und Machtergreifung bis zum Kalifat Al-Muʿtaḍids. Walldorf 1971. (Beiträge zur Sprach- und Kulturgeschichte des Orients. 21.)

c) Der Aufstieg lokaler Autonomien und die Nachfolgestaaten des Kalifenreiches (Mitte des 9. bis Mitte des 11.Jh.)

Der Westen

Spanien unter den Umaiyaden:
Hoenerbach, W.: Islamische Geschichte Spaniens. 1970 [54.03].
T. 1: Von der Eroberung bis zum Sturz des Kalifates (711–1031).
64.13 Lévi-Provençal, Évariste: La civilisation arabe en Espagne. Vue générale. Paris 1961. (Islam d'hier et d'aujourd'hui. 1.)
64.14 –: Histoire de l'Espagne musulmane. T. 1–3. Paris [etc.] ²1950, 1953.
1: La conquête et l'émirat hispano-umaiyade (710–912). ²1950.
2: Le califat umaiyade de Cordoue (912–1031). ²1950.
3: Le siècle du califat de Cordoue. 1953.

Nordafrika:
64.15 Idris, Hady Roger: La Berbérie orientale sous les Zīrīdes, X^e^–XIIe siècles. T. 1.2. Paris 1962. (Faculté des Lettres et sciences humaines d'Alger. Publications de l'Institut d'études orientales. 22.)
64.16 Talbi, Mohamed: L'émirat aghlabide, 184–296/800-909. Histoire politique. Paris 1966. (Publications de la Faculté des Lettres, Tunis.)

Die Fatimiden in Nordafrika und in Ägypten
(s. a. Kap. III [32.11–15] über die Ismāʿīlīya und das Drusentum):
64.17 Ess, Josef van: Chiliastische Erwartung und die Versuchung der Gottheit. Der Kalif al-Ḥākim (386–411 H.). Heidelberg 1977. (Abh. d. Heidelberger Akad. d. Wiss. Phil.-hist. Kl. Jhg. 1977. Abh. 2.)
64.18 Halm, Heinz: Das Reich des Mahdi. Der Aufstieg der Fatimiden. München 1991.

Der Osten

64.19 Bosworth, Clifford Edmund: The Ghaznavids. Their empire in Afghanistan and Eastern Iran, 944–1040. Edinburgh 1963.

64.20 The Cambridge History of Iran. Vol. 4: The period from the Arab invasion to the Saljuqs. Ed. by R.N. Frye. Cambridge 1975.
S. 90–135: C. E. Bosworth: The Ṭāhirids and the Ṣaffārids.
S. 136–61: R. N. Frye: The Sāmānids.
S. 162–97: C. E. Bosworth: The early Ghaznavids.
S. 198–249: W. Madelung: The minor dynasties of Northern Iran.
S. 250–304: H. Busse: Iran under the Būyids.

64.21 Canard, Marius: Histoire de la dynastie des H'amdanides de Jazîra et de Syrie. 1. Alger 1951.

64.22 Spuler, Bertold: Iran in früh-islamischer Zeit. Politik, Kultur, Verwaltung und öffentliches Leben zwischen der arabischen und der seldschukischen Eroberung, 633–1055. Wiesbaden 1952. (Adademie der Wissenschaften und der Literatur. Veröffentlichungen der Orientalischen Kommission. 2.)

5. Die Seldschukenzeit (Mitte des 11. bis Mittes des 13. Jahrhunderts)

65.01 Barthold, W. [Vasilij Vladimirovič Bartol'd]: Zwölf Vorlesungen über die Geschichte der Türken Mittelasiens. Berlin 1935. (Die Welt des Islam. Beiheft zu Bd. 14–17.)
–: Turkestan down to the Mongol invasion. 1968 [56.06].

65.02 Bosworth, Clifford Edmund: The later Ghaznavids. Splendour and decay. Edinburgh 1977. (Persian Studies Series.)

65.03 Cahen, Claude: Orient et Occident au temps des Croisades. Paris 1983.

65.04 The Cambridge History of Iran. Vol. 5: The Saljuq and Mongol periods. Ed. by J. A. Boyle. Cambridge 1968.

65.05 Holt, Peter Malcolm: The age of the Crusades. The Near East from the eleventh century to 1517. London 1986. (A History of the Near East.)

a) Die Seldschuken (Iran, Irak, Anatolien)

65.06 Cahen, Claude: The Turkish invasion: the Selchükids. In: A History of the Crusades [65.17]. 1. S. 135–76.

65.07 Klausner, Carla L.: The Seljuk vizierate. A study of civil administration, 1055–1194. Cambridge 1973.

65.08 Makdisi, George: History and politics in eleventh-century Baghdad. London 1991. (Collected Studies Series. 336.)

Die Rūm-Seldschuken und andere türkische Fürstentümer Kleinasiens:

65.09 Cahen, Claude: Turcobyzantina et Oriens christianus. London 1974.

65.10 –: Pre-Ottoman Turkey. A general survey of the material and spiritual culture and history, c. 1071–1330. Transl. from the French by J. Jones-Williams. London, New York 1968.

65.11 Vryonis, Spiros, Jr.: The decline of medieval Hellenism in Asia minor and the process of islamization from the XIth through the XVth century. Los Angeles 1971.

b) Syrien und Ägypten unter Atabegs und Aiyubiden; der islamische Gegenschlag gegen die Kreuzritter. Die Endphase des Abbasidenkalifats

Die Kreuzzüge

65.12 Mayer, Hans Eberhard: Bibliographie zur Geschichte der Kreuzzüge. Hannover 1960.

65.13 –: Literaturbericht über die Geschichte der Kreuzzüge. Veröffentlichungen 1958–1967. In: Historische Zeitschrift. Sonderheft 3. München 1969. S. 641–731.

Quellen:

65.14 Recueil des historiens des Croisades. Publié par les soins de l'Académie des Inscriptions et des Belles-Lettres. Paris 1844–1906.
[2:] Historiens orientaux. T. 1–5. 1872–1906.
Auszüge aus arabischen Historikern in Text u. französischer Übersetzung. Die einzige dem Nichtarabisten zugängliche Quellensammlung, in Auswahl und Wiedergabe veraltet.

65.15 Gabrieli, Francesco: Die Kreuzzüge aus arabischer Sicht [Storici arabi delle Crociate, deutsch]. Aus den arabischen Quellen ausgewählt und übersetzt. Aus dem Ital. v. Barbara Kaltenborn-Stachau unter Mitw. v. Lutz Richter-Bernburg. Zürich u. München 1973. (Die Bibliothek des Morgenlandes.) [Taschenbuchausg.:] München 1975; ²1976. (dtv Wissenschaftl. Reihe. Dokumente. 4172.)
Gut übersetzte und anschaulich einführende Anthologie arabischer (v.a. zeitgenössischer) Historiker.

65.16 Cahen, Claude: La Syrie du Nord au temps des Croisades et la principauté franque d'Antioche. Paris 1940. (Institut français de Damas. Bibliothèque orientale. T. 1.)
Die Einleitung (‚Les soures', S. 33–93) enthält die eingehendste und noch immer vollständigste Übersicht über die Quellen und ihr Verhältnis zueinander. Ergänzender Abriß in EI². 2, s.v. Crusades/Croisades (1960–61).

Gesamtdarstellungen:

65.17 A history of the Crusades. General ed.: Kenneth M. Setton. Philadelphia 1955–62; Madison, Wisc. 1969–77.
1: The first hundred years. 1955; ²1969.
2: The latter Crusades, 1189–1311. 1962; ²1969.
3: The fourteenth and fifteenth centuries. 1975.
4: The art and architecture of the Crusader states. 1977.
5: The impact of the Crusades on the Near East. 1985.

65.18 Mayer, Hans Eberhard: Geschichte der Kreuzzüge. Stuttgart 1965; ⁶1985. (Urban Taschenbücher. 86.)

65.19 Runciman, Steven: Geschichte der Kreuzzüge [A history of the Crusades. 1951–54, deutsch]. Bd. 1–3. München 1957–60.

Einzelthemen:

65.20 Atiya, Aziz Suryal: The Crusade in the later Middle Ages. London 1938; 2nd ed. New York 1970.

65.21 –: Kreuzfahrer und Kaufleute. Die Begegnung von Christentum und Islam [Crusade, commerce and culture. 1962, deutsch]. Stuttgart 1964.

65.22 Noth, Albrecht: Heiliger Krieg und heiliger Kampf in Islam und Christentum. Beiträge zur Vorgeschichte und Geschichte der Kreuzzüge. Bonn. 1966. (Bonner Historische Forschungen. 28.)

65.23 Prawer, Joshua: The Latin kingdom of Jerusalem. European colonialism in the Middle Ages. London 1972.

Die Zengiden

65.24 Elisséeff, Nikita: Nūr ad-Dīn. Un grand prince musulman de Syrie au temps des Croisades (511–569 H./1118–1174). T. 1–3. Damas 1967.

Saladin und der dritte Kreuzzug

65.25 Ehrenkreutz, Andrew Stefan: Saladin. Albany, N.Y. 1972.

65.26 Lyons, Malcolm Cameron; Jackson, David: Saladin. The politics of the Holy War. Cambridge 1982. (Cambridge University Oriental Publications.)

65.27 Möhring, Hannes: Saladin und der Dritte Kreuzzug. Aiyubidische Strategie und Diplomatie im Vergleich vornehmlich der arabischen mit den lateinischen Quellen. Wiesbaden 1980. (Frankfurter Historische Abhandlungen. Bd. 21.)

Die Aiyubiden nach Saladin

65.28 Gottschalk, Hans L.: Al-Malik al Kāmil von Egypten und seine Zeit. Eine Studie zur Geschichte Vorderasiens und Egyptens in der ersten Hälfte des 7./13. Jahrhunderts. Wiesbaden 1958.

65.29 Humphreys, R. Stephen: From Saladin to the Mongols. The Ayyubids of Damascus, 1193–1260. Albany, N.Y. 1977.

Die Endphase des Abbasidenkalifats

65.30 Hartmann, Angelika: An-Nāṣir li-Dīn Allāh (1180–1225). Politik, Religion, Kultur in der späten ʿAbbāsidenzeit. Berlin [usw.] 1975. (Studien zur Sprache, Geschichte und Kultur des islamischen Orients. Beihefte zur Zeitschrift „Der Islam". N.F. Bd. 8.)

Über die Assassinen s. Hodgson [32.13].

c) Kleinstaaten, Almoraviden und Almohaden in Norafrika und Spanien

65.31 Bosch Vilá, Jacinto: Los Almorávides. Tetuán 1956.
Hoenerbach, W.: Islamische Geschichte Spaniens. 1970 [54.03].
T. 2.: Die Kleinstaaten (1031–1248).

64.32 Hopkins, John Francis Price: Medieval Muslim Gouvernment in Barbary until the sixth century of the Hijra. London 1958.
Geschichte, Institutionen und Staatseinrichtung des Magrib bis zur Almohadenzeit.

65.33 Huici Miranda, Ambrosio: Historia política del imperio almohade. 1.2. Tetuán 1956–57.
Idris, Hady Roger: La Berbérie orientale sous les Zīrīdes, X^{e}–XIIe siècles. 1962 [64.15].

64.34 –: Le Maghrib des Almoravides à la domination turque. In: Regierung und Verwaltung des Vorderen Orients in islamischer Zeit. T. 1. Leiden, Köln 1979. (Handbuch der Orientalistik. Abt. 1. Bd. 6. Abschn. 5.) S. 1-16.

65.35 Le Tourneau, Roger: The Almohad movement in North Africa in the twelfth and thirteenth centuries. Princeton, N.J., 1969.

65.36 Marçais, Georges: Les Arabes en Berbérie du XIe au XIVe siècle. Constantine, Paris 1913.
Grundlegende Arbeit über die Invasion der Hilāl-Araber und die weitere Geschichte der arabischen Stämme im Magrib.

6. Die Mongolenzeit. Von der Eroberung Bagdads durch die Mongolen bis zur Errichtung des Osmanischen Reiches im Vorderen Orient (1258–1517)

a) Der Mongolensturm und die Mongolenzeit des islamischen Ostens (13.–15.Jh.)

66.01 Alexandrescu-Dersca, Maria-Mathilda: La campagne de Timur en Anatolie ⟨1402⟩. (1942.) Revised ed. London 1977.
Der Feldzug Tīmūrs gegen Bāyezīd und die Schlacht von Ankara 1402.

66.02 Boyle, John Andrew: Dynastic and political history of the Il-Khāns. In: The Cambridge History of Iran. Vol. 5. Cambridge 1968. S. 303–422.

66.03 –: The Mongol World Empire, 1206–1370. Preface by Owen Lattimore. London 1977. (Collected Studies. 58.)
Ges. Aufsätze 1952–75.

66.04 Roemer, Hans Robert: Persien auf dem Weg in die Neuzeit. Iranische Geschichte von 1350–1750. Beirut, Stuttgart 1989. (Beiruter Texte und Studien. 40.)

66.05 Saunders, John Joseph: The history of the Mongol conquests. London 1971.

66.07 Spuler, Bertold: Die Mongolen in Iran. Politik, Verwaltung und Kultur der Ilchanzeit 1220–1350. 3. Aufl. Berlin 1968.

66.08 –: Die Goldene Horde. Die Mongolen in Rußland 1223–1502. 2. Aufl. Wiesbaden 1965.

66.09 –: Geschichte der Mongolen. Nach östlichen und europäischen Zeugnissen des 13. und 14. Jahrhunderts. Zürich und Stuttgart 1968.
Quellentexte in dt. Übersetzung mit Einleitung und Anmerkungen.

Turkmenen in Iran und Anatolien:

66.10 Woods, John E.: The Aqquyunlu. Clan, confederation, empire. A study in 15th/9th century Turko-Iranian politics. Minneapolis, Chicago 1976.

Über Ursprung und Aufstieg des Osmanen s.u. [67.03–05].

Indien: Das Sultanat von Delhi
Siehe auch [58.02–06].

66.11 The Cambridge History of India. Vol. 3: Turks and Afghans. Ed. by Sir Wolseley Haig. Cambridge 1928.

66.12 A comprehensive history of India. Vol 5: The Delhi Sultanante, A. D. 1206–1526. Ed. by Mohammed Habib and Khaliq Ahmed Nizami. Delhi 1970.

b) Die Mamluken in Ägypten und Syrien (1250–1517)

66.13 Ayalon, David: Mamluk military society. London 1979. (Collected Studies. 104.)

66.14 –: Studies on the Mamlūks of Egypt (1250–1517). London 1977. (Collected Studies. 62.)

66.15 Garcin, Jean Claude: Espaces, pouvoirs et idéologies de l'Égypte médiévale. London 1987. (Collected Studies.)

66.16 Garcin, Jean-Claude: Le système militaire mamluk et le blocage de la société musulmane médiévale. Aus: Annales islamologiques 24. Le Caire 1988. S. 93–110.

66.17 Gaudefroy-Demombynes, Maurice: La Syrie à l'époque des Mamelouks d'après les auteurs arabes. Description géographique, économique et administrative. Paris 1923. (Bibliothèque archéologique et historique de l'Institut français d'archéologie de Beyrouth. 3.)

66.18 Irwin, Robert: The Middle East in the middle ages. The early Mamluk Sultanate, 1250–1382. London, Sydney 1986.

Rabie, H.: The financial system of Egypt A. H. 564–741/A. D. 1169–1341. 1972 [43.05].

c) Der Westen unter den letzten Berberdynastien (Mitte des 13. bis Mitte des 16. Jh.)

66.19 Arié, Rachel: L'Espagne musulmane au temps des Naṣrides ⟨1232–1492⟩. Paris 1973.

66.20 Kably, Mohamed: Société, pouvoir et religion an Maroc à la fin du moyen-âge (XIVe–XVe siècle). Paris 1986. (Islam d'hier et d'aujourd'hui. 28.)

66.21 Brunschvig, Robert: La Berbérie orientale sous les Hafsides. 1.2. Paris 1940–47.

Le Tourneau, Roger: Fès. 1949 [54.13].

7. Die Osmanenzeit (16. bis 18. Jahrhundert)

a) Das Osmanische Reich

Kornrumpf, H. J.: Osmanische Bibliographie. 1973 [11.09].

Quellensammlung in Übersetzung:

67.01 Osmanische Geschichtsschreiber. Hrsg.: Richard F. Kreutel. Bd. 1–9. Graz [usw.] 1955–78.

Anfänge und Aufstieg der Osmanen:

67.02 Wittek, Paul: The rise of the Ottoman Empire. London 1938; repr. 1965. (Royal Asiatic Society Monographs. Vol. 23.)

Gesamtdarstellungen:

67.03 Inalcik, Halil: The Ottoman Empire. The Classical Age, 1300–1600. Transl. by Norman Itzkowitz and Colin Lumber. London 1973.

67.04 Matuz, Josef: Das Osmanische Reich. Grundlinien seiner Geschichte. Darmstadt 1985.

67.05 Shaw, Stanford Jay; Shaw, Ezel Kural: History of the Ottoman Empire and modern Turkey. Vol. 1.2. Cambridge [usw.] 1976–77.
1: Empire of the Gazis: The rise and decline of the Ottoman Empire, 1280–1808. Stanford J. Shaw.
2: Reform, revolution and republic: The rise of modern Turkey, 1808–1975. Stanford J. Shaw, Ezel Kural Shaw.

Einzelthemen:

67.06 Alderson, Anthony Dolphin: The structure of the Ottoman dynasty. Oxford 1956.
Mit genealogischen Tafeln.

67.07 Babinger, Franz: Mehmed der Eroberer und seine Zeit. Weltenstürmer einer Zeitenwende. München ^{2}1959.

Gibb, H.A.R.; Bowen, H.: Islamic society and the West. 1950–57 [40.06]. Vgl. auch die Kritik von N. Itzkowitz: Eighteenth century Ottoman realities. In: Studia Islamica. 16. Paris 1962. S. 73–94.

67.08 Itzkowitz, Norman: Ottoman Empire and Islamic tradtition. New York 1972; 2nd ed. Chicago, London 1980.

Pitcher, D.E.: A historical geography of the Ottoman Empire. 1972 [57.02].

Balkan:

67.09 Beldiceanu, Nicoară: Le monde ottoman des Balkans ⟨1402–1566⟩. Institutions, société, économie. London 1976. (Collectes Studies. 53.)

67.10 Sugar, Peter F.: Southeastern Europe under Ottoman rule, 1354–1804. Seattle, London 1977. (A History of East Central Europe. Vol. 5.)

Arabischer Vorderer Orient:

67.11 Holt, Peter Malcolm: Egypt and the Fertile Crescent, 1516–1922. A political history. Ithaca, N.Y., 1966; ^{2}1967.

67.12 Maʿoz, Moshe: Ottoman reform in Syria and Palestine, 1840–1861. The impact of the Tanzimat on politics and society. Oxford 1968.

b) Nordafrika

67.13 Berque, Jacques: L'intérieur du Maghreb, XVe–XIXe siècles. Paris 1978. (Bibliothèque des histoires.)

67.14 Le Tourneau, Roger: Les débuts de la dynastie saʿdienne. Alger 1954.

c) Iran seit der Safawidenzeit

67.15 The Cambridge History of Iran. Vol. 6: The Timurid and Safavid periods. Ed. by Peter Jackson and Laurence Lockhart. Cambridge 1986.

H. R. Roemer: The Safavid period (S. 189–350). – R. M. Savory: The Safavid administrative system (S. 351–72); weitere Beiträge über Literatur, Kunst, Wissenschaft und Philosophie Irans unter den Safawiden.

67.16 Lockhart, Laurence: The fall of the Ṣafavī dynasty and the Afghan occupation of Persia. Cambridge 1958.

67.17 Qajar Iran. Political, social and cultural change, 1800–1925. (Studies presented to Laurence Elwell-Sutton.) Ed. by Edmund Bosworth and Carole Hillenbrand. Edinburgh 1983.

67.18 Perry, John R.: Karim Khan Zand. A history of Iran, 1747–1779. Chicago, London 1979. (Publications of the Center for Middle Eastern Studies. No. 12.)

Roemer, H. R.: Persien auf dem Weg in die Neuzeit. 1989 [66.04].

67.19 Savory, Roger: Iran under the Safavids. Cambridge 1980.

d) Indien unter den Mogulkaisern (1526–1858)

Siehe auch die oben [58.02–58.06] genannten Gesamtdarstellungen der islamischen Geschichte Indiens.

67.20 The Cambridge History of India. Vol. 4: The Mughul period. Planned by Sir Wolseley Haig, ed. by Sir Richard Burn. Cambridge 1937.
67.21 Sarkar, Sir Jadunath: Mughal administration. Calcutta 1963.

8. Die Entstehung des Nationalstaaten. Verwestlichung und Reform (seit Anfang des 19. Jahrhunderts)

Siehe auch [33.51–60].

68.01 Antonius, George: The Arab awakening. The story of the Arab national movement. 2nd. ed. London 1945. Repr. New York 1965.
68.02 Hourani, Albert Habib: Arabic thought in the liberal age, 1798–1939. London [etc.] 1962; new ed. 1983.
68.03 –: The emergence of the modern Middle East. London 1980.
68.04 Hurewitz, J. C.: The Middle East and North Africa in world politics. A documentary record. 2nd ed. Vol. 1–3. New Haven, London 1975–85.
1: European expansion 1535–1914. 1975.
2: British-French supremacy, 1914–1945. 1979.
3: British-French withdrawal and Soviet-American rivalry, 1945–75. 1985.
68.05 Der Islam in der Gegenwart. Entwicklung und Ausbreitung – Staat, Politik und Recht, Kultur und Religion. Hrsg. von Werner Ende und Udo Steinbach unter red. Mitarbeit von Michael Ursinus. München 1984. 2., überarb. Aufl. 1989.
Einzelbeiträge über historische Ausbreitung, Politik- und Rechtsgeschichte, die politische Rolle des Islams in den verschiedenen Ländern, Reformbewegungen, Kultur und Literatur
68.06 Kedourie, Elie: England and the Middle East. The destruction of the Ottoman Empire, 1914–1921. London 1956.
68.07 Politisches Lexikon Nahost. Hrsg. v. Udo Steinbach, Rolf Hofmeier und Mathias Schönborn. München 1979. (Beck'sche Schwarze Reihe. Bd. 199)
68.08 Rodinson, Maxime: Marxisme et monde musulman. Paris 1972.
68.09 Steinbach, Udo; Robert, Rüdiger: Der Nahe und der Mittlere Osten. Unter red. Mitarbeit von Marianne Schmidt-Dumont. Bd. 1: Grundlagen, Strukturen und Problemfelder. Bd. 2: Länderanalysen. Opladen 1988.
68.10 Steppat, Fritz: Die arabische Welt in der Epoche des Nationalismus. In: Taeschner, F.: Geschichte der arabischen Welt. Stuttgart 1964. S. 178–236.
68.11 Yapp, Malcolm E.: The making of the modern Near East, 1792–1923. London, New York 1987. (A History of the Near East, general ed.: P. M. Holt.)

Politischer Islam und islamische Bewegungen im 20. Jahrhundert

68.12 Duran, Khalid: Islam und politischer Extremismus. Einführung und Dokumentation. Hamburg 1985.

68.13 Gilsenan, Michael: Recognizing Islam. An anthropologist's approach. London 1982.

68.14 Keddie, Nikki R.: Sayyid Jamāl ad-Dīn „al-Afghānī“: a political biography. Berkeley, Los Angeles, London 1972.

68.15 Kedourie, Elie: Afghani and ʿAbduh: an essay on religious unbelief and political activism in modern Islam. London 1966.

68.16 Kepel, Gillen: The Prophet and Pharao. Muslim extremism in Egypt [Le Prophète et Pharaon. 1984]. Transl. by Jon Rothschild. London 1985.

68.17 Landau, Jacob N.: The politics of Pan-Islam, ideology and organization. Oxford 1990.

68.18 Schulze, Reinhard: Islamischer Internationalismus im 20. Jahrhundert. Untersuchungen zur Geschichte der islamischen Weltliga. Leiden 1990. (Social, Economic and Political Studies of the Middle East. 41.)

68.19 Sivan, Emmanuel: Radical Islam. Medieval theology and modern politics. New Haven, London 1985.

68.20 Voll, John: Islam. Continuity and change in the modern world. Boulder, Col. 1982.

Arabien

68.21 Winder, Richard Bayly: Saudi Arabia in the 19th century. New York 1966.

68.22 Ende, Werner: Religion, Politik und Literatur in Saudi-Arabien. Der geistesgeschichtliche Hintergrund der heutigen religiösen und kulturpolitischen Situation. In: Orient. 22. Hamburg 1981. S. 377–90; 23. 1982. S. 21–35, 378–93, 524–39.

68.23 Hartmann, Richard: Die Wahhābiten. In: Zeitschrift der Deutschen Morgenländischen Gesellschaft 78. 1924. S. 76–213.

Siehe auch H. Laoust: Essai sur [...] b. Taimīya. 1939 [33.11].

68.24 Helms, Christine Moss: The cohesion of Saudi Arabia. Evolution of political identity. London 1981.

Ägypten

68.25 Adams, Charles C.: Islam and modernism in Egypt. A study of the modern reform movement inaugurated by Muḥammad ʿAbduh. London 1933.

68.26 Ahmed, Jamal Mohamed: The intellectual origins of Egyptian nationalism. Oxford 1960. Repr. London 1968. (Middle East Monographs. 3.)

68.27 Berque, Jacques: L'Égypte: impérialisme et révolution. Paris 1967.

68.28 Delanoue, Gilbert: Moralistes et politique musulmans dans l'Égypte du XIXe siècle, 1798–1883. Le Caire 1982. (Textes arabes et études islamiques. 15.)

68.29 Gershoni, Israel; Jankowski, James P.: Egypt, Islam, and the Arabs. The search for Egyptian nationhood 1900–1930. New York, Oxford 1987.

68.30 Goldschmidt, Arthur: Modern Egypt, the formation of a nation state. London 1988.

68.31 Marsot, Afaf Lutfi al-Sayyid: Egypt in the reign of Muhammad Ali. Cambridge 1983.

68.32 Mitchell, Richard P.: The society of the Muslim Brothers. London [etc.] 1969. (Middle Eastern Monographs. 9.)

68.33 Schölch, Alexander: ‚Ägypten den Ägyptern!' Die politische und gesellschaftliche Krise der Jahre 1878–1882 in Ägypten. Vorwort von Albert Hourani. Zürich, Freiburg 1972. (Beiträge zur Kolonial- und Überseegeschichte. 9.)

68.34 Vatikiotis, Panayiotis J.: The modern history of Egypt. New York 1969; ²1976.

Indien

68.35 Ahmad, Aziz: Islamic modernism in India and Pakistan, 1857–1964. London [etc.] 1967.

68.37 Ikram, S. M.: Modern Muslim India and the birth of Pakistan, 1858–1951. 2nd. ed. Lahore 1965.

Smith, W. C.: Der Islam in der Gegenwart. 1963 [33.57].

Iran

68.38 Algar, Hamid: Religion and State in Iran, 1758–1906. The role of the Ulama in the Qajar period. Berkeley, Los Angeles 1969.

68.39 –: The oppositional rôle of the ulama in twentieth-century Iran. In: Scholars, Saints and Sufis. 1972 [32.05] S. 231–55.

68.40 Browne, Edward Granville: The Persian revolution, 1905–1909. Cambridge 1910.

68.41 Fischer, Michael M. J.: Iran. From religious dispute to revolution. Cambridge. Mass. 1980. (Harvard Studies in Cultural Anthropology.)

68.42 Keddie, Nikki R.: Religion and rebellion in Iran: the tobacco protest of 1891–1892. London 1966.

Vgl. auch Lambton, A.K.S.: The tobacco régie: prelude to revolution. In: Studia Islamica. 22. Paris 1965. S. 119–57; 23. 1965. S. 71–90.

68.43 Keddie, Nikki R.: Roots of revolution. An interpretative history of modern Iran. With a section by Yann Richard. New Haven, London 1981.

68.44 Mottahedeh, Roy: Der Mantel des Propheten, oder: Das Leben eines persischen Mullah zwischen Religion und Politik. München 1987; ²1988.

Richard, J.: Der verborgene Imam [32.10].

Irak

68.45 Longrigg, Stephen H.: Iraq, 1900 to 1950. A political, social and economic history. London 1953; repr. 1968.

68.46 Farouk-Sluglett, Marion; Sluglett, Peter: Iraq since 1958, from revolution to dictatorship. London 1990.

Jordanien

68.47 Goichon, Amélie-Marie: Jordanie réelle. 1. 2. Paris 1967–72.

Magrib

68.48 Ageron, Charles Robert: Histoire de l'Algérie contemporaine (1830–1976). Paris [6]1977. (Que sais-je? 400.)
68.49 Brown, Leon Carl: The Tunisia of Ahmad Bey, 1837–1855. Princeton, N.J. 1974. (Princeton Studies on the Near East.)
68.50 Julien, Charles-André: Histoire de l'Algérie contemporaine. T. 1: La Conquête et les débuts de la colonisation ⟨1827–1871⟩. Paris 1964; [2]1979.
68.51 Krieken, G. S. van: Khayr al-Dīn et la Tunisie (1850–1881). Leiden 1976.
68.52 Le Tourneau, Roger: Évolution politique de l'Afrique du Nord musulmane, 1920–1961. Paris 1962.

Palästina

Siehe auch [67.12], [68.69].

68.53 The Arab-Israeli conflict. Vol 1–3. Ed. by John Norton Moore. Princeton, N.J. 1974.
1. 2: Readings. 3: Documents.
68.54 Khalidi, Walid; Khadduri, Jill: Palestine and the Arab-Israeli conflict. An annotated bibliography. Beirut 1974.
68.55 Schölch, Alexander: Palästina im Umbruch. Untersuchungen zur wirtschaftlichen und sozio-politischen Entwicklung. Stuttgart 1986.

Sudan

68.56 Holt, Peter Malcolm: The Mahdist state in the Sudan, 1881–1898. Oxford 1958; [2]1970.
68.57 –: A modern history of the Sudan. London 1961. – 3rd. ed.: The history of the Sudan from the coming of Islam to the present day. [Mitverf.:] M.W. Daly 1979.

Syrien und Libanon

Siehe auch [67.11], [67.12], [68.69].

68.58 Harik, Ilya F.: Politics and change in a traditional society: Lebanon 1711–1845. New Jersey 1968.
68.59 Hourani, Albert H.: Syria and Lebanon. A political essay. London [usw.] 1946; [3]1954. (Royal Institute of International Affairs.)

68.60 Longrigg, Stephen H.: Syria and Lebanon under French mandate. London [usw.] 1958; repr. 1968.

68.61 Reissner, Johannes. Ideologie und Politik der Muslimbrüder Syriens. Von den Wahlen 1947 bis zum Verbot unter Adīb aš-Šīšaklī 1952. Freiburg 1980. (Islamkundliche Untersuchungen. Bd. 55.)

68.62 Salibi, Kamal Suleiman: The modern history of Lebanon. London 1965.

68.63 Tibawi, Abdul Latif: A modern history of Syria, including Lebanon and Palestine. London 1959; ^{2}1969.

68.64 Ziadeh, Nicola A.: Syria and Lebanon. London 1957.

Türkei

68.65 Berkes, Niyazi: The development of secularism in Turkey. Montreal 1964.

68.66 Davison, Roderic H.: Reform in the Ottoman Empire, 1856–1876. Princton, N.J. 1963.

68.57 Duda, Herbert W.: Vom Kalifat zur Republik. Wien 1948.

68.68 Lewis, Bernard: The emergence of modern Turkey. London 1961; ^{2}1968.

68.69 Ma'oz, Moshe: Ottoman reform in Syria and Palestine, 1840–1861. The impact of the Tanzimat on politics and society. Oxford 1968.

68.70 Mardin, Şerif: The genesis of Young Ottoman thought. A study in the modernization of Turkish political ideas. Princeton, N.J. 1962. (Princeton Oriental Studies. Vol. 21.)

VII. Anhang: Elemente der Quellenkunde

1. Sprache und Schrift

71.03 Fück, Johann: Arabiya. Untersuchungen zur arabischen Sprach- und Stilgeschichte. Berlin 1950. (Abhandlungen der Sächsischen Akademie der Wissenschaften zu Leipzig. Phil.-hist. Kl. Bd. 45. H. 1.)

71.02 Grundriß der Arabischen Philologie. Hrsg. v. Wolfdietrich Fischer und Helmut Gätje. T. 1.2. Wiesbaden 1982–91.

1: Sprachwissenschaft. (Sprachgeschichte, Sprachstruktur, Schriftgeschichte. Paläographie.) 1982.

2: Literaturwissenschaft. 1987. [Dazu:] Supplement. 1991.

71.03 Wild, Stefan: Sprachpolitik und Nationalismus. Arabisch und Ivrit. Leiden 1975. (Oosters Genootschap in Nederland. 6 = S. 137–64.)

71.04 Lazard, Gilbert: The rise of the New Persian language. In: The Cambridge History of Iran. Vol. 4. 1975 [56.05]. S. 595–632.

71.05 Philologiae Turcicae Fundamenta. [Hrsg.:] Jean Deny [u.a.]. T. 1.2. Wiesbaden 1959–64.

2. Namen und Titel

72.01 Caetani, Leone; Gabrieli, Giuseppe: Onomasticon arabicum. I: Fonti. Introduzione. Roma 1915.
Einleitung (S. 49–314) über arabische Namengebung und Titulatur.

72.02 Schimmel, Annemarie: Islamic names. Edinburgh 1988. (Islamic Surveys. 12.)

3. Die islamische Zeitrechnung

73.01 Grohmann, Adolf: Arabische Chronologie. Mit Beiträgen von Joachim Mayr und Walter C. Till. In: Handbuch der Orientalistik. Abt. 1. Erg.-Bd. 2, Halbband 1. Leiden, Köln 1966. S. 1–48.

73.02 Wüstenfeld, Ferdinand: Wüstenfeld-Mahler'sche Vergleichungs-Tabellen zur muslimischen und iranischen Zeitrechnung. Unter Mitarbeit von Joachim Mayr bearb. v. B. Spuler, Wiesbaden 1961.
Siehe auch J. Mayr: Osmanische Zeitrechnungen. In: Babinger: GOW [14.02].

Verzeichnis der Abbildungen

Register

Das Sternzeichen * steht vor der ersten Stellenangabe aus der Zeittafel. Aus der Zeittafel sind die Namen von Personen, Dynastien, Städten, Schlacht- und Vertragsorten, nicht jedoch besonders häufige Ländernamen und andere geographische sowie ethnische Bezeichnungen aufgenommen worden.

Die wissenschaftliche Transliteration der arabischen Schrift (s. o. S. 8) wird im Register mit allen diakritischen Zeichen gegeben. Sie wird zur Identifikation der in der Fachliteratur vorkommenden Formen auch den sonst eingedeutschten Bezeichnungen beigefügt. – Der arabische Artikel *al-* (bzw. durch Assimilation *an-*, *ar-*, *as-*, *at-* usw.) wird bei der alphabetischen Anordnung nicht berücksichtigt.

In türkischen Wörtern werden, der Aussprache folgend und in Anlehnung an die moderne Orthographie der Lateinschrift, arab. ḍ *als ż*, *ḏ* als *z̲*, *ṯ* als *s̲*, *w* als *v* transkribiert. Die moderne Lateinschrift des Türkischen (seit 1928) hat ferner *c* für *ǧ*, *ğ* für *g* (velarer Reibelaut, stimmhaft), *ş* für *š*, *ç* für *č* und *ı* (ohne Punkt) für das „dumpfe" *i* (in Transliteration: *ï*). Auch entfallen hier die übrigen, nur für die Unterscheidung arabischer Laute in Betracht kommenden Sonderzeichen.

Abweichend von der hier benutzten Umschrift wird in Publikationen aus dem englischen Sprachraum meist *dh* für *ḏ*, *th* für *ṯ* (stimmhaftes bzw. stimmloses engl. *th*), *gh* für *ġ* (velarer Reibelaut, stimmhaft), *kh* für *ḫ* (velarer Reibelaut, stimmlos wie unser „hartes" ch), *j* für *ǧ* geschrieben, so auch im wichtigsten Nachschlagewerk der Islamwissenschaften, der ‚Enzyklopädie des Islam' (EI[1] [12.01], EI[2] [12.02]; hier aber *dj* für *ǧ*!). Zur Bezeichnung der langen Vokale wird neben dem Strich (*ā ī ū*) auch der Zirkumflex (*â î û*) verwendet; die Diphthonge *ai* und *au* werden auch (so in der ‚Enzyklopädie des Islam') *ay* und *aw* geschrieben.

cJH